大贝耳特通道出版物

东　　桥

(East　Bridge)

Niels J. Gimsing　编

西南交通大学土木工程学院桥梁工程系
中铁大桥局武汉桥梁科学研究院　译

西南交通大学　钱冬生　校

西南交通大学出版社
·成　都·

图进字 21－2007－75 号
出版者 A/S Storebæltsforbindelsen 1998 年出版
Vester søgadc 10，PK－1601København

本书中文版得到了西南交通大学出版基金和西南交通大学土木工程学院资助

内容简介

大贝耳特海峡东桥建成于1998年6月，主跨1 624 m（世界第二）。它有不少创新之处。例如，悬索桥加劲梁是三跨连续，并在梁两端的纵向设置液压缓冲器，这使桥面连续2 694 m，中间没有伸缩缝，对行车畅顺有利。又如，让塔和锚碇（连同其基础）均采用预应力混凝土空心结构，用有限元法进行分析，合理配筋，十分经济，并且美观。对于船舶撞桥，进行了独到分析。全书有亮点16处（见《校者的话》）。

适合于特大桥的业主、设计者、咨询者、施工者、管理者、教学及科研人员浏览阅读。

图书在版编目（CIP）数据

大贝耳特海峡：东桥/（丹）吉姆辛（Gimsing，N. J.）编；西南交通大学土木工程学院桥梁工程系，中铁大桥局集团武汉桥梁科学研究院有限公司译.—成都：西南交通大学出版社，2008.4

书名原文：East Bridge

ISBN 978－7－81104－550－5

Ⅰ.大… Ⅱ.①吉…②西…③中… Ⅲ.公路桥：悬索桥：跨海峡桥－桥梁工程－波罗的海－北海 Ⅳ. H152.3

中国版本图书馆CIP数据核字（2007）第197874号

大贝耳特海峡:东桥

责任编辑 张 波
封面设计 本格设计
西南交通大学出版社出版发行
（成都二环路北一段111号 邮政编码:610031 发行部电话:028－87600564）
http://press.swjtu.edu.cn
四川省印刷制版中心有限公司印刷
成品尺寸:210 mm×285 mm 印张:19
字数:586千字
2008年4月第1版 2008年4月第1次印刷
ISBN 978－7－81104－550－5
定价:168.00元

前　　言

在20世纪，丹麦即将完成的最大的基础设施建设，就是跨越大贝耳特海峡的通道。它标志着丹麦铁路网和公路网的完成。这样，国内所有主要城镇之间的陆路交通就能畅通无阻，不用再靠海上运输去跨越那些把国土分隔开来的海峡。

在大贝耳特通道的规划、设计和施工期间，环境问题比以前得到更加仔细的考虑。其结果便是：通道的建成，对环境的不利影响可以说是微不足道。

大贝耳特通道的规模和重要性，也包含其耐久性和抵御风险的能力，曾经得到了前所未有的广泛研究，可以认为风险业已降至最低。

大贝耳特通道的建造，在工程结构领域内为全世界奉献了丰富的经验。因此，大贝耳特通道管理层（Management of Storebælt）感到对这些经验应该总结，使之能为国际工程界所用。因此，用英文编印了本书以及其他有关大贝耳特通道的出版物。

Mogens Bundgaard-Nielsen

管理主任，首席执行官

校者的话

（一）对大贝耳特海峡东桥的简介

大贝耳特海峡位于波罗的海（在其南面）和北海（在其北面）之间（可参看图4.4-1）。该海峡从西兰岛（这是丹麦首都哥本哈根所在地）到菲英岛的海上距离，大约18 km。这海峡当中有一岛，将海峡分成两个海域。西海域有一西桥跨越，它是公铁两用，不在本书范围。东海域用一海底隧道让铁路通过，也不属本书范围。但其公路则用东桥跨越，这便是本书详细介绍的内容。

东桥的正桥是一悬索桥，分跨为535 m+1 624 m+535 m，主跨的长度现为世界第二。其东西引桥都采用多跨连续钢箱梁，总长约4 km，基本跨径是193 m。东桥全长是6.8 km。这桥是在1991年10月开工兴建，历时6年9个月，在1998年6月建成。就科技水平讲，它确是20世纪桥梁之中的佼佼者。

丹麦是一小国（人口518万，1993），但经济发达，科技水平较高。她是在国家财力能够担负这桥建设时，方才为这桥招标的。她为这桥的建设设立了业主单位。她依靠本国的咨询单位和科研力量，完成了这桥的设计和专题研究。对施工则进行国际招标，将欧洲最好的、最适合于这桥的施工力量和技术供应调动起来，为这桥的建设服务。加之有监理单位进行全过程检查，这就保证了这桥的质量和建设工期。

（二）对原书的简介，其亮点和不足之处

原书文词是由不少工作在一线的人员执笔编撰，图则由另外一些人员提供，并是赶在1998年、在这桥庆祝通车之际出版的。

原书的优点，在于叙述全面、真实、细腻，使人对这座大桥建设的全过程有一完整认识，并使人知道这一大桥的关键所在。

这书的亮点，试述之如下：

（1）业主的发包策略及其实施　在2.1节，介绍了评标和合同洽商。在8.6节，介绍了混凝土质量如何保证。在9.1节，介绍了上部结构施工合同的签订、其主要变更及完成情况。

（2）业主的安全观点　在3.2节，对大贝耳特通道提出了安全管理体系，并用表3.2-1表示对东桥交通中断风险水平的评估（能够满足失效率不大于每年4×10^{-4}的许可准则）。3.6节分析了船对桥的碰撞，随后又用图3.11-9表达了大型船对桥墩的碰撞力。在3.7节和4.4节，介绍了用防护岛避免桥受船撞。对于结构设计，如其3.11节所述，仍用极限状态设计法，表3.11-2列出了所采用的各个分项安全系数，而结构抗力小于荷载效应的失效率仍取每年$10^{-6}\sim10^{-7}$（高安全等级）。

（3）对维护的重视　在7.2节，介绍了这桥的运营、监控、维护框架及其细节。

（4）桥的美观　在2.2节，介绍了其美术考虑。

（5）关于地基的调研　在4.1节有细致的介绍。

（6）塔的设计　塔基础是落在泥灰土岩层，其处的水深 25 m。塔身为混凝土结构，塔顶高程为 +254 m。在4.5节，介绍其结构设计，用有限元法求出应力，并合理地配置钢筋（及力筋）。

（7）锚碇设计　基础是落在冰碛粘土，其处的水深 11 m。所承受的缆力达548 MN。不用实体结构，而是用杆件系统承受荷载。在4.6节，介绍其结构设计，也是用有限元法求出应力，再合理地配筋（含力筋）。

（8）引桥连续钢箱梁设计　在5.1节有较详细的介绍。

（9）桥面铺装和钢桥面板的结合作用　5.2节有介绍。它指出：这一结合作用的强弱不仅因温度而异，还因荷载是静载或移动荷载而有不同。

（10）用调谐调质阻尼器（TMD）来缓解柔性大的钢箱梁涡脱振动对旅客造成的不舒适感　在5.3节及9.8节有介绍。

（11）采用三跨连续加劲梁的悬索桥　6.1节有介绍。让其吊索间距、吊索截面均有变化，加劲梁在架设时进行恒载弯矩调整，借能优化其技术经济指标。

（12）对悬索桥气动力行为所进行的试验研究　在3.9节和3.10节，对桥址处的气象进行调研，澄清了当地的气象参数，还决定了风洞试验策略。在6.3节，肯定了这桥的颤振临界风速为60m/s，并摸清了一些对颤振可能发生影响的因素；对其抖振和涡激振动，也进行了研究。在9.10节，对实桥因涡激振动引起的不舒适，用导流板进行了消减。

（13）桥面铺装　7.1节介绍了小贝耳特桥的桥面铺装业已成功地使用了30年，现在为东桥桥面铺装再进行一次改进研究。9.5节介绍东桥桥面铺装施工。

（14）混凝土结构施工　8.2至8.5节，介绍了混凝土的制备、混凝土构件的岸上制造、巨型混凝土构件及新拌混凝土的海上运输、预制构件在海上桥位处的安装。

（15）钢结构施工　9.2至9.4节，介绍钢板件制造、梁段组拼、板件及梁段的海上长途运输、梁段的架设、主缆系统的施工、油漆。图9.2－25表示施焊所用夹板，图9.3－13表示施焊时为固定焊件而用的栓钉，它们是施工规范所限制、然而在工作中又不得不用者。9.4.3这一小节所讲的吊索，其不少的改进是来自分包人所积累的经验。

（16）参考文献　目录列在第12章，这应是这桥设计的底数所在。

原书也有一些不足之外。主要是：①图和正文的关系很松，在正文中对可以参看的图，每每不提示（注：原书对图有提示者，译本作“如图×.×－××”或“见图×.×－××”；对所未提示者，译本用“注：见图×.×－××”或“注：×××作补充”）；对于同一事物，正文在其前和其后，往往是各讲各的，或则重复，有时还稍有龃龉。②涉及理论之处，言词不够显豁，对读者是否易于理解考虑较少，对设计人员所看重的关键性数据以及重要细节图，原书所提供的不多。③对主要机构名称的简称和其变更，原书不曾注意要讲清楚。例如，业主单位在开头几章是叫 Statsbroen Store Bælt（国营大贝耳特桥梁公司），但每简称为 Store Bælt 或 Storebælt，而在第11章则正式称之为 A/S Storebælts forbindelsen（Great Belt Link Ltd，大贝耳特通道有限公司）。又如，下部结构承包人在2.1节称之为 GBEBC（Great Belt-East Bridge Consortium，大贝耳特东桥联合体），但在第8章、第11章则称之为 GBC（Great Belt Contractors，大贝耳特承包人）。又如，上部结构承包人在第11章称为 East Bridge Consortium（东桥联合体），但在第9章却是用这联合体的主要成员的名称 CMF Sud Spa 作称呼。

尽管有这样一些不足，但瑕不掩瑜，原书还是很有价值的。对于我国正有许多跨海大桥亟需引用新技术、新管理体制的桥梁界讲，在缺乏合适文献供参考的情况下，尽快见到这书的译本，显然是其渴望。

（三）对译本的介绍

原书是作为大贝耳特通道公司的出版物之一发行，故书名只是《东桥》（见译本扉页）。为使译本书名明确达意，乃以《大贝耳特海峡：东桥》为名，刊在封面。

对于我国特大桥梁的主管人、设计人、施工者及监理、乃至广大的桥梁从业人员，译本将给他们提供一份有价值的浏览资料。

译本在章节、图表、公式、度量单位等方面，为了方便读者，一律照我国习惯进行编排。对于不长的文字叙述，当其原标题不能很好地表达文词内容时，将标题换成能达意的。地名，除其已有通用译名者及桥址处的地名（因频繁出现）之外，一律用原文。机构，一般用原名。对机构性质、职务名称，现按下列译名采用：

Institute	研究院	Editor	编辑
Director	主任	Manager	经理
Adviser	顾问	Executive Director	执行主任
CEO	首席执行官	Managing Director	管理主任

译本应该忠实于原书。因此，对于原书的编辑、各位撰稿人姓名、职务、单位，完全按原书刊在正文各节标题下，并冠以“作者:”字样。而译者的姓名、职称、单位则列在正文各章标题之下。目录，全按原书翻译（译本为便利读者而添列的小节乃至小小节标题只出现在正文之中）。为了便利阅读，在正文中每加注释，并写明“注：……”或“译注：……”以资明确。为了向专业研究人员提示其可以检索的文献，还在正文中增列“请参看第 12 章 × × ×”字样。原书对有些照片不编号，也不给出图名，因其对读者提供的信息量不大，现予省略。

校者自惭学识浅陋，只是勉为其难；对于译本错误遗漏之处，还乞读者谅之。

钱冬生

2007 年 6 月

目　录

1 引 言

作者：Niels J. Gimsing，编辑，Storebælt；
Hans-Henrik Gotfredsen，管理主任，Storebælt。

译者：李亚东（包含 1.1），教授，西南交通大学。

在连接波罗的海和北海，并最终通向世界各大洋的三条海峡中，大贝耳特（Storebælt，英译为 Great Belt）海峡是最宽最深的一条。因此，进出波罗的海的大部分洋流，是经由大贝耳特海峡，而主航道也在这里。

大贝耳特海峡将丹麦最大的岛西兰（首都哥本哈根所在地）与第二大岛菲英隔了开来。1935 年，当连接菲英岛和日德兰半岛、跨越小贝耳特海峡的公铁两用桥开通时，菲英岛实际上就变成欧洲大陆的一部分。后来，在 1970 年，增加了第二座小贝耳特公路桥（双向六车道，悬索桥），菲英岛和日德兰半岛之间的连接得到进一步加强。

自第一座小贝耳特桥，以及连接西兰及其南部岛屿的一些桥梁完成以来，还没有桥跨越的大贝耳特海峡就明显地将丹麦分隔成两个区域，每个区域的居民约为全国人口的一半。因此，自 1988 年开始的（注：施工实际是在 1991 年 10 月开始）跨越大贝耳特海峡的固定通道，就成为丹麦铁路网和公路网最后的一个环节。在规划这条通道时，鉴于大贝耳特海峡担负着进出波罗的海大部分洋流这一事实，通道对环境的影响就成为一个关键问题。在 1987 年丹麦议会通过的法案中规定：通道的设计需对波罗的海的海洋环境没有影响，即“零解决方案”（注：原书作“zero solution”）。这一要求对通道的长度和桥隧的总体规划产生了重大影响。

在通道的两端，即西兰岛上的霍尔斯科夫（Halskov）和菲英岛上的 Knudshoved，其间的大贝耳特海峡大约宽 18 km。由于海峡中间有一个名为斯普鲁（Sprogø）的小岛，从西兰岛到菲英岛的海域就被分为两条航道，每条宽约 8 km。两条航道的水流量几乎相等，其环境保护问题乃同样重要。

然而，位于西兰岛和斯普鲁岛之间的东航道是主航道（称为 T 线，即 Transit route，意为直通航线），通航对跨越东航道的桥梁影响便更大。此外，让铁路和公路跨越东、西航道的方案也受到政府要求分阶段建造大贝耳特通道，且让铁路的开通在前（即在早 2 ~4 年先行实现）这一决策的重大影响。

对西航道，选择桥面高程较低的桥梁（最大通航净空 18 m）是最为经济。而且，从一开始就认为：按公铁两用桥兴建更为可取，即使在其初期只是开通铁路的话。

对东航道，依照政治上的考虑，铁路桥和公路桥应该分建。采用公铁两用桥有可能更为便宜，但在铁路开通时，为了滞后 2 ~4 年开通公路而故意推迟某些工程，很难证明其是合理的。

由于决定首先单建铁路，那就不可避免地在东航道修建了一条海底隧道。对于东航道的公路线，法案允许其采用海底隧道或位置较高的桥梁。在对施工和实施费用进行补充调查后，在 1988 年的岁暮决定：只取桥梁方案。

东桥（公路桥）的构思设计在 1987 年就已由其业主 Statsbroen Store Bælt 提出，它在很大程度上是基于 1978 年完成的公铁两用桥设计（注：见图 1.1 -7，但该图注明为 1977 年）。而当时的构思是用一跨 780 m 的斜拉桥或一跨 1 416 m 的悬索桥来跨越主航道（注：见图 1.1 -8）。

在1989年春天，业主着手对主跨的选型进行更加广泛的研究。这是因为认识到：将用于公路和铁路的双层桥面结构改为仅有公路的单层桥面，容易使其他式样的桥得到认可。于是，邀请COWI对780～2 000 m的桥跨进行研究。其中，780～1 400 m用斜拉桥方案，而1 000～2 000 m则用悬索桥（注：见图2.1－1）。

作为这些优化研究的一部分，开始对通航条件（借助船舶通航模拟）和气动特性（借助风洞试验）进行研究。

1989年夏天，开始准备招标设计。因为这是一个巨大工程项目，乃由丹麦的三家公司——COWI公司、B. Højlund Rasmussen公司和Rambøll & Hannemann公司合营，并以COWI公司为首，来承担这项工作。这一咨询单位称为CBR联合体，其任务是帮助业主准备招标文件，评估（通过资质审查的）各承包商所投的标，随后就进行详细设计，并在施工和监理两方面提供技术服务。

与咨询工程师工作紧密配合的是来自哥本哈根Dissing & Weitling公司的建筑师们。他们对桥梁结构的景观起到决定性作用。对此，业主要求桥梁必须具备美观的造型，尤其是对东桥那些巨大的构件。

最初计划是为斜拉桥和悬索桥两者都准备招标设计，以确保在投标者之间出现有效的竞争。但在业已决定通航孔至少1 600 m之后，就只提供悬索桥方案了。在招标文件中还指明：只接受采用地锚的悬索桥，因为它是最合适的结构类型。

对结构的某些部分，招标设计指出：可以采用不止一种的设计方案。例如，引桥上部结构可采用168 m的钢箱梁，也可采用124 m的混凝土箱梁。同样，对悬索桥结构的一些特定构造，也可有不同的选择。例如，塔可采用钢或混凝土，主缆可采用空中编丝法或预制平行丝股，锚碇基础可采用预制的沉井或在围堰之内现浇沉井。

提供给承包商的设计并非详细设计而是招标设计，它只给出结构的主要特点，以及主要材料用量，供承包商投标使用。由于这些材料用量不是基于详细设计做出的，因而规定：在详细设计时，若工程数量在一定范围内发生变化，承包商可以得到补偿。在施工合同签订后，由咨询机构CBR联合体承担用于施工的详细设计。

只要符合设计基准文件（Design Basis Document，简称BBD）的规定，允许承包商在招标设计之外，提出变更设计。但在BBD中，对总体布置给出了详细的限制。这样，结构线形、桥梁总长以及主跨长度均已明确。对引桥，则规定跨度不小于120 m。

有几家承包商借此提出了其他方案，例如，更大跨度的混凝土引桥，不同的悬索桥加劲梁形式和钢的桥塔。

但是，改变过大的变更设计并不具备竞争力。因此，最终只是对招标设计进行了不大的修改；包括：采用更高强度钢把引桥跨度增加到193 m，将悬索桥加劲梁的横隔板用桁架式横联代替。此外，还将引桥的墩身从现浇改为预制。

1.1　东桥设计1936—1986年

作者：Niels J. Gimsing，编辑，Storebælt。

在20世纪30年代，第一次完成了跨越大贝耳特海峡的通道设计。该设计采用桥梁承担公路和铁路交通，跨越东、西两航道。这是在1936年，由丹麦国家铁路局提出的一份设计。桥面为双线铁路和较窄的双车道公路，以及一条自行车和人行道，并列在一层（桥面）。如图1.1－1。该设计在很大程度上参考了第一座小贝耳特桥的结构形式（该桥是在1935年建成，见图1.1-2）。它采用下承式桁架梁跨越主航道，分跨为300 m、350 m和300 m。在通航孔内，桥下竖向净空为67 m。这允许当时世界上最大的船从桥下通行，如图1.1-3示意。桥下净空太高，导致桥梁的引道过长，而铁路则要求最大纵坡不超过0.8%。从主跨到西兰岛岸边的引桥长度虽然取为3.5 km，那也只能将桥面高程从70 m降至42 m。接着，还得用高路堤在陆地延伸几千米。

图1.1-1 丹麦国家铁路局1936年提出的大贝耳特桥设计方案

图1.1-2 第一座小贝耳特桥，1935年建成

由于第二次世界大战爆发，大贝耳特桥的初期研究工作在1939年中断，到1959年方才出现新的设计。战前的设计方案被修改，改为采用双层桥面布置，上层为公路双向四车道，下层为铁路双线，如图1.1-4所示。与此同时，由于丹麦铁路开始用柴油机车取代蒸汽机车，牵引力提高，引道的纵坡可以增

加至1.7%。不过，结构形式基本未变，仍（在通航跨和引桥跨内）采用大型钢桁梁。

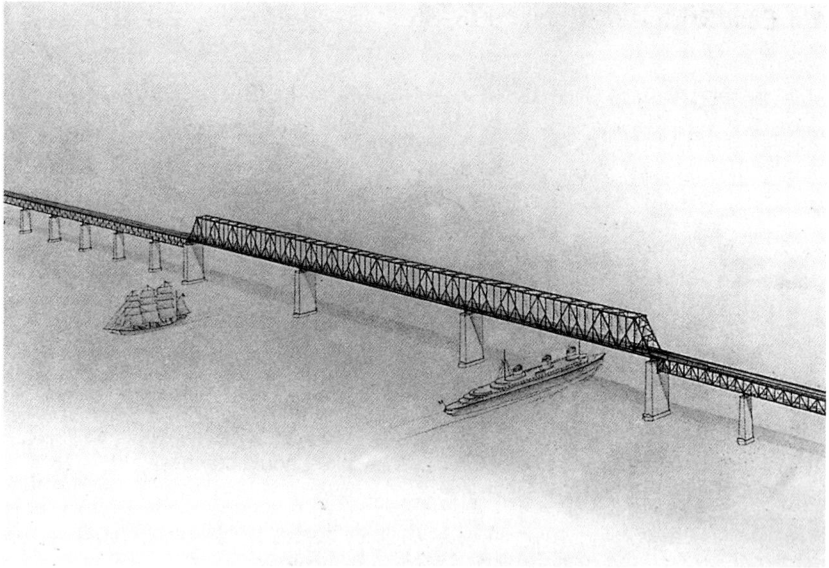

图1.1-3　1936年大贝耳特桥方案，正桥跨越国际航道的艺术表达

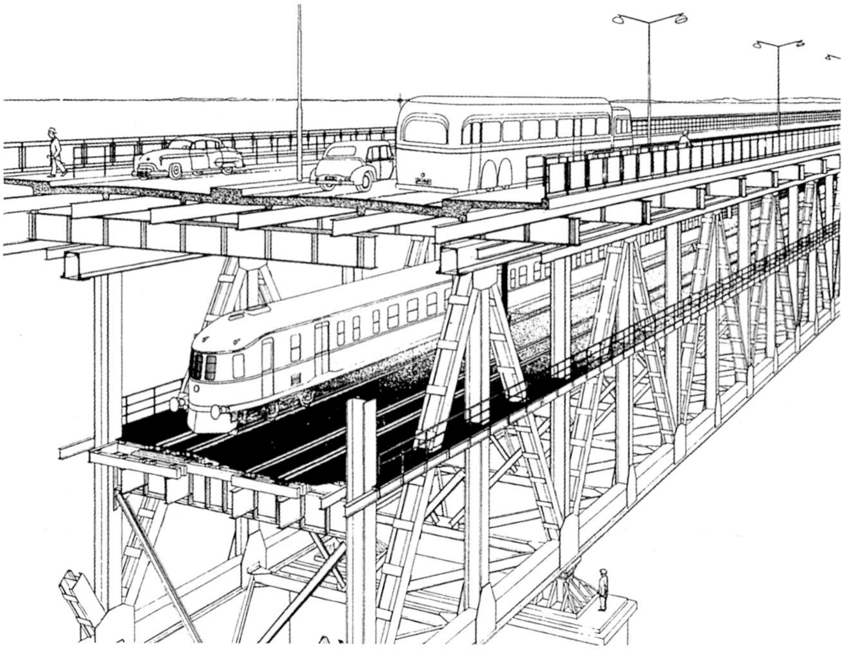

图1.1-4　根据大贝耳特委员会1959年方案绘制的东航道引桥的艺术表达

基于结构应该更具现代特色、且方案可包含隧道的要求，在1965年决定举办国际设计竞赛。竞赛吸引了相当广泛的关注，来自全球的工程师一共提交了144份方案。大多数方案为公铁两用桥，跨越东、西航道。

按照竞赛规则，通航跨应当由三孔325 m，或两孔350 m，或一孔450 m组成。

竞赛结果表明：较之钢桁梁，其他桥式更适合于正桥和引桥。对正桥，首选方案为斜拉桥，尽管这种具有现代风格的桥型问世才10年，而其已用于公路桥的最大跨度仅为300 m。在采用公铁两用桥设计的获奖方案中，有8个方案的正桥采用斜拉桥（如图1.1-5的示例），只有2个采用钢桁梁。

竞赛后的工作，是对通航孔的基本要求进行进一步评估。这便发现：一孔450 m的跨度很有可能不足

图1.1-5 1965年国际设计竞赛的获奖方案，采用公铁两用桥跨越东航道

以让最大的船安全通过。于是，在1968年，开始对正桥进行悬索桥（主跨800 m）研究。选择悬索桥的理由是：在其时可以确信它是跨度能超过600 m的唯一桥型。在某种程度上，研究工作是以葡萄牙跨越特茹河桥的设计为基础。该桥为公路桥，1966年开通，但准备随后在其加劲桁梁的下弦处增加铁路桥面。（译注：其增设铁路桥面的工作已在1999年完成。）

在1970—1972年间，由丹麦运输部组织的技术委员会对涉及建造大贝耳特通道的所有技术方案进行了仔细研究。对若干种公路和铁路桥隧组合方案，以及仅用梭式列车运输汽车的铁路连接线方案（也就是多年后在英吉利海峡连接线中采用的方案）进行了评估。对东桥，技术委员会认为双主跨方案比单主跨方案更适宜于新制定的交通分离规划。不过，委员会对通航安全性的初步调研清楚地表明：325 m的主跨确是太小，故全力推荐两座斜拉桥的双主跨（主跨为600 m）方案。如图1.1-6所示。双主跨方案的不尽人意之处，是其三个主墩的基础都不得不布置在海峡中间深达60 m的水中。技术委员会提出的东桥方案又采用了单层桥面，在公路车道的中间布置双线铁路。

由技术委员会准备的桥梁设计形成了政府决策的基础，并导致了大贝耳特通道建设第一法案的出台。该法案在1973年6月经议会批准，它指明该通道应同时承担公路和铁路，跨越东、西航道。该法案还指定西（航道）桥的桥面高程可以较低，而东（航道）桥则应较高（译注：由于东桥是跨越主航道）。但实际上，竖向净空和跨长等尺寸并未明确，都需要进一步研究决定。

由于1973年秋季开始的石油危机的影响，设立业主机构（命名为Statsbroen Store Bælt，即国营大贝耳特桥梁公司）的事被延期。这事直到对交通预测和对其他方案（如隧道方案、梭式列车方案）的优缺点进行重新评估之后才恢复。

在1976年秋季，终于组建了国营大贝耳特桥梁公司（注：每简称为Store Bælt或Storebælt），并由丹麦咨询工程师大贝耳特小组（简称SBG）开始准备两种桥梁的设计。该小组由COWI国际咨询有限公司、BHR公司和Rambøll & Hannemann公司组成（简称CBR联合体）。随同设计工作，开展了地质调查以及通航条件和船舶撞击问题的研究，也开始了关于桥梁对环境（主要是进出波罗的海的洋流）影响的探讨。

对船舶撞击的深入研究，导致了用于桥墩设计的撞击力大幅度增加。因而决定：应避免将主墩布置在深水区。于是，后续的设计都是用一个大跨为通航孔。

1977年的东桥设计开始采用了780 m的斜拉桥（见图1.1-7）。首选斜拉桥的原因，是其较悬索桥容易满足挠度要求。然而，一些航运专家质疑780 m长的跨度是否就能充分保证航行安全。于是，乃决定对更大跨的桥开展研究。

图1.1-6　1972年技术委员会提出的东桥主跨方案

图1.1-7　1977年SBG设计的跨越东航道的斜拉桥，
主跨780 m，由Storebælt提出

在1977年，最大跨度的斜拉桥是法国的St. Nazaire桥，主跨404 m。尤其在考虑东桥还需承担沉重的铁路交通情况下，将跨度增大到780 m是向前迈出了一大步。如果再行增大跨度，看来唯一现实的选择就是悬索桥。当时已建成的悬索桥的主跨达到1 298 m（纽约的Verrazano Narrows公路大桥），而日本对主跨达1 780 m的明石海峡公铁两用悬索桥业已完成研究工作。（译注：明石海峡大桥随后改为公路桥，双向六车道，设计跨度增至1 990 m，于1998年4月建成。）

对东桥，选择悬索桥方案的主跨为1 416 m。通过详细的结构分析证明：仅将其连续加劲梁的两端支承在锚碇顶部的支座上，就可以满足挠度要求和加速度准则（见图1.1－8）。

图1.1－8 1978年SBG设计的跨越东航道的悬索桥，主跨1 416 m，由Storebælt提出

斜拉桥和悬索桥的加劲梁，均设计为双层桥面的，上层布置公路双向六车道，下层为铁路双线。为适应两层桥面的不同宽度，在缆索支承的桥梁长度范围内，让加劲桁梁在横向斜置，在引桥各跨则让桁梁保持垂直。

由Storebælt提出的东桥总长5.2 km，而在20世纪90年代最终建成的桥梁长度为6.8 km。差别在于前者设计了很长的路堤，从海岸伸到浅水区。在80年代后期和90年代初期，基于在详细分析中获得的海水流经大贝耳特海峡情况，认为Storebælt建议的长路堤将导致无法接受的水流阻塞效应。

根据造价概算，由于悬索桥的跨度更长、且需要大型锚碇，其造价显然要高于斜拉桥。尽管如此，对这两种方案均拟用来招标，并讲明业主愿意花费更多的钱来换取一个更大、因而更安全的主跨。但因当时成立的联合政府在1978年8月提出了削减公共开支的计划，并决定将通道的所有准备工作向后推迟5年，这两种桥型的概算从未成为现实。所以，仅是在计划要招标之前的几个月，在设计和地质调查方面花费了130 MDKK（MDKK表示百万丹麦克朗）；随后，Storebælt就后退了。

到1983年，5年的延期业已过去。接踵而至的不是立即招标，而是重新审查这一通道的所有技术方案。为此，运输部成立了一个工作组来修订桥梁方案、隧道方案、以及桥隧组合方案。

第一步是重新评估桥的功能需求，其结果是将公路车道的数量从双向六车道减少到双向四车道。也曾考虑通过调控载重列车来减少列车荷载，做法是：不让两列载重列车同时通过主跨。可是，因为其在节省总费用方面的作用并不大，这一想法就作罢了。

东桥方案的修订，也包括对只承担公路的桥梁进行研究，因为这可以与铁路隧道相组合。在保持跨度、净空和结构材料等不变的情况下，用单层桥面箱梁取代双层桥面桁架梁，公路桥方案就逐步形成了。也曾对建造一座主跨1 800 m的公路桥的可行性进行了初步评估。

费用测算结果清楚表明：与公铁两用桥或公铁两用隧道相比，公路桥与铁路隧道的组合方案使费用增加。

除修订桥梁和隧道方案外，在1983和1984年，开始对环境影响（主要是对洋流）进行彻底调研。

调研结果成为决策辩论的重要议题。随着环境保护意识的增强，政治家们最终决定：只允许采用对洋流不产生任何阻碍作用的“零解决方案”。这就引入了“补偿性疏浚”的观点：由桥墩或海底隧道进出口斜坡阻塞的过水面积，必须用开挖海底进行补偿。在 1987 年 6 月，议会最终通过了大贝耳特通道建设的第二法案。该法案强调了环境保护的重要性。为优先考虑公共运输，决定在“零解决方案”前提下，先将铁路隧道建成，随后 2 ~ 4 年，再开通公路桥。

基于这一决定，就不可避免地要采用一座公路桥和一条铁路隧道来横越东航道。而其特点就是使费用有较大增加。

2 设计的形成过程

译者：李亚东，教授，西南交通大学。

2.1 结构设计

作者：Arne S. Jacobsen，铁路部门主任，COWI；
Klaus H. Ostenfeld，执行主任，COWI。

设计进展阶段

在1987—1993年间，东桥结构设计的进展情况，见表2.1-1。

表2.1-1 设计进展阶段

1987年	构思设计	COWI咨询公司
1989—1990年	方案设计，招标设计和招标文件	CBR联合体
1990年	投标	各承包商
1991—1993年	详细设计	CBR联合体

并由建筑师Dissing + Weitling和J. Vesterholt合营机构担任这桥的美术顾问。

构思设计，1987年

东桥设计的主要目标，是使下列各项优化：
——走向、线形、通航净空；
——航道位置；
——正桥（通航跨）应采用厚实、且设计和施工技术均臻成熟的方案；
——引桥应采用在岸上进行工业化生产、易于安装、且费用具备竞争力的方案；
——总的进度安排合理；
——总的预算合理。

采用悬索桥和斜拉桥方案的全桥布置，业已分别形成。斜拉桥，对采用结合梁和钢梁的情况分别进行了评估。悬索桥，对采用钢加劲梁、混凝土塔或钢塔、以及不同的锚碇进行了研究。不论最终的方案如何，规定通航孔最小跨度为750 m，竖向净空为77 m。

Storebælt决定还需进一步研究的结构布置，有：

——主跨 780 m、两边跨各 300 m、引桥各跨均为 144 m 的斜拉桥；

——主跨 1 416 m、两边跨各 480 m 的悬索桥。

两种桥梁方案的总长均为 5 500 m。为尽量减少对洋流的阻碍和船舶撞击的风险，引桥跨度通常取 164 m，其上部结构均用钢梁。

在构思设计后的一段时间内，在对通航条件进行考虑后，将竖向净空减少至 65 m。

基于构思设计的结果，东桥的概算是按主跨为 780 m 的斜拉桥来编制的。

方案设计，1989 年

1989 年春，Storebælt 决定对主跨长度进行更为广泛的研究，并以此拉开了方案设计的序幕。研究的对象，包括主跨 900 ~ 1 400 m 的斜拉桥，以及主跨 1 000 ~ 2 000 m 的悬索桥。主缆的不同垂跨比，以及边跨和主跨的不同长度比，也被列入了研究。

研究工作导致对以下四个正桥方案进行了更加详尽的分析（见图 2. 1 – 1）：

C900　　主跨 916 m 的斜拉桥；

C1200　　主跨 1 204 m 的斜拉桥；

S1400　　主跨 1 448 m 的悬索桥；

S1700　　主跨 1 688 m 的悬索桥。

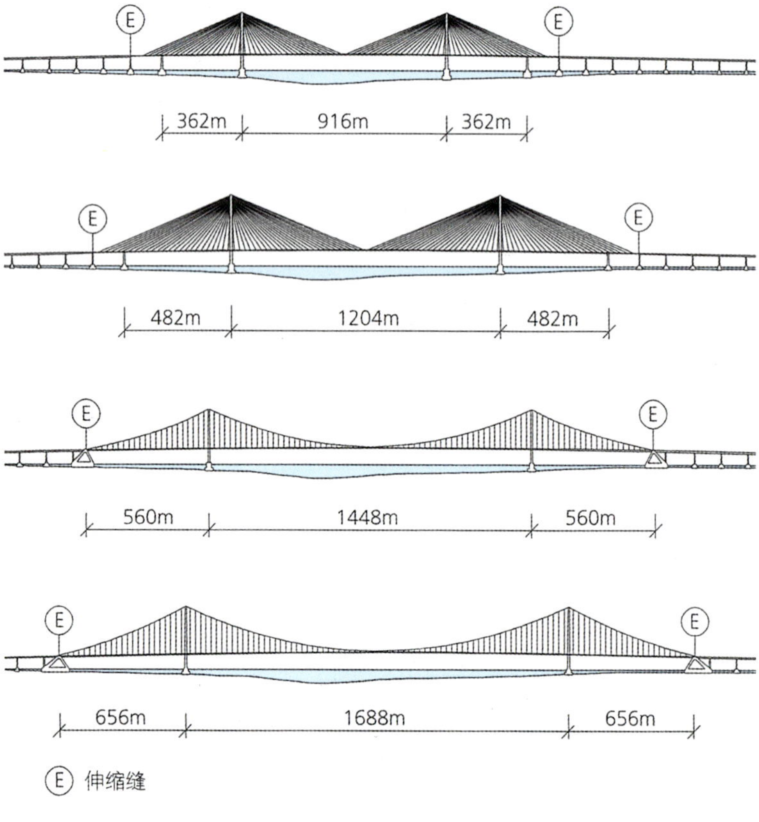

图 2. 1 – 1　四种正桥方案

对这些方案，重点放在对其通航安全性、环境影响以及施工难易的评估。

在从构思设计过渡到方案设计阶段时，东桥的总长从 5 500 m 增加到 6 800 m。这是由于在选定海底隧道让铁路穿越后，在霍尔斯科夫岸的土地开垦业已没有必要。

通航风险研究

东桥所跨越的，是波罗的海和北海之间国际海运主航道。通航风险研究的目的，就是确定建桥之后，东航道能维持或改善通航条件的几何位置，并为桥梁防船撞提供一个基于概率的理论基础。

通航风险研究的结论，对于方案设计有很大影响。两个斜拉桥方案 C900 和 C1200 的安全性，仅能靠布置在通航孔两侧的人工礁石抵御船舶撞击来实现。而 S1400，即主跨 1 448 m 的悬索桥方案，则需要调直航道、即让交角从 68°改为 78°（注：参看图 3. 11 －1），以改善通航条件。只有 1 688 m 主跨的方案才适合于跨越既有航道。

不同方案的费用比较

如图 2. 1 －2 所示，跨度增加所导致的费用增加、在很大程度上被跨度较小者所需的安全保障费用所抵消。主跨从 900 m 到 1 400 m 范围内的方案的总费用大致一样，而主跨 1 688 m 的桥梁方案的总费用仅增加 5%。

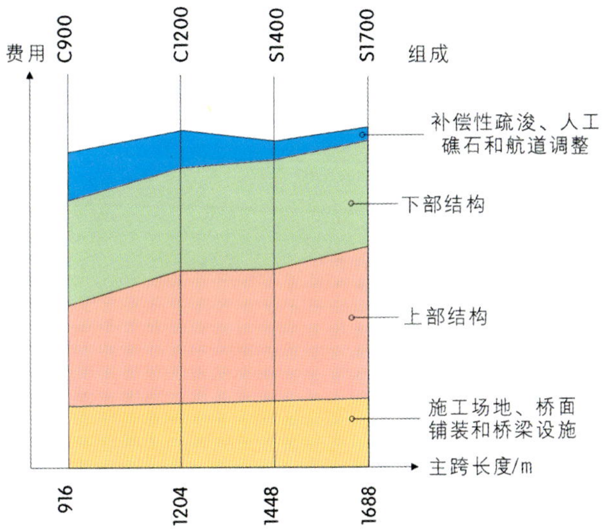

图 2. 1 －2 费用图

在承认这些几乎相同的费用估计前提下，最终的方案就当根据诸如通航安全性、相关的通航风险、使洋流达到最大的环境优势、以及在海床所需的土方工程的多少等其他因素来决定。

招标设计，1990 年

用于招标的方案，是主跨 1 624 m 的悬索桥，两边跨均为 535 m，并按交角为 78°重新定位其航线（注：见图 3. 11 －1）。在这一阶段，提出的研究工作包括：

——风作用；

——加劲梁的外部约束条件；

——主缆架设方法；

——塔和锚碇的基础；

——地基土滑移试验。

主 缆

大约 3 000 m 长的主缆的净截面面积为 0. 42 m^2，主缆外径为 0. 82 m。为有利于竞标，招标设计允许采用空中编丝法或预制平行丝股法。所投的标价清楚地表明：前者更为经济，它乃被选用。

塔和锚碇

在招标中，254 m 高的塔可以是钢塔或混凝土塔。两者的视觉差别在于钢塔将布置四道横梁，底座较矮；而混凝土塔的底座顶面较高，仅需布置两道横梁（见图 2.1－3 和 2.1－4）。

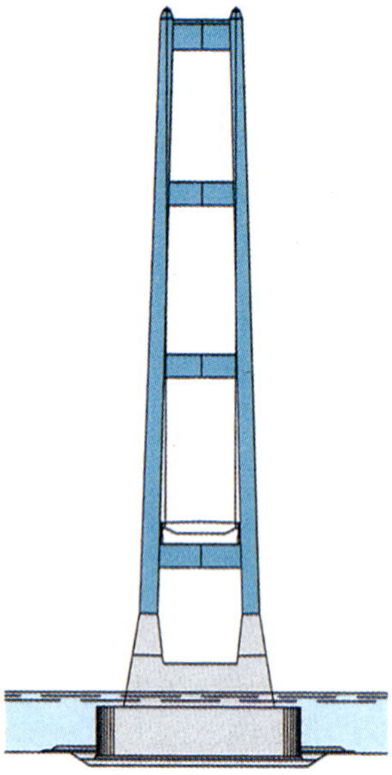

图 2.1－3　钢塔的构思

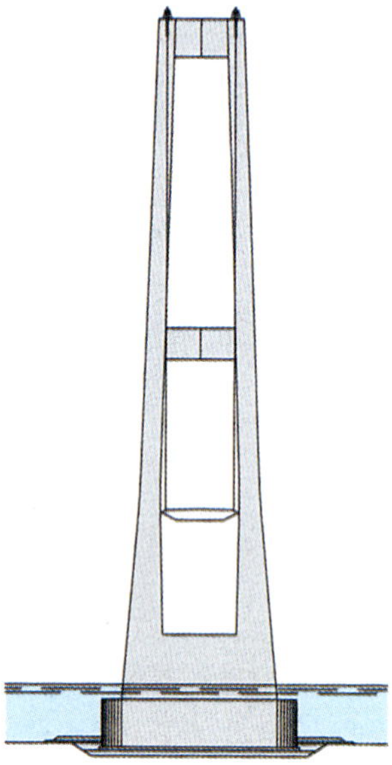

图 2.1－4　混凝土塔的构思

锚碇需抵抗 600 MN 的缆力。其沉井基础可预制或现浇，在招标设计中提出这两种方案，如图 2.1－5 和 2.1－6 所示。

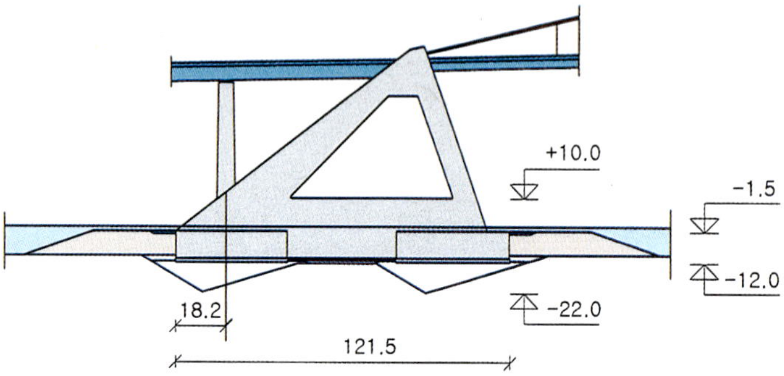

图 2.1－5　用预制基础的锚碇

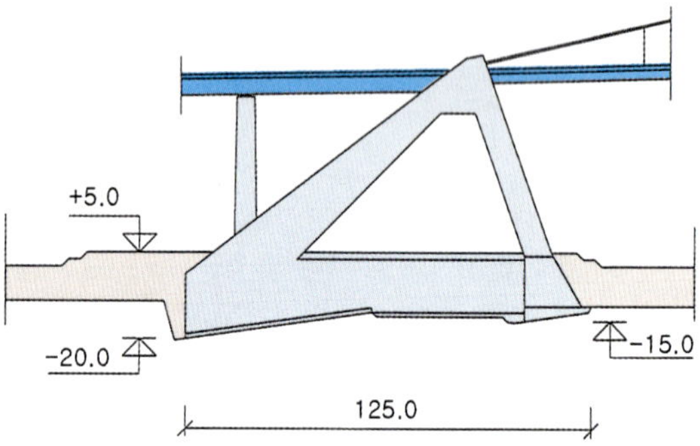

图 2.1－6　用现浇基础的锚碇

引　桥

桥墩是采用预制、并吊运就位的沉井基础，再在沉井顶部现浇墩身（译注：看图 8.5－16～8.5－19，其后是将墩身也改为预制）。图 2.1－7 所示为沉井和墩身。采用尺寸尽可能大的预制单元，得到了关注。对上部结构，提出了跨长 168 m 和 124 m、分别采用钢和混凝土的建议，以及钢与混凝土结合设计的构思。尽管认为后者同样具备竞争力，但仍限定投标设计只采用钢或混凝土（见图 2.1－8）。不过，仍然允许投标者提出其他方案。

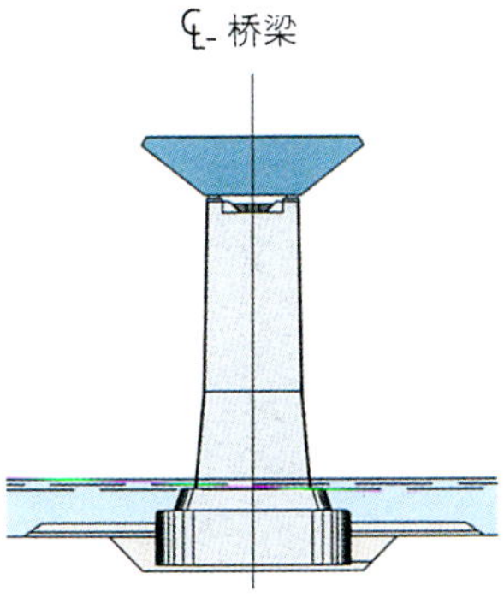

图 2.1－7 引桥桥墩采用的沉井和墩身

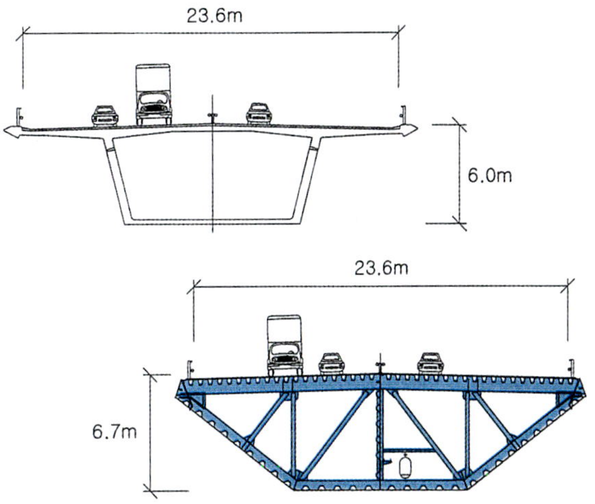

图 2.1－8 引桥桥跨采用的混凝土梁和钢梁的横截面

招标文件，1990 年

由承包商购买的招标文件分成四包：①悬索桥的上部结构；②包括塔在内的悬索桥下部结构；③引桥的上部结构；④引桥的下部结构。在 1990 年 6 月，将招标文件出售给（资质经审查合格的）各承包商。

投标文件，1990 年

1990 年 12 月，收到所有的投标文件。8 个投标者共递交了 32 份标书，其中包括与招标设计不同的 4 个方案。投标者是：

1. 大贝耳特东桥联合体 GBEBC（注：随后简称为 GBC）
2. 欧洲国家桥梁联合体 IEBC
3. MT 集团 MTG
4. 东桥集团 EBG
5. C/K/C 合营公司 CKC
6. CMF Sud CMF
7. Thyssen 工程 GmbH THYS
8. MT Trafalgar MTT

表 2.1－2 给出了它们对桥梁各部分的报价。

表 2.1－2 1990 年 12 月 18 日收到的各投标方案的报价

投标者		1 GBEBC	2 IEBC	3 MTG	4 EBG	5 CKC	6 CMF	7 THYS	8 MTT
悬索桥	下部结构（含塔）	1 689	2 210	2 571	2 029	2 835			
	上部结构（不含塔）	2 765	1 955				1 418	2 741	2 994
引桥，用混凝土梁者	下部结构	1 560	1 499	(2 074)	(1 697)	2 384			
	上部结构	1 393	1 254	(1 613)	(801)	2 182			
	其他方案		1 085						
引桥，用钢梁者	下部结构	1 290	1 223	1 635	(1 347)	2 023			
	上部结构	1 382	1 573	2 309	(1 359)		1 392		

注：原书未写单位，应为 MDKK，即百万丹麦克朗。

为获得竞争优势，投标者提出了他们的变更设计，并用不同方式努力降低造价。对悬索桥，提交的其他方案包括：

——改变钢加劲梁的形状和高度，以优化其气动稳定性；

——将加劲梁横隔板改为桁架式横联；

——主缆采用强度更高的钢丝，以减轻重量。

对引桥，包括：

——将墩身改为预制；

——对混凝土上部结构进行分段施工；

——通过在靠近支承处增加梁高，将混凝土梁的跨长增加到 168 m；

——将主跨 168 m 改用钢箱梁和混凝土桥面板的结合结构，并配以体外预应力；

——采用更高强度钢，将钢箱梁跨长增加到 193 m，保持横截面和梁高不变。

在评标中，对这些比较方案的报价和技术优点进行了评议。

评标和合同洽商，1991 年

在选择参加合同洽商的投标者之前，对投标者的方案进行了剖析，以确定其最为经济者。剖析工作包含对投标者的“留有余地”给出估计价，并考虑支付时间表的影响。这样就形成了一个“纯现价”的比较。此外，还需从以下几方面对投标者进行评议：

——可选择项目的报价；

——对其建议或变更方案进行量化，以便与招标设计中的质量要求相比较；

——在运营及维修费用中存在的差异；

——其他隐含的费用，例如，为满足对洋流的零阻碍要求而增加的补偿性疏浚；

——不同技术方案使业主承担不同的风险程度。

正　桥

对正桥的评标结果认为：按 GBEBC（注：第 1 号投标者）标书，将塔和锚碇的沉井基础均采用预制；并按 CMF（注：第 6 号投标者）标书，进行悬索桥上部结构施工，最为有利。

引　桥

一般而言，对于上部结构，钢梁优于混凝土梁。CMF 提出的采用更高强度钢并保持原横截面不变，由此将跨长从 168 m 增加到 193 m 的变更设计，被认为既经济、又美观。对下部结构，GBEBC 的（预制沉井）方案再次被认为是最优的。

合　同

最终的结果是：对所有的钢结构，与 CMF 进行协商。对所有的混凝土结构，与 GBEBC 进行协商，而主要的混凝土构件预制工作则是在 Kalundborg 进行。评标和合同洽商始于 1990 年 12 月，至 1991 年完成。1991 年 10 月 22 日，在霍尔斯科夫举行了两份施工合同的签字仪式。

详细设计，1991—1993 年

在合同开始履行后，Storebælt 开始组织 193 m 引桥桥跨的设计。Storebælt 的咨询工程师们采用了各种方式对该项设计进行了优化，使之最终成为施工所需的详细设计。详见后续各章。

2.2 美术考虑

作者：Poul Ove Jensen，建筑师，Dissing + Weitling。

东桥的最终设计是主跨为 1 624 m 的悬索桥。这在许多方面代表着大贝耳特通道设计的顶点。无论从视觉上还是从象征意义上，东桥以其比当时世界上已完成的任何其他桥梁更大的跨度和高达 254 m 的塔，无疑成为整个工程中最为重要的部分。在将东桥确立为大贝耳特通道的里程碑式建筑而凸显其重要意义时，也应使其与整个工程和谐一致，且不可分割。这便是基本设计原则。

桥梁走向

从设计开始，桥梁走向就与桥梁造型的确定同样关键。在很大程度上，水平的线路走向取决于高速公路，以及大贝耳特海峡通航和桥梁基础的环境条件。为提升桥梁的审美需求，在霍尔斯科夫侧的引桥以微弯的曲线连向主桥；这样，当由公路向西看时，就使得南侧正立面呈现出一种动感的景色。而在斯普鲁岛朝东，绵延不断的公路曲线提供出桥梁雄伟壮观的全景。这些视觉给穿越这桥的旅客带来激动人心的体验，是很有必要的。尽管竖向线形是按照所要求的通航净空和引桥上的适当纵坡设置的，但从美术观点看，保持流畅协调的坡度并在主跨较大范围内设置竖曲线，在强调桥梁外观的雅致和力度方面，也是紧要的。

东桥是位于其在霍尔斯科夫的桥台和斯普鲁岛之间。前者的定位考虑到了当地较矮的峭壁、以及由多石的海滩所形成的海岸线。在斯普鲁岛上，桥台、路堤和海岸防护都是人工构筑物；桥台采用半圆形基础和阶梯状的锥体护坡，与在斯普鲁岛另一头的西桥东端终点对应。

桥梁巨大构件及附属设施的造型

两年多的美术综合评估和技术分析，将工作推进到结构的巨大构件，以确保塔、锚碇、加劲梁和桥墩，以及附属设施在技术和造型上达到最优。模型制作是这一过程中极为重要的一部分。通常按 1∶500 的比尺，大量地制作结构不同构件（尤其是塔和锚碇）的模型。这有助于对总体形状和各部件间的比例做出选择。在大范围内对潜在可用的造型找到之后，可供选择的形状就会逐渐减少到几种。然后，对这些形状再制造模型，直到取得结构造型和比例的圆满结果。

自然，对结构各构件的每次修改和调整都需重新计算和进行技术评估，以确定其可行性和对经济的影响。因而，及早在工程师和建筑师之间建立良好合作的工作关系，对设计的成功至关重要。这种紧密的协作和对结构整体美学品味及各组成部分间协调关系的共同期望，使得有可能在设计完整性和内部均衡性方面达到较高的水平。

如前所述，在设计初期就认识到采用悬索桥跨越航道是技术上唯一可行的手段。因此，分别处理好用混凝土塔和用钢塔的悬索桥的造型，就成为主要的关注点。作为大贝耳特通道显著的特征，塔需要从美术角度获得明确一致的认同，同时还应与所有其他部分协调一致。隐含在设计中的基本原则就是：每一座塔应是一完整的造型，就像它是单一构件那样。

塔

在混凝土塔的设计中，在美术上的意图是使所有表面线条简洁，可平顺而连续地从一个面转换到另一个面，以创造出一种完美的艺术抽象和光洁的外表，借以表达塔的高大。（注：见图 2.1－4。）在加劲梁之下将塔柱外张，由此加强塔向下传力的质感；也逐渐将底座（注：见 4.5 节，并图 4.5－2）的尺度与塔柱的厚度和倾度和缓地结合起来。

塔在加劲梁之下不设横梁，这可避免造成加劲梁是支承于塔的假象；并清晰地表示，加劲梁的整个长度实际上是悬挂着的。中横梁位置的确定，不仅与从远处观看塔的总高有关，而且与驾驶者穿越其下所形成的框架而进入主跨时的感受有关。横梁在平面上呈蝴蝶结状，两端与塔柱平顺连接，中间的宽度减小，可以使其外观轻柔明快。

仍按设计混凝土塔的基本原则，但考虑钢结构特殊的美术特征，对钢塔也进行了设计。但为了与其他构件协调一致，最终还是决定采用混凝土塔。

锚碇和引桥桥墩

锚碇设计所强调的，是主缆力在锚碇处的传递。曾经开展了大量的设计研究，将锚碇外观的体型减到最小，并使锚碇与桥梁总体布局的比例更为合适。为有助于减小其体型，经将锚碇所需的压重布置在水面以下（注：见图 2.1－5）。

引桥桥墩，主要考虑其在无需另设抗撞防护的情况能抵抗船舶撞击，然后结合引桥上部结构及塔的造型进行视觉处理。为了与塔协调，桥墩的下部适当外张加宽，加宽开始处的高度与桥墩的总高有关。在仔细研究其比例后，这一关系被确定下来，并在所有桥墩中保持不变。

梁部结构

由于钢材高强轻质、特别适宜于大跨度，它被选作加劲梁的用材。对加劲梁的设计，考虑了气动稳定性，两侧边缘呈倾斜状，以与整体气动设计保持一致。

引桥的梁的设计，宜与主跨的加劲梁协调一致，以维持全桥的连续感和整体感。

栏杆和挡风屏

桥梁的总体美观和品质，不仅取决于其主要构件的设计，也与附属设施，如照明、防护栏和挡风屏等有关。其中，挡风屏最受关注，其设计值得注意。挡风屏是由带孔的钢板组成，支承在弯曲的 T 形截面柱上，这些柱又连接于栏杆扶手。然而，直到桥梁开通、完成现场试验后，方才对本桥做出设置挡风屏的决定。

照　明

照明，对桥梁的美术效果起着巨大作用。设置照明最重要的原因，只是表示桥的存在，为海洋和空中交通提供标志；但深思熟虑地利用照明，能够增强一座桥生动的造型。通过模型研究，确定了优化照明布置，以表现出桥梁的体型和比例。一条明确的指导性原则就是：无论从南边或北边观看，用于桥梁美术处理的照明效果，应该完全对称。

这样，就决定了对锚碇的东、西两面及其内侧面（不包括外侧面）进行照明，以充分显示结构构件，尽量消除其厚重的视觉感受。同样地，对两座塔，也是对其东、西两面及其内侧面进行照明，并留下外侧面不予处理。对塔的自下而上，则让光强逐渐减弱，借以突出塔的高大，并给人以消失于无尽中的遐想。

3 基本调研和设计基准

译者：蒲黔辉（3.1～3.6），教授，西南交通大学；
郑史雄（3.7～3.9），教授，西南交通大学；
杨永清（3.10～3.11），教授，西南交通大学。

3.1 综 述

作者：Erik Yding Andersen，研究与发展部总工程师，COWI。

像东桥这样不寻常的大型建筑工程，其基本信息与要求，通常是写在其设计基准文件（Design Basis Document，即 BBD）之中。而该项基准文件则是以一般结构的规程和准则为基础。那些规程和准则原本是适用于非常广泛的建筑领域和运营条件，其设计参数不是固定的。

对于独特的建筑，如东桥，许多未知因素和运营条件是一般规程中所没有的；而其另一些未知因素的变异性则可以用现场实际信息使之缩小（如风和土的状况）。还有一些因素则是超出一般规程的范围。另外，东桥还将面临一些在现行规程和实践经验所未涉及的意外事故（例如，船撞）。因此，对其重要参数进行充分而细致的考虑、从而避免过于保守的设计，是十分必需的。

调研内容

在以下各节，将对意外事故进行风险分析，并给出可以接受的安全目标。

——给出交通荷载的随机模型，以表明怎样给不确定的可变荷载建立模型，并在考虑这桥实际交通信息情况下，决定悬索桥的设计荷载；

——给出主缆与吊索强度的随机模型，表明对具体结构元件怎样进行结构可靠性分析；

——对风气象的调研进行综述，以说明如何得到桥位处设计参数，并用之于设计；

——还进行了上部结构的空气动力研究。

3.2 风险分析

作者：Dan Olsen，风险分析专家，COWI。

在常遇的桥梁项目中，采用适用的设计规范和准则、良好的工程实践和质量保证体系，便可以将通常存在的风险、设计和施工中的一般误差考虑进去，保证整个桥梁的安全。这种方法也应在东桥尽量采用。但是，由于东桥的独特性，以及在发生事故的情况下没有相关的工程准则、规范或经验可循，因此，应当进行特殊的调研，包含对其通航的研究，以及风险分析，那才能保证桥梁的安全达到某一可接受的水平。

请参看第 12 章 3. 2 各文献。

特殊调研是在整个大贝耳特通道的安全管理体系（Safety Management System）框架内进行。它包含五个主要部分：

——安全目标；

——安全任务和责任；

——安全程序，包括风险分析在内；

——安全的后续工作；

——安全的审计。

安全的后续工作，主要是指在风险分析中对工程设计和工程运营所提的要求和建议是否业已贯彻，进行复核。关于东桥建设的安全目标、风险分析与设计结果，在本节给出。由于船撞是对东桥的主要威胁，对通航的风险分析，将在 3. 3 至 3. 7 节细说。

安全目标与风险可接受准则

大贝耳特通道的安全目标，已经以可接受的风险水平来制订：可接受的最大失败率，以每 100 年的%，或者说，以每年的 10^{-4}计算。这是假定在 100 年的时间内，所有影响桥梁安危的因素都是均匀分布而推算的。

大贝耳特通道的风险可接受水平，已经分别下达到它的各个部分：西桥、在斯普鲁岛上的土建工程、东隧道和东桥。具体的风险可接受水平，适用于桥梁的不同部分；并且，对每个部分均按以下两种情况分别给出：

——使交通中断达 1 个月以上者；

——使该通道使用人遭遇重大事故者。

见图 3. 2 – 1。

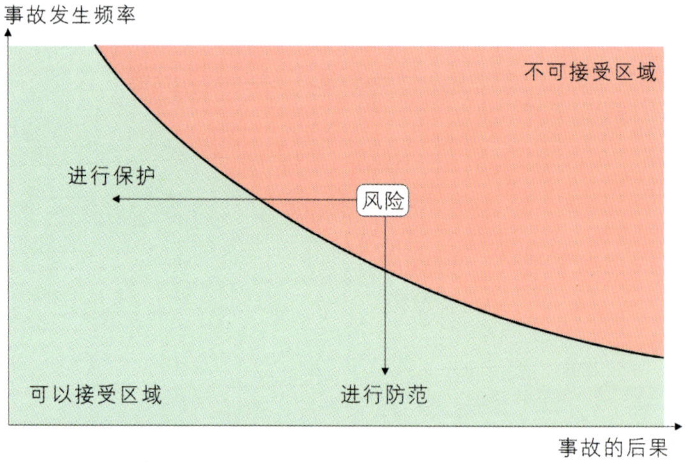

图 3. 2 – 1　风险与风险可接受准则示意

对交通中断风险的可接受水平，为每 100 年 4%，或者说，每年 4×10^{-4}。而对于通道使用人的风险水平是指相对于与东桥长度相同、交通状况相近的高速公路的风险所增添的额外事故风险率。

对桥梁使用人伤亡事故的可接受水平，是按以下两个原则制订：

——个人使用东桥发生伤亡的风险，应大致与使用现时陆地高速公路者差不多；

——对人群伤亡、即社会群体重大事故的风险率，应控制到最小。

个人伤亡风险，是指桥梁使用人每年预期的伤亡数。可接受准则，现规定为每100年的额外死亡人数不超过8人，或者说，在桥梁的预期寿命（即100年中）中，每年死亡人数的平均值大约是1人。对社会群体重大事故的风险率，更应慎重制订，因为，社会对一次造成200人伤亡的事件，显然要比对200次造成一人死亡的事件更为震惊。

在安全管理体系中，认为：较可接受风险水平高出50%，也是许可的。这个50%的提高，是叫“提高的许可准则”。安全管理体系还规定：怎样用风险分析来复核桥的设计和运营能否满足许可准则。

运营期的风险分析

风险总说

在运营时期，风险或来自事故，或来自极端环境。已经调研的类型如下：

——船舶碰撞，包括船舶所载危险物的泄漏；

——飞机碰撞；

——交通事故，包括车辆所载危险物的泄漏；

——极端环境的影响，包括冰害、地震和海床冲刷。

对每一种事故的后果和频率之间的关系都进行了评估，并且考虑了重大风险所致的后果。然后将评定结果与东桥的风险可接受水平进行比较。结果表明：“提高的许可准则”均能满足。

今将主要风险评估结果列在表3.2－1中，其主要假设将在下文给出。表中所列的数值，是在详细设计阶段所得的结果，并已不断更新，直到1998年6月14日东桥通车之时。由表可见，对所有的事故类型，可接受水平一般都能满足，而20～200人的伤亡事故对“提高的许可准则”也可通过。表中所列的数值0，只是说明事故发生的概率非常之小，并不表示不会发生事故。

表3.2－1　东桥交通中断风险评估汇总表

事故类型	中断一个月以上的事故的频率（乘数为：每年 10^{-4}）
船舶碰撞	4.6
船舶泄漏	0.06
飞机碰撞	0.06
交通事故	0.07
冲刷	0.1
冰害	0
地震	0.3
总计	5.2
可接受准则	4.0
“提高的许可准则”	6.0

船舶碰撞

船舶碰撞是造成风险的最主要情况。通航条件虽已明显改善，但若不曾及时采取措施，则导航失误和船上设备的技术失灵仍然会使船沿错误的航线行驶，以致与桥相撞。在碰撞中，船和桥都损坏，而损坏的程度，将由具体情况决定。

以风险估计为基础，并将船撞的荷载值用分析得出，制订了有关东桥遭遇船撞的设计准则。对于运营时期的桥，则假定为：

——在桥的使用寿命中，其锚碇和主要桥墩业已用防护岛进行保护，并且，对防护岛进行经常的检查和维护；

——桥梁应安装警报器和停止车辆运行的系统，借能在紧急情况中止桥上交通；

——船舶运行服务系统（Vessel Traffic Service System，简称 VTS，并见 3.3 节）、原来用于降低西桥发生船撞风险者，现在也用来防止东桥的船撞；而且，还应在觉察到有船撞危险时就发出警报，以便让桥上车辆及时停下来。

从船舶泄漏易燃物

船舶因与桥相撞而泄漏的易燃物，会引起大火、爆炸或毒雾。这种事故将对桥梁造成破坏、并引起交通中断和伤亡事故。但分析表明：这种情况并不常见，不需要采取措施来降低其风险。

飞机碰撞

对于大型民用客机与桥相撞的情况，估计其发生频率极少。所以，无需防范。但是，调查发现，东桥上空经常有低空飞行的军用训练飞机飞过，因此，要制订其对桥塔撞击的设计准则。所取的飞行器是与幻影（RF－4E）歼击机相当，即：

——飞行器质量：20 000 kg；

——撞击速度：150 m/s；

——撞击持续时间：0.067 5 s；

——用于估算穿透值的撞击区有效直径：2.6 m；

——撞击力为线性步进式，在 15 s 时达到最大值 50 MN，并在下降到 0 之前，保持不变。

这种飞行器在与塔相撞时不会引起塔结构破坏，所以，对桥的破坏和桥梁使用人的风险是微不足道的。另外，还提出建议：对轻型飞行器在东桥区域内的飞行，应给出限制。

此外，对飞机撞击悬索桥吊索或加劲梁以致交通中断的情况，也有可能在某种不利条件下发生。只因其风险频率很小，无需采取防范措施。

交通事故

对这桥与类似的高速公路运输同样危险货物，并对危险物泄漏所造成的交通中断和人员伤亡风险进行评估，发现其频率十分低。但东桥的环境状况则要比陆上公路为严峻。特别是对于防护栏所挡不住的车辆，其事故就严重得多。所以，大贝耳特通道信息站业已发出通知：在汽车驶经东桥时必须限制速度；而在疾风情况下，其较易因风颠覆的车辆就不允许进桥。在作防护栏设计时，则要确定车辆闯进大海的风险水平，并将它与可接受准则进行比较。

冲　刷

在对冲刷的防护进行设计时，应该让年频率为 10^{-5} 的波浪和水流所造成的破坏不可能使桥中断 1 个月以上。不过，在极端条件下，防护也可能突然垮塌，交通在这时也只好中断。因此，对防护应经常检查，而在其经受极端冲刷后更应立即检修。

冰　害

桥墩的设计冰荷载要比船舶碰撞设计荷载小得多。因此，由于结冰给桥墩造成的影响可以忽略不计（不过，原设计认为所采用的结冰荷载相当于每年 2×10^{-5} 的频率；但在对西桥进行了重新调研之后，方知该荷载只相当于每年 6×10^{-5} 的频率）。

地　震

桥梁所在地区不可能发生大的地震，因此，未将这事列入设计基准文件。基于对桥梁所在地区和桥的抗震能力的分析，东桥的地震破坏风险率为每年 3×10^{-5}。不需要采取任何降低风险的措施。

3.3 对船舶运输的调研

作者：Erik Bastiansen，MAERSK 经纪人；
Dan Olsen，风险分析专家，COWI。

进行船舶运输调研的目的，是描述以前和未来船舶在大贝耳特海峡运行的强度和物理特性，特别是其向北行驶和向南行驶船舶在东航道的情况。研究主要是在 1988—1991 年进行，已经用若干个报告给出，其数据则保存于数据库中，用以支持各种分析（包括其在 3.4 ~ 3.7 节所描述者）。

请参看第 12 章 3.3 各文献。

信息来源与处理方法

船舶运行强度数据的两大主要来源，是丹麦的 Statistik 和 Scandlines（以前的丹麦国家铁路）。根据丹麦海军的观察数据，丹麦 Statistik 公布了 GRT（Gross Registered Tonnage，可译为总的登记吨位）为 50 t 及以上的船舶每月向北行驶和向南行驶总的数据。而丹麦国家铁路则记录了各艘 20 000 GRT 及以上船舶的向北行驶和向南行驶的数据（其与在西兰与菲英岛之间的渡船运行相关者）。

补充统计则是通过丹麦海事部门（“Farvandsdirektoratets trafikanalyser”，“Shippos”，“Danmarks skibe og skibsfart” 和 “Landshavnerådets 数据库”）以前的调查得到。关于货船类别和吨位的组成，则按照劳埃德船级协会、Fairplay 和国家船舶登记年鉴获得。

基于这些资料，确定了不同种类和吨位的向北行驶和向南行驶船舶的数量。

有关海运进口、出口商品和国内海上运输商品的信息，主要来自波罗的海、大贝耳特海峡和 Kattegat 海峡周边的国家。对于海上贸易，已经预测到 2010 年，借能用作估算船舶运输的发展。关于使用其他路线运行到波罗的海的情况，也开展了调查。例如，经由基尔运河和海湾者。对于经过大贝耳特海峡的货物流和船舶的主要种类都进行了估算；而 Institute for Futures Studies 在预测贸易发展方面也给予了协助。

此前的通航条件

北海与波罗的海之间的主要国际航线，即 T 线（见引言），是经过大贝耳特海峡的东航道、并穿过东桥者，见图 3.3－1。

20 世纪 80 年代后期，在 Korsør 分流区域，在东桥计划位置处的通航条件为：

——向南行驶船舶所用的西航线大约为 900 m 宽，最浅处水深为 19 m；但吃水超过 15 m 的船几乎没有在这里行驶的，因为，在 T 线的南段，靠近 Gedser 处的水深只有 15 m；

——向北行驶的船舶所用的东航线大约 700 m 宽，最浅处水深 17 m；

——穿过东桥计划位置的航线与桥轴线呈 68°交叉，而在桥梁北面 3.1 km 和南面 1.8 km 处，航线的转角分别为 35°和 45°；

——吃水深度为 13 m 或以上的船在进入波罗的海时，应该使用 T 线的领航员，并利用由 IMO 决定

A. 620（15）提供的无线电服务（SHIPPOS）；

——对于超过 40 000 DWT（Dead Weight Tonnage，可译为载重吨位）的船，应该向渡船领导系统报告；

——根据国际公约，对东航道不应设置任何强制性规定。

只有小于一定吃水深度的船，才能使用另外的航线通过 Øresund 海湾和基尔运河。

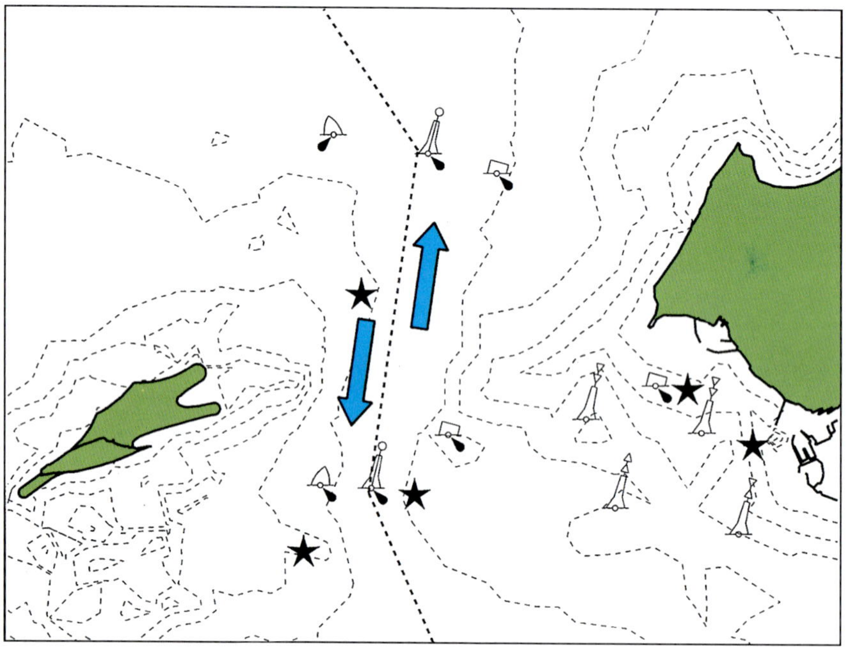

图 3.3-1　在东桥计划位置处，此前的航线

对当地领航员来说，由于以下原因，东桥的计划位置使通航相当困难：

——在两个转角之间，湍急水流与航线有一交角；

——对于大型船来说，从南段转角到桥轴的距离只是 1.8 km，未免嫌短；

——一些船舶在转角处未能实现转向，那就陷入十分危险的处境，这是从事故记录中可以见到的。

而且，在开通大贝耳特通道之前，每年大约有 50 000 艘渡船（在东西方向航行）在南端与南北航线交叉，使南北航运受干扰。

雷达观测分析

现在将 Statsbroen Store Bælt 在 Korsør 分流区域在 1977—1978 年所进行的雷达观测与现所进行的调研联系起来分析。对于船舶在航道内的分布，按向北行驶和向南行驶进行的观测分别进行了估算。目的是利用这种分布来对船舶互相碰撞风险建立模型。事实表明：高斯分布适用于观测结果。对于向北行驶的船舶分布密度的均值 μ 为 474 m，标准差 σ 为 384 m；而向南行驶船舶分布密度的均值 μ 为 356 m，标准差 σ 为 313 m。（译注：参看图 3.5-1 和 3.5-2，但其 μ 均为 415 m，σ 均为 350 m。）

雷达观测还证实了船的到达时间可通过泊松（Poisson）过程进行模拟。这是用来估计相反方向的船在通过东航道时迎面相遇的频率。向南行驶和向北行驶到达时间的概率密度函数分别在图 3.3-2 和 3.3-3 给出。柱状图显示的是观测结果，而曲线则与指数函数相对应。没有迹象表明相反方向船舶的到达时间是随机性相关的。

对于在桥梁计划位置处的近距离船舶相遇，也在雷达观测的基础上使用泊松计算进行试算。对于船舶相遇的时间间隔能否以指数形式表达，经在图 3.3 - 4 给出。由于观测结果较少，柱状图是分散的。

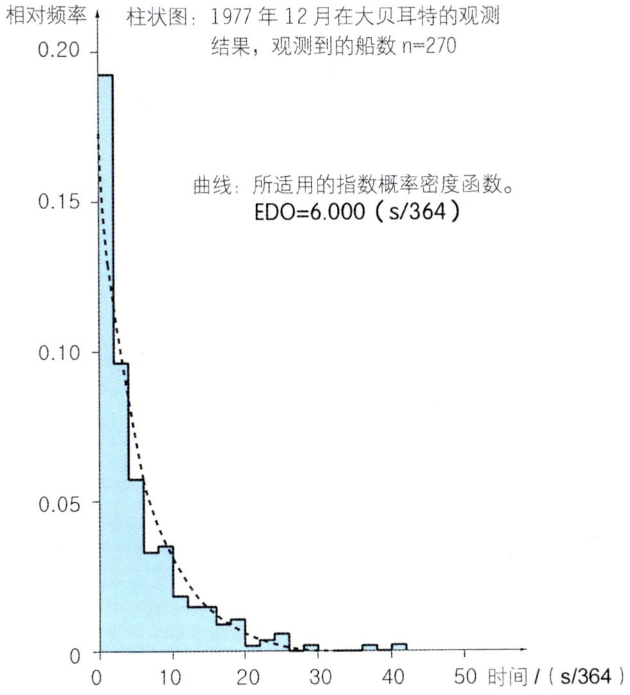

图 3.3 - 2 向北行驶船舶到达时间间隔

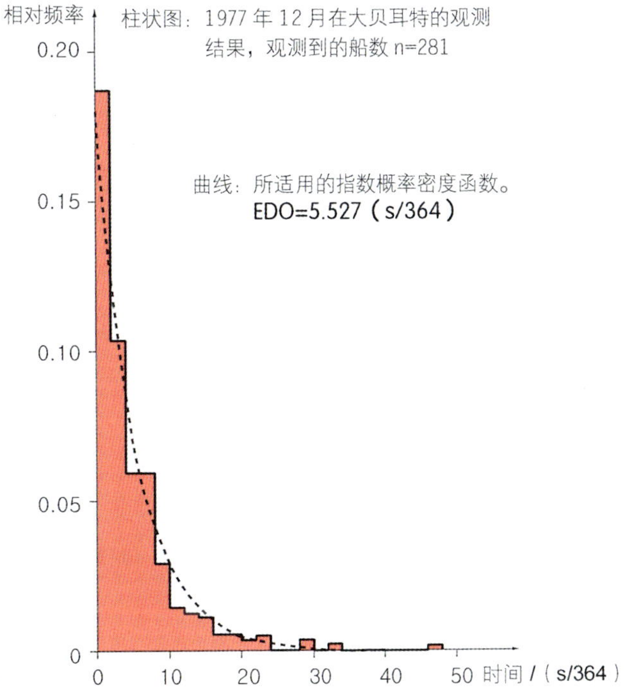

图 3.3 - 3 向南行驶船舶到达时间间隔

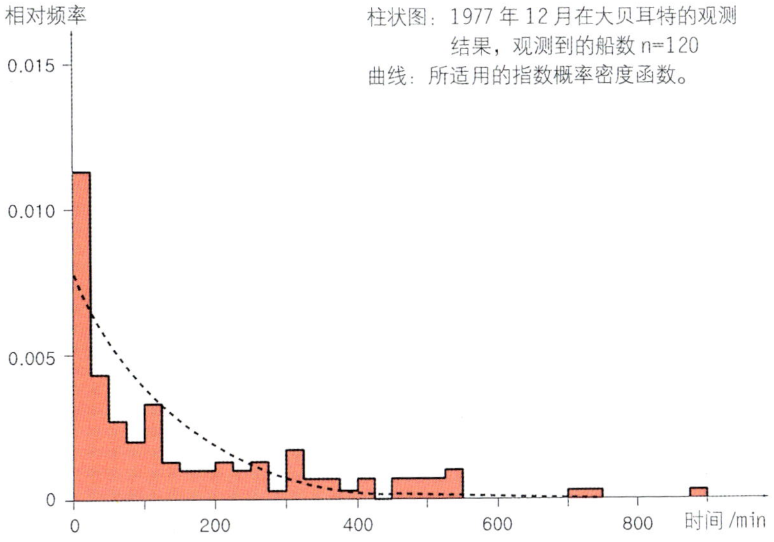

图 3.3 - 4 反方向船舶相遇时间的间隔

船舶货运情况

以前的情形

经过大贝耳特，50 GRT 及以上的向北行驶和向南行驶船舶的总数业已从其巅峰期（1970—1971 年）的 30 000 条降到 20 000 ~ 22 000 条（1988—1991 年）。但是，经过该处的货运总吨位却逐年上升，主要原因是40 000 DWT及以上的船数翻了一番，即从1975年的500条上升到1988—1991期间每年1 200条。根据估算，1987年经过大贝耳特的货物为135 Mt，其80%的船通过东航道，20%则通过西航道。

运行船舶的构成，按其大小和类型，分别在表3.3－1和3.3－2给出。油船数占到总船数的20%，其分布较均匀，直到40 000～60 000 DWT。较多的是40 000 DWT，因为，前苏联曾用这种吨位的船进行石油出口。40 000 DWT及以上的船都是油船和散装货船，后者占总船数的10%左右，在10 000～80 000 DWT范围内为均匀分布，且以100 000～150 000 DWT为多。

表3.3－1　通过大贝耳特的船数（按船的吨位给出）

船的吨位	以前的情况	对2010年的预测	
		第一种情况	第二种情况
各种吨位船的总数	21 500	18 400	19 900
40 000DWT及以上	1 250	1 235	1 700
60 000DWT及以上	470	780	1 220
100 000DWT及以上	220	260	335
150 000DWT及以上	30	65	80

表3.3－2　通过大贝耳特的船数（按船的类型给出）

船的类型	以前的情形	对2010年的预测	
		第一种情况	第二种情况
油船	4 282	2 393	3 196
化学液货船	655	1 054	1 175
液化石油气货船	280	540	540
散装货船	2 065	2 277	2 394
集装箱货船	1 180	2 162	2 400
一般货船	9 935	6 735	6 917
内河/海船	600	761	761
所有其他类型船	2 305	2 505	2 505
合计	21 501	18 427	19 888

对2010年的预测

对1990—2010年的政治、经济发展，进行了两种情况的预测。预测的结果，在图3.3－5给出。这两情况的不同之处，主要在于对东欧和前苏联的计划经济向市场经济转变快慢的估计，以及其对大贝耳特航运的影响。第一种情况是基于波罗的海1989年（即东欧各国开始发生变化时）之前情形，用一种缓慢的发展方式。这种情况不会对波罗的海的海上贸易有大的改变。第二种情况则基于1989年年初的形势，认为会有一种更加快速的变化；这将改变波罗的海的海上贸易，并对大贝耳特的货物流产生影响。

2010年的总船数可能会比现在少一些，主要原因是船的吨位增大，加上一些短途货物的运输将通过陆上或渡船完成（见图3.3－5）。估计大型船总数将维持在1 250条左右；但是，40 000 DWT及以上的船的数量则不会下降（见图3.3－6）。

船舶运行服务系统（即3.2节曾提到过的VTS）

自1994年起，一个临时的船舶运行服务系统（VTS）开始在西桥使用，它能搜集船的运行资料；而其主要目的则是防止船舶与西桥碰撞。VTS可改善航行区域内的船舶航行状况，因而也用之于东桥。对由

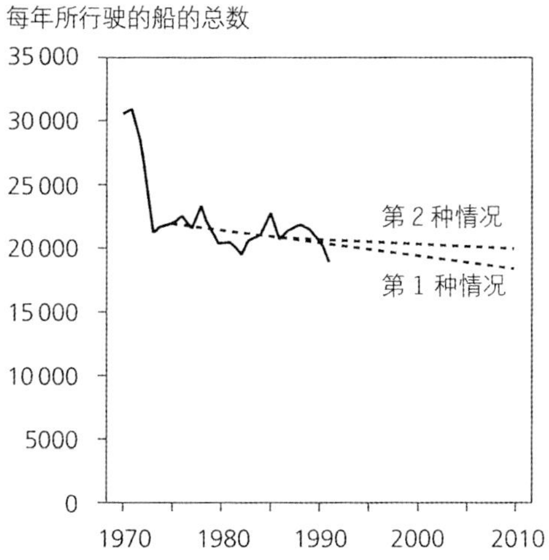

图 3.3-5 每年行驶的船的总数

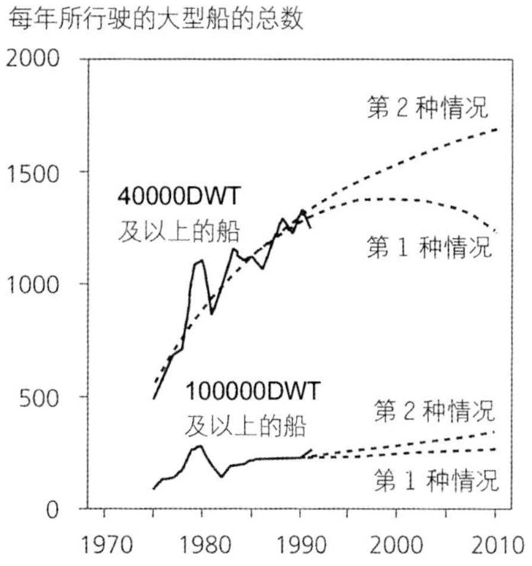

图 3.3-6 每年行驶的大型船的总数

它搜集的资料进行分析，可知运行总量正如预测那样提高，而且，40 000 DWT 及以上的船数业已增长到预期在 2010 年的水平。这是因为运往芬兰的石油已经由以前 100% 依赖前苏联到几乎 100% 从世界其他地区进口（例如北海）。而原先对 2010 年的预测，是按其从俄罗斯和从世界其他地区的石油进口量呈 1∶1的比率。另外，在预测中，曾认为在一些区段，其航行量可能下降，然而这一情况并未发生，因此仅做了较小的调整。根据 VTS 资料，还可对干舷高度相对于甲板室的分布稍作修改。值得注意的是，运输液化石油气的船数现已增加。但其运量较低，其发展也许是暂时的，所以未做进一步调整。有关船舶运输和事故的数据库，可以按 VTS 搜集的信息随时更新。根据在 3.2 节中提到的安全管理体系原则，该项更新的信息可用作对今后船舶碰撞风险分析的依据。

3.4 通航条件研究

作者：Dan Olsen，风险分析专家，COWI。

在方案设计阶段引入了船舶通航模拟技术，其目的就是评估主跨为 780 m 的斜拉桥和主跨为 1 416 m 的悬索桥以哪一种为合适。考虑了它们在通航安全方面的差异，初步结果是：780 m 跨度不足以提供安全的通航条件，而 1 416 m 的跨度是否足够也难于确定。主要影响因素为：成本、安全和技术解决方案。

又采用了其他桥式方案，并且用更进一步的模拟技术和补充研究进行。最终，将 1 624 m 的悬索桥和改善航道方案用之于招标设计。让桥下拥有足够的横向宽度，可以使普通的航行偏差不致使船撞到桥塔和锚碇。只有航行出错和船舶技术失灵（这当然也是很难完全避免的），才会使桥梁主体结构遇到船舶碰撞。

请参看第 12 章 3.4 各文献。

船舶通航模拟

模拟试验在丹麦海事研究院（DMI）的一个数字操纵模拟器上进行，从而决定桥梁跨度布局、航行水道以及导航设备的影响。主要模拟是为向北行驶和向南行驶船舶在建议桥梁下相遇的过程。对 7 种桥梁跨度（从 780 ~ 1 800 m，参见图 3.4 – 1）、9 种航线设计以及对浮标、航标和指示灯的位置，进行了研究。船舶则使用一艘 160 000 DWT 的油船和一艘经轻压载与加载的、200 m 长的汽车运输船。选择油船因为它是典型的大船，较为笨重、不灵活，在停止之前需要较长距离，转弯时需要较大回转圆。选择汽车运输船，因为其受风面积大，在逆风行驶时迟缓。当地 20 名领航员参与了该模拟试验。让航行尽量困难，例如，使船舶接近进口处浮标，或在驶近通航净空之前靠近航线界边。风向、水流方向也按几种不利的速度和方向进行组合（注：见图 3.4 – 2）。更多的雷达模拟试验在丹麦海军训练设备基地与原哥本哈根通航学院展开，对能见度为零的情况和船舶数量增加的影响，也进行了研究。

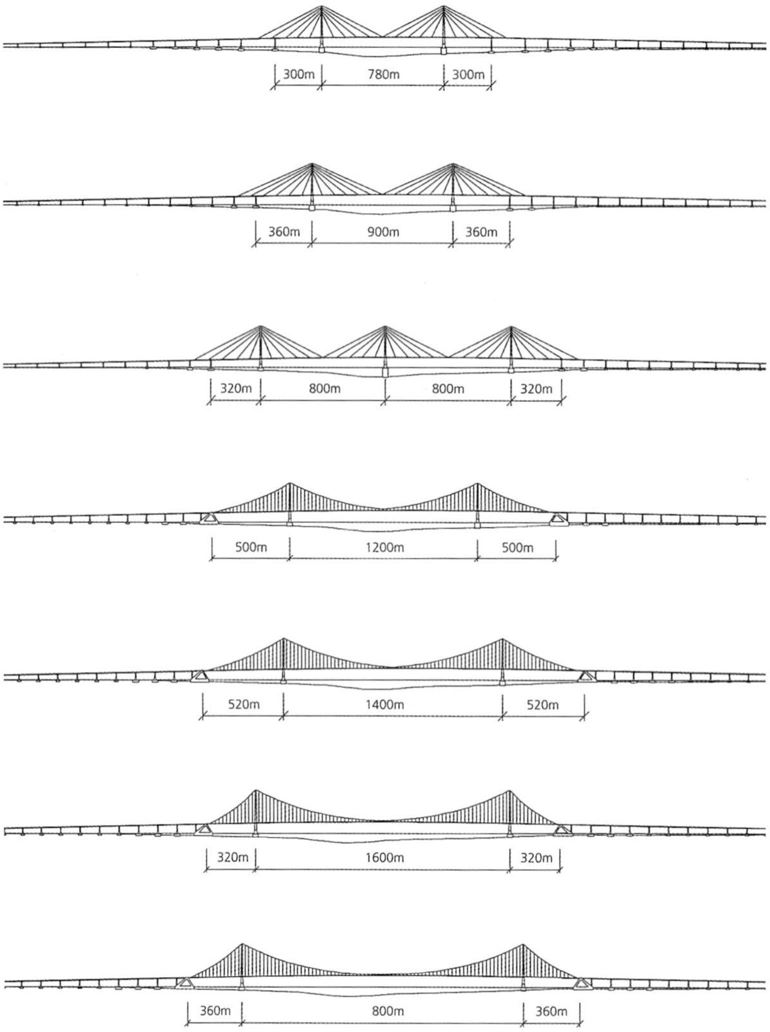

图 3.4 – 1　七种桥梁方案

在对 324 次模拟运行进行了评估之后，得出以下结论：

——正桥跨度为 780 m、900 m、2 × 800 m 和 1 200 m 时，安全等级会降到船与桥频繁碰撞的程度；

——正桥跨度为 1 400 m、1 600 m 和 1 800 m 时，如果将航线与桥轴交叉角增加到大约 76°，则通航条件至少与建桥之前一样，或者更好一些。

最后决定：用于招标的设计，采取主跨为 1 624 m、并展直其航线，使其与桥轴达到 78°的交叉角（注：参见图 3.11 – 1），同时还让向北行驶和向南行驶的航线都有一个长 2.3 km 的直线段。领航员们认为，这可以使通航条件显著改善；而后来的实践也证实了这一点。

该项船舶通航模拟方法，在相关方之间创造了一种有效的对话和合作关系。这些相关方包括：桥的业主、桥的设计人、风险分析专家、模拟试验专家、领航员和海事当局。

船舶领域理论（Ship domain theory）

通过船舶领域的分析，扩大了通航条件研究的基础。船舶领域理论，来自对船舶观察所得的经验法则。为了航行安全，船长应经常注意使其船与其他的船、固定目标和浅水区保持一定的安全距离。该距离需视船的速度、能见度、所遇物的类型、区域是受限制的或开阔的，以及相邻船舶数量而异。在船舶周围所应留出的安全区域，称为“船舶领域”。图 3. 4 – 3，显示了两条尺寸相同的船在狭窄航道中迎面相遇情况，以及大致的船舶领域。

图 3. 4 – 2　船舶通航模拟

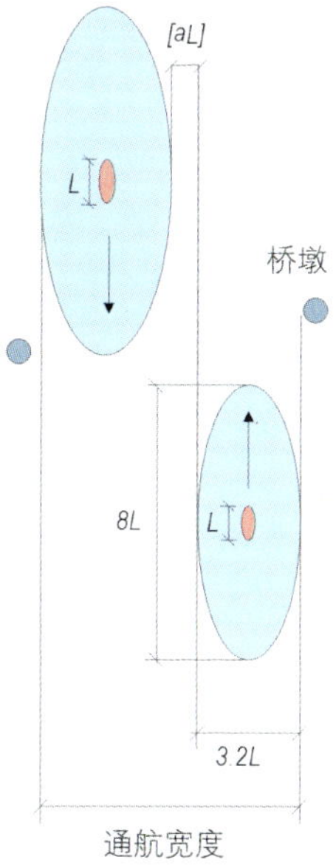

图 3. 4 – 3　船舶领域示意

一些研究海上交通的人员，主要是在日本和欧洲，对船舶领域进行了研究。由 Fujii 领导的研究得出船舶以工作速度自由通航（水道中没有任何障碍）时的下列船舶领域平均值，其中 L 代表船的长度：

——顺航向：8. 0 L；

——垂直于航向：3. 2 L。

对于单向通航情况，桥的最小净跨度应与穿过该桥的大型船的船舶领域宽度相等。如果是双向通航，则桥梁净跨度（或通航宽度）当为：

$$W = (2 \times 3.2 + a)L$$

式中　W——通航宽度；

a——宽度系数，用于推算分隔带宽度、及航线边缘与桥墩间距者；按目前的研究，$a = 1$；

L——分位值为 95% 的最大船舶长度。

大贝耳特东航道分位值 95% 最大船舶为 40 000 DWT、且长度为 200 m 者。估计所需的最小通航净宽度为：

$$W = 7.4 \times 200 = 1\ 480 \text{ m}$$

在船舶通航模拟分析中发现：即使航线被拉直，通航净宽度小于 1 400 m 也是不够的。这表示：按两种不同方法所估计的最小通航宽度值，几乎是相同的。根据 Shoji 估计，从桥位到航线最近的一个转角处，直线段至少需要 8 L，而最好是 20 L。（译注：因 $L=200$ m，$8L$ 是 1.6 km，20 $L=4.0$ km，而现在决定所取的 2.3 km 则是 15.5 L。）如果距离小于此数，转角处将形成更加复杂的通航条件。该结果是根据世界范围内桥梁碰撞事故的数据得出的。而船的长度 L 则为发生碰撞事故时的船的长度。该结果也与试验结果很是接近。

对船桥碰撞事故的分析

已经与各国桥梁主管部门、海事安全部门和工程公司接触，对全世界航行状况与东桥相近的主要桥梁进行了分析。美国和加拿大的权威部门提供了有关所选桥梁的船撞和航行数据，这些数据十分有用。碰撞统计数据通过多种渠道获得，但主要渠道为船舶损伤数据库、美国海上警卫队资料和加拿大海上航行损伤数据库。有关这些桥梁在过去十年的碰撞数据均包含于本分析之中，并附有对有关事故的文章和报道。但值得注意的是，分析是基于对所选桥梁的设计和通航条件的有限认识得出的，而这些认识又主要以桥梁平面、立面图，航海图和附近港口的航程/吃水深度（trip/draft）表得出。对具体桥梁最小通航宽度的计算则通过以上理论和规则进行。船舶的特征长度，取吃水深度或吨位分位值为 95% 者。航行数据主要根据附近港口的航程/吃水深度表得出。对每一情况均按单向或双向通航作出决定。

对加拿大和美国的 26 座大桥进行了评估，详细结果见《采用船舶领域理论对最小桥梁跨度的评估》（注：见第 12 章 3.4 之 2）一文。对这些桥梁的选取，主要按照以下准则：

——除了很少的例外，它至少应有一个大于 200 m 的主跨；

——有可以利用的关于船舶运输和一种典型大船的数据；

——在其通航水域中，有一个或几个桥墩。

这些桥梁可以分为两组。第一组包含其最小跨度符合经验法则者，第二组则是不符合经验法则者。第一组有 12 座桥梁，在过去 10 年中，据报道曾有两起桥梁碰撞事故。第二组包括 14 座桥梁，据报道在同一时期共发生了 46 起碰撞事故。这一显著区别显示了结合航运特点，选择净跨度（通航宽度）在降低危险方面的效应。

近距离迎面相遇方法（close encounter method）

经验的船舶领域法则，被延伸到评估两船相向而行时在桥的邻近相遇，以及它们总的船舶领域和分隔带宽度超过了桥的跨度，其频率是多大。这一研究的结果如图 3.4－4。

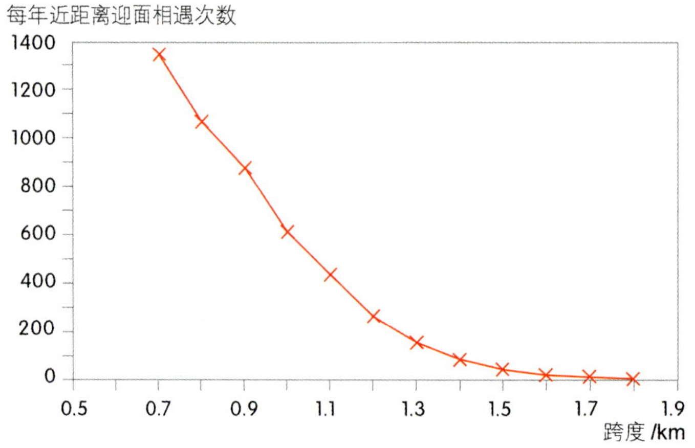

图 3.4－4　预期的每年近距离迎面相遇次数

如果让可接受的近距离相遇的数目事实上为零的话，那么，1 800 m 的跨度将是必需的。不过，由于图 3.4 -4 所示曲线逐渐变平，让跨度大于 1 400 m 所得收益越来越小。所选择的 1 624 m 跨度大致是每年 10 ~ 15 次，或将近于每月有一次的近距离迎面相遇。

法 规

基于船舶领域理论，1973 年，日本政府通过了一部海上安全法，要求国际通航的单向行驶航道的最小航道宽度为 700 m，双向行驶航道为 1 400 m（日本主要典型大船的长度一般为 200 m）。据此，近年来日本的桥梁建设业已照办；即：備赞濑户大桥提供两个单独的超过 700 m 的跨度（译注：跨径分别为 990 m 和 1 100 m），而明石海峡大桥为双向通航，有一个 1 990 m 的跨度。

3.5 船撞风险模型

作者：Dan Olsen，风险分析专家，COWI。

以防范船撞风险为基础的桥梁设计，主要为：

——让桥梁跨度相当大，并不是由于桥的存在而增加了通航难度，只因导航失误或船上技术失灵，方才发生船撞；

——结构对船撞的抗力很大，预期其造成超过一个月交通中断的频率不应超过其可接受的水平。

如 3.4 节所述，可以让第一个要求得到满足。为了研究招标设计是否能满足第二个要求，特建立了一个船撞风险模型。这个模型也可用来优化引桥桥墩和桥的垂直轮廓线。

该模型共计包含四种风险情况，每种情况代表船的一种运动轨迹模式。主要的三种模式是确定的，而第四种则代表所有其他轨迹模式。这四种轨迹模式如下：

第一种：船以正常速度按照顺直线航行。所发生的事故大多是由于人为失误，但也包括当船靠近桥梁时船的推进和操舵系统失灵（见图 3.5 -1）；

第二种：在应该转向处，船没有转向（见图 3.5 -2）；

第三种：当船靠近桥梁时，为了避让其他的船，以致撞上了桥；

第四种：除前三种以外，所有其他的轨迹模式，例如偏离航向，或漂流（见图 3.5 -3）。

第一种和第二种的简化表达式为：

$$F_{\mathrm{cat},\,\mathrm{I}} = \sum_{\substack{\text{ship class} \\ i=1}}^{n\ \text{class}} P_{ci} Q_i \int_L R_i f_i B_i \,\mathrm{d}s$$

$$F_{\mathrm{cat},\,\mathrm{II}} = \sum_{\substack{\text{ship class} \\ i=1}}^{n\ \text{class}} P_{ci} Q_i P_0^{\,(d-a_i)/a_i} \int_L R_i f_i B_i \,\mathrm{d}s$$

式中 F_{cat}——预期的每年严重碰撞事故数目；

i——由船舶类型和 DWT 决定的船的级别编号；

P_{ci}——因果概率，即由于人为失误和技术问题而导致的避让目的物失败的比率；因果概率与船的级别（i）有关，因为，船有领航员的概率是随着船的吨位而增加的；

Q_i——级别为（i）的船每年的行驶次数；

L——垂直于船航行方向的结构净跨度；

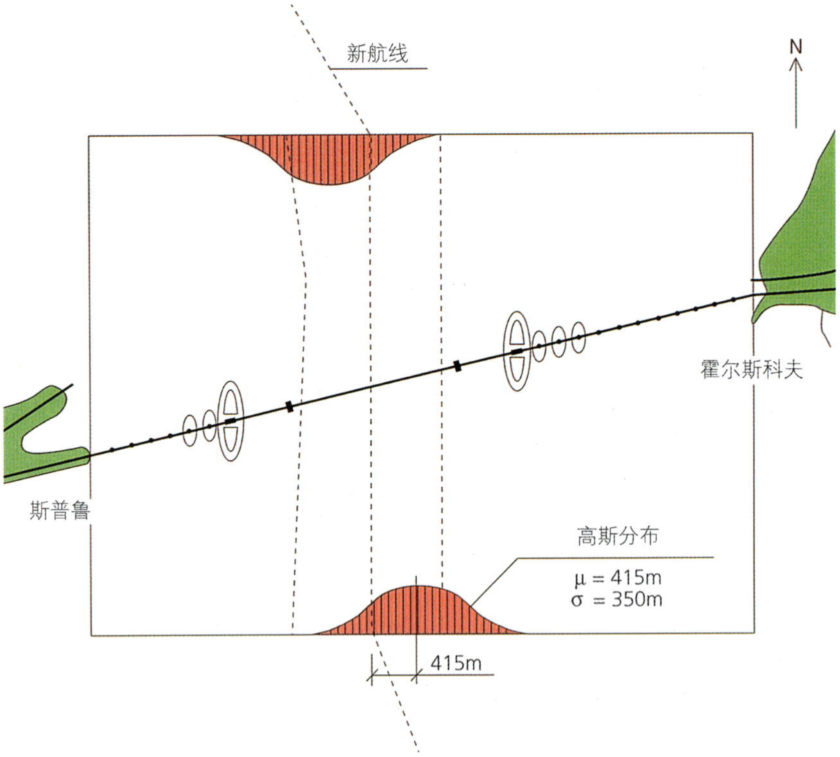

图 3.5－1　船舶运动轨迹第一种模式

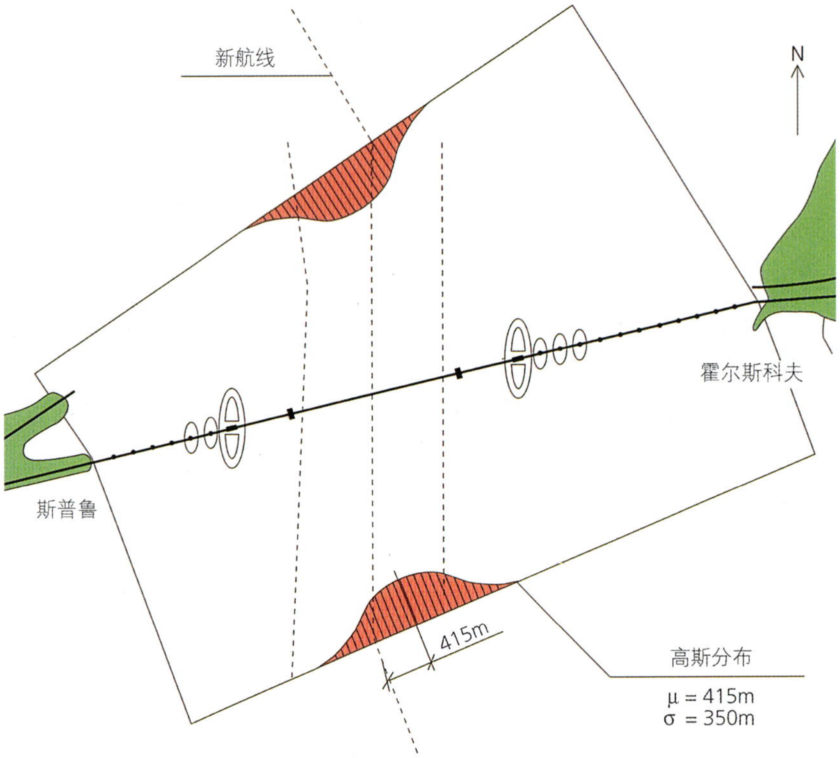

图 3.5－2　船舶运动轨迹第二种模式

R_i——当发生碰撞时，对桥造成破坏的概率；

f_i——船的运动轨迹的分布；对于一般的航行、船不需要转向时，可用高斯分布函数，而其参数则可用雷达对该区域的观测来决定；

B_i——碰撞指示函数；即：当船碰撞到桥时用 1 表示，而当预期碰撞的船安全通过或在发生碰撞之前业已搁浅时则用 0 表示；

P_0——发生忽略检验船舶位置事件的概率；

d——在航道上，从船舶结构到航道转弯处距离，它因船的侧向位置而异；

a_i——驾驶员所取的检验位置之点之间的平均距离，可以取 $8L_{vi}$，这里的 L_{vi} 是指级别为 i 的各船的平均长度。

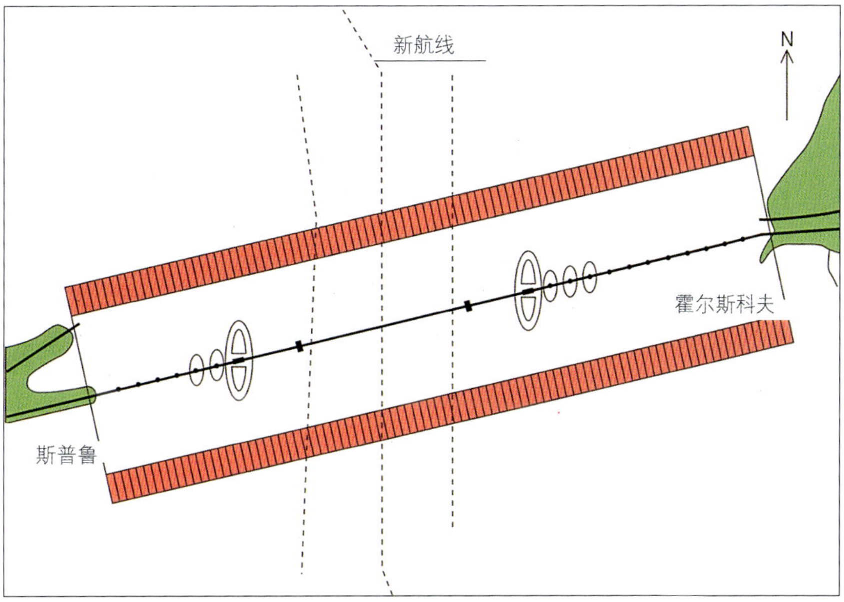

图 3.5 -3　船舶运动轨迹第四种模式

对肇致交通中断 1 个月以上的损坏的频率估算值，业已在表 3.2 -1 给出。

该模型是物理学家 Yahei Fujii 等人在 19 世纪 70 年代初基于在日本发生的船舶搁浅事故的风险模型而进行的拓展工作（注：参见第 12 章 3.4 之 3）。拓展该模型的指导原则是将它建立于可观测到的因素之上。例如，概率 P_{ci} 就是基于可观侧到的事故，而不是将人为失误和推进、操舵系统失灵同船舶行为混在一起。

模型所用到的数据，包含：地点、几何尺寸、桥的结构强度、航道的几何形状、按船的吨位所决定的运动轨迹、船在航道宽度内的轨迹分布 f_i、区域之内的各处水深、以及因果概率 P_{ci}。

因果概率是以从各地搜集到手的事故纪录为基础、转换为大贝耳特区域所可以使用者。对所得到的风险模型稍作修订，使适用于推测本桥区域内的搁浅事件。由于所推测的每年搁浅事故数目大致和本桥区域内所观测到的数目相近，乃认为：用这法所得的风险概率估算值在数量级上是合适的。

3.6 船舶破坏荷载研究

作者：Preben Terndrup Pedersen，教授，丹麦技术大学。

在知道船与桥墩或主梁碰撞的概率之后，下一步就是研究其碰撞的后果。用数学术语讲，每年由于船撞而造成的大贝耳特通道中断的损失的概率估算值为：

$$P_f = \sum_i P_f\ (^*\text{lcollision})\ F_i\ (\text{collision})$$

式中　F_i（collision）——第 i 级别的船每年的碰撞概率，用前面所讲的原理来算；

P_f（*lcollision）——一个碰撞事件所引起的一年的后果，以结构破坏的形式来表达。

为了估算桥梁破坏的概率，必须开发用于估算船艏与桥墩正面碰撞（注：见图 3.6－1）、漂流船舶与桥墩侧面碰撞（注：见图 3.6－2）、及甲板室与桥梁碰撞所生的破坏荷载（注：见图 3.6－8）。

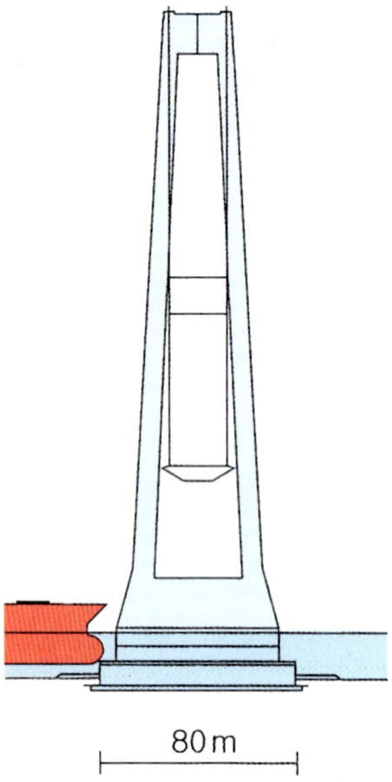

图 3.6－1　与桥墩发生的船艏碰撞

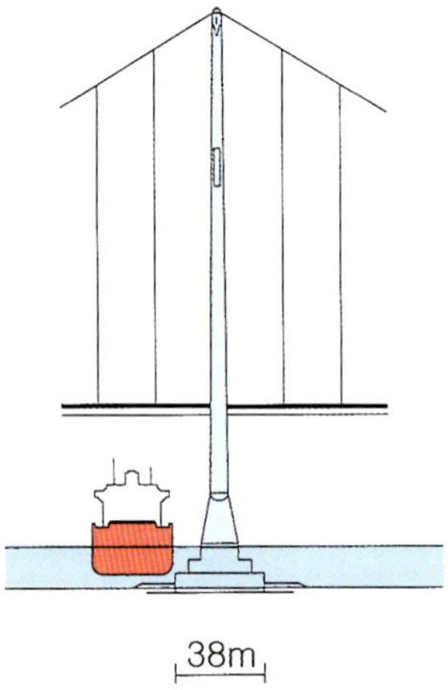

图 3.6－2　与桥墩发生的舷侧碰撞

为这三种模式的船撞所生的破坏荷载的推算，应该包含所有的船的类型和吨位，并且将船速、碰撞角度、桥梁几何形状等因素均考虑进去。总的和局部的荷载都应决定出来。

数值分析是由 Det Norske Veritas 进行的。先建立一个可以用模型船碰撞来检验的合理的理论破坏模型。再将经过验证的理论破坏模型用之于现有的船舶。基于这些数值计算结果，用经验表达式（既要易于计算、又能合理准确地预测船的撞击力者）表示，再将这些表达式概括在风险概率模型之中。

请参看第 12 章 3.6 各文献。

船艏结构的破坏分析

分析程序

船艏结构很复杂，用传统的有限元方法来描述它在碰撞过程中的行为是非常费时的。而且，由于船的不同部分的压溃、压坏和扯裂，它的变形非常复杂，那也很难用有限元法现有的塑性模型来描述。

在过去，已经推导出许多不同的分析模型来估算总荷载与船碰撞中的变形功。或许最有名的就是 1959 年由 V U Minorsky 所著，并且在《参照核电厂的船舶碰撞分析》一文中有介绍者。较新的基于直接计算的数学模型，则是由 Amdahl 于 1983 年，Yang & Caldwell 于 1988 年以及 Kirkegaard 于 1993 年在丹麦技术大学（DTU）海洋工程系关于船与冰山碰撞的博士论文所介绍者。

Det Norske Veritas 的研究是建立在 Amdahl 和 Yang & Caldwell 的基础上的，且其数值结果曾在 DTU 进行过独立的校核。

Amdahl 的方法是建立在基本结构单元，如角钢、T 型截面和十字形截面（见图 3.6－3）的塑性变形的能量消散理论上的。每一结构的破坏荷载是由组成其实际横截面的基本单元来决定。对于每一单元，折叠长度和破坏荷载都是由在折叠过程中让其所吸收的变形功为最小来决定。Amdahl 的程序引出了以下用来预测平均破坏强度的公式：

$$\sigma_c = 2.42\sigma_o\left[\frac{n_{AT}t^2}{A}\right]^{0.67}\left[0.87 + 1.27\frac{n_c + 0.31n_T}{n_{AT}}\left[\frac{A}{(n_c + 0.31n_T)t^2}\right]^{0.25}\right]^{0.67} \tag{1}$$

总破坏荷载是由乘以相关的变形钢材的横截面面积得到的：

$$P_c = \sigma_c A \tag{2}$$

式中　σ_c——船艏的平均破坏强度；

σ_o——钢材强度（包括应变速率效应在内）；

t——板在整个横截面内的平均厚度；

A——变形了的钢材的横截面面积；

n_c——在横截面内的十字形截面的数量，见图 3.6－3；

n_T——在横截面内的 T 型截面的数量，见图 3.6－3；

n_{AT}——在横截面内的角钢（和 T 型截面）的数量，见图 3.6－3（译注：“和 T 型截面”似属衍文）。

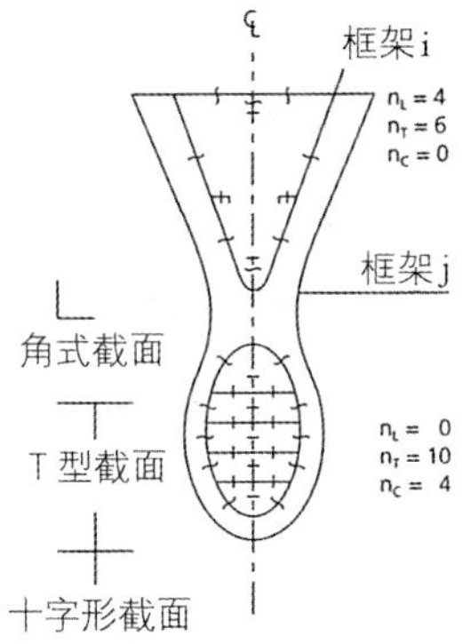

图 3.6－3　为决定破坏单元数目，所使用的球鼻艏剖面图

（译注：图中的 n_L 似应为 n_{AT}，借能与式（1）对应）

在大贝耳特通道的分析中，为更好地与船艏模型实验结果适应，对式（1）稍有修改。这是指甲板或船底板与船艏之间的角钢，因为它们的破坏行为是和十字形截面相近，所以，让其一个角钢＝1/2 十字形截面。Amdahl 指出：这种破坏方式代表了上值解。还有，结构的有效破坏长度等于纵向加劲结构折叠长度的 0.75，或横向加劲结构折叠长度的 0.85。这些数值是取自前面提到的用船艏模型所得的荷载—压瘪度曲线（注：图 3.6－4 是这曲线的例子）的峰值。另外，所用的钢材特征强度是按屈服点和最终拉力强度的平均值计算。

1988 年由 Yang& Caldwell 在《船艏结构碰撞的能量吸收》论文中提出的破坏模型，在很大程度上，是建立在 1983 年 Amdahl 所做的相同变形和能量评估基础之上的，并记叙在《船和平台碰撞的能量吸收》一文之中。这两种方法都采用了 Wierzbicki 提出的折叠机理，并记录在《板在交叉构造处的碰坏行为》一文中。

与稍予修改的 Amdahl 方法相比，可以看到以下区别：Yang & Caldwell 对于所考虑的结构变形的能量消散有不同看法。Amdahl 是通过让折叠过程中所吸收的变形功最小化来决定折叠长度和破坏荷载；而 Yang & Caldwell 则假定如果横向框架的间距小于理论折叠长度，则折叠长度 H 等于横向框架的间距。他们还建议：纵向加劲肋可以折算在船壳板的计算厚度之中，只需让换算厚度的壳板的塑性弯矩值等于其有纵向加劲肋的船壳的塑性弯矩值就行了。

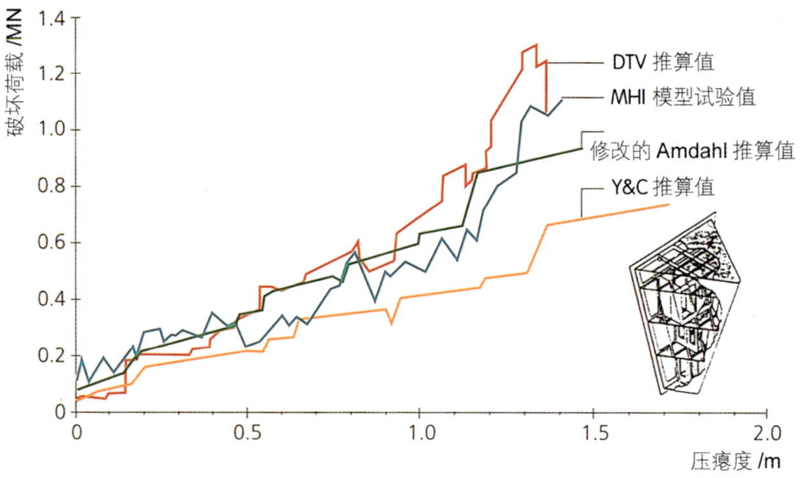

图 3.6－4　各种推算值和模型试验值的比较

1993 年在 DTU 开发的用于船艏破坏分析的程序，是建立在用于基本壳板交叉点轴向破坏的上限值塑性理论。通过考虑在不同结构单元中互相作用的内力，结构变形可以模拟；因此，这个程序可以解决该结构破坏的和未破坏部分的刚性运动。

对破坏荷载推算值的验证

很明显，评估现有碰撞模型最好的方法，是将小型船的结构理论预测值与它们的实验检测值对比。曾经做过一些验证，但验证的数目是有限的；就复杂程度和尺寸比例讲，验证对象也和实际船舶有很大差别。而且，对船艏碰撞破坏荷载值的离散性无法确定。由于没有足尺的验证结果，对计算值的不确定程度也就没办法估算。于是，这一验证就变为不能肯定的。

曾经对获得的检测数据做了一系列比较。图 3.6－4 表示 1983 年由 Hagiwara et al 用一高 3.26 m、宽 2.232 m、深 1.984 m 的船艏模型所做的试验，与其用修改的 Amdahl 程序、Yang & Caldwell（图内用 Y&C 表示）程序以及 DTU 程序的推算结果相比较。

该结果大体上表明：对于横向加劲的船艏结构的试验值，修改的 Amdahl 公式能推算出更为合理的破坏荷载。对于纵向加劲的船艏，使用修改的 Amdahl 可能会使破坏荷载的推算值较为保守；而使用 Y&C 方法的推算值则偏低。

对桥墩船艏相撞时的荷载值的预期

前面所描述的、作为穿入度函数的坡坏荷载计算程序，是建立在与一无限大的刚性平面墙碰撞的基础之上的。

为了得到详细的数值计算，考虑了六种不同的船：

1. 150 000 DWT 的散装货船；
2. 40 000 DWT 的集装箱货船；
3. 3 000 DWT 的杂货船；
4. 2 000 DWT 的液货船；
5. 1 000 DWT 的托盘货船；
6. 500 DWT 的沿海船。

对于 150 000 DWT 的散装货船和 40 000 DWT 的集装箱货船，都已按照 DNV Baltic 冰级 1B 的要求加固考虑。这种冰级目前在这种规模的船已经很少使用，一种更高冰级被认为会导致局部碰撞荷载值偏于保守。另一方面，如果撞击能很高以致大部分船艏会破坏，总的荷载不会因为这些船的冰级而产生显著变化。

此处，只显示了150 000 DWT的散装货船在满载时以18 kn的碰撞速度与刚性墙正面碰撞的情况。在这种情况下，图3.6-5通过使用修改的Amdahl方法和Yang & Caldwell方法而得到的破坏荷载—压瘪度曲线。总的破坏荷载被估算为船艏各变形部分破坏荷载的总和。对于超过球鼻长度的船艏压瘪度，这两处的变形位置将会合而为一，并与常规船艏碰撞相似。

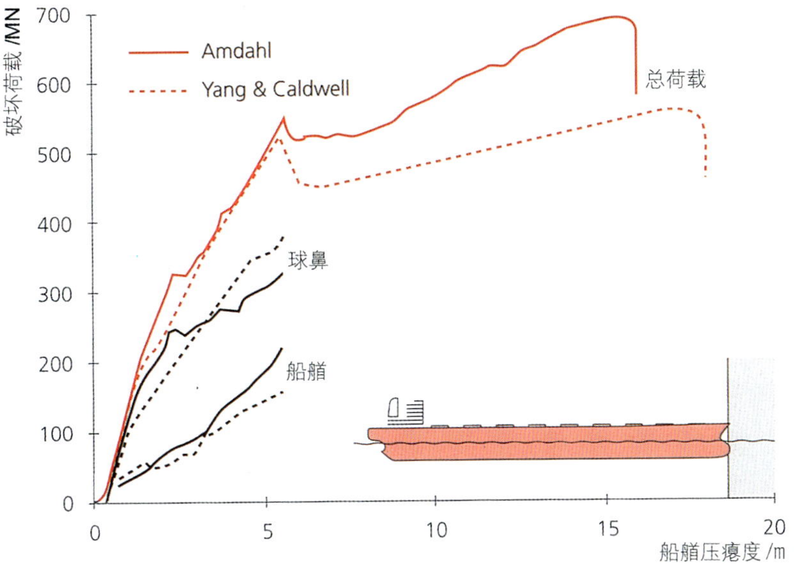

图3.6-5 150 000 DWT散装货船以9.3 m/s的速度行驶时的船艏碰撞荷载—变位曲线

将球鼻荷载和船艏荷载相加的做法，并不总是正确的。对于球鼻与船艏的组合，若球端充分加劲但后部较弱，则在后部发生变形时，总的破坏荷载会小于现时方法所预测的。这样的变形过程是在许多模型检验和足尺碰撞中观察到的。

独立计算的结果，验证了用修改的Amdahl和Yang & Caldwell方法的程序。

目前，对于复杂结构情况下进行预测，由DTU开发的程序也许是唯一的简单模型。将它应用于初速度为7.72 m/s的150 000 DWT散装货船，所得的最大破坏力为490 MN，压瘪度为16.3 m。这些独立的计算结果验证了使用修改的Amdahl和Yang & Caldwell方法的程序。

船艏碰撞力的经验表达式

有一个对船艏最大破坏荷载的经验式曾被提出并用之于估算。尽管在前面所列出的计算船艏破坏荷载的数值计算方法相对比较简单，但若用在大贝耳特通道风险分析程序，仍然感到复杂。因此，以所分析的若干碰撞案例为基础，得出了一个估算船艏破坏荷载的简单估算式。这式考虑了应变速率、冲击速度、船的装载情况以及船的大小问题。但不涉及偏心碰撞和固定结构的宽度。

对于500 DWT到300 000 DWT之间的商船，所提的表达式如下：

$$P_{\text{bow}} = \begin{cases} P_{\text{o}}\bar{L}\ [\bar{E}_{\text{imp}} + (5.0-\bar{L})\ \bar{L}^{1.6}]^{0.5} & \text{适用于}\ \bar{E}_{\text{imp}} \geq \bar{L}^{2.6} \\ 2.24P_{\text{o}}\ [\bar{E}_{\text{imp}}\bar{L}]^{0.5} & \text{适用于}\ \bar{E}_{\text{imp}} < \bar{L}^{2.6} \end{cases} \tag{3}$$

式中 $\bar{L} = L_{\text{pp}}/275\ \text{m}$

$\bar{E}_{\text{imp}} = E_{\text{imp}}/1\ 425\ \text{MN} \cdot \text{m}$

$E_{\text{imp}} = \dfrac{1}{2}m_x V_0^2$

式中　P_{bow}——船艏最大碰撞荷载（MN）；

P_o——等于 210 MN 的参照碰撞荷载；

E_{imp}——塑性变形所吸收的能量；

L_{pp}——船舶长度（m）；

m_x——在纵向运动时应增添 5% 的质量（10^6kg）；

V_0——船的初速度（m/s）。

最大压瘪度的经验表达式为

$$S_{max}=\frac{\pi}{2}\frac{E_{imp}}{P_{bow}} \tag{4}$$

同时所导出的由椭圆积分决定的碰撞持续时间为

$$T_0=\frac{2\sqrt{2}}{\pi}\frac{S_{max}}{V_0}\int_0^{\pi/2}\frac{\mathrm{d}\psi}{\sqrt{1-0.5\sin^2\psi}} \tag{5}$$

或

$$T_0=1.67\frac{S_{max}}{V_0} \tag{5a}$$

计算船艏最大碰撞力的经验表达式（3）曾经由 DTU 用一些不是推导该式的数据来检验。作为一个例子，一条供应船，长度 $L=64$ m，幅宽 $B=15.9$ m，算到主甲板的高度 $D=8.0$ m，排水量 4 590 t，在正面碰撞一垂直刚性墙之时的速度 $V=6$ m/s。如图 3.6-6 所示。从图可以看出，对于这条船，碰撞力几乎是与船艏所增加的接触面积呈线性增加。当压瘪度为 4 m 时，船艏底部开始与墙接触，破坏力出现瞬时增加。通过经验式（3）所算出的船艏最大破坏力包含在图 3.6-6 中。此经验式可以用来给破坏力作一合理估算值。

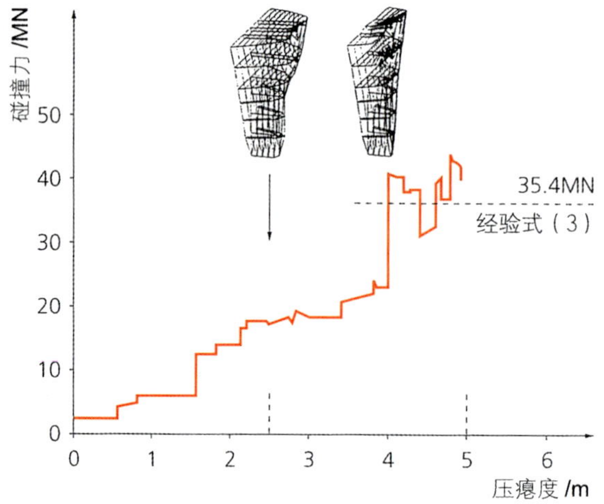

图 3.6-6　对刚性墙的速度为 6 m/s、排水量为 4 590 t 的一艘供应船的船艏碰撞力计算

舷侧碰撞的破坏分析

采用与船艏碰撞相近似的方法，可以算出舷侧碰撞的破坏力。这就是说，对于船舷与墩相撞情况，进行了总的和局部破坏力的具体数字分析。基于此，推导出舷侧碰撞力的简化的经验表达式。

由 Det Norske Veritas 所研究的一个情况是一 150 000 DWT 的散装货船，其舷碰撞到一宽 24 m 的桥墩上。图 3.6－7 表示其碰撞力推算值随压瘪度变化的关系。

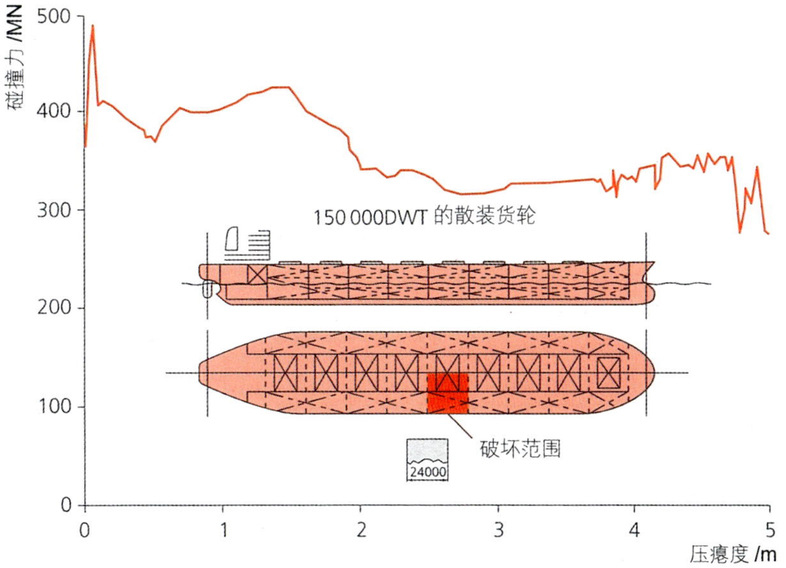

图 3.6－7　舷侧对桥墩的碰撞

舷侧碰撞与船艏碰撞有很大的不同。首先，其总的破坏力要比船艏碰撞为小。其次，在舷侧碰撞中，最大荷载与船的结构压溃有关，并是在冲击开始时发生。此最大荷载几乎与船的质量和速度无关，而在这一荷载达到后，荷载将会降至一个几乎不变的水平，伴随着持续的骨架、甲板和船底板的破坏。

估算舷侧碰撞的经验表达式为：

$$P_{cside} = 263F_s[1.0 + 0.88\ (b/D)^{1.06}]\ [L/300]^{2.20}\ (MN) \qquad (6)$$

式中　P_{cside}——舷侧破坏荷载（MN）；

F_s——考虑加劲系统的因数，纵向加劲船可取 1.00；横向加劲船可取 1.35；

b——与船舷相撞的桥墩宽度（m）；

D——船的型线深度（m）；

L——船的长度（m）。

对甲板室撞击的破坏分析

分析并推算船的上部构造对大贝耳特桥引桥桥跨的碰撞，主要目的是完成以计算机为基础的破坏分析，并在此基础上，为一般宽度及接触高度的甲板室的碰撞推出简化计算式。

对中央甲板室，按不同的尺寸和不同的受力位置进行了详细的分析。

Det Norske Veritas 完成的数字分析，还对几何非线性和材料非线性进行了考虑。按两种情况，对中央甲板室在不同尺寸和不同受力位置的情况均进行了详细分析。在第一种情况，甲板室和桥梁被认为在接触处是“锁”在一起的；在另外一种情况，甲板室是在摩擦力被克服后沿着接触面滑动的。也像船艏和舷侧碰撞一样，进行了总的和局部的破坏分析。图 3.6－8 显示甲板室与桥梁（竖向相碰高度为 2.5 m）相撞的结果，这与操舵室甲板高度相符。甲板室宽度按 10 m 考虑。

以数值分析所得的总的破坏荷载为基础，推导出水平力和压瘪度曲线，取其峰值，并得一简化的估算方程。

总的甲板室破坏荷载表达式为：

$$P_c = 13.1\left[\frac{3n_{dk}\ (2n_{bhd}-1)\ (A_c + n_{bhd}l_0t_{bhd})}{(l_{dk}+l_{bhd}+n_{bhd}l_o)^2}\right]^{0.85}\sigma_y\ (A_c + n_{bhd}l_ot_{bhd}) \tag{7}$$

式中 P_c——甲板室构造总的破坏荷载；

σ_y——钢材静态屈服应力；

l_{dk}——与桥梁相碰的水平甲板总长度（m）；

l_{bhd}——与桥梁相碰的纵向板和侧板总长度（m）；

l_o——相碰面积下边缘到最靠近的水平甲板（在相碰面积之下方）间的垂直距离；

t_{bhd}——与桥梁相碰的纵向板和侧板的平均厚度；

t_{dk}——与桥梁相碰的甲板的平均厚度；

n_{dk}——与桥梁相碰的甲板数；

n_{bhd}——与桥梁相碰的纵向板和侧板数；

A_c——与桥梁相碰的纵向钢板的横截面面积（包含水平甲板、纵向板和侧板），（$A_c = l_{dk}t_{dk} + l_{bhd}t_{bhd}$）。

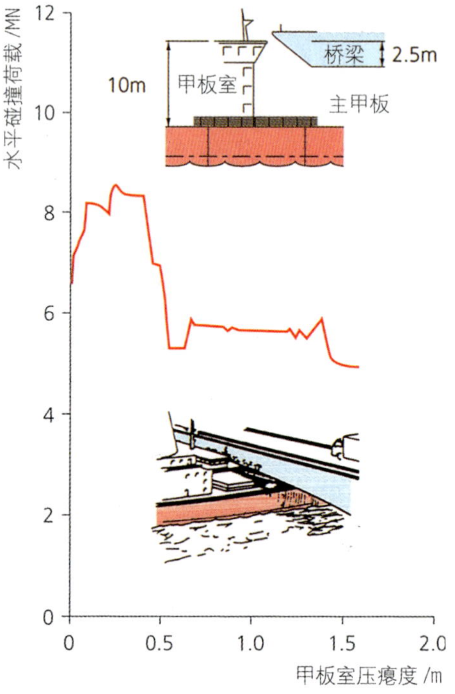

图 3.6 – 8　混凝土梁与船的甲板室碰撞的结果，其水平力—压瘪度关系

3.7　船舶对防护岛的碰撞

作者：Preben Terndrup Pedersen，教授，丹麦技术大学。

东桥的 5 个暴露（引桥）桥墩和两个锚碇，将用人工岛来防护（注：见图 3.11 – 10）。为了保证防护工程的防撞功能，开展了系统的分析和试验研究，主要体现在以下两个方面：

（1）防护工程必须能阻挡所有超过 4 000 DWT 的船舶，不让它们碰到桥；

（2）防护工程必须能将由于船舶在防护岛搁浅所引发的环境污染减少到最低程度。

为了减少对水流的阻力，防护岛应呈流线型。其外廓用长边约为300 m的椭圆形，且让长边是在顺水流方向。见图3.7－1。与水流方向垂直的宽度应尽可能较窄，约为100 m，但这会使桥墩在该方向受到损害。按不同程度使用数学模型进行分析，并用模型试验和足尺的搁浅试验进行验证。

请参看第12章3.7各文献。

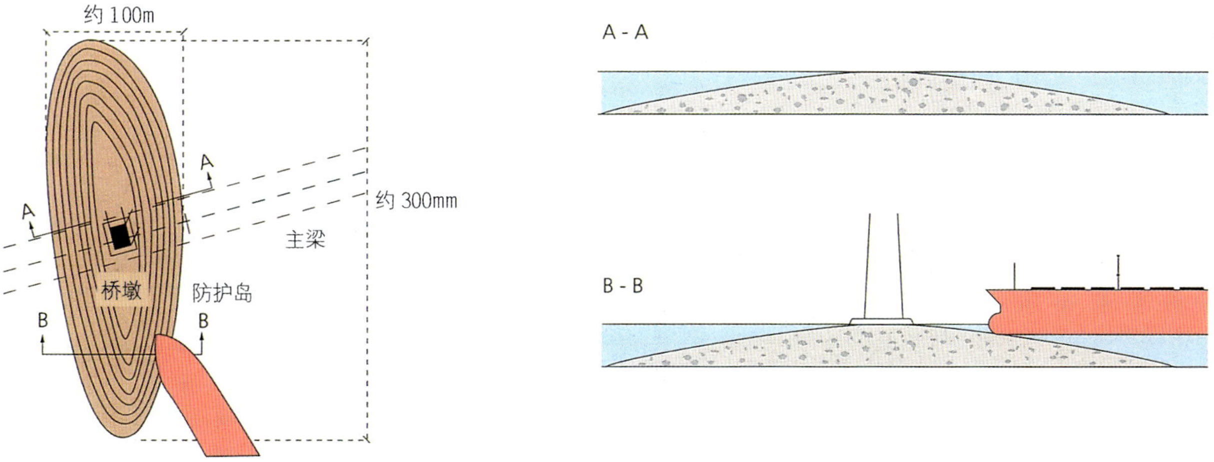

图3.7－1　引桥墩的防护工程

船舶在搁浅时的刚体运动

曾经对船艏正面撞击有斜坡的防护岛时的滑行长度进行过分析。由于擦碰及斜向搁浅并非关键，这种分析可认为偏于保守。首先，采用简化分析模型，估算滑行距离。为了理解船舶搁浅的机理，在这一初步分析中，尽量将问题简化。然后，基于过程模拟，导出一个较详细的船舶搁浅数学模型。

基于动量和能量的简化模型

在简化分析方法中，假定船舶与防护工程相互间的接触满足库仑摩擦定律，其摩擦常数为μ，它由试验确定。该方法根据动量与能量原理，假定搁浅按两阶段进行。首先是理想的船舶对斜坡的塑性撞击，船舶的水平运动受斜坡约束而改变。这时，撞击导致船舶动能瞬时转变为船舶上升或纵摇的动能，伴随着船舶塑性变形和嵌入斜坡所引起的能量耗散。撞击时，作用于船舶并引起其动量改变的力的大小和方向是未知的。

假定库仑摩擦定律控制着碰撞力的方向，考虑如图3.7－2所示的运动约束，可以建立动量方程，则船舶初始撞击后的三个速度分量可根据这些代数方程求得。利用所获得的各速度分量，船舶搁浅第一阶段所产生的能量损失就可求得。

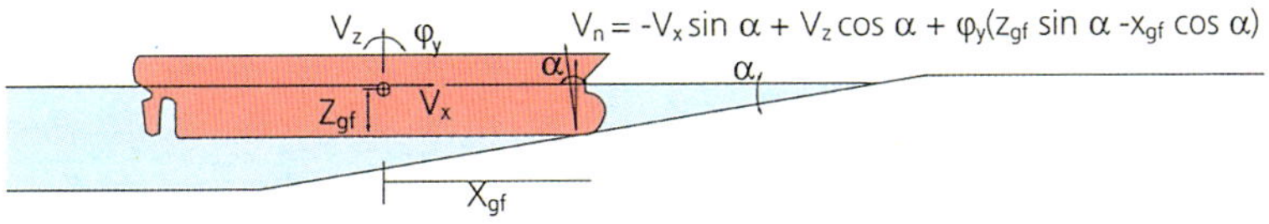

图3.7－2　船舶搁浅第一阶段的运动约束

由图3.7－3可知，若坡度小于0.1 rad，则船舶在初始撞击时的动能损耗很小。但当坡度约为$\pi/4$时，几乎所有的动能在该阶段损耗殆尽。这时，它就与船头对刚体撞击相接近。

船舶完成搁浅第一阶段初始撞击后，船头将沿一轨线滑行，而且速度不断减小。为了简化计算，假定

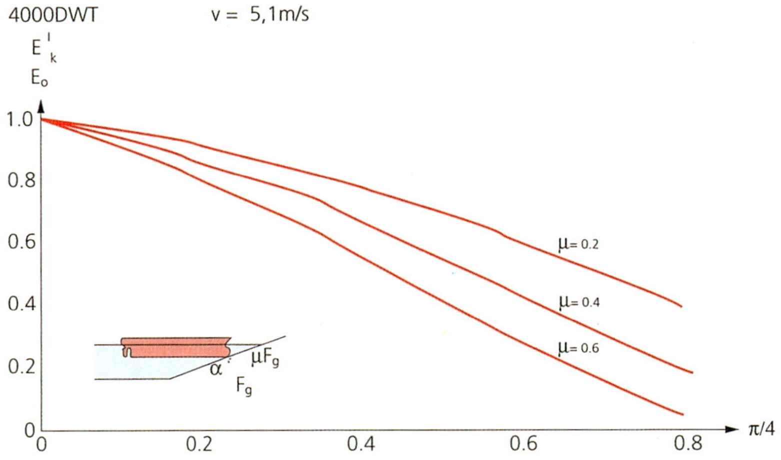

图 3.7－3　船舶搁浅第一阶段后的能量与三个不同摩擦系数 μ 的关系曲线

该轨线与倾斜面平行，此为第二阶段。在该阶段，首先应确定船舶沿倾斜面滑动时倾斜面对它的作用力（见图 3.7－4）。为了获得船头滑行距离，必先计算能量损失；并以该损失与船舶初始动能（应减去船舶在第一阶段的能量损失）相比较。当所有动能耗尽时，船舶就停止；这一状况就决定了船身的最不利受力状态。

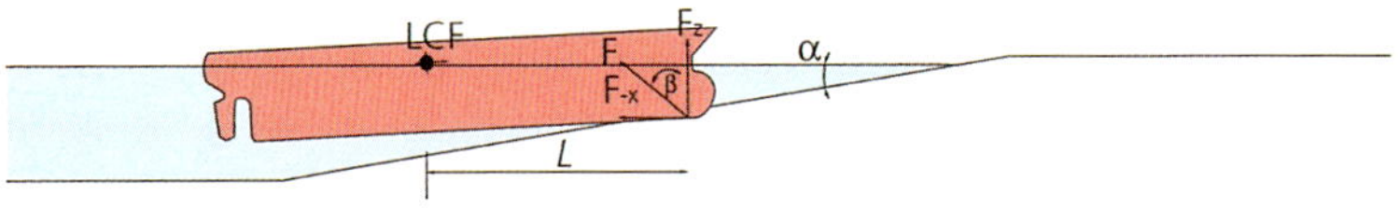

图 3.7－4　船舶搁浅第二阶段时，船舶上的作用力

很显然，尽管第二阶段也是一动力学问题，但由于其竖向惯性力仅为重力的 1% ~5%，因此，对船舶上升或纵摇时的惯性力可以忽略。

如果船舶结构在搁浅时没有受到严重破坏，在船舶搁浅前的动能应等于船舶底与倾斜面之间由于摩擦而产生的能量损失、加搁浅开始滑行至结束所产生的势能增加。也就是说，在船舶搁浅第二阶段过程中的能量可表达为：

$$E_{\mathrm{k}}(t)=E_{\mathrm{k}}^{\mathrm{l}}-\int_{0}^{u(t)}F_{x}\mathrm{d}u-\int_{0}^{z(t)}F_{z}\mathrm{d}z$$

式中　$E_{\mathrm{k}}^{\mathrm{l}}$——船舶搁浅第一阶段后的动能；

F_x, F_z——水平和竖向相互作用力；

u——船沿倾斜面滑行距离。

图 3.7－5 示出 4 000 DWT 船舶以 5.1 m/s 的速度在斜率为 1∶6.5 的防护工程上搁浅的动能变化图。有效摩阻系数为 0.6。图 3.7－5 表明在开始撞击过程中初始动能（由于非弹性撞击）如何从 60 MJ 突降到 52 MJ。而剩下的动能，一部分转变为船艏上升所需的势能，另一部分用于克服船在倾斜面上运动的摩擦力。当船艏在离防护肩为 5 m 时，所有动能耗尽，船舶停止。

基于过程模拟的搁浅模型

有效摩擦系数在确定最大滑动距离时起关键作用，所以，为了给船舶搁浅分析建立较好的基础，应导出一个关于船舶与倾斜面相互作用的数学模型。该模型可以确定船与倾斜面接触初始阶段的行为，也可用于计算搁浅第二阶段的有效摩擦系数。

当船舶挤入饱和土时，船艏所受到的搁浅力会增加。根据土作用力的数学模型，当船艏挤入土坡时，

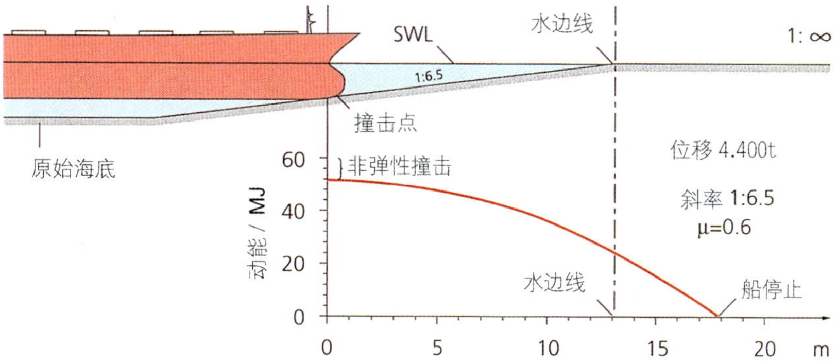

图 3.7 –5　动能随搁浅距离的变化

在土的粗骨料当中产生孔隙水流（见图 3.7 –6）。这种水流遵循达西定律，由船艏处的孔隙水压 p 驱动，并可用下式计算：

$$p=\frac{\varphi}{U_b}\kappa$$

式中　$\kappa=\frac{\rho_w(1+e)}{e}\dot{U}_b+\frac{\rho_w g}{k_e}U_b$；

且，$\varphi=\varphi(x, y, z)$ ——与刚性船艏进入理想液体有关的压力势；

U_b 和 $\dot{U}_b$——分别表示船艏在饱和土中的速度和加速度；

e——孔隙比，即孔隙体积/颗粒体积；

ρ_w——水的密度；

k_e——土的有效渗透系数；

g——重力加速度。

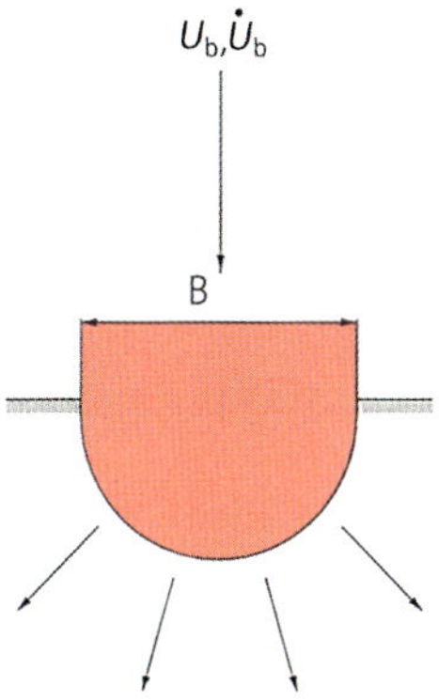

图 3.7 –6　船艏周围的孔隙水流

将压力 p 沿船艏整个作用面进行积分，可得孔隙水压力的合力。

除了孔隙水压，船艏还承受土骨料构造的支持力。当搁浅发生在砂层时，这力可以由破裂时的摩擦理论来确定。在搁浅过程的多数时刻内，孔隙水压占主要贡献。只是当速度很低和船舶停止时，排去水的土粒的支持力方才起决定作用。

最后，作用于船上的摩擦力可假定为正压力乘以常系数（约 0.38）。

综上所述，土—船艏相互作用模型得以建立，其中，土反作用力 p 由下列三因素组成：

1. 由船艏周围的孔隙水压产生的力；假定伴随船艏的运动，孔隙水被挤入粗骨料中，土粒的运动速度可以忽略（也就是说，其相对于孔隙水的速度很小）。

2. 相应于船艏周围土在其含水已被排尽后所提供的支持力；

3. 由于土与钢船艏之间产生的摩擦力，可用库仑摩擦定律计算。

这个土力学模型已经在假定船体是刚性的、船体在搁浅过程中所受到的水动压力可近似地用水附加质量项来表达的条件下求出其过程的积分解。

对搁浅数学模型的验证

为了检验两个相互独立的计算模型所得的结果，在 DHI（丹麦水力研究院）的 HLD 进行了缩尺模型和足尺试验。模型试验装置如图 3.7 –7 所示。船体模型和船艏模型通过测力计相连，这就可以测出该连接截面上的竖向剪力。通过测得的竖向剪力、船体的竖向加速度、升高和纵摇运动、静水特性，倾斜面在试验时的反作用力就可以推算。

在试验中，油船船体模型的比尺为 1∶60，长度为 $L_{pp}=2.57$ m，球形船艏，以常速度 0.464 m/s 驶入坡度为 1∶6的沙坡中，砂粒的平均直径 d 为 0.125 mm，渗透系数 $k=8.5\times10^{-5}$m/s，库仑摩擦角为 41°。

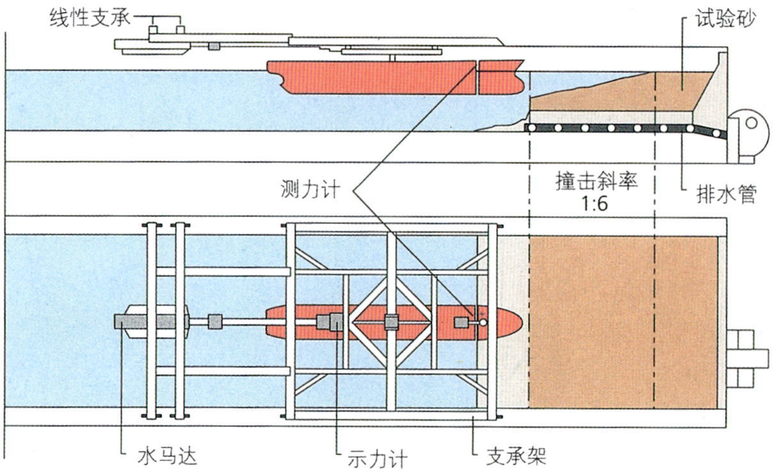

图 3.7－7　自由飘浮的船舶模型搁浅试验

图 3.7－8 和图 3.7－9 分别示出测量所得和基于过程模拟计算所得沙坡倾斜面的竖向反力及该模型的有效摩擦系数。有效摩擦系数是指倾斜面所供的切向反力与法向反力的比值。从图上可以看出，试验结果与计算结果吻合良好。

为了进一步检验试验模型和数学模型，1993 年 3 月由 HLD 在大贝耳特海峡，为 Storebælt 进行了一系列的足尺模型搁浅试验。试验采用一纵向长 29.55 m、宽 6.6 m、中部吃水深度 2.67 m、排水量为 300 t、具有 V 形船艏、行将报废的船舶。

考虑到测量误差和实际可能的倾斜度变化，表 3.7－1 示出了在不同倾斜率测得的搁浅距离和计算所得的搁浅距离。试验 1 和试验 2 吻合较好，这是由于其在平静水位时进行试验，且倾斜率测量较准确之故。对于这些试验，计算所得的搁浅距离较长，这对于防护岛设计来说是偏于保守的。

表 3.7－1　大比尺试验　测量和计算所得搁浅距离

试验工况	测量值			计算值			
	搁浅距离(m)	搁浅速度	斜率 1:X	搁浅距离(m)	斜率 1:X	搁浅距离(m)	斜率 1:X
1	2.6	12～14	9.6	12	11.3	14	12.1
2	5.1	9～11	16.4	9	16.6	11	18.1
3	5.0	4～6	12.1	4	9.7	6	13.1
4	4.2	4～6	8.1	4	8.5	6	11.4
5	4.1	10～15	16.6	10	14.7	15	17.3
6	5.2	8～15	17.3	8	16.1	15	20.6
7	3.8	11～18	13.2	11	14.5	18	17.5

由搁浅肇致的环境污染

当船体在防护工程上搁浅时，底面的反作用力可能会使船底钢板破坏。用前面模拟搁浅过程的数值分析表明，这种破坏较多地发生在大船。由于这种破坏一般在船艏区域，因而由于船体破坏而引发的污染不会太严重。

另一种破坏模型是船体梁的破坏。常常发现：当船体以较高的速度搁浅时，在速度引起的波浪作用下，船体会马上断裂或迅速破坏。这表明船体截面上的内力业已大于其强度。液货船的这种破坏会引发较严重的环境污染。为了分析这一问题并减少这种危险，采用了一种方法来计算搁浅引起的截面内力。然

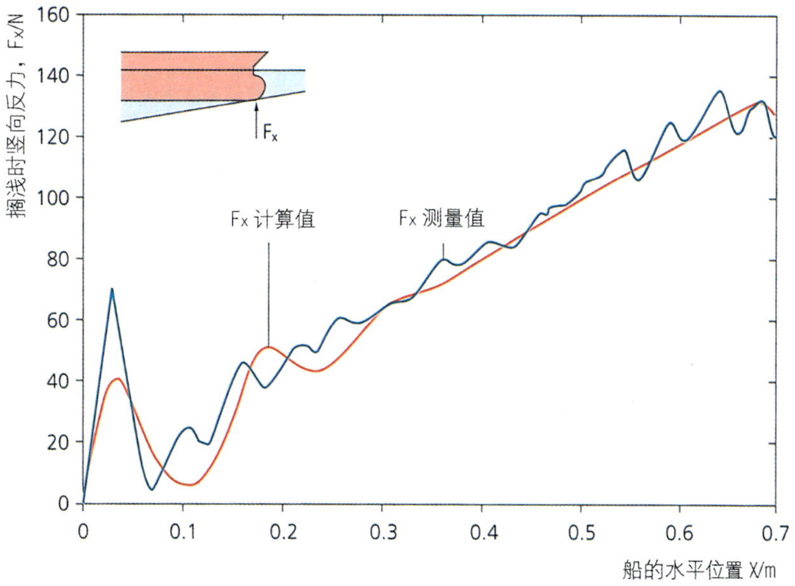

图 3.7－8　测量和计算所得斜坡的竖向反力

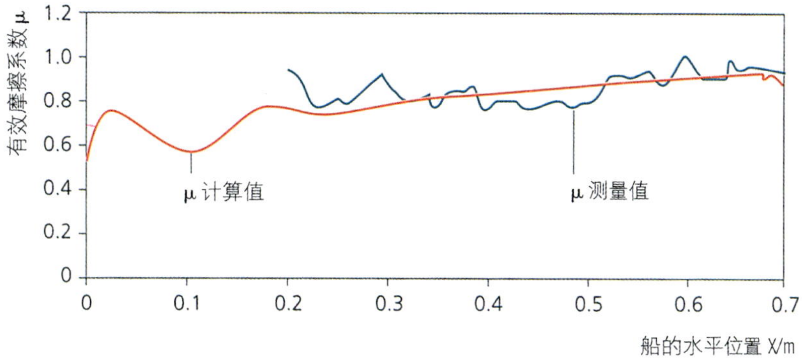

图 3.7－9　测量和计算所得的有效摩擦系数

后，将船体截面所承受的荷载效应与 IACS（International Association of Classification Societies，译名可作国际船舶分级协会）所要求的船体强度比较。对于一般商船，其极限状态正弯矩承载能力是与将其应力提高 20% 对应。图 3.7－10 给出对 150 000 DWT 船舶进行分析的例子。

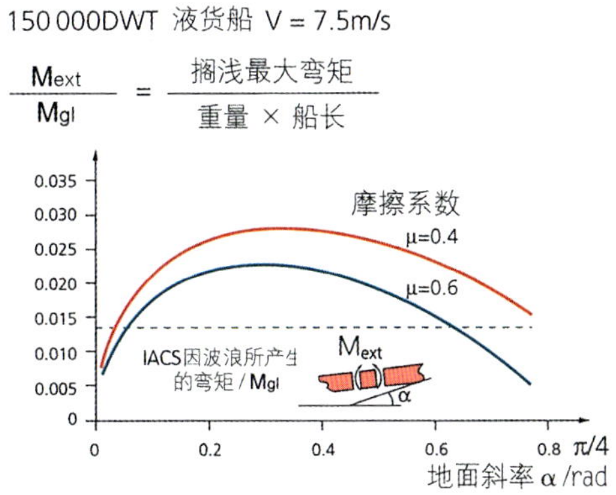

图 3.7－10　150 000 DWT 船以 V＝7.5m/s 速度搁浅引起的船体的最大弯矩与 IACS 所要求的船体强度比较

用典型船舶的搁浅分析计算结果，结合有关搁浅频率估计，可以得到环境污染危险性的基本数据。对于给定形状的防护岛工程，危险性可以用船体在搁浅时超载的概率来表达。

3.8　可靠度分析：汽车荷载和悬索桥主缆

作者：Ove Ditlevsen，教授，丹麦技术大学；
Rüdiger Rackwitz，教授，RCP GmbH。

大贝耳特东桥的可靠度分析，在工程早期阶段业已进行。该分析采用随机模型研究悬索桥的主要构件，目的是确定常用的各分项安全系数，并基于确定性分析获得最优设计准则。

在这一节所述的两个方面，均是在招标之前所完成者。而进一步的研究则是在详细设计阶段进行，那将在其他章节描述。

请参看第 12 章 3.8 各文献。

3.8.1　汽车荷载

设计规定

在设计基准文件（BBD）中，对一个方向（以下均用向东行驶表示）的均匀分布荷载定义为：在宽 11.5 m 范围内，集度为 2.5 kN/m^2的均布荷载，并在其最外侧 3 m 内增加 2.5 kN/m^2；而在另一方向（向西行驶）则是：当影响线长度大于 500 m 时，在宽 11.5 m 范围内为 1.0 kN/m^2的均布荷载；而影响线长度小于 500 m 时，则取 2.5 kN/m^2。（注：见图 3.11 -4，而图 3.8 -1 是示意。）

荷载的校订过程

在制定上述向东行驶车辆荷载集度时，并没有用到任何统计分析；而对向西行驶车辆荷载则是通过不同行车状况的随机模型进行校订的。该模型考虑到车辆由轿车及卡车组成、各车的长度和重量的统计数值，以及车流的特性。向西行驶车辆的荷载集度近似地采用等效均布荷载集度（EUDL，见 3.11 关于图 3.11 -4 的说明）表示。在对各荷载和材料强度采用分项安全系数来确定结构尺寸时，可以让结构满足给定的可靠度要求。

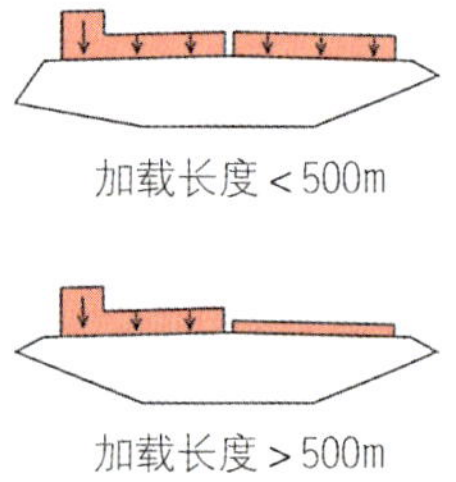

图 3.8 -1　BBD 所规定的等效均布荷载（EUDL）

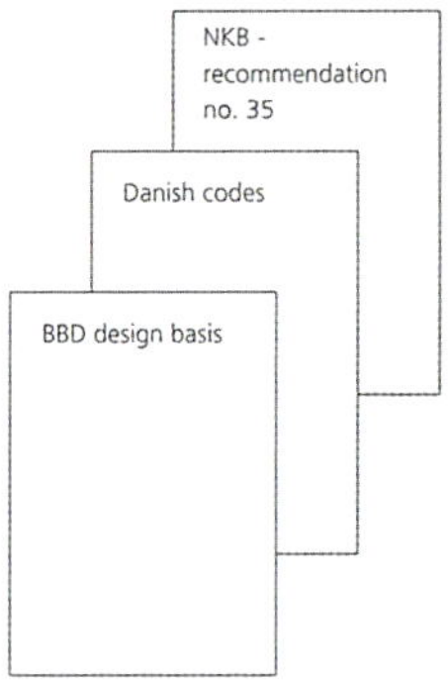

图 3.8 -2　设计所依据的文件与规范

这一校订与安全系数计算的老观点不同。按这种新观点，荷载强度为对于考虑荷载效应的年最大极值中的一特定的分位值（例如，98% 分位值）。遵循此定义，通过对给定可靠度水平的分析计算，分项安全系数可以求得。在 BBD 中，分项安全系数可根据丹麦国家标准，并按大贝耳特通道工程的要求调整至足够的可靠度水平并选用。图 3.8－2 表示在制定 BBD 时所用作依据的标准及文件。然而，车辆荷载的特殊性，例如，其 EUDL 当因影响线长度而变化，在丹麦国家标准中并没有考虑。这样，不考虑影响线长度而先选定分项安全系数，就必须放弃常用的与特定可靠度水平对应的荷载分位值的观点。当然，所有这些，只是在抵抗力和恒载的随机模型业已选定之后才有意义。

在丹麦国家标准的计算工作中所用的随机分布模型，同样被用于 BBD。除了影响线长度，也应考虑影响线的形状，以及其沿桥方向的正负变化。然而，它们对荷载效应的影响并不强。这就是为什么对于所有荷载影响线类型都有相同的等效荷载强度，且其结果的精确度尚能使人满意。图 3.8－3 的下降曲线给出了在一刚度相同的很多等跨度连续梁中，基于其一个跨中正弯矩影响线的计算结果。由于对影响线形状并不敏感，乃用之于各种形状影响线，仍能保证相同的可靠度水平。对于一合理的精确度水平，仍可证明：对于悬索桥的主缆拉力和加劲梁跨中剪力，让它们使用同样的荷载也能得到认可。最后，为了简化计算，图 3.8－3 内的光滑曲线还可以简化为：以长度 500 m 为分界点，用非连续的两个常数，即 2.5 kN/m^2和 1.0 kN/m^2来代替，如图 3.8－1 所示意者。

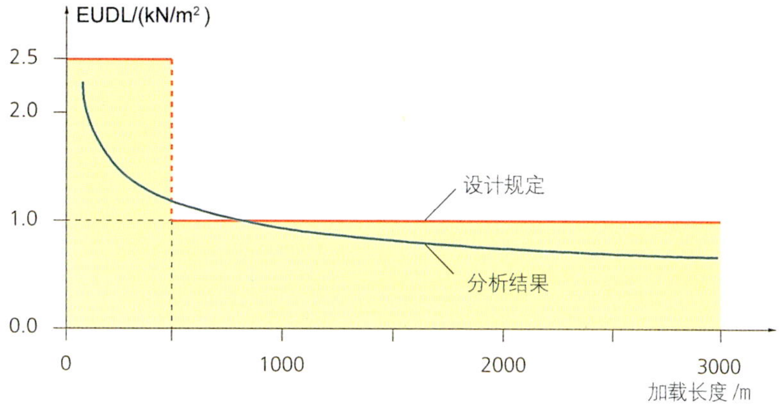

图 3.8－3　在第二个行驶方向内，EUDL 随正影响区域加载长度的变化

车辆荷载模型

车辆荷载模型研究的结果，就是确定 BBD 所采用的荷载强度，而该荷载强度则是利用有关通过类似于大贝耳特通道的车流量信息，基于合理的论证获得。下面介绍车辆荷载模型研究的主要思路。

初看起来，最不利的荷载位置就是将汽车沿各车道在某一方向或两个方向排成拥挤的长列。然而，相对于虽然有些拥挤但仍在前进的情况，这种排成长列的情况是很少出现的。就荷载水平的概率分布而言，车的拥挤程度虽然较低、但仍在前进的情况显然更为重要（因为它们较常出现）。而且，因为汽车在桥上能够自由行驶的时间也不算少，这种情况也应考虑。而汽车严重拥挤、以致形成长列情况则因其概率相当小，在所考虑的时间之内也许不会发生。对于大贝耳特通道，因其远离大都市，可以假定车辆拥挤且仍在前进的现象也很少发生。这就可以仅考虑以下三种情况：

（a）桥上无车；

（b）桥上汽车可以自由行驶；

（c）一个方向的静止汽车长列（a standing queue in one direction）。

对于一个方向的这每一情况，均应与另一方向的静止汽车长列相组合。

自由行驶的汽车

自由行驶汽车可以理想化为由两种汽车相互独立贡献的组合，即：强度为 μ_c（即单位长度内的平均车辆数）轿车的均匀泊松流，和强度为 μ_t 的卡车的均匀泊松流，且所有车辆以相同速度移动。两种车流的组合，即变成强度为$\mu_c+\mu_t$的泊松流，而比值$f=\mu_t/(\mu_c+\mu_t)$则是卡车在所有汽车中所占的比率。

为了简化，在长度L范围内考虑常影响函数I。这样，自由移动车流的瞬时荷载效应为：均值是$(\mu_c E[V])+\mu_t E[W]IL)=\mu_c HIL$，变差系数是$(\mu_c E[V^2]+\mu_t E[W^2])I^2 L=\mu_c K_f I^2 L$的随机变量；式中，$E[\cdot]$表示均值，$V$为随机轿车重量，$W$为随机卡车重量，而$H$和$K_f$由两个表达式定义。由于轿车的重量相对于卡车来说可以忽略，因而可以简化为$E[V]=V$和$E[V^2]=V^2$。

拥挤前进的汽车

较自由行驶更为密集的汽车荷载可以简单地用压缩自由行驶汽车的间距来处理。通过这种压缩，均匀泊松过程的连续点之间的距离的简单分布特性会消失，而汽车长度的影响随密度的增加而增加。汽车排列的极限位置则是完全堵塞。然而，轿车和卡车的随机组合不会受这种压缩的影响。上述方程中的平均荷载效应是相同的。系数$H=V+E[W]f/(1-f)$是常数。荷载效应的变差系数仍为$\mu_c KI^2L$，但随着比值μ_c/μ_p从0增加至1，K将从自由行驶汽车时的$K_f=V^2+E[W^2]f/(1-f)$减少至最堵塞时的$K_q=E[W-2V]^2f/(1+f)^2+Var[W]f/(1-f)$，式中的$\mu_p$为单位长度轿车平均数$\mu_c$的最大值。计算$K_q$的式子是假定每一卡车所占长度为2倍于轿车占用的长度a而导出的，这就使μ_c的最大值是$\mu_p=(1-f)/[(1+f)a]$。一个简单且足够精确的上限值K可通过在K_f和K_q中内插而得。对于大的影响线长度L，IL和I^2L可分别用$\int_L I(x)\mathrm{d}x$和$\int_L I(x)^2\mathrm{d}x$代替。进而，为了增加拥挤状态的精度，荷载效应可以假定为正态分布，且在整个影响长度范围内布满车辆。

队列（Queueing）

根据某个方向队列形成所获得的年最大荷载效应，与在影响域内队列的发生率有关。这些队列的一部分完全布满影响线长度L。假定随机队列长度Λ在其他车辆条件不变时满足指数分布，这些队列形成强度为$c=\varepsilon E[\Lambda]\exp(-L/E[\Lambda])$的泊松流，这里$\varepsilon$为车辆在单位时间单位长度内的停车率。研究荷载在队列形成和队列解散时效应的变化，以及部分布载队列和影响函数的符号变化，表明：仅考虑在影响线函数n个同符号的最主要区域内完全布载，也可获得有代表性的结果。这样就可以假定高斯荷载效应的平均值$\mu=\mu_q H\int_L I(x)\mathrm{d}x$和方差$\sigma^2=\mu_q K_q\int_L I(x)^2\mathrm{d}x$在一个泊松流中发生，而$c$发生在平均单位时间内。荷载效应大于某个水平$z$的泊松流强度为$c\Phi[(\mu-z)/\sigma]$，其中$\Phi(\cdot)$为标准化的正态分布函数。该泊松流在所考虑的时间长度T范围内的随机概率是$\exp\{-cT\Phi[(\mu-z)/\sigma]\}$，因而它也是在时间$T$范围内最大荷载效应分布函数。在所有$n$个车道内按同方向布置同样的队列车载，$a$可简单地用$a/n$代替，而影响函数可用$n$车道内的平均值。

极端荷载效应（Extreme load effect）

由于这种泊松流具有两个方向，而两个方向的车流是相互独立的，最大荷载效应的分布函数就是这两者的分布函数的叠加。另外，还有两个互相叠盖的队列的泊松流。在向东行驶的队列存在时，另一个向西行驶的队列可能正在形成；反之亦然。

用$E[D_e]$和$E[D_w]$分别表示两个车流方向的平均队列周期。在单位时间内，平均总周期在全部布载队列时为$c_e E[D_e]$，而向西行驶时的平均队列数近似为$\alpha c_e c_w E[D_e]$，其中α为考虑全天24小时内车流不均匀性的放大系数。这样，在时间T内，由于队列最大影响的总分布函数的一个保守估计为：

$$F_z(z)=\exp\{-T(c_e\Phi[(\mu_e-z)/\sigma_e]+c_w\Phi[(\mu_w-z)/\sigma_w])\}$$

$$\exp\{-T(\alpha c_e c_w E[D_e]+E[D_w])\Phi[(\mu_e+\mu_w-z)/\sqrt{\sigma_e^2+\sigma_w^2}]\}$$

对于平均队列发生率的相对值，该分布函数有一个峰值，这是因为两个方向都发生队列的概率远小于以一个方向发生的队列的概率。在式内，指数之中的最后一项仅对超过98%阈值的分布项有贡献（见图3.8-4）。这就意味着常用的对EUDL定义特征值的标准阀值不能与分项安全系数的标准值一起使用。相应的特征值应定义为乘以标准安全系数后的值，该值等于设计值，可用在可靠度校订时估计年极端荷载影响分布来获得。

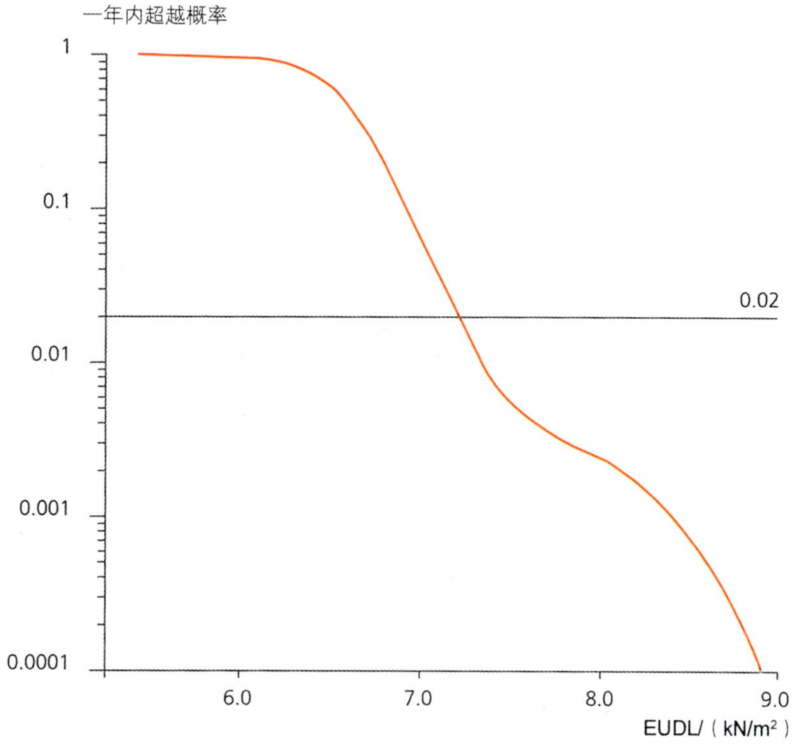

图 3.8-4 极端荷载效应

汽车道上的队列（Motorway queuing）

从慕尼黑以北 130 km 的 A9 公路的数据，支持队列长度的随机分布可用指数分布表示的假定。该数据的分析结果是 $E[\Lambda]=12$ km，分布在三个车道上，每个 4 km，$E[D]=1.8$ h，且 $\varepsilon=1.27$ 每 km 每年。当用于汽车以两个方向通过大贝耳特时，这些值被证明是偏于保守的。基于对丹麦三处不同地点的停车坪、秤重站及车数记录点可靠的统计数据分析，$E[W]=188$ kN，$D[W]=151$ kN，$V=10$ kN，$a=6$ m，$f=0.30$，$\alpha=4$ 被用于 BBD 计算研究的主要工况。限于篇幅，在此没有对上述分析作更详细的解说。

3.8.2 主 缆

由于悬索桥的主缆和吊索是系统的主要构件，而其安全系数正随着年度的前进而逐步减小，乃对它们进行较详细的可靠度分析。这种减小是通过下列因素而得到承认的：越来越多的试验数据、理论发展、钢丝生产技术的改进（包括强度，防腐保护及现场操作工艺等）。为了校订设计所用的分项系数的下限，进行了随机分析研究，并以缆索最终工作状态为对象。

钢材特性

对于数值研究，假定 $\phi5$ mm 的热浸镀锌钢丝的标准破断强度 R_N 为 1 500～1 900 MPa，屈服极限为 $R=0.85R_N$，弹性极限为 $R=0.75R_N$。假定钢材具有低松弛率，在不出现横向收缩时的正应变至少有 2%，而断裂时的正应变不小于 4%。标准破断强度的变异系数为 2.5%，而不出现横向收缩时的正应变的变异系数为 15%。对于索夹之间 24 m 长的范围内的钢丝，其横向收缩的应变可以忽略。下面的研究证明：由于钢材的特性变化不敏感，可以用之于最终设计。

钢丝极限强度按 Weibull 分布率变化（最弱连接模型），并与前面的试验结果吻合很好。该模型意味着尺寸影响显著。长度比例系数 $\lambda = L/L_0$ 对于 24 m 的长钢丝在 200 ~ 1 000 之间，相应的有效平均强度 $E[R_m, \lambda=500]/E[R_m, \lambda=1]=0.90$。

对钢丝和主缆利用 Weibull 模型的理论研究和大量的疲劳试验的数据分析，均表明：在高的平均应力水平时，最小的持久强度极限大约是 200 MPa。

主缆的静力强度

在吊索处的索夹，对钢丝提供了完美的约束，因而，两索夹之间的主缆可以模拟为平行丝系统。在邻近主鞍处的截面是最关键的，该处的截面由水平钢丝层组成，各层形成了完美的平行系统。进而，主缆可以模拟为由各子系统组成的平行系统，其应力可以用施加变形的方法确定；对于纵向和转动变形，都可用 Bernoulli 假定进行推算。

根据众所周知的该系统的强度统计理论，主缆强度呈可忽略其变化（强度变异系数小于 0.005）的正态分布。由于主缆及其各层中的钢丝数量大，钢丝的强度变化只对主缆的平均强度有影响。即使强迫其转动（达到 4%），主缆达到最大承载能力时，其破断的钢丝数量也只是 2%。对于索夹和温度所引起的转动来说，钢丝的延性足以使主缆的承载力不受影响。对标准破断强度讲，钢丝平均强度及其变异性（在合理范围内）均不敏感，强度效率折减系数 α_0 可以取 0.92，长度影响的折减系数 α_L 可以取 0.90。

极限荷载的分项安全系数

可靠度分析的结果可以用分项安全系数表达。分项安全系数的形式为 $\gamma_R = R_N/(m_R\exp[\alpha\beta V_R])$，其中 R_N 是标准值，m_R 为平均值，V_R 为变异系数，随机敏感系数 $\alpha \approx -0.8 \sim -1.0$，$\beta$ 为目标安全系数。V_R 可保守地理解为批量平均的变异系数。即使假定批量平均的变异量高达 40 MPa，$\alpha=-1$，$\beta=5.2$，则强度的分项安全系数为 1.07；这就要求钢丝平均强度近似地高于按标准样品试验所得的强度两个变异量（40 MPa）。必须记住：这是将敏感系数设为最保守的值，将安全标准订得很高，且批与批之间的差异选得相当大的结论。

将其与传统的安全系数进行比较，必须考虑引入前已讨论过的确定性的折减系数，因此，$\gamma_{R,\text{effective}} = 1.07/(\alpha_D\alpha_L)=1.29$。而可变荷载仅占总荷载的一小部分，故其影响很小。

如果假定主缆的总荷载变异系数为 0.05（这是由大量的相互独立的活载和恒载决定的），用与前面（$\alpha=1$）相同的概念导出总荷载系数为 1.30。该值是与欧洲标准（EUROCODES）及其他规范中的规定值相近。对钢丝额定强度讲，总安全系数为 1.70。

主缆最外层钢丝是最易受损伤的，或在施工中形成缺口，或在索夹处出现局部大曲率弯曲。由于该等级的钢材即使表面镀了锌，对这种局部损伤也十分敏感，因此，前面提出的值仅适用于内部的钢丝。

对疲劳的校核，主缆和吊索中的应力幅往往处于持久极限以下，因此，如果能保证其最大应力幅小于 200 MPa 的话（不考虑二次应力、但应乘以分项安全系数），疲劳问题就并不重要。

3.9　风气象

作者：Jes Abild，风气象及海事工程师，COWI；
Niels Otto Jensen，Risø National Laboratory。

风是大跨度悬索桥主要设计参数之一，因而在大贝耳特东桥引起相当地重视。近十年来广泛的近地观测大大地提高了我们对大气边界层的认识。其复杂性可参见图 3.9－1。早期，丹麦的 Martin Jensen 和 Niels Franck 对阵风风速曾进行了测量和分析。在大贝耳特东桥详细设计之前，在斯普鲁通过其高桅测量获得了十多年的风速数据，结合东桥的特殊地貌及其大跨、高塔、细梁等特点，进行了比较全面的研究。这一节对已开展的风气象研究作一汇总，并对东桥的风气象作一简要介绍。并请参看第 12 章 3.9 各文献。

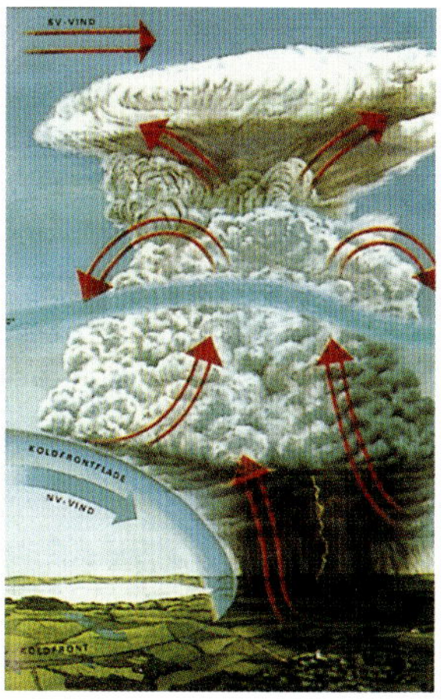

图 3.9－1　风气象在大气边界层中的复杂性

丹麦的风气象

丹麦位于北纬 55°，其风气象主要受西风控制。在丹麦，中高风速常常与东移的低压气旋有关。它们在北极前缘形成，主要是在北冰洋区域，在北极的冷空气与赤道热空气之间进行能量交换。这是全球气候的一部分。低风速及中风速也可能由局部气候系统产生，主要源于热对流，例如，一天之中在陆地和海洋之间因热流动而产生的风。而强风也可能是由于全球气候和局部系统混合产生。这种混合系统的典型例子是移动的雷暴。

大气边界层的风

在大气边界层内，风将受到地表的摩擦力影响，其结果是导致紊流；紊流与热气层、地表粗糙度、周围的宏观地貌、和地面高程相关。一般，可将瞬时风速分解为平均风速与紊流脉动两部分。见图 3.9－2。平均风速的平均周期为 10 min 至 1 h，而紊流脉动则具有随机特性，只能用统计方法来描述。紊流的主要描述方法是用功率谱和/或自相关函数和对于某方向分量的相关谱。根据这些描述方法，可以导出某方向的，如紊流强度、特征周期和积分长度等。图 3.9－3 表示在边界层中，不同气象要素的分布及特点。

在斯普鲁的气象桅杆

为了给大贝耳特通道设计提供风速资料，尤其是对其大跨度的东桥，在 1977 年设立了这一高桅。它是立在斯普鲁岛东岸的灯塔之东的沙地上；其周围主要是水面，但在西面有一长 1.5 km 的狭窄陆地通往小岛。该桅杆高 70 m，在桅杆不同高度设有杯式和声式测量仪器、风杯、压力计和温度计。见图 3.9－4 及 3.9－5。共进行了十多年的平均风和阵风风速、风向、温度和静压连续记录。在 1990 年又在第一根桅杆西北约 40 m 处设立第二根桅杆，获得风速资料以进行相关分析。

风气象观测

下面描述的风气象观测资料提高了我们对水面处紊流风场的理解，并导出了描述这种风场较好的分析模型。一些主要的风气象观测成果已直接影响了东桥的设计。

大贝耳特地区的一般性气候

已经用统计方法将大贝耳特地区的下列气候参数得出。这包括：风速、风向、空气温度、降雨量、能见度及结冰的可能性。除了由斯普鲁的气象桅杆所获得数据之外，从 OMO 灯塔（DMI）所获得的数据也用到了。基于斯普鲁的温度测量结果，得到了不同平均风特性与温度分层之间的统计参数。

主要成果：大气边界层的稳态层主要出现在春、夏季，甚至在其高风速时。这就导致降低大气边界层下部的紊流度，并影响到在不同高程的风速变化。

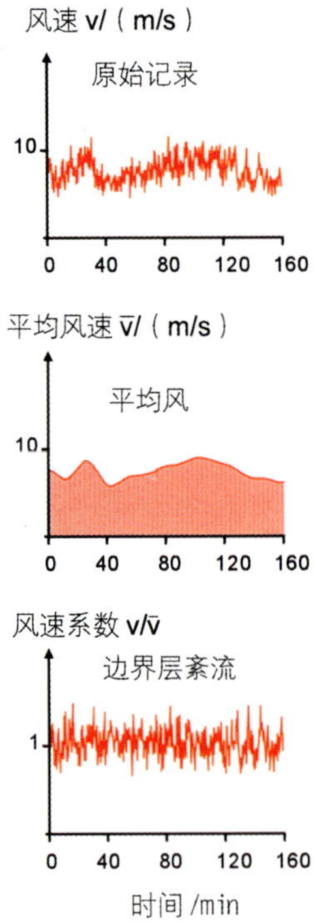

图 3.9-2　在大气边界层中，将风分解为平均风和紊流

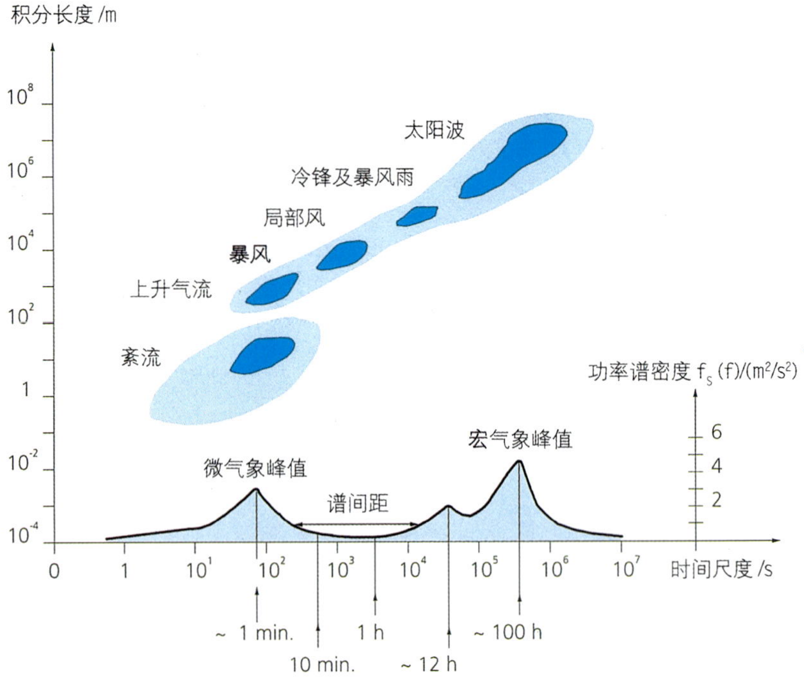

图 3.9-3　在大气边界层中，不同气象的积分长度和特性周期及其能量分布

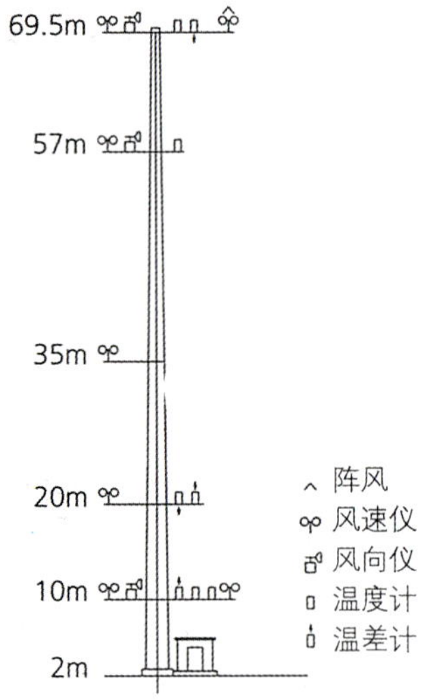

图 3.9-4　在斯普鲁的气象桅杆，及其仪器分布

极端风研究

对于东桥设计来说，准确地预测极端风气象是十分重要的；因为在评估桥梁侧向稳定性时，极端风起着决定性作用。首先，依据斯普鲁的气象桅杆 70 m 高度处、约 9 年的风资料进行了初步分析。但它与丹麦风速法规（DS410）中的建议值有很大出入。这就开展了将斯普鲁的测量结果与丹麦其他气象站的长期测量结果的比较。使人感到很大兴趣的是其与 Risø 气象桅杆的 9 年测量结果的比较。见图 3.9-7 及 3.9-8。在去除塔影（注：原文为 tower shadow）和地形的影响，并外推至大贝耳特地区水面开阔处，根据两组记录推算所得的 100 年平均风速具有明显的相关性。而 Risø 数据 27 年的外推也导出了类似的极端风

预测。见表3.9－1。

表3.9－1　大贝耳特地区，70m高度处，全向的平均极端风速（m/s）估计值

原始记录	期　间	重现期（年）风速估计值			
		1	10	50	100
斯普鲁	1977—1986	26.6	32.8	37.1	38.9
Risø，短系列	1977—1986	26.4	32.4	36.5	38.3
Risø，长系列	1958—1986②	27.5	32.9	36.6	38.2
DS410①		31.3	37.6	41.4	43.0

① 水面粗糙度：Z_o = 0.003m。

② 缺1973及1974年。

图3.9－6表示风速沿高度分布的稳定性分类。

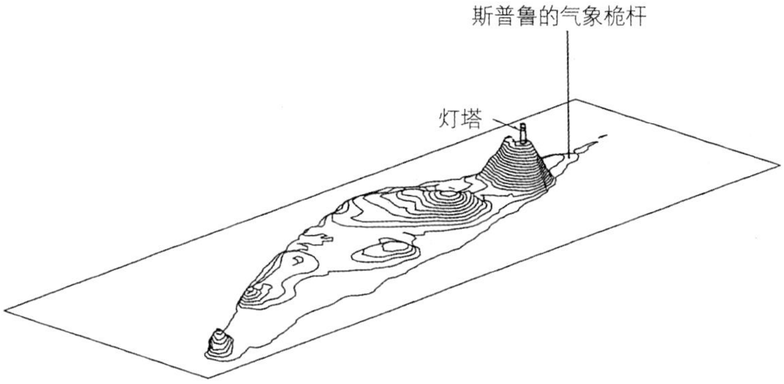

图3.9－5　从其西南方观看斯普鲁的气象桅杆，竖向比例尺度为5，等高线间距1.3 m

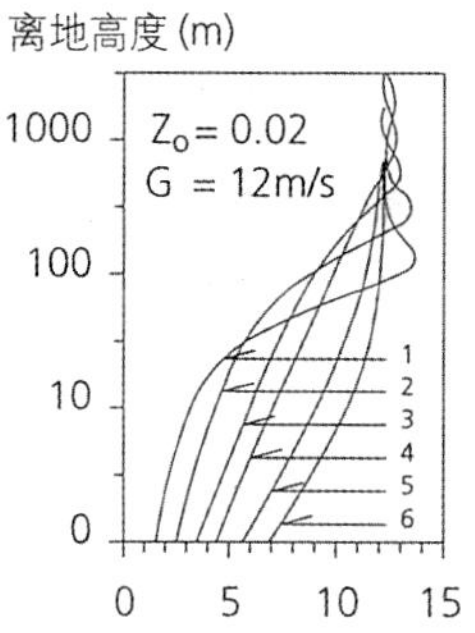

图3.9－6　不同稳定条件的风速剖面

1—很稳定；2—稳定；3—近中性；4—中性；5—不稳；6—极不稳

主要成果：100年平均风速（70 m高度处）大约较丹麦风速法规（DS410）的建议值低10%。

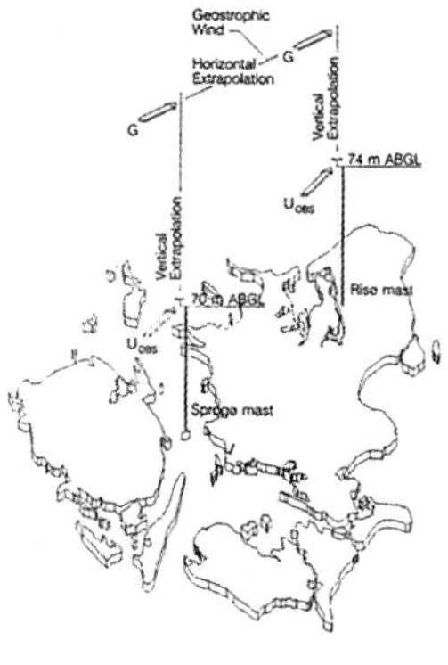

图3.9－7　从Risϕ数据外推至大贝耳特地区

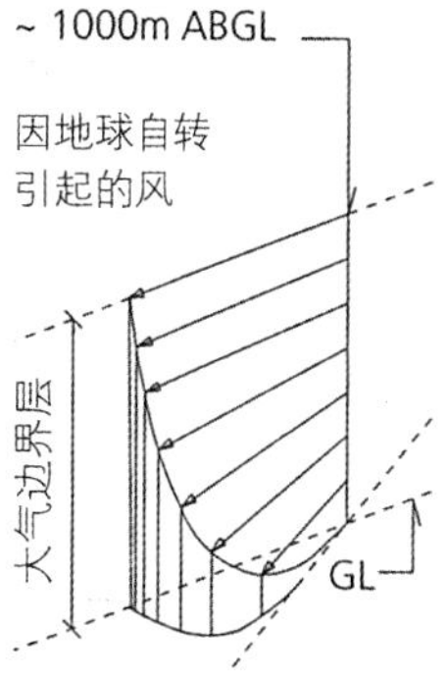

图3.9－8　在大气边界层内的风速及风向变化

大气紊流的研究

紊流特性，如紊流强度、谱密度和相关性既是东桥抖振计算重要的参数，也对桥梁结构构件之对动力响应敏感者有重大影响。大贝耳特地区的空气紊流研究，是基于在斯普鲁的两气象桅杆所获得的数据，主要考虑低紊流风内的相关性。在大跨度桥梁的风荷载计算中，风速的竖向分量沿桥纵轴的相关性尤其重要。而顺风向（横桥向）分量沿桥纵轴的相关性则与抖振响应相关。采用了年记录进行分析，并提出了描述相关谱的新理论。对紊流强度和功率谱进行计算，并用近似分析模型来拟合。见图3.9－9至3.9－13。

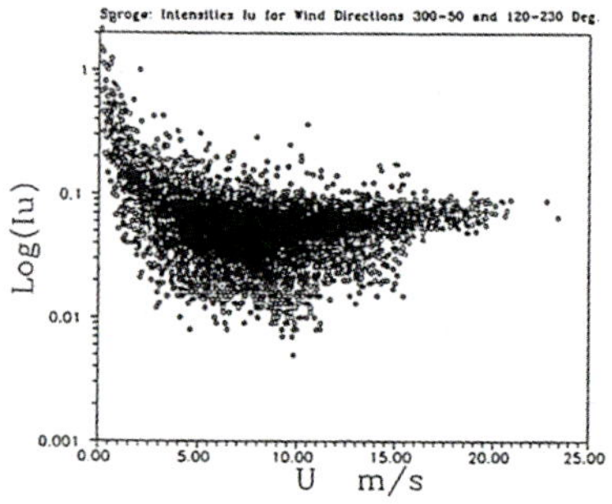

图 3. 9 – 9　测得的紊流强度（顺风向）与根据传统分析模型分析结果（实线）比较

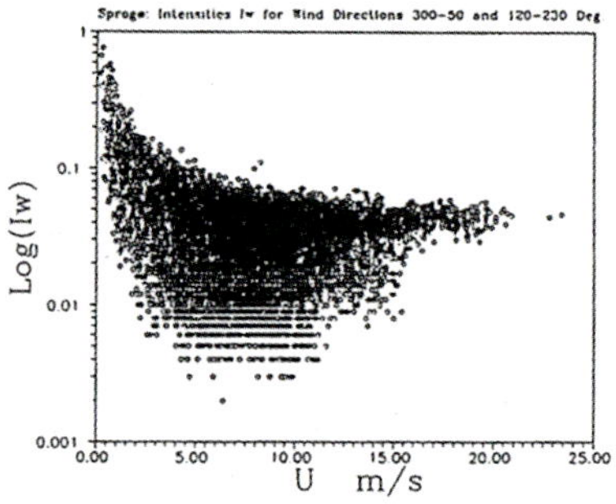

图 3. 9 – 10　测得的紊流强度（竖向）与根据传统分析模型分析结果（实线）比较

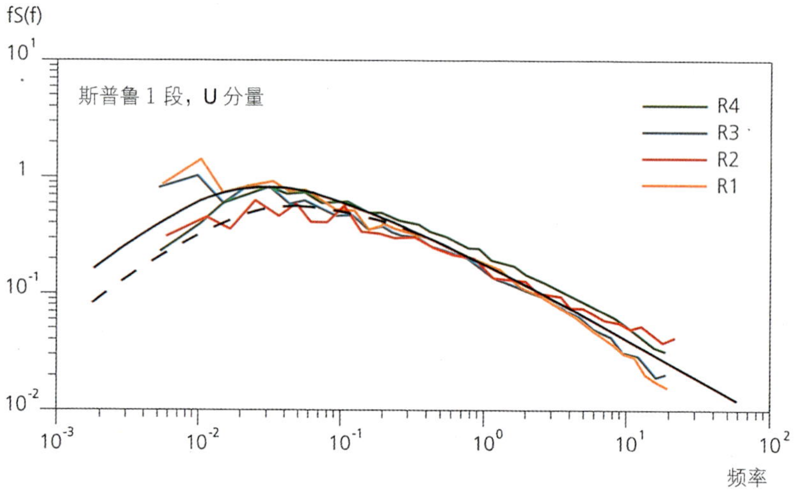

图 3. 9 – 11　测得的 U 谱（顺风向）与模型谱（实线）比较，虚线为传统的 Kaimal 谱

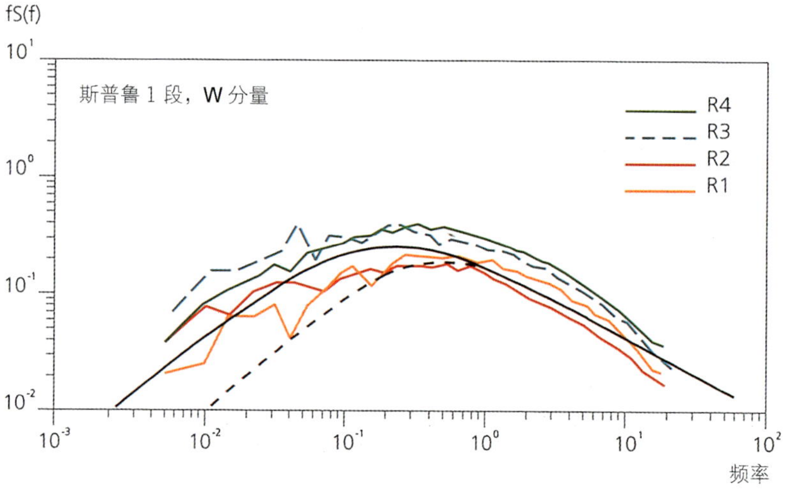

图 3. 9 – 12　测得的 W 谱（竖向）与模型谱（实线）比较，虚线为传统的 Kaimal 谱

主要成果：紊流强度和功率谱与传统的理解基本吻合，但相对于传统的分析模型，紊流强度表现得低于期望值，功率谱的低频部分更为突出。相关性也比传统分析模型所预料者为低。

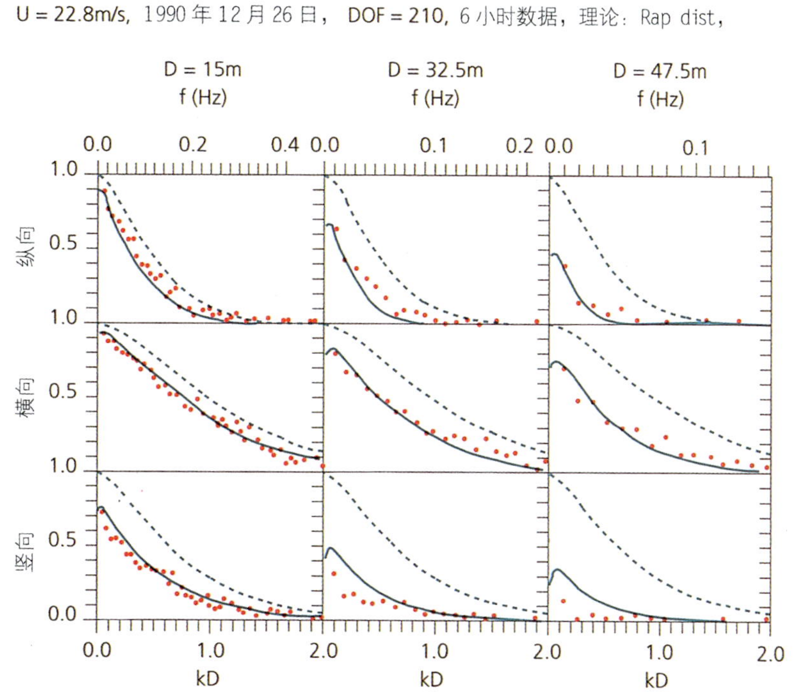

图 3.9-13 三种距离（D）下测得的纵向、横向及竖向相关系数与理论预期量相比较。虚线为根据简化理论预期结果

3.10 上部结构气动力学研究

作者：Allan Larsen，桥梁工程师，COWI。

气动力分析和风洞试验是桥梁工程研究的专门领域之一，它是诸如流体力学、结构动力学和气象学等多种学科的交叉。在讨论东桥上部结构的空气动力特性研究之前，应先介绍一下大跨柔性桥梁风载行为的空气动力分析和风洞模型试验。

风对轻柔桥梁的主要作用，可表征为风的强力作用和弹性气动失稳。这两种作用可以导致上部结构的静力或动力反应（位移和加速度）。

请参看第 12 章 3.10 各文献。

就东桥上部结构而言，重要的风作用有四种（注：见图 3.10-1）。

风的强力作用：

——平均风荷载；

——抖振。

弹性气动失稳：

——颤振失稳；

——涡流耗散作用（涡脱）。

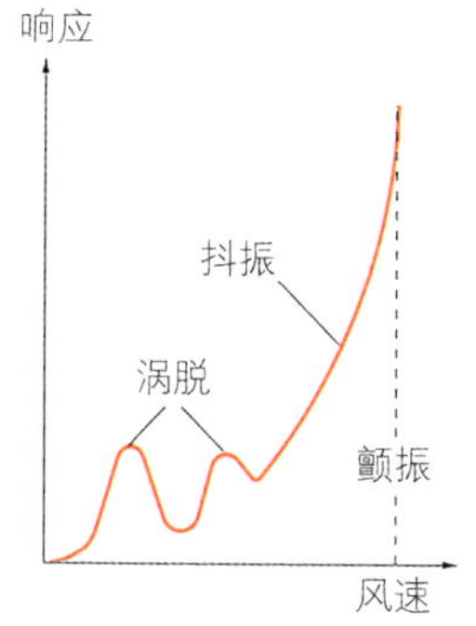

图 3.10-1 桥梁上部结构在各种风速下的典型涡脱、抖振和颤振响应

风的强力作用

平均风荷载

平均风荷载，即作用在桥梁上部结构的静力荷载，与空气密度和平均风速的平方成正比。桥梁上部结构的平均风荷载，可能以水平方向、竖直方向或扭转模式作用于加劲梁。这主要取决于加劲梁断面的几何特性。

抖　振

抖振是桥梁上部结构在空气紊流作用下的一种摆动（振动）响应——类似于树干和树枝遭遇强风时的摆动。根据经验估算，抖振随紊流级的增长而增大。而按经验，它是与平均风速的 2.8 次方成正比。根据不同的主梁断面形状，抖振作用可使上部结构出现竖向、横向或扭转模态的振动。抖振在上部结构内引起脉动应力，并使桥上的旅客感到不舒适。在大跨悬索桥设计中，最明显的往往是包含平均风荷载和抖振在内的总计水平风荷载。

弹性气动失稳

颤振失稳

颤振是当平均风速超过某一阈值——临界风速时，所发生的一种动力失稳。如果发生颤振失稳，它将使上部结构的摆动急剧增大、直至结构破坏。因此，颤振常被称为“灾难性摆动”。颤振可能包含上部结构的竖向和扭转组合摆动——经典颤振，或仅仅为扭转摆动——单自由度颤振，而这是取决于梁的横断面形状。

涡流耗散作用（涡脱）

当发生在上部结构边缘处的周期性涡流的频率与上部结构某些固有振动横风向或扭转频率一致时，在风速的某些小范围内所发生的典型共振，就叫涡流耗散作用。它常引起上部结构正弦状的振动小幅度地放大，因而称为“小摆动”。涡脱摆动对结构的影响，不同形状的桥梁有不同的反应，一般认为它对桥梁使用人的舒适性有影响。涡致振动的严重性，取决于梁的横断面形状、空气紊流水平、而更为重要的则是结构阻尼。

除了上述弹性气动失稳外，在强风作用下，柔性的上部结构也可能发生驰振（galloping），以及静态的结构发散性失稳（static divergence）。由于在东桥上部结构试验中不曾遇到，对这两种气动弹性失稳将不再讨论。

风致桥梁破坏

风荷载作用已经成为桥梁破坏的常见因素。在桥梁破坏的案例中，有些桥梁因不能承受平均风荷载作用而被吹翻。一个著名的例子是苏格兰的泰河口桥（the Tay Bridge）事故。1879 年，在一次强风暴中，当一列火车通过该桥时，其中间若干桥跨被风掀翻，掉到海里，造成了大量的人员伤亡。

风引起的颤振失稳导致了其他一些桥梁失效事故。1836 年，英格兰的布莱顿链桥（the Brighton Chain Pier Bridge）的一跨因为在风暴中剧烈的扭转摆动而遭破坏。1940 年，美国老的塔科玛悬索桥（the First Tacoma Narrows Bridge）在风速 19 m/s 的持久作用下，由于大幅度扭振而坍塌，这一扭振后来被识别为单自由度颤振。图3.10－2表示该桥振动的情况。在这些事故中，还应包括19世纪建造的一些小跨悬索桥所发生的类似破坏。

桥梁涡致振动尽管尚未有引起桥梁结构完全失效的报道，但已在很多情况下观察到。塔科玛悬索桥（老桥）在其破坏之前就有很大的竖向涡致振动（振幅达1.5 m）。1967年，加拿大对Long's Creek斜拉桥进行了全面改进，目的就在于制止其大幅度的竖向振动。

图3.10－2　老的塔科玛桥在垮塌前几分钟所发生的扭转振动

桥梁气动力研究

风载导致的桥梁性能下降和破坏，促使大型桥梁在设计过程中进行较为彻底的空气动力研究，业已成为惯例。典型的空气动力研究包括：风洞试验，和对桥梁结构形状与其构件的理论分析。塔科玛桥垮塌后，美国在华盛顿大学首先展开了桥梁风洞试验研究。在那里确定了两种适用于桥梁空气动力研究的模型试验技术：节段模型和全桥模型。试验工作集中于气动弹性失稳，并局限于平顺气流中的测试。20世纪60年代，加拿大西安大略大学（University of West Ontario，简称UWO）在进行桥梁气动研究时，提出了严格的拉条模型，成为第三种模型技术。该大学的试验同时表明：紊流所形成的抖振，是柔性桥梁风荷载作用的重要组成部分。

桥梁空气动力试验的风洞模型

节段模型是用加劲梁的一小段刚性的、在空气动力特性上得到精确模拟的模型。在风洞中，模型平衡悬挂，以便于测量其稳定状态的空气动力学荷载参数。根据模型比例原理，需要调整好节段模型悬挂弹簧及其惯性特性，以获得颤振、涡脱特性和抖振响应的临界风速。尽管在节段模型试验中难以完全满意地监测到紊流的影响，但在平流或低强度紊流中进行的试验更为稳妥，因为这不至于低估气动弹性失稳。节段模型试验布置如图3.10－3所示。

全桥气动弹性模型，是在空气动力学上和弹性性能上准确模拟全部桥梁结构，包括主缆、塔和墩在内的模型。和节段模型相比，全桥模型的优点是：可以研究不同振动模态之间相互的空气动力作用，在不同支承条件下的空气动力效应，桥梁不同构件间的互相干扰，并包含重力的恢复作用。还可以进行复杂地形或相对于桥轴线的攻角风、所引起的三维风效应的研究。而不足之处则是其较高的模型制作成本，以及对大尺度风洞的需要。包括主要构件在内的全桥气动弹性模型的概貌，如图3.10－4所示。

拉条模型则是节段模型和全桥气动弹性模型的折衷方案，因为它具有加劲梁全跨挠曲模型，但又略去了主缆、塔和墩的构造。拉条模型是由若干个刚性加劲梁段组成、用张力钢丝或钢管拉紧，横置于风洞之中。用调整模型梁段的惯性特性和钢丝的张力来模拟结构原型的动力特性。拉条模型可用于研究单跨加劲梁气动模态的相互作用和与复杂地形及攻角风有关的风效应，但不能模拟桥梁结构多部件之间的气动干扰和重力恢复作用。典型的拉条模型如图3.10－5所示。

节段模型以其可靠性、低成本和对风洞尺寸的较低要求，已经成为柔性桥梁设计（风洞试验）的有效工具。从节段模型试验得到的空气动力学数据，可以应用到以拉条模型为基础的桥梁分析模型中，从而使设计者在设计过程中可以通过改变结构设计参数进行计算和预测完整的原型桥梁柔性结构的风效应，而不必进行新的风洞试验。全桥气动模型和拉条模型试验，一般用于验证最终的结构设计、或用于研究新的设计因素及桥址复杂的地形影响。

东桥设计所发觉的显著的风效应，促成了1992年在在丹麦海事研究院（Danish Maritime Institute，简

图 3. 10 -4　全桥气动弹性模型

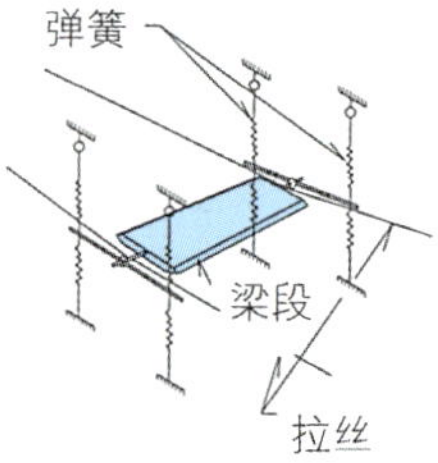

图 3. 10 -3　加劲梁的节段模型

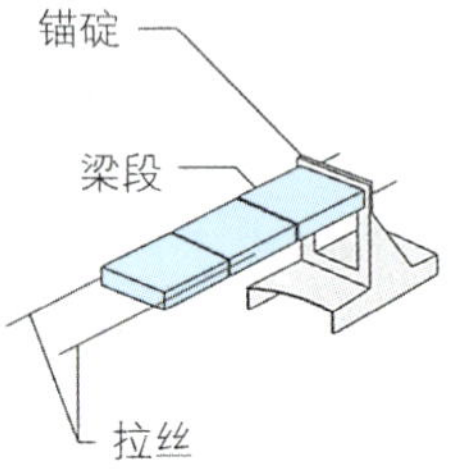

图 3. 10 -5　一跨加劲梁的拉条模型

称 DMI）进行专门的全桥气动模型试验。所用的风洞归 DMI 和 Storebælt 所共同拥有。风洞工作断面为 13. 6 m×1. 7 m，可以满足 1/200 东桥全桥模型的布置需要。

东桥气动研究的组织

开展东桥上部结构气动研究，是该桥设计的主要组成部分。风洞试验计划由咨询单位 CBR 联合体制定，并由它完成理论分析工作、编写风洞试验结果说明。大部分风洞试验工作由 DMI 和挪威的 Stiftelsen for Teknisk Videnskabelig Forskning（SINTEF）的联合体在 DMI 完成。验证性风洞试验在加拿大 UWO 边界层风洞试验室完成。而风洞试验计划均由 Storebælt 负责管理。

风洞试验策略

为确保在确定桥梁方案和后续各设计阶段获得充分的气动数据，建立了风洞试验运行机制。这需要随着设计的不断完善，进行越来越复杂的试验。风洞试验计划的目的包括两方面：

——风洞试验获得的数据，要能直接应用到设计之中；

——风洞试验结论，应有助于人们增加风对东桥作用的认识，从而为东桥设计的分析计算模型和结构行为的分析提出评价。

节段试验

在东桥悬索桥加劲梁的设计阶段，通过节段模型试验可以确定颤振临界风速，并为紊流风场确定风荷载系数，用之于确定应力水平和气动响应的评估。测试分别在平顺气流和紊流风场中进行，而重点放在紊流测试结果。为推定加劲梁模型在竖向和扭转方向的气动阻尼，增补了在平顺气流中的稳定性试验。增补试验为评价用于计算抖振荷载和抖振响应所使用的一般表征模式与拟稳态表征模式奠定了基础。

东桥上部结构所有节段模型试验均在 DMI 的 2.6 m×1.8 m 边界层风洞中完成。所有节段模型几何外形按 1/80 的比尺制作，每个模型表征实桥 200 m 梁段。节段模型横跨风洞布置，并使用了包括手动轨、护轨和中分器等装置。由四个水平横向展开的平板组成的 50% 孔隙率的风屏安装在手动轨外侧，以供选择试验；模型总高表征相当于 3.5 m 实际高度。如图 3.10－6 及 3.10－7。

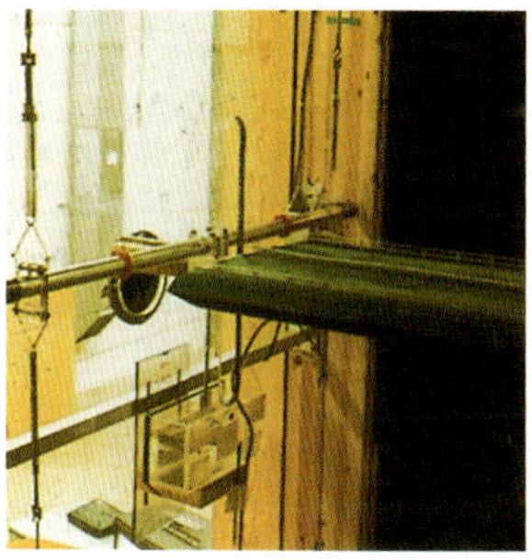

图 3.10－6 节段模型气动试验的弹簧悬挂构造

图 3.10－7 安装在 DMI 边界层风洞中的节段模型。在风洞气流入口，安装了三个螺旋锥模拟自然紊流风场

同时，为选择招标设计中的悬索桥加劲梁断面进行了一些附加试验。其目的是得到在紊流场中的抖振响应曲线，尽可能准确地模拟出设计基准文件（BBD）所确定的紊流特性，以及对横断面涡脱作用的因素。应用虚拟系统识别技术，测量在平顺流中气动特性衍生改变，进而为桥梁在建造过程中的颤振稳定性评价分析提供试验数据资料。

招标后，完成了引桥加劲梁节段模型试验。试验的目的是验证招标文件所使用的稳态风荷载参数并取得涡脱作用气动试验数据。

拉条模型试验

在进行东桥招标之前，还需要完成桥梁的附加气动行为鉴定评价。其主要目的是排除节段模型试验中存在的可能导致错误设计决策的系统误差。因此，委托另一家独立的风洞试验室完成新的试验。选择拉条模型进行验证性试验，使我们能得到该悬索桥在风响应上准确的紊流模型影响、模态相干性和相关长度等的试验数据——而这正是节段模型不能定量确定的参数。验证性拉条模型试验以招标设计所选定的悬索桥主跨加劲梁为原型。在初始试验中，对紊流场中的抖振响应曲线和颤振开始时的临界风速进行了测量。附加试验则以测量气动演变和气动力在横向（注：Chord-wise）和跨向（Span-wise）的相关性（参数）为目的。全部试验均采用与桥轴线垂直的风向，并在准确模拟 BBD 提出的紊流特性参数的紊流场中完成。

所有拉条模型均在 UWO 的 4.9 m×2.7 m 断面的低速边界层风洞试验室中完成。横置于风洞中的拉条模型按照 1/300 的比尺制作，可表征原型加劲梁长度为 1 470 m——接近于 1 624 m 的主跨长度。拉条模型包含了手动轨、护轨和中分器等装置，但未考虑选择风屏。如图 3. 10 - 8 及图 3. 10 - 9 所示。

图 3. 10 - 8　安装在 UWO 边界层风洞中的悬索桥加劲梁拉条模型

图 3. 10 - 9　拉条模型的加劲梁节段和拉丝锚固构造细节

全桥模型试验

鉴于该悬索桥的设计特点（在两锚碇之间采用连续加劲梁，以及改进的结构体系）、及其引桥的特殊之处（高 7 m、跨径 193 m 的连续钢梁），决定进行全桥模型试验以验证它们是否恰当。

悬索桥气动弹性全桥模型试验的目的，是验证在紊流风场中以不同攻角和垂直桥跨的风作用引起的抖振响应和颤振临界风速。还测试了在均匀风场条件下的涡脱响应以及沿栏杆积雪引起的气动效应。

引桥的全桥模型试验限于西岸一侧（斯普鲁侧）。其主要目的是验证节段模型所测到的过大涡脱响应，并检验设置调谐调质阻尼器的效果。

悬索桥和西岸引桥的全桥模型试验在 DMI 的大型风洞中完成（见图 3. 10 - 10）。包含按气动特性和弹性刚度比例制成的加劲梁、塔、主缆和吊索等的模型用 1/200 的比尺制作。将按几何比尺的锚碇模型也考虑在全桥模型中，以表征可能存在的锚碇与边跨之间的气动干扰（相干）性质。重力恢复的建立则通过 Froude 比例尺实现。

西岸引桥的气动弹性模型按 1/125 的比尺制作，是一个模拟气动特点和弹性刚度的连续钢箱梁模型。为了表征可能存在的气动干扰作用，模型中还包含按比尺制作的桥墩、西岸桥台和锚碇。

两种气动弹性桥梁模型，分别在无风屏和有（与节段模型试验类似的）四展面 50% 孔隙率风屏的情况下进行测试。

风洞试验中的雷诺数效应

考虑到东桥的实际情况，在 DMI 进行的风洞试验是在常压大气中进行的。典型风速范围为 1 ~ 10 m/s。几何比尺在 1/80 ~ 1/200 之间。所引起的足尺对模型的雷诺数比值是从 100 ~ 1 000。

以往的经验表明，绕类似东桥加劲梁断面的尖锐角的气流与雷诺数无关——这也是常规桥梁风洞试验的基本假定之一。相比而言，绕诸如圆形等半流线型断面的气流则众所周知与拖曳系数和非尺度涡脱频率等斯特罗哈数（Strouhal Number）的影响量的雷诺数相关。

在引桥建设施工过程各阶段所进行的涡脱激励临界风速观测，可用于对节段模型和全桥模型试验结果

图 3.10－10 在 DMI 专用边界层风洞中的悬索桥全桥模型

可以看到：在加劲梁下方设置了光学位移传感器，在风洞入口设置了模拟紊流的螺旋锥

作进一步的修正。考虑到斯特罗哈数受雷诺数的影响对引桥调谐调质阻尼器的设计至关重要，在Deutsche Forschungsanstalt für Luft und Raumfahrt（简称 DLR）专门进行了一系列风洞试验，完成了这一影响的研究。

高压风洞试验

雷诺数对斯特罗哈数影响的研究，在 DLR 的 0.6 m×0.6 m 断面的高压风洞中完成。在这里，允许雷诺数从 $5\times10^5 \sim 10^7$ 之间变化，从而可以跨越模型比尺到足尺度的范围。引桥试验节段模型用不锈钢棒按 1/250 的比尺加工制成。不包括手动轨、护轨和四展面风屏，因为这些构造会在高压气流中受损或被吹跑。通过在模型上记录其上升摆动的频率来完成测试；风速变化范围为 10～40 m/s，而风洞静态气压变化范围为 1 bar～40 bar。

3.11 设计基准

作者：Erik Yding Andersen，研究与开发部总工程师，COWI。

严格地讲，设计基准当包括作为东桥设计依据的所有信息和规定。然而，设计基准往往与包含最重要的工程设计规定的基准文件（BBD）同义。而从实用上考虑，基本信息诸如地质资料等则存放在另一些文件之中。

请参看第 12 章 3.11 各文献。

安全要求

制订设计基准的主要目的，是提供一套标准规定，以保证东桥充分的安全性和承载结构的行为。这些规定包括了与结构相关的各方面的因素，以及针对大型和非常规结构所要考虑的问题、还有与大贝耳特海峡特殊环境相关的各种风险因素，尤其是事故。

BBD 文件主要考虑永久结构的设计结果，当然也包含一些涉及临时情况的问题，例如其涉及修复和重建者。但对施工过程则不专门涉及。

结构设计规范

《丹麦工程规范》结构设计篇，是本桥的通用设计基础性文件。东桥 BBD 则是作为涉及本项工程特殊要求的附加文件，并将可以使用的国外标准列入。

用分项系数和荷载组合，以及《丹麦工程规范》所指定的荷载标准数值所确定的隐含安全水平，是以极限状态的校准概率模型计算为基础。其目标在于取得以承载力极限状态失效概率表达的齐性安全水准在每年为 $10^{-6}\sim10^{-7}$的水平。这是工程结构之中一个非常安全的级别。

这种框架适合于特殊工程项目的扩展需要。首先，这一概率方法可用于分析现行规范所未包含的特殊问题。其次，因为整个通道的风险管理是建立在概率原理基础上，让设计准则也建立在可以接受的风险水平上是合理的。

可以接受的风险水平

在 100 年中，这桥出现中断使用超过一个月的事故概率不应大于 4%（注：见表 3.2－1）。

大贝耳特通道的风险承受准则是显式量化的事故条件。该准则为所提出的旨在避免和减轻事故的设计和运营规则得到遵守时给出一种评价。而风险承受准则强调了中断使用和用户事故的风险。

下述设计准则用以确保风险可承受水平得到满足。这些准则实际上规定了通航净空几何条件，以及对船舶撞击的抵抗力。这些规定是相关设计阶段研究的结果，包括桥位布置、航线、航道疏浚、监控系统和航道交通管理等。因而，这些规定一般不适用于其他桥梁。

东桥的最终设计是细致周密的美学评价和所有组成桥跨结构各基本构件设计的共同成果，其目的是获得一个在结构构件上造型美观、技术优化、同时具备整体美学效果和各部分协调一致的桥梁建筑。

尽管在设计招标中要求将桥梁功能行为作为整体处理，但仍然允许有所选择比较——当然，也明确指出：即便是所有其他要求都得到了满足，比较方案也必须进行详尽的美学评价，同时容易被拒绝或被要求做进一步修改。

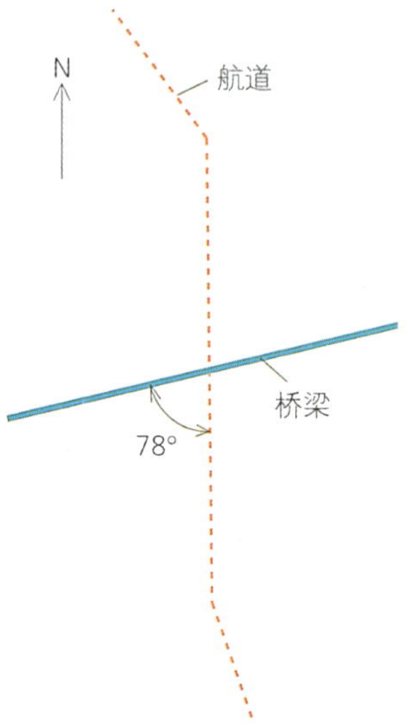

图 3.11－1　桥轴线与通航线之间的夹角

大贝耳特通道还应该实现所谓的“零解决方案”，即波罗的海的环境条件在建桥前后保持不变。为弥补桥墩对东航道洋流的阻挡作用，已经对该海峡进行了疏浚。同时，在锚碇和近航道桥墩周围设置了流线型防护岛。这样一来，有些要求间接影响到桥跨结构。例如靠斯普鲁岸的疏浚使引桥失去了抵御船舶撞击的自然屏障。这也要求在桥跨设计和海峡疏浚研究计划之间不得不进行大量的综合协调。

主航道以航线为中心、对称布置于主跨中间，宽 750 m（译注：在 3.4 节业已说明这桥需提供双向通航的宽度，似可不必再按老习惯在图 3.11－2 内绘出这一宽度），在平均水位上的通航净高为 65 m。这个指标是根据对世界范围内通行船舶的研究和与其他国际航道桥梁净高取得一致得出的。见图 3.11－1 及 3.11－2。悬索桥主跨跨径设计为 1 624 m，桥轴线与航道线夹角由最初的 68°增加到 78°。这就可以满足通航条件，并降低船舶撞桥风险。

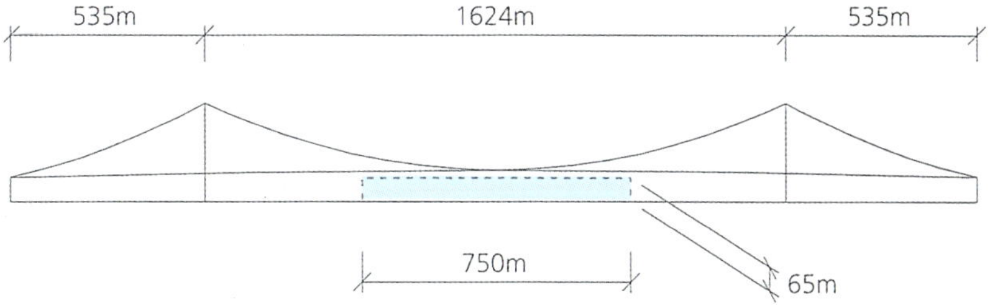

图 3.11－2 主跨通航净空要求

荷载的确定

永久荷载

预留未来允许增加的永久荷载，一是 15 kN/m 的附加桥面铺装和设施的重量，二是 2×1.5 kN/m 的挡风屏重量。

可变荷载

可变荷载一般是通过对荷载参数和荷载效应的统计分析来确定。

汽车荷载是可变荷载的主体。根据实际交通流数据，建立并验证交通量、汽车轴重和汽车队列形成的统计模型，并用这些模型确定诸如主缆和加劲梁等主要构件荷载效应的概率分布函数。

为适应丹麦规范的需要，荷载效应特征值按 98% 分位值确定。再根据统计模型推算出与特征荷载效应相对应的均布荷载模式。

统计模型推演出来的等效均布荷载（Equivalent uniformly distributed traffic loads，简写为 EUDL），与跨度较小的西桥的荷载正好一致。对于影响线较长（大于 500 m）的结构构件，考虑到平均效应因素，其等代荷载予以一定折减。均见图 3.8－1 及 3.11－4。

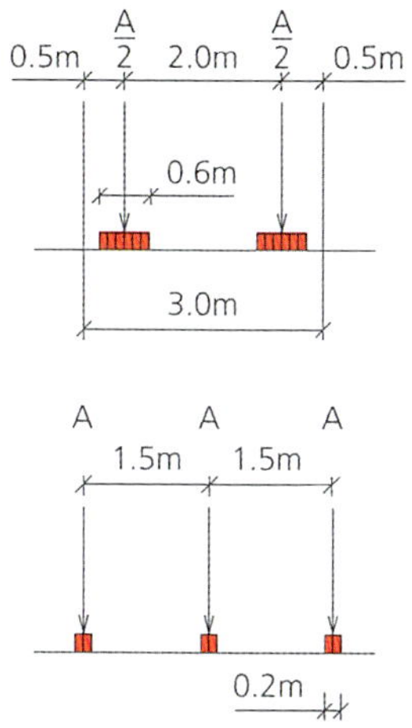

图 3.11－3 汽车荷载（局部加载适用）

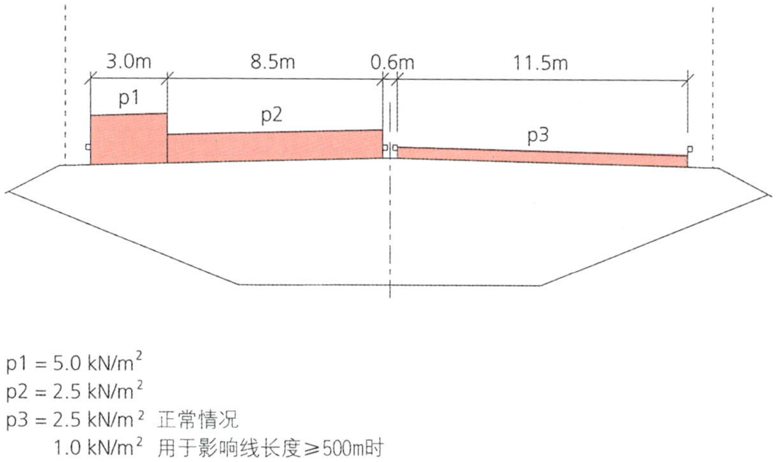

图 3.11－4 汽车荷载的等效均布荷载

轴重（A）分别为 260 kN 和 130 kN、总重各为 780 kN 和 390 kN 的三轴（注：轴距为 1.5 m）两辆汽车荷载组，按照横向中心距为 3.0 m、从中心到路沿为 1.5 m，并排布置的方式，对车道进行加载。见图 3.11－3（注：仅供局部构件设计使用）。

通过对实际汽车载重的研究，确立了表征目前常见的特重单轮胎和带着拖挂车的标准疲劳车。见图 3.11－5 及 5.2－1。考虑每车道在 100 年内，标准疲劳车有 2×10^7 次驶过，但不需考虑还有其他汽车。与以前的丹麦桥梁设计相比，本桥所用的疲劳车具有较短的轴距和较小的轮压面积。图 3.11 –6 则表示疲劳车荷载的横向分布。

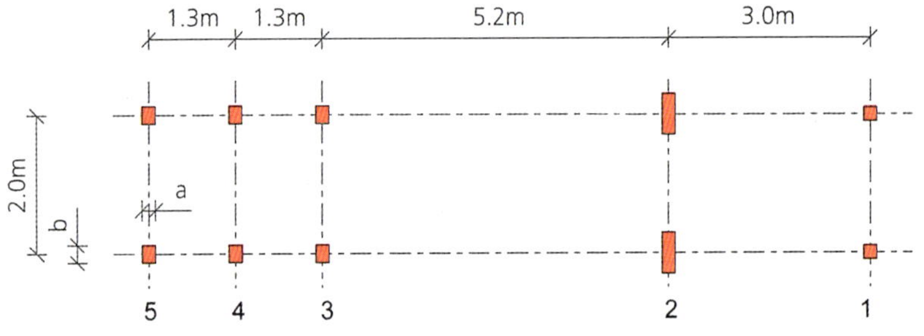

轴编号	轴重	接触面积 a (mm)	接触面积 b (mm)
3, 4 and 5	80kN	200	260
2	115kN	200	600
1	65kN	200	230

图 3.11 –5　标准疲劳车，供钢桥面设计使用

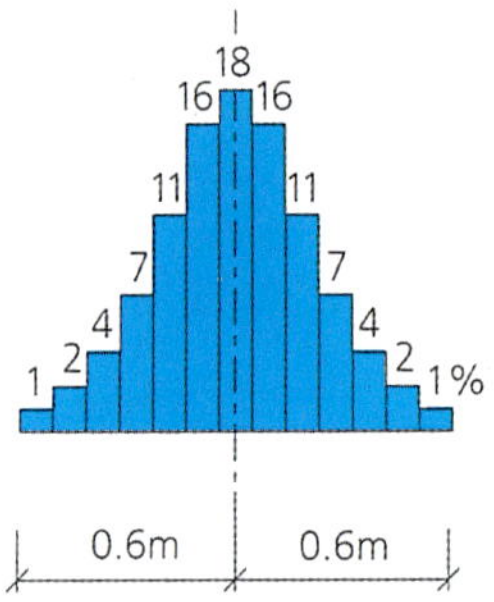

图 3.11 –6　疲劳车荷载的横向分布

桥址的风场和温度条件

通过详细现场测量，确定：桥址附近地形平坦，地面粗糙度 $z_0 = 0.003$ m，对应的摩擦速度 $u_* = 1.55$ m/s；卡曼常数 $\kappa = 0.4$。十分钟平均风速 $v_{10}(z)$ 和阵风风速 $v_g(z)$，假定其随高度 z 对数变化，再现周期为 100 年，其风场曲线：

$$v_{10}(z) = (u_*/\kappa)\ln(z/z_0)$$

$$v_g(z) = v_{10}(z) + 2.8\sigma_u$$

对于速度波动变化 v_i，假定卡曼谱 $S_i(f)$ 为频率 f 的函数；并通过测试得到相关长度比例尺度 L_i 和标准偏差 σ_i。

卡曼谱：

$$(f \times S_i(f))/\sigma_i^2 = \chi_i/(1 + 1.5\chi_i)^{5/3},$$

式中

$$\chi_i = \frac{L_i \times f}{u_{10}(z)}$$（注：各 σ_i 及 L_i 值见表 3.11 –1）。

相干系数：Coh $(f, d) = \exp(-2 \times C \times f \times d/v_{10}(z))$。

表 3.11 –1　再现周期 100 年、$z_0 = 0.003$ m 和离地高度 70 m 情况下的风速波动标准偏差

	纵　向	横　向	竖　向
	u	v	w
σ_i	3.89 m/s	3.11 m/s	2.33 m/s
L_i	1 400 m	420 m	140 m

这里假定紊流风场波动速度分量的空间相关性按指数衰减。衰减参数 $C = 8$，f 为频率，d 为风场空间所考虑的点之间的距离。

加劲梁的中央比海平面高出大约 75 m，因此，进行了采用挡风屏对汽车进行侧向抗风保护的研究。设计挡风屏保障措施方案及其在确定风荷载效应条件下所允许的构造形式，经过了风洞的测试验证。图 3.11 –7 表示挡风屏形状。

钢桥面板温度变化的取值，以法罗（Farø）桥钢桥面板的温度观测为依据。见图 3.11 –8。温度变化

对于承受横向荷载的支承设计十分重要。

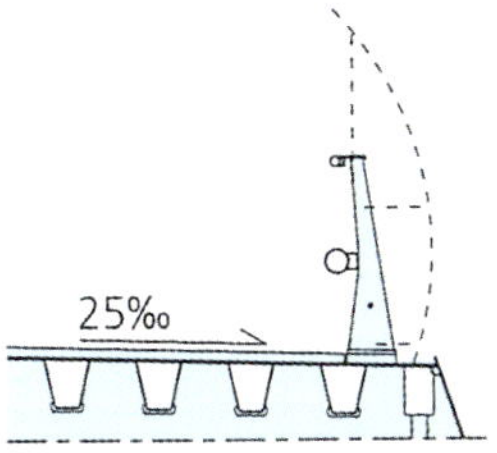

图 3. 11 -7 挡风屏形状示意

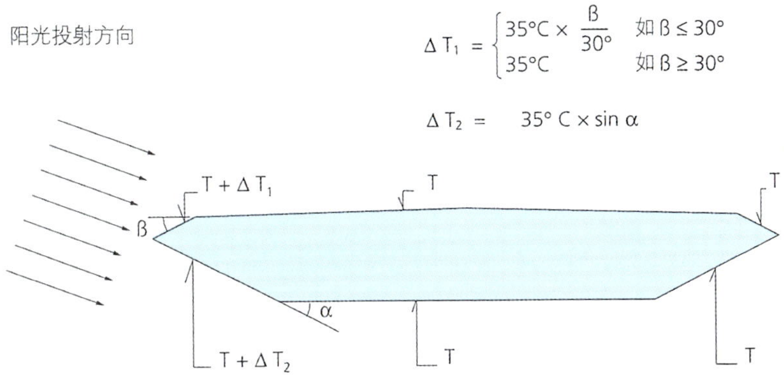

图 3. 11 -8 考虑横向效应时所需使用的温度差异

设计考虑了在主缆与上部钢结构之间有 25 ℃的温差。对加劲梁而言，需要对风荷载和汽车荷载所致的纵向变形进行限制，而对温度效应所致的纵向变形则不加限制。

偶然荷载

设计中对桥墩质量、强度和设置位置等的改变，将引起事故风险性的变化，而这又会反过来影响设计指标值，因此需要反复试算迭代。在可以接受的风险水平，通过不断修改完善桥梁设计和 BBD，借能得到合理的结构设计。主要的偶然荷载是船舶撞击荷载。

设计考虑了船艏对桥墩平行撞击和横向撞击、船艏对锚碇的撞击以及船艏对塔柱的撞击。对于塔柱和锚碇，不允许发生撞击位移。对于引桥桥墩，则允许在上述两种撞击情况下发生有限的或不明显的位移。图 3. 11 -9 表示船艏撞击的荷载—时间曲线。（注：在 4. 5 节最后一段，将塔所受的撞击力按 670 MN 计。）

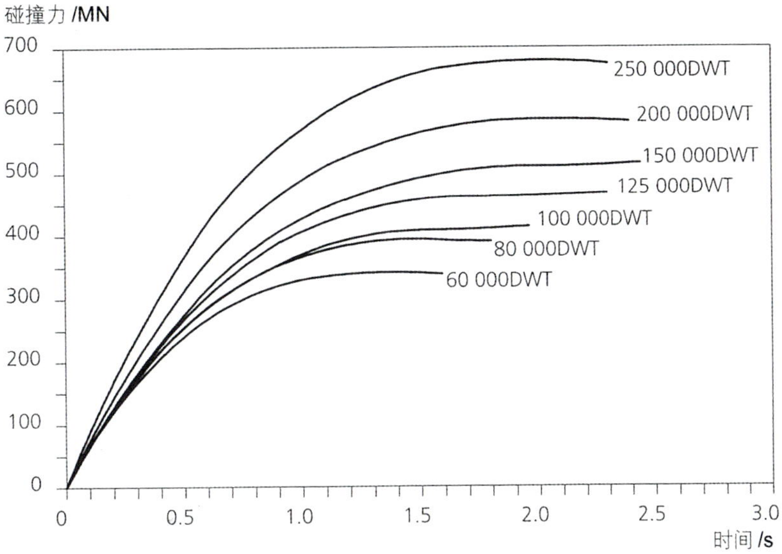

图 3. 11 -9 不动的桥墩所承受的船舶撞击荷载的理想荷载—时程曲线。船舶为 60 000 ~250 000 DWT，撞击速度为 10 kn（5. 1 m/s）。

设置针对船舶撞击的防护设施，需要对每次撞击的影响有全面记录，而且这些设施应该是永久性的。为防止这种可能发生的船舶撞击，围绕锚碇和最为暴露的桥墩设置了防护岛。受保护的桥墩的设计荷载因为有防护岛而减小。图 3. 11 -10 表示防护岛的设置情况。

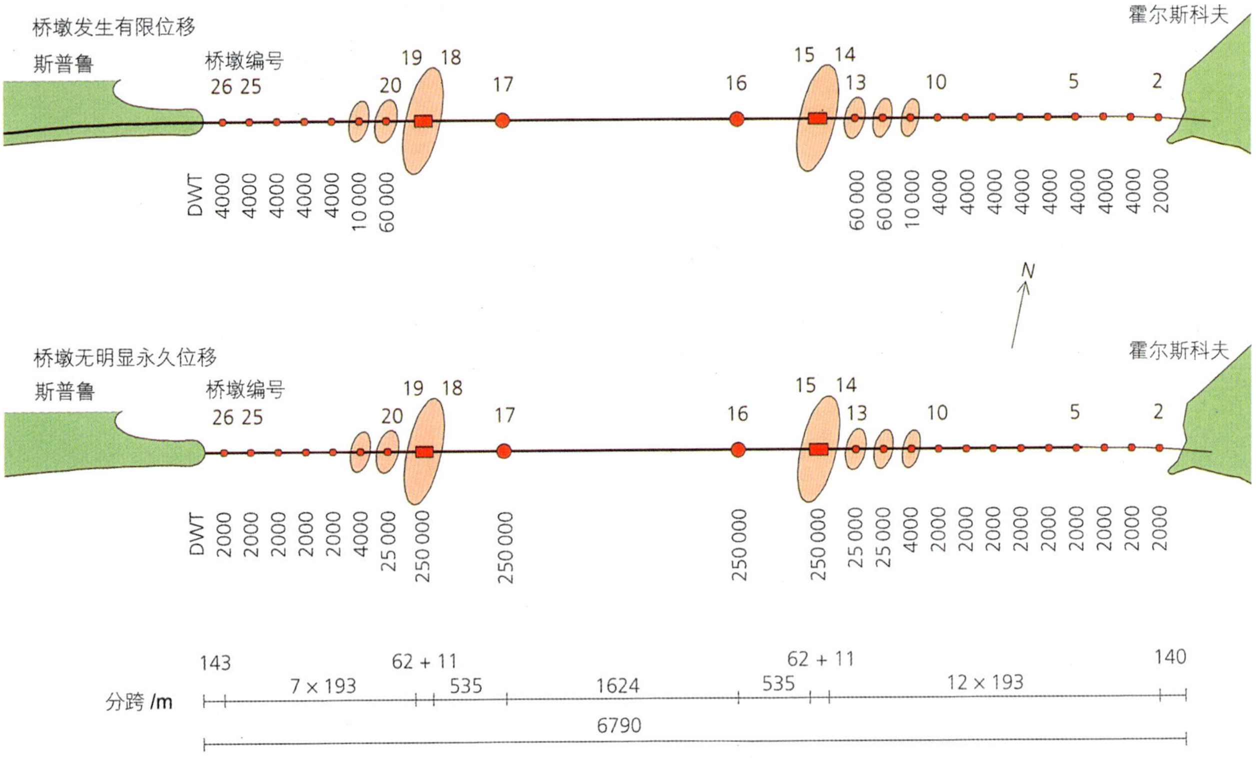

图 3.11－10　以迭代计算结果决定的各桥墩位置及其所承受的船艏撞击的船舶吨位（以 DWT 计）

撞击位移限值，以每次撞击后因结构受损影响桥的使用的总修复期不超过一个月为限度。

引桥桥墩墩顶允许最大的有限位移：

横桥轴线：线位移＜200 mm；绕竖向轴的转角＜0.04 rad。

顺桥轴线：线位移＜500 mm；绕竖向轴的转角＜0.04 rad。

主塔因侧撞所致的纵向位移，不得大于塔高的 1/1 000。

船舶撞击平均速度采用预估假定值。船艏对桥墩的撞击速度取 10 kn（5.1 m/s）；舷侧对桥墩的撞击速度取 5 kn（2.6 m/s）；对主塔的侧向撞击速度取 3.9 kn（2 m/s）。

作用在下部结构的最大线荷载集度为 4.3 MN/m，荷载分布宽度取为 0.1 m。局部集中荷载为：作用范围为 1 m^2的 17 MN 的集中荷载，或作用范围为 0.5 m^2的 10 MN 的集中荷载，而桥墩斜撞荷载取作用范围为 1 m^2的 21 MN 的局部荷载。

桥的上部结构所受的撞击荷载则以相当于 39 600 DWT 的油船为准；这与经常通行大贝耳特海峡的 Panmax-size 船舶相当。对上部结构的撞击是在横向水平方向。作用荷载为：在 20 m^2范围内，荷载强度为 0.5 MN/m^2的面分布荷载；作用宽度为 0.02 m、长度为 10 m（注：原书未提供荷载数值）；作用范围为 0.25 m 见方的 2.5 MN，或作用范围为 0.10 m 见方的 0.5 MN 集中荷载。

设计同时考虑了军用飞机对主塔的撞击。撞击荷载按单引擎飞机考虑。飞机撞击参数：飞机质量—20 000 kg；撞击速度—150 m/s；撞击持续时间—67.5 ms（即 0.067 5 s）；撞击处直径—2.6 m；加载面积—7 m^2（注：在 3.2 及 4.5 节，撞击力均按 50 MN 计）。

设计还考虑了由于车辆撞击、人为破坏、爆炸或火灾等原因，相邻两对吊索突然同时破断对加劲梁承载的影响。在将破断吊索所承担的荷载转移至其他构件时，考虑的冲击荷载放大倍数为 2。

大跨度悬索桥加劲梁在高速强风中可能出现不稳定振动行为。通过风洞试验可确定出现不稳定振动的最低风速。在排除了其他不确定因素后，针对极端风场的气动失稳安全性的概率分布评价在前面已有讨论。完成了包括与风和模型试验条件相关的不确定性详细表述，以及用于设计计算分析模型在内的项目的全概率分析后，得到70 m高度处的气动失稳最小临界风速为：

施工阶段：40 m/s；

成桥阶段：60 m/s。

设计准则用临界风速表述。在低于临界风速的所有情况下，风洞试验表明加劲梁不会失稳。这一临界风速是按桥梁所需保证的安全水平来决定的。

为了满足桥梁结构使用的舒适性，对低于1 Hz频谱的最大竖向和纵向加速度进行限制——即舒适性要求。加速度限值为：

竖直方向，$<1.5\ m/s^2$；水平方向，$<0.5\ m/s^2$；频谱范围，<1.0 Hz。

极限状态设计

对结构安全性的设计要求，是用相关的极限状态表达。在极限状态下，结构应正好满足规定。

在设计中所采用的极限状态一般表达式为：

设计荷载效应≤设计抗力，即

$$F(\gamma_G \times G_k，\gamma_P \times P_k，\Psi_{Q,i} \times Q_{k,i}) \leq R_k/\gamma_m$$

式中，设计抗力为特征抗力 R_k 除以分项安全系数 γ_m；设计荷载为特征荷载 G_k、P_k 和 $Q_{k,i}$ 分别乘以分项安全系数 γ_G、γ_p 和荷载扩大因子 $\psi_{Q,i}$。

各分项系数的值，见表3.11-2。

表3.11-2 在设计中通常采用的分项系数（含同时作用的可变荷载）

极限状态		正常使用极限状态	承载能力极限状态	偶然极限状态
材料抗力	混凝土	1.0	1.9	1.3
	普通钢筋	1.0	1.5	1.1
	钢材/屈服	1.0	1.35	1.05
	钢材/破坏	—	1.65	1.10
	钢材/疲劳	—	1.48	—
	钢材/主缆	1.0	2.0	—
	钢材/吊索	1.0	2.3	1.5
	钢材/更换时	—	(2.0)	—
	钢材/索夹	—	1.65	1.40
	土的摩阻力	1.0	1.3	1.0
	土的内聚力	1.0	2.0	1.0
	土的内聚稳定性	1.0	1.65	1.0
荷载	永久荷载，正常作用时	1.0	1.0	1.0
	永久荷载，起卸载作用时	—	0.85~1.1	
	可变荷载	1.0	1.3	1.0
	同时作用的其他可变荷载	0.5~1.0	0.5~1.0	—
	作用在损伤结构上的可变荷载	—	—	0.5

极限状态分为：

——正常使用极限状态；

——承载能力极限状态（弹性极限和疲劳）；

——偶然极限状态（塑性极限）。

正常使用极限状态对应于正常使用可以接受与不可接受的使用条件的分界，而承载能力极限状态和偶然极限状态对应于结构承载构件局部或整体破坏。在弹性的承载能力极限状态下，荷载作用具有可逆设计条件，而作用力能够传递至地基，且不会引起地基的塑性变形。在偶然极限状态下，如果结构作为一个整体不会垮塌并可修复，允许永久的塑性变形和结构构件的破坏。此外，交通的中断均不应超过一个月。

一般讲来，应该根据弹性理论并适当考虑二阶效应、结构的实际工作状态和允许的土壤弹塑性行为来确定荷载效应值。然而，当桥墩及引桥桥跨允许发生位移时，由偶然荷载产生的桥墩和引桥桥跨的总体荷载效应则可依据塑性理论计算。

主缆和吊索是主要受力构件。由于这些构件的分项系数是按以往所曾用过的最低值取用，因而建立了平行钢丝束的随机行为分析模型，以确认其具有足够的可靠性。

基　础

抗　滑

基础直接置于开挖的基坑内，这使地基土最上一薄层的强度因扰动而削弱。该层的抗剪强度取为 $C_u = k\sigma_c$，其中，σ_c 为作用在该层的永久荷载有效压应力；通过现场试验，得到 k 的取值范围为 $0.35 < k < 0.55$，下限值对应于扰动并经过重整的表面，上限值对应于未扰动的天然土。对于承载能力极限状态，剪切系数为：

永久荷载：$k = 0.35$；

船舶撞击：$k = 0.40 \sim 0.47$；

冰荷载：$k = 0.26 \sim 0.34$。

土层破坏

天然土层和重整土层的所有潜在破坏形态，应按其在排水后和排水前均具有足够的安全性考虑。对于锚碇的稳定性，应该考虑百年一遇的高水位或低水位所引起的最不利浮力。

4　下部结构设计

译者：周履，教授，中铁大桥局桥研院。

4.1　东桥的地基

作者：Carsten S. Sørensen，高级工程师，COWI；
Jørgen S. Steenfelt，高级工程师，丹麦地质研究院；
Jens Kammer Mortensen，高级工程师，Rambøll；
Aage Hansen，项目经理，A/S Storebæltsforbindelsen；
Henrik Gluver，风险部，高级工程师，COWI。

本节给出东桥工程概况，所采用的地质勘察策略，以及岩土工程师在这一项目中所面临的特殊挑战。从东桥所取得的经验教训之一是：岩土工程师与土木工程师以及地质学者之间的合作是获得经济而安全的方案和技术先进性的先决条件。

本节涉及东桥的地基工程，各种学科，各类试验和数值法的相互影响、相互补充，在获致一个安全的地基设计中，起到了主要作用。也补充了从通道建设其他部分施工中所取得的经验。

请参看第 12 章 4.1 各文献。

4.1.1　地质概况

此前的认识及所取得的成果

在 1962—1963 年，进行了穿越大贝耳特海峡陆路通道的初步地质勘察。随后，在 1977—1978 年，在 Statsbroen Store Bælt 所进行的设计中，对此进行了更加详细的工作。在 1983 年，为了隧道方案的可行性研究，进行了深入泥灰土的两个深钻孔。为修建通道的最近一次活动则开始于 1987 年，同时进行了在所建议位置的勘察。在这项工作中，最后确定了位于斯普鲁与西兰两岛之间的桥位。

勘察包括：做地震剖面、钻孔、实验室试验和冲积层顶部 100 m 的地质研究。在 1987 年，以土壤分界和地质层次为特征的成果已经形成三维计算机数据库，由 Storebælt 建立的地质模型已经可以提供给业主（管理层）、咨询（更新和设计者）及承包人（施工者）的使用和查询。

这样，东桥的地质条件在事先已经是清楚的了。这就可以对桥位和基础类型作出决定。基础的详细设计则是在进行设计的同时，再进行补充调研，以进一步查证。

地质概况

1982 年，Aarhus University 的 Gunnar Larsen 教授提供了根据迄至 1979 年有关东桥的调研而制定的综合性地质模型。约在 10 000 年以前，大贝耳特区域是干地，而东水道（Eastern Channel）则是一条向北流的河。大贝耳特的东水道侵蚀了本处的堆积层，并携带着早先融化的沉淀物。低地为泥煤和泥淖所填充。大约开始于 8 000 年以前的 Flandrian 海侵，河水泛溢，次要的海洋沉积物就沉淀了下来。

对于地基来说，主要的特点是来源于两个冰河期（即 Weichsel 冰河期和 Saale 冰河期）的两种冰碛物。只是在海底深处，这些冰碛物才消失。冰碛物约 20 m 厚，但在靠近西兰岛处，厚度增加到超过 70 m。在 Weichsel 冰河期，上部冰碛物约在 13 000 年以前沉积在靠近冰的边缘线处。下部冰碛物则来源于120 000 ~ 140 000 年以前的 Saale 冰河期。第四纪以前的沉积物（包括被称为 Kerteminde-mergel 的 Selandian泥灰土）坐落在 Danian 石灰石上，而在更深的位置，则为 Maastrichtian 白垩。Selandian 泥灰土的厚度约为 40 m。对于大贝耳特工程，基于 1995 年以前的调查研究，主要的地质状况如图 4.1－1 所示。

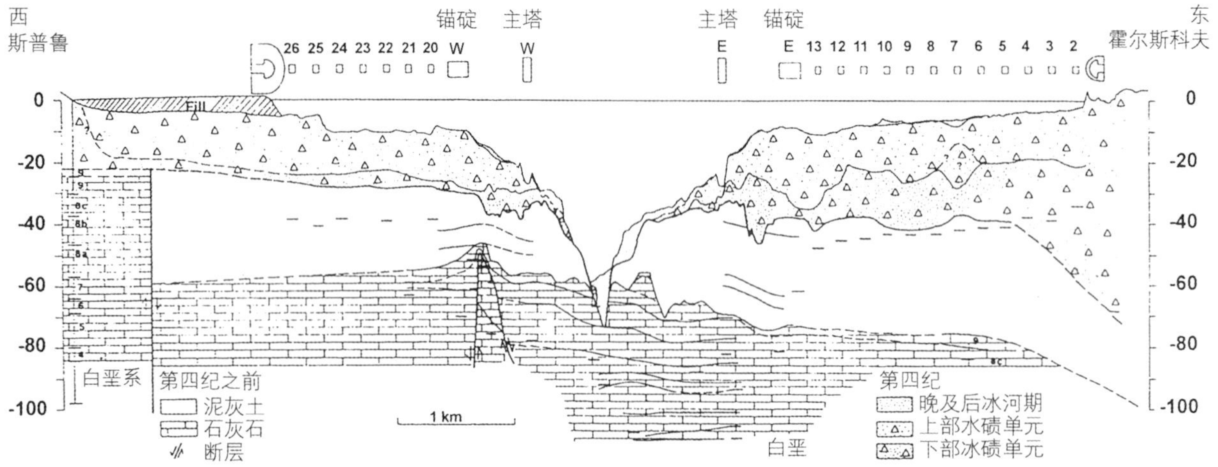

图 4.1－1　东桥桥轴线上的地质截面概图

4.1.2　对东桥的勘察

在对东桥进行勘察以前，已经从西桥勘察和施工活动中取得了重要资料和经验。它们是：

——在 1989 年将地质模型升级为具有地质参数存储的智能数据库；

——锥形透入度试验（Cone Penetration Test，简称 CPT）作为地质钻孔的补充，在绘制每个（引桥）桥墩位置处详细地质条件方面十分有用；

——工地试验（如大板荷载试验）的重要性被认识到，并在斯普鲁岛开始进行；

——冰碛层强度的变化业被证明比预期的要大得多；

——将基础直接置在密实砾石垫层之上是可行的；

——在岸上预制构件，能够减少海上工作。

在 1990—1992 年进行了详细勘察，并制订了以下规划。

勘察的目的是对于每个结构构件影响所及的深度内的天然地基土，建立一个适当的三维的地质和岩土工程技术认识。要在海床以下，进行 100 个深达 30 ~ 40 m 的地质钻孔，钻孔的典型间距在结构物构件位置为 20 ~ 40 m。这些钻孔要包括取样，翼片试验（vane test）和 SPT。对于所选择的钻孔，主要是在主塔和锚碇处，要进行压力计试验。在海床以下 20 m 处，要进行约 400 个 CPT，其在结构构件位置处的典型间距为 10 ~ 20 m。

实验室的试验将包括分类试验、强度和变形试验。小比尺的试验要用大比尺的土壤和碎石的三轴向压力和剪力试验来补充。

锚碇和桥墩在受到船撞时的滑动问题，应通过在西兰岛岸上、在未经扰动（完整无损）的及在扰动后经过整理的黏土冰碛上，进行大比尺的滑板荷载试验来澄清。

CPT 试验

根据西桥所取得的经验，对黏土冰碛层 CPT 试验的分析和数值过滤（numerical filtering）给予了特别注意。黏土冰碛层是黏土、淤泥、砂和砂砾的混合物，它的一般性能是由黏土控制的。砂和砂砾对 CPT 试验的影响，被认为是一种不相干的事物而应滤去；对每一次 CPT 试验中属于砂和砂砾的阻力，用一种移动的过滤器进行清除。然后，产生一个显示所有结果的 CPT q_c 剖面图。假如它们表示了同样的趋势，应制成三张一组的图来表示（见图 4.1－2）。在这图之内，包含：

——q_c平均值与最小 q_c平均值图（注：q_c 为锥尖抵抗强度）；

——现场翼片剪力强度试验值图；

——从实验室得出的含水量 w 和活性 A 的图。

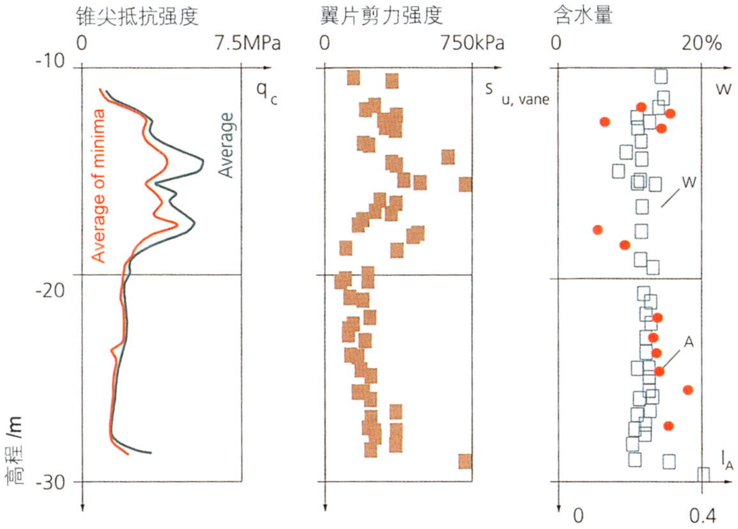

图 4.1－2　引桥桥墩处，设计所用的地基土特性剖面图示例

最小 q_c 平均值是保守的估计平均值，如丹麦的施工规范 DS 415（1984）所要求的那样。假如出现了变化的土质图，应精心制作多于一个的剖面图来为桥墩提供有充分代表性的土质剖面。因为任何破坏可能既通过较弱的土、也通过较强的土，更加细致的评估是并不需要的。

从这些试验以及从地质钻孔取得的样品的地质描述，可绘出一张供设计使用的地基土特性剖面图，如图 4.1－2 所示。这个剖面图就是基础设计的依据。

未扰动（完整无损）的冰碛黏土在实验室内的试验

当 SHANSEP 被应用到实验室试验数据时，将出现以强度、预压实应力和现场垂直应力的关系表示的一般行为模式。对一组经过选择的未扰动的样品，包括最广泛可能的现场强度和预压实应力谱者，进行先进的、高质量的实验室试验，而不是从每个桥墩取试样。通过三轴向压力（$c_{u,C}$）及拉力（$c_{u,E}$）试验，以及体积保持常数的直接剪力（$c_{u,DS}$）试验，确定冰碛黏土层在未排水时剪力强度。

三轴向压力试验是以一 ϕ70 mm、高度/直径为 1∶1的试件和光滑的压头进行，以确保均匀的应变条件。为了产生可靠的结果，在试验到破坏以前，先用各向异性的压实达到压实前应力，再卸载到现场应力，来复现其在现场所经历的应力史。

直接剪力试验是在一个自动的、按目的制造的非常刚性的剪力箱（DAS）中进行。试件是 ϕ70 mm、高 30 mm。为了模拟未排水条件，试验应在保持体积不变的情况下进行。

整套实验室试验应与未排水剪力强度的现场测试值进行比较。它们包括从钻孔中的翼片试验所得到的

$s_{u,vane}$，以及从邻近相关钻孔处进行的 CPT 试验推断而得的 $s_{u,CPT}=q_c/N_k$（这里，s_u被用来表示现场确定的未排水剪力强度，以区别于在实验室的 c_u）。$s_{u,vane}$和 q_c的关系是根据东河区域冰碛黏土中所进行的所有翼片试验和 CPT 试验所得的关系。对于未扰动（完整无损）的冰碛黏土，所适用的强度模型是：

$$\left.\begin{aligned} c_{u,C} &= 0.42\sigma'_v(\sigma'_{pc}/\sigma'_v)^{0.85} \\ c_{u,DS} &= 0.86c_{u,C} \\ c_{u,E} &= 0.71c_{u,C} \\ s_{u,vane} &= 0.88c_{u,C} \\ s_{u,CPT} &= q_c/10 \end{aligned}\right\} \tag{1}$$

4.1.3　土的强度的概率模型

和习惯的钻孔与取样法比较，CPT 法能有效而经济地产生大量数据（注：图 4.1 –3 表示一 CPT 透入仪）。但是，由于在冰碛黏土采用 CPT 法的经验有限，在锥尖阻力的记录与有关土工技术参数之间没有载入文件的关系可以利用。

丹麦技术大学（DTU）的教授 Ove Ditlevsen 建议并发展了一种大胆的解决方法将这种转换的不确定性明确表示，利用了 CPT 法所取得的大量资料。与明确的土的破坏模型相结合，基础的可靠性可凭借充分利用所有的信息来进行评估。

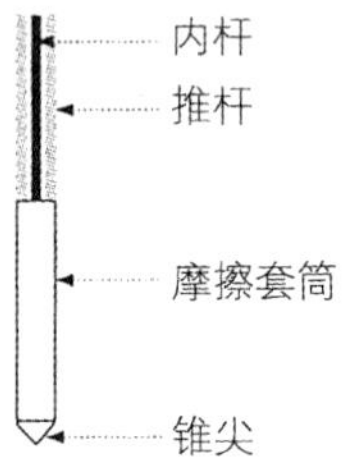

图 4.1 –3　CPT 透入仪

CPT 的现场模型

对于每个锚碇下的土体，一共有 60 个垂直的 CPT 记录。CPT 布置在 20 m 间距的网格点上，包含在一块 180 m × 100 m 的面积之内（见图 4.1 –4）。每个 CPT 记录包含间距为 20 m 的锥尖阻力，并一般是进入 12 ~ 14 m 的冰碛黏土。因此，CPT 试验为每个锚碇基础提供了总共为 3 500 ~ 4 000 个数据。这些数据形成了一个匀质的、三维的随机场，称之为“CPT 场”。这个场被假定为对数正态的（即正态场的指数），这保证了只有正数值被表达。因为土体存在着水平层，在垂直方向和水平方向的相关结构被假定为不同的。

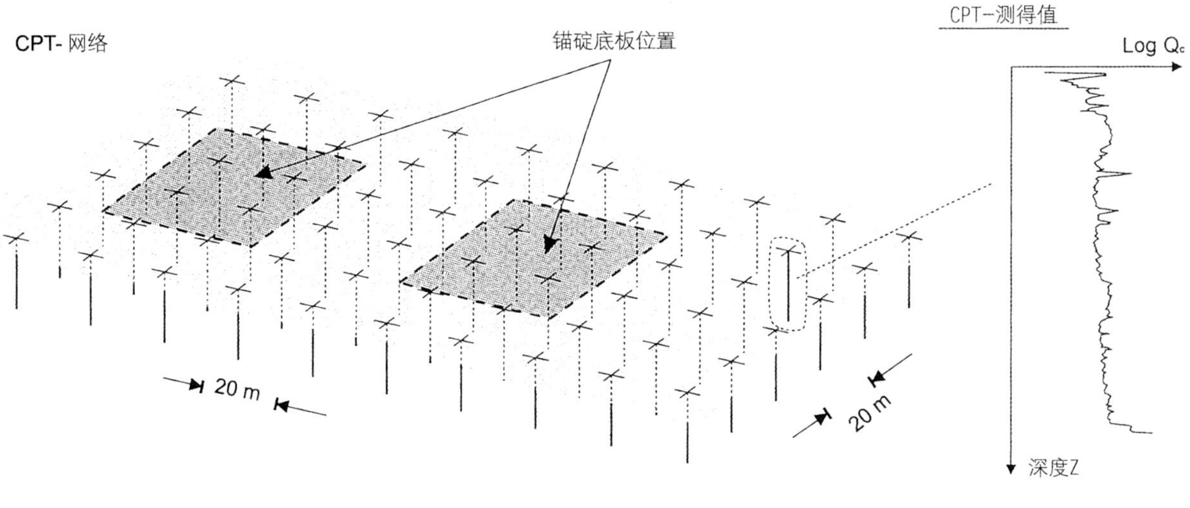

图 4.1 –4　锚碇处的 CPT 布置

CPT 记录所提供的，几乎是点的信息。对于理论模型来说，这是一个优点，但因在不均匀的冰碛层中存在石块，也引起了实际问题。因为石块比较稀少，冰碛层的地质特性是由较弱的黏土母体控制的。但是，当透入仪碰上石块，记录将出现突然的局部峰值，从而错误地指出了一个较高的土壤强度。这些由于石块引起的记录误差，可以通过利用假定的垂直相关性来消除。记录的“平顺化”（smoothing），是用统计学内的最大可能原理（maximum likelihood principle）来完成的。一个典型的例子示于图4.1－5。

CPT 现场模型准确地描述了平顺化了的记录，并规定了现场参数的分布。这些参数是：均值，变异系数和相关结构参数，并且主要代表了 CPT 记录的随机插值（stochastic interpolation）。

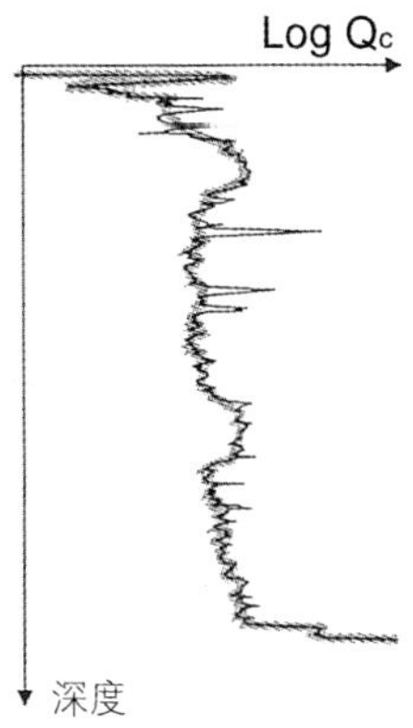

图 4.1－5　CPT 记录的平顺化

转换为未排水的剪力强度场

早先的调研指出：在冰碛黏土中的 CPT 测量值是与翼片试验测量值成比例的（虽然已经发现有某些随机偏差或“噪声”）。加上对在冰碛黏土中的翼片试验结果与未排水剪力强度之间存在着一种线性关系的观点，CPT 测量值就被假定为与未排水剪力强度成正比。但是，对所观察到的数据讲，这一假设的偏差已经被认识到了。现是用 CPT 场所包含的的翼片试验结果来对其相互关系加以校准。在翼片试验位置的 CPT 场的分布，为制订它们之间的比例系数和测量的不确定性的分布提供了信息。

压　实

土壤强度模型最后的精致化，应将锚碇荷载的压实作用包括进去。根据实验室三轴试验的结果，提出了所需的土体强度增加的模型。

4.1.4　特殊挑战

对岩土工程地基设计原理的挑战，是工程的规模。它已经超过了正常经验和实用规范。这就需要非常彻底的调查研究和对安全原理细致的独立评估。经对所有关键问题采用完全独立的设计模型，而后再对设计质量进行优化。

所考虑的主要问题是：锚碇的抗滑稳定性和靠近航运繁忙处的桥墩所遇的船撞。

在本桥漫长的前期工作中，总是以修建直接的浅基础为原则。根据西桥的经验，决定所有基础都应该坐落在密实碎石垫层之上。考虑到它们异常巨大的尺寸，所有沉井必须制造成有插入碎石层的裙板，借能建立一个在基底之下的灌浆空间。

锚　碇

全桥两个锚碇，每个锚碇有一个长 121.5 m，宽 54.6 m 的矩形底面（注：见图 4.6－1，并见图 4.1－6）。这个底面分为 3 段，前段长 41.7 m，中段长 39.1 m，后段长 40.7 m。其中，仅有前段与后段是用底板直接传递压力于碎石层。两个锚碇都建立在刚性，乃至坚硬的冰碛黏土之上，其未排水剪力强度在 150～300 kPa 之间。

由于开挖的结果，冰碛黏土的顶部被扰动，其抗滑动强度将减少。这个问题是用在其前后两段底板下面各设一密实的楔形碎石垫层来补偿。

锚碇荷载

图 4.1－6（a）中所显示的荷载状态导致图 4.1－6（b）中的合力。假定其前后两段底板的竖向压力是均匀的，则这两个竖向反力就是静定的。

水平剪力荷载可以按照前后两段底板具有同样的抗破坏安全性的假定来分布。而在将整个结构用有限元进行分析时，水平荷载的分布就可自动得出，这个假定就并不需要了。这当然是指混凝土锚碇具有分布水平荷载所需要的刚度和强度而言。

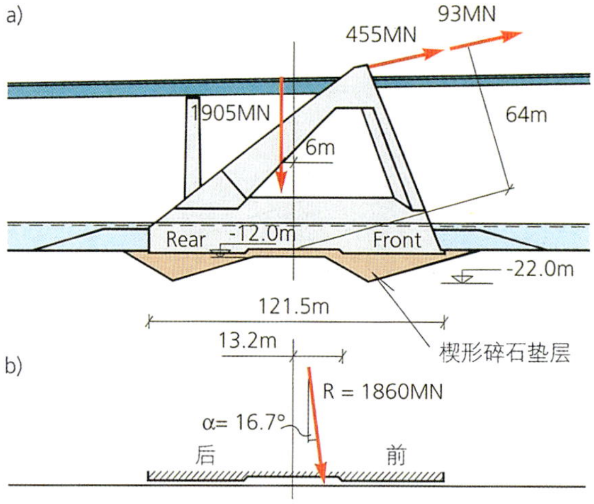

图 4.1－6　(a) 锚碇立面图　(b) 作用于锚碇基底处的荷载合力

承载能力的分析

承载能力的分析既作为一个传统的确定性的，又作为一个先进的、概率的极限状态分析来完成。在确定性分析中，所用的分项系数汇总于表 4.1－1

表 4.1－1　确定性分析所用分项系数

	分项系数所用符号	数　值
永久作用	γ_G	1.0
可变作用	γ_Q	1.3
内摩擦角正切	γ_φ	1.3
未排水剪力强度	γ_c	2.0

如图 4.1－7 所示，视合力的倾斜角不同，底板之下的基础可能有三种主要的破坏模式。在每一种情况，破坏模式取决于：几何形状、土的强度、合力的倾斜角。

承载能力的正确解法必须既是静力学，又是运动学所容许的。但是，要同时满足这两个条件是困难的。因此，决定采取下列三种各自独立的计算法来确定锚碇的承载能力。所选择的方法（均为二维）是：

——上限理论；

——极限平衡分析（BEAST）；

——有限元分析（ABAQUS）。

在计算锚碇承载能力之前，按五种基本情况，用上述三种计算方法进行了试算。从试算结果，得出结论：所有三种方法都是设计程序中可以使用的工具。

现举其用试算方法之一，并让几何条件和土的强度都接近于实际的锚碇情况。其基础应力的计算结果为从 32.3 MN/m 至 33.8 MN/m（将底板分为条状的二维简化）。关于上限理论和 ABAQUS 分析的破坏模式，今示于图 4.1－8 和 4.1－9。

为验证二维分析，也进行了一种补充的三维分析。

关于土的强度

为确定土的强度，曾经付出了很大的努力。这些努力坚定了让这样复杂的结构满足“DS－415 高等级基础（High Foundation Class）”要求的信心。

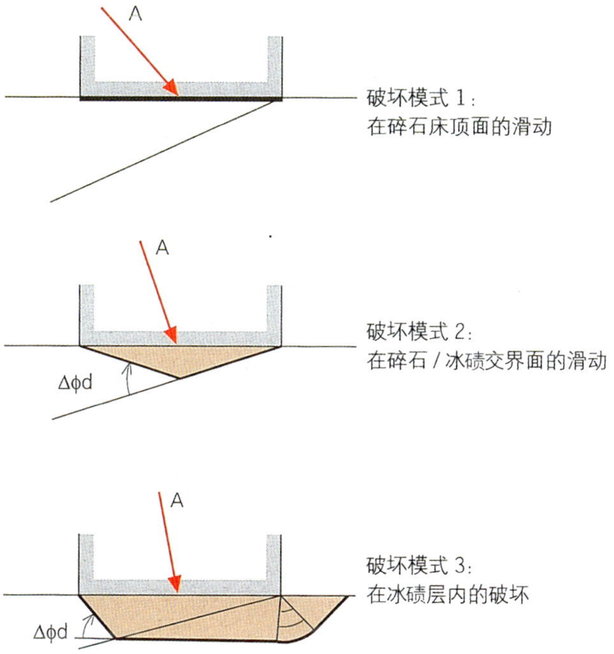

图 4.1－7　底板之下的地基破坏模式

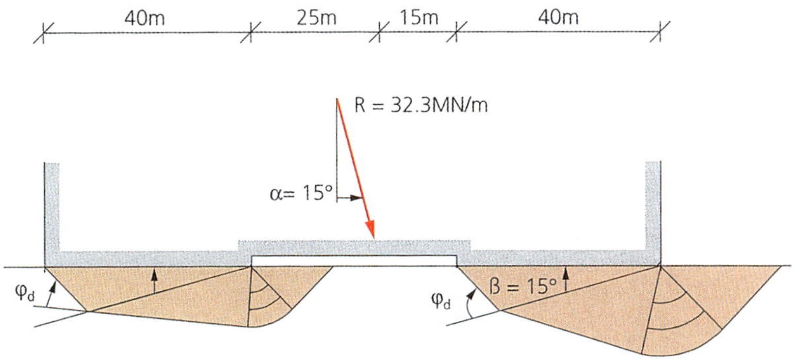

图 4.1－8　上限理论的破坏模式

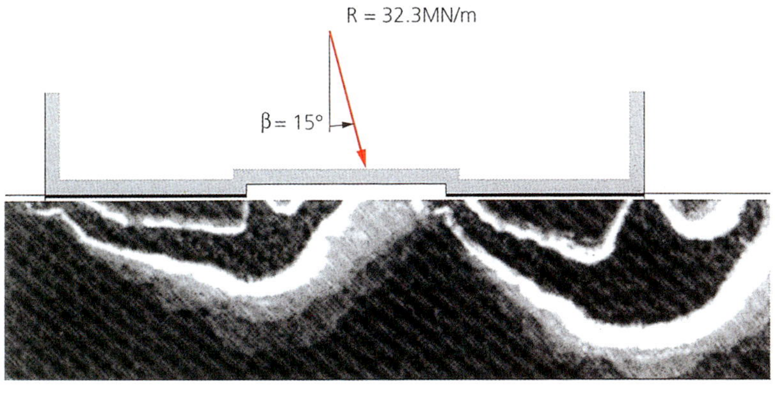

图 4.1－9　ABAQUS 分析的破坏模式

楔形垫层中的碎石

碎石是从挪威的 Kragero 开采的一种辉长苏长岩（Hyperite），其颗粒约呈圆盘形，颗粒密度高达 ρ_s = 3. 12 Mg/m^3，抗压强度高达 $\sigma_c \approx 150 \sim 200$ MPa，平均为 170 MPa。密实材料平均颗粒尺寸约为 $d_{50} \approx 15$ mm，均匀系数 $c_u \approx 10$。在一个特制的三轴试验装置内，对 500 mm × 500 mm 圆柱形试件进行的三轴向试验表明它有很高的摩擦正割角，即 $\varphi > 50°$。在所有试验中，材料在破坏时膨胀，但膨胀率低于预期值。

在上限承载能力的计算之中，隐含着膨胀角 ψ 等于内摩擦角 φ 的假定。这与试验结果不一致。计算中采用的校正方法是：应力的莫氏圆上的应力条件由 ψ 而不是由 φ 来规定。这相当于由下式来确定一个缩小了的摩擦角 φ_d：

$$\tan\varphi_d = (\sin\varphi\cos\psi)/(1 - \sin\varphi\sin\psi) \tag{2}$$

关于从碎石楔形垫层到冰碛黏土交界面的剪力传递问题，经采用概念性的、小比例尺的实验室模型试验来进一步考虑。对试验结果的分析，特别是位移模式，以及与 ABAQUS 有限元模拟相比较，确认了对这一问题的表达的适当性。

压实试验

要设计出一种在现场建筑物下面控制碎石床密实性的方法是困难的。代替它的是采用一种安放和压实碎石的事先规定的系统。为了验证这种系统，在岸上建立一个用板桩围住的试坑，进行足尺的压实试验（见图 4. 1 – 10）。

从试坑中挖出的材料，在压实并降低水位以后，被用来进行大比例尺的实验室试验。

图 4. 1 – 10　在试坑中对碎石进行开挖

冰碛黏土（着重其被扰动状态）

破坏模式 2（见图 4. 1 – 7）的承载能力，是由破坏的几何形状，以及碎石与未扰动冰碛黏土交界面的强度决定的。在安放并压实楔形碎石床以前，对冰碛黏土的开挖不可避免地要扰动/整平其顶层的冰碛黏土。这一区域强度的确定是锚碇设计的一个重要因素。在能够提出最后结论以前，还必须制订一个全面的、包括现场的与实验室的试验计划。现场试验包括 28 个滑动试验，用 1 m × 2 m 的混凝土块放在具有不同扰动程度的冰碛黏土上面，并以不同的位移速度加载。

实验室试验包括在特制的大型滑动箱内进行 70 次以上的接触面试验。这些试验是在 ϕ400 mm 圆柱体和 100 mm 高的冰碛黏土试件上进行的。为了比较，在 100 mm × 100 mm 和 30 mm 高的重整的冰碛黏土试件上，进行了 20 次通常的直接剪力箱试验。

还试验了由压实（consolidation）、老化（ageing）、预剪（pre-shearing）和位移速度（displacement rates）等产生的影响。

4. 1. 5　地基的可靠度，一种概率的方法

虽然最近二三十年广泛的研究已经使概率分析的领域，对实际应用来说，变得成熟了。但它在结构工程的实践中仍被认为是一例外。然而像东桥这样突出的工程，结构工程的通常方法往往被感到已经超出了以往经验的限界。这就要求对它们用合理的方法作安全的推论，而在某些情况下，概率方法已被证明是不可缺少的。

概率分析的一个大胆的应用，是论证按照通常土工技术理论设计的锚碇的可靠性。这个特殊情况由于大量土工技术试验的结果可以用随机模型来表达而引起关注。

在对基础可靠度的估计中，土抗力是以塑性理论的上限为依据，也就是以发生破坏运动的功的平衡为基准的。有两种不同的破坏模式被考虑：第一种假定是，由于碎石楔形垫床之内的黏土的活化（activation of the clay）；第二种假定是，楔形垫床与黏土接触面之间的滑动破坏。这两种模式相当于图 4.1－7 中的破坏模式 3 和 2。

区域破坏

对于区域破坏模式，锚碇被假定在一个平面内，进行由转动中心所规定的刚性转动。见图 4.1－11。在 DTU 的 Bent Hansen 教授帮助下，发展了一个包括碎石楔形垫床表面破坏，以及冰碛黏土表面和区域破坏在内的描述。

平衡功包括在碎石楔形垫床和冰碛黏土中的内部的塑性消散，减去来自主缆与锚碇重力的外部功。由于土的强度用概率表达，平衡功是一随机变量，从而定义了一个古典的可靠度问题：确定破坏的概率，即平衡功是负的。

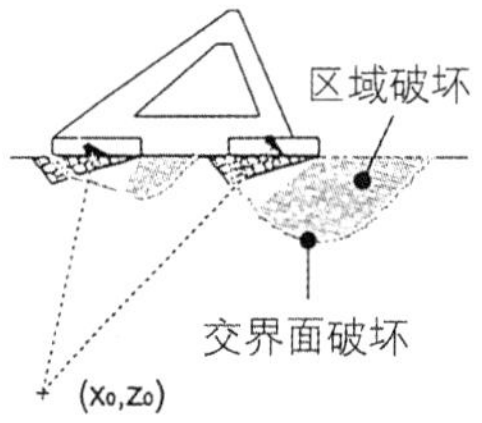

图 4.1－11　区域破坏几何图形

确定内部功的分布，包括对土的强度模型进行 6 个独立尺寸的积分，从而使对于一个假定的转动中心的破坏模式的可靠度计算，远不是一件小事。可靠度是假定的转动中心的一个函数，要求找出最危险的中心（即具有最低可靠度的）。因为每个可靠度计算都要求大量的计算，而这一寻找工作是用手工完成的。

区域破坏研究的主要结果，是可靠度的最低估计值应为 $\beta = 4.9$。这相当于丹麦规范中的高安全级，对锚碇基础是适宜的。也分析了土的模型的各种简化对可靠度估计的影响，使土工试验结果得到非常详细的利用。根据这些变异性，可得出结论：模拟由于压实而产生的强度增加是次要的，而对观察点附近的 CPT 记录的详细再现（条件中值）及伴随着的不确定性（uncertainty）的降低（条件变异性）则是很重要的。因此，消除了所有三个特征以后，可靠度估计值降低到 $\beta \approx 4.0$。这相当于普通或低安全级；对锚碇基础来说是有些不够的。

滑动破坏

为碎石楔形垫床所作的冰碛黏土层开挖面，由于扰动，而形成一软弱交界面。因此，在估算基础承载力和可靠度时，必须考虑在这一软弱交界面滑动破坏的可能。如图 4.1－12 所示。当基础加载时由于重新压实和预剪（pre-shear），也由于老化，可望有某些强度恢复。为此，进行了为这些影响定量的岩土试验。汇总试验结果有可能得出：适当考虑这一变量的随机变异和统计的不确定性之后，能够得到一个表示压实和老化影响的概率公式。

试验结果说明：由于压实产生的强度增加，是主要的。因此，为交界面建立一个应力分布的详细描述是重要的。这事可对一个包括楔形碎石床、交界层和弹性半无穷大空间的未扰动冰碛黏土的模型进行 FEM 计算来完成。这一分析说明，在每个基础垫床的趾部（toe）有应力分量的峰值（见图 4.1－13）。

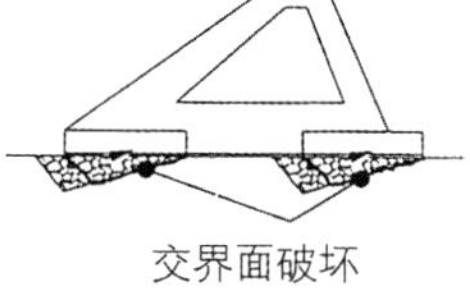

图 4.1－12　在楔形垫层交界面的滑动破坏

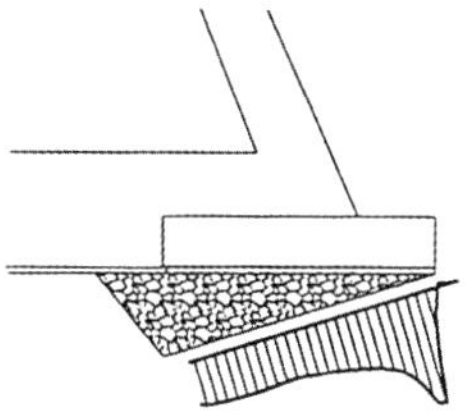

图 4.1－13　交界面上的压实应力

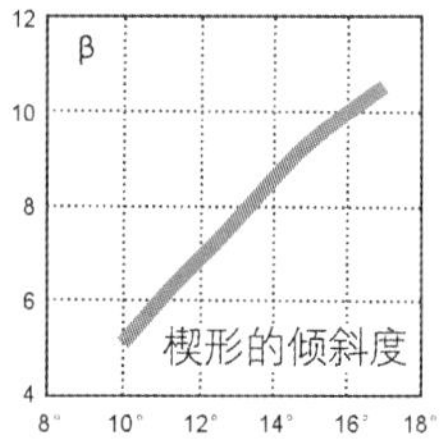

图 4.1－14　作为楔形倾斜角函数的滑动破坏的可靠度

从这样的应力分布的近似，确定了交界面剪力强度的变化，就能用数值积分来计算滑动破坏时的内部消散。类似于区域破坏的估算，可靠度的估算是以交界区内的塑性消散与外部功之间的平衡来定义的极限状态为基础的。

估算结果表明：这里有一个很高的可靠度，即 $\beta=10$，同时也发现压实和老化具有较大的影响。估算结果还说明：可靠度计算对楔形碎石垫床的倾斜角很敏感。若从招标设计的15°降为10°，可得出较为适当的可靠度（$\beta=5$）。如图4.1-14。只因倾斜角的降低对区域破坏的可靠度也有影响，乃维持15°不变。

4.1.6 锚碇、塔和引桥桥墩等的沉陷

锚 碇

采用先进的计算方法是计算锚碇沉陷方向和大小的唯一途径。利用有限元程序ABAQUS，能够将锚碇和楔形碎石垫床的特殊几何性质、冰碛黏土的有限厚度，以及锚碇加载顺序等的影响都包括在内。土的变形参数则是用Oedometer及三轴试验测得的数据为依据。

塔

每个高254 m的主塔具有一个长78 m、宽35 m的基础（注：见图4.5-3）。该尺寸主要是由基础和塔柱下部结构的整体性，其次是由承载能力和沉陷标准来决定的。

一项特殊工作，是对塔在施工时由于风荷载引起的基础下土壤液化的估计。根据通常的液化模型和最近公布的液化模型的分析表明，这一危险可以忽略。

碎石层材料具有很大的摩擦角，这使人对于塔下部预制件的落位感到有些担心。人们曾怀疑沉井的裙板能否插入碎石层足够深度，但是，只要让碎石上部是一个整平了的松散层，则裙板就可插入到预期深度。而且，在灌浆之前，混凝土底板已经与碎石直接接触。

引桥桥墩

典型的引桥桥墩的底座为23 m长，19 m宽。在ULS和SLS极限状态下，承载能力的分析是按照从上到下的方式进行的。首先，对所有桥墩，用它们各自的几何性质与荷载、并用设计土体剖面取最弱的土参数（见图4.1-2），作简单的分析。然后，对那些有承载力问题的特殊桥墩，考虑土强度的空间变化，作更精细的分析。

所有桥墩在所有荷载及所有投影面，按照DS415进行一遍分析。数据库中的荷载与几何性质和结构工程师共用。当数据变更时，可以迅速进行新的计算，而不需重打很多数据。对于每个桥墩，在相当于底面宽度的深度内，取其最弱土的强度用作保守的第一次估计。对于那些用这种方法不能满足DS415（1984）的桥墩，就采取在破坏图形的每一部分，用该处土的强度来计算临界荷载的方法。

船撞分析是在概率分析的框架内进行的。由不同大小、不同速度的船碰撞产生的后果，用计算机程序（SIAS62）来产生概率分析的结果，制成图表。船撞分析应将整个构造考虑在内：桥墩、主梁、相邻桥墩和土。这样就容许用整个构造来吸收冲击。土在三个方向的位移和扭转，用简单线弹性及理想塑性的弹簧来模拟。这些弹簧仅模拟与基础紧密接触的土，远场的影响则不考虑。

对于土的部分，另外用FENRIS程序进行三维有限元分析，因为用手算作控制计算是极其费力的。用SIAS62和FENRIS两种模拟的计算结果非常一致。

对SLS分析的挑战，是要忠实于冰碛黏土的性质。制订了一种用Bjerrum的主要和次要压实概念来实现SHANSEP强度和应力模型的计算方法。可以模拟不同施工阶段的不同的加载、卸载计划，而在所有时候都可明确其压实强度、预压实和位移。

为桥墩发展了一种具有设计土剖面的数据库。也采用了可以参照的荷载及几何性质的数据库。这样，对于每个桥墩，可以进行荷载沉陷的预计。深到泥灰土（marl）的所有各层都作了代表其土的类型，并具有其初始应力与强度数据的位移参数的模拟。对于冰碛黏土层，当预压实应力（σ'_{pc}）的70%的限度被超

过时，会发生引人注目的沉陷（蠕变）。

引 道

在西兰岛的霍尔斯科夫，地形容许直接引到桥面高程。但是在斯普鲁岛，一条高出海平面约 24 m 的路堤几乎是必需的。这就导致了根据西桥和东桥的实验室试验建立的沉陷和蠕变模型进行足尺试验的一种独特的可能性。沉陷计埋设在路堤的底部，在下卧的冰碛黏土层内，直到该层下面的泥灰土中。对这些沉陷计的监测现还在进行之中。

4.1.7 经验教训

从这一工程所取得的经验，可以汇总如下：

——为了与最详细和最先进的试验程序建立相关性，一个全面的地质模型是必需的；

——对于如此复杂的情况，现代的数据处理和统计方法是必需的，这可导致更加合理的设计程序；

——CPT 试验对于取得所遇到的冰碛构造深处的强度资料，是一个很好的工具；

——大比尺的实验室试验和现场试验是绝对必需的；

——碎石压实层在高应力水平的破坏过程中仅显示出很迟的膨胀，这样一种碎石层在这里可考虑为延性的；

——裙板插入碎石垫床，只需引入具有细心选择的厚度，未曾压密的碎石上层就能做到；

——对于正常的荷载速度，整平后的冰碛黏土的未排水剪力强度可以是其压实力的 0.35（对于高速度荷载则为 0.45），该强度包括压实与老化的效应，但不包括任何剪力变形影响。

总之，从工程中得到的压倒一切的教训是，岩土工程师、结构工程师和工程地质学者之间的密切合作，是成功的先决条件。只有通过不同学科之间的相互切磋、通过不同比尺的试验、数值的和物理的方法，我们才能确信得到安全而经济的解决方案，并能提高技术水平。

4.2 桥墩对船舶碰撞的反应

作者：Henrik Gluver，风险部，高级工程师，COWI。

在东桥的上部结构和下部结构的设计中，船撞是一重要的偶然荷载。在广泛的由意外荷载引起的风险分析中，结构后果的评估是根据船—船碰撞的损害统计所得出的简单和合理的原理来进行的。虽然，在风险分析中，简化方法被认为是合理的，但是当大量的结构模型、动力分析，以及详细的反应限制被应用于设计验证时，它的适当性就变得可以怀疑的了。为了澄清这个问题，对引桥桥墩船舶碰撞的详细分析在概率的框架内作了表达。这使得与设计分析原理相一致的风险评估有可能被推导出来，并与原来的风险评估相比较。概率的表达式包括碰撞情节（船舶尺寸，装载状态，速度，方向，与偏心）和结构模型（例如，土的强度的不确定性，结构质量和刚度）。

船舶碰撞模型

船舶碰撞模型的主要成分是：碰撞情节，桥墩结构模型，和船—结构的相互作用。所采用的理想模型如图 4.2-1 所示。

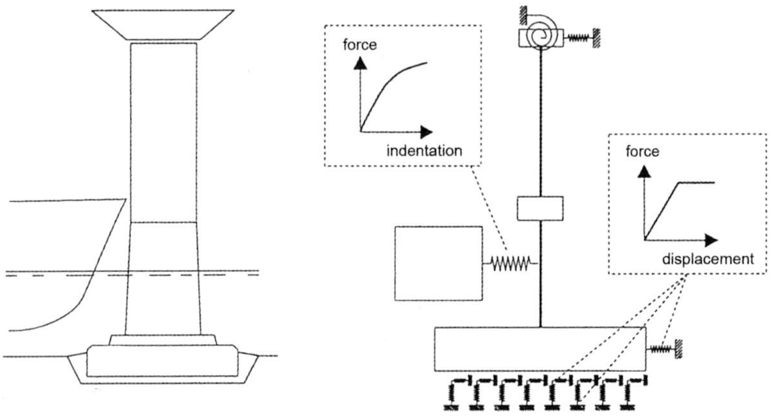

图 4.2-1　理想化的船舶碰撞模型

碰撞情节

与船舶碰撞的研究相一致，仅考虑船艏迎面碰撞（HOB 即 head-on-bow）的情况。碰撞事件的尺寸与装载状态的概率分布直接取自船舶互相碰撞研究。其他有关描述碰撞情节的参数（速度、方向与偏心）均包括在内，其分布则主要由判断确定。

桥墩结构模型

桥墩结构模型包括：一个非线性的弹塑性土体—结构相互作用模型，一个刚性的沉井，表达墩身（上部与下部）的弹性梁单元，和位于桥墩顶部表达梁的一个集中质量与弹簧，而墩身与梁的水平连接则用一个代表支座的有限抗剪能力的刚—塑性铰单元来表示。

船—结构的相互作用

保守地、并高度理论地，在整个碰撞过程，船被假定为连续而不偏移地沿一直线行进，它的运动被描述为只有一个自由度。船—结构相互作用是以船垂直地撞在一个固定的壁所产生的力—撞瘪度关系为根据。桥墩的几何性质以及碰撞情节的影响都是被忽略了的。

组合模型

上述单个的表达被组合成一组联合的、二次级的、描述船的运动和桥墩结构的位移的微分方程。由于是非线性的，微分方程需要进行数值积分。此外，该模型包括了若干个不确定的，要求用概率表达的参数，因此要用计算机进行分析。

结构反应和破坏模式

根据设计基准，桥墩应能抵抗特定的船的撞击，而墩顶仅产生有限的、瞬间和永久位移及转动。此外，支座的水平抗剪强度不应被超过。

由于问题的瞬时性质（突然撞击）和固有的非线性性质，数值法积分对于时间解，即时间步长积分，是高度敏感的。其伴随的瞬时性与不确定性对于导出的或内部的反应量，例如墩顶支座剪力，将特别显著。因为瞬时的（和不确定的）反应是与静剪强度相比较，支座剪力破坏的概率有可能被过高地估计。

结果与讨论

仅对两个最暴露的桥墩，即霍尔斯科夫侧的 10 号墩及斯普鲁侧的 22 号墩，进行了分析。分析的结果是：10号墩与22号墩违反设计规定的年概率分别为3.8×10^{-5}及7.6×10^{-5}。等效的风险分析估计值分别为7.8×10^{-6}及1.8×10^{-5}。这样，概率分析导致比原有的风险分析估计的破坏概率大4~5倍。但是，考虑到在碰撞的详细模型中所作的保守假定以及在风险分析中一般采用的可变性，详细的概率分析并不明显地否定原有的风险分析和相关的偶然荷载情况。

4.3　桥墩的冲刷防护

作者：Mogens Hebsgaard，丹麦水力研究院（Danish Hydraulic Institute）。

本节讲引桥桥墩和主塔墩，用石块进行冲刷防护的设计。对于暴露在波浪及水流作用下的冲刷防护层的稳定性，曾经由DHI/LIC联合体于1993年进行了调查研究。该项调查研究包括对水文条件的评估，确定应用于冲刷防护的设计条件，以及用以评估稳定性的物理模型试验和对所建议的防护的优化。模型试验是在可以重现波浪和水流条件的设备中进行的。

设计原理

锚碇和其相邻的5个引桥桥墩（3个在东引桥，2个在西引桥）使用人工防护岛，它既能防护船撞，又能防护冲刷。但其余的引桥桥墩却没有这样的防护，而且是直接放在海床上面的。这就产生了基础被冲刷的危险，因为这些地方的土（或者是容易被冲刷的砂，淤泥或腐殖黑泥，或者是冲刷较慢的物质如冰碛黏土）是容易被冲刷的，它们必须予以保护。

紧靠着桥墩的水流是涡流（形成旋涡），且流速因设置桥墩而增加。它会将桥墩附近易被冲刷的材料冲洗掉，桥墩就会因涡流下冲海床而倾斜。因此，需要用石块保护，以保证其安全。围绕（主塔）桥墩，用一个20 m宽的粗卵石带，上面用15~18.5 m宽的护铠石（100~300 kg，$w_{50}=250$ kg）覆盖。而引桥桥墩的保护则是围绕桥墩用15 m宽的卵石带，上面覆盖8.5~15 m宽的护铠石（100~300 kg，$w_{50}=250$ kg）。

在模型试验中所考虑的，是一个主塔墩和一个引桥桥墩，取两种不同的水深。对各引桥桥墩也进行了调查研究。

水文条件

冲刷防护设计所依据的波浪、水流与水位等条件是用测量及数值模型得出的统计数据来决定。对于北面方向和南面方向的波浪和水流分别进行了评估。表4.3-1表示在模型设计中考虑的桥墩的设计条件。波浪和水流统计数据，并未考虑到波浪和水流方向的关系。需要说明的是：不能排除向北和向南的最大水流和同一方向的波浪相重合。

大多数试验是在平均水位下进行的。但是，对于引桥桥墩也考虑到下列最低与最高水位的条件：

——低水位：发生的年概率10^{-2}：−1.2 m（相对于MWL）；
　　　　　发生的年概率10^{-5}：−1.8 m（相对于MWL）。

——高水位：发生的年概率10^{-2}：+1.7 m（相对于MWL）；
　　　　　发生的年概率10^{-5}：+2.85 m（相对于MWL）。

主塔处水很深，其水位的变化只是有限地影响冲刷防护的稳定性。

表 4.3-1　来自南方的波浪和水流的设计值，发生的年概率为 10^{-2}

水文条件	东引桥桥墩		主塔墩		西引桥桥墩	
	在 5 m 水深处	最暴露处	东塔	西塔	最暴露处	在 5 m 水深处
波浪高 H_s(m)	2.3	2.9	3.3	3.0	2.9	2.5
波浪周期 T_s(s)	7.7	8.6	9.2	8.7	8.6	8.0
流速（m/s）	1.6	2.2	2.2	2.65	2.45	2.15

水工模型试验

模型试验的目的，是对防护所用石块尺寸和覆盖范围进行优化和验证，并对冲刷发展速度与比尺的影响进行估计。所有试验是在一个可冲刷的砂床上进行的，砂粒直径为 d_{50} = 0.17 mm（塔墩）及 0.2 mm（引桥桥墩）。

对于引桥桥墩，所有试验是在 DHI 的一个 5.5 m 宽、最大水深为 0.5 m 的水流及波浪槽中进行的。模型用 1:40 的比尺建造。在这个设备中进行的所有试验都是用单向波浪和水流。

对于塔墩，试验是在 DTU 的一个 4 m 宽的水流和波浪槽中进行的。塔墩模型是按 1:60 的比尺建造的。绝大多数试验是用单向波浪和水流进行的，但其中有一个试验，让水流方向与波浪方向呈 180°。

模型试验程序

塔　墩

对塔墩一共进行了 6 个试验系列。试验中研究了以下参数：

——两个相对于塔墩的波浪及水流方向（33°及 90°）；

——两个不同的护铠石等级（w_{50} = 250 kg 及 w_{50} = 150 kg）；

——在安放护铠石层以前（施工阶段），过滤层的稳定性。

除了施工阶段试验之外，试验所取的波浪和水流的发生概率为 1 次/年到 10^{-6}次/年。

引桥桥墩

对引桥桥墩共进行了 8 个试验系列。研究了以下参数：

——三个相对于桥墩的波浪与水流方向（0°，22.5°及 45°）；

——一个石块等级（w_{50} = 250 kg）。

在这一系列研究中，波浪与水流为：发生概率从 10^{-2}次/年变化到 10^{-5}次/年；水位从最高变化到最低。

试验结果（塔墩）

护铠石块尺寸

第一批试验说明所选用的石块尺寸对于年概率在 10^{-6} 以下的情况是适当的；但若石块密度为 2.8 ~ 3.0 t/m^3而不是通常的 2.7 t/m^3，则稍稍降低石块尺寸也是足够的。

防护的范围

塔墩的第一批试验系列说明所建议的石块尺寸对于直接的波浪和水流冲击是稳定的。但由于在紧靠石块防护之外形成的旋涡，在砂床内产生了冲刷坑。因此，当护铠石逐渐滑入这些冲刷坑时，石块防护的危害就从外部发生了。图 4.3－1 表示发生的年概率分别为 10^{-2}，10^{-5} 及 10^{-6}（相当于试验 1，试验 2 及试验 3）的波浪和水流条件的一组 3 次试验所得到的结果。可以看出：即使是紧靠着塔墩的护铠石，也会受到防护以外的冲刷的危害。由此乃决定：将冲刷防护的宽度增加到 25 m（护铠石宽度为 20 m）。

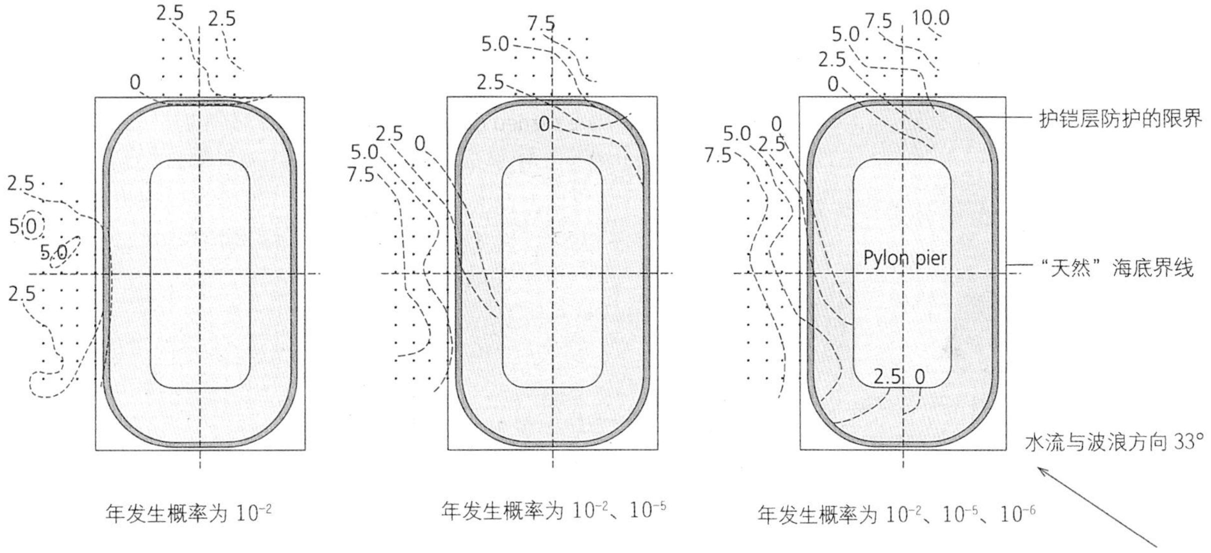

图 4.3－1　试验所得的冲刷深度，1 号试验系列，用来自北方的波浪与水流进行试验以后的冲刷深度

冲刷坑的位置主要由水流的方向确定。模型试验一般只用同一个相对塔墩的水流/波浪方向。这意味着模型试验给出的冲刷坑范围和深度是一种保守的估计；因为一般期望有某种回填。为了研究冲刷坑是否会回填，以及有多大回填，进行了一个试验系列。开始用一个单向的水流和波浪，然后将其水流方向转 180°。试验结果表明：几乎没有发生回填，但却发展了两个新的冲刷坑。

冲刷的历时

试验结果可以用来预计 1 年、10 年和 100 年以后的冲刷深度。假如海床的沉淀物由砂组成，则可以通过比较在模型试验中与在实际中对沉淀物的运输能力，并找出模型试验中所模拟的时间与波浪和水流强度的关系来作出一个可靠的时间估计。

用这种方法，可以作出紧靠冲刷防护，以及在冲刷防护外的冲刷深度的估计。并发现：假如海床沉积物由砂组成，而且 $d_{50}=0.2$ mm，则在 1 年及 10 年后的冲刷深度可望分别达到 3～4.5 m 及 6～10 m。

但是，塔墩附近并不是砂，而是冰碛黏土；因为在黏土中与在砂中的冲刷机理不同，所以在黏土中的冲刷时间不能用同样的方法来估计，而是应该用被认可的在黏土中冲刷的公式，连同代表黏土的沉积物性质，以及通过对由于墩的存在而造成的剪应力的最大增加的模型试验和冲刷坑随时间而发展的模型试验，以获得塔墩处的冲刷深度。对冲刷防护范围以外的冲刷深度的中值，估计是：1 年以后为 0.8～1.6 m，10 年以后为 2.5～4.0 m，100 年以后为 5.0～7.0 m。因为没有关于天然沉积物的临界剪应力和抗冲刷性能的资料，代表性的沉积物性质是从文献中得到的，所用的沉积物性质相信是偏于保守的，这意味着所估计的冲刷深度也是保守的。

试验结果（引桥桥墩）

护铠石尺寸

少量的护铠石在年发生概率为10^{-2}次的波浪/水流条件下被移动，而年发生概率为10^{-5}次的波浪/水流条件则导致了面积约50 m^2的上层护铠的损坏。但因在这种情况，有限的损坏是容许的，护铠层的稳定性被认为是可以接受的。因此，所选用的石块尺寸被认为适用于冲刷防护。损坏发生在桥墩下游。作为一个例子，图4.3-2表示在试验之后的冲刷情况，波浪和水流方向与桥墩方向呈45°。

图4.3-2　波浪—水流方向与桥墩方向呈45°，在试验以后的情况

防护的范围

也像围绕塔墩防护外的冲刷坑的发展那样，引桥桥墩外围也出现冲刷坑，但由于引桥桥墩尺寸较小，冲刷深度要小得多。关于波浪—水流方向对冲刷深度的影响的研究表明：与桥墩方向呈45°时，产生最深的冲刷坑。试验结果说明：冲刷防护的范围是适当的，也证明了在桥墩的上游侧和下游侧增加护铠防护的建议是正确的。

冲刷的历时

也像在塔墩的情况那样，模型试验的结果被用来估计1年、10年和100年以后的冲刷深度。对位于三个不同水深的桥墩周围的冲刷深度，进行了估计（见表4.3-2）。

表4.3-2　对于砂质海床三个桥墩周围海床在1年、10年和100年以后的冲刷深度估计

在下列年数以后	墩EB07（m）	墩EB10（m）	墩EB25（m）
1	1~1.5	1.2~2.5	1.1~1.7
10	2~3	2.5~4.5	2.5~3.5
100	3.5~5	5~6	4~5.5

结 论

研究说明水工模型试验能为冲刷的研究和防护的优化提供卓越的基础知识。试验说明：在防护以外可能产生冲刷坑。坑的尺寸与发展速度取决于在各别桥墩处的海床材料和水文条件。由于会发生某些冲刷，今后对各桥墩周围区域进行定期监测是必要的。

4.4 用防护岛保护沉井及桥墩

作者：N. E. Ottesen Hansen，LICengineering A/S。

大贝耳特东桥建筑在北海与波罗的海之间，跨越丹麦最繁忙水道，排水量达 160 000 DWT 的大船和无数较小的船航行在海峡内狭窄拥挤的航道上，每年约共有 17 500 艘船舶过桥。所有这些船舶都要逗留在主航道上，而且，由于经常改变方向，某些船也会迷失方向，在不进行航线校正时要搁浅。在紧靠悬索桥的设计位置处，平均每年发生三次搁浅。

许多桥墩是位于主航道的两个转弯处的附近。它们是处在那些忘记转弯、而在搁浅之前，便撞向某个桥墩的危险之中。因此，保护桥墩，防止迷航船的碰撞，对保证结构安全是必需的。

桥墩可以设计成厚实的的结构，使它们能够承受直接的船撞，但也可以用一种结构围绕桥墩来吸收船的撞击。这种结构可以是一个巨大的护墙，或者是一种特殊结构，例如填石或填土形成的岛。

支承主缆的主塔位于邻近航道的深水（25 m）区，并具有足以承受直接船撞的强度（见图 4.4 - 1）。悬索桥的锚碇，以及引桥的 5 个桥墩，位于较浅的水中（ <11 m），则需要在海床以上加填石块、砂和黏土材料，以进行防护。它们是按照能吸收以 5 m/s 的速度运动的船的碰撞来设计的。

请参看第 12 章 4.4 各文献。

设计考虑

对于大贝耳特通道，有一些控制设计和施工的特殊要求、准则与当地的条件。环境条件是很重要的，因为固定通道必须不损害波罗的海区的生态环境。因为波罗的海的盐度取决于未建桥时通过大贝耳特海峡的洋流，法案乃规定在固定通道建成以后通过桥梁截面水流的阻力必须与以前一样。这意味着：如果有任何建筑影响了水流截面，它必须由其他地方增加的水流截面来补偿。实际上就是通过开挖（称为补偿开挖），增加水流截面来达到的。某些开挖出来的土用于建造路堤，另一些土就用作沉井周围的防护岛填土，这也就避免了购进更加昂贵的石料。

要求通过大贝耳特的洋流保持不变的特殊准则，使得在海床以上增加的任何填方必须尽可能做成流线型的外形。

另一个因素是施工应尽可能少地损害当地的海洋环境。在浅水区的引桥位置有大面积的贻贝（蚌类）床。这是冬季绒鸭的饲料基地。贻贝可能受到水中大量淤泥悬浮物的危害。

最后，防护工程的设计应考虑避免任何船撞所造成的严重损伤。有许多载有化学物的液货船通过海峡，假如它们的外壳因碰撞而破坏，就会对局部海域或沿岸环境造成严重后果。

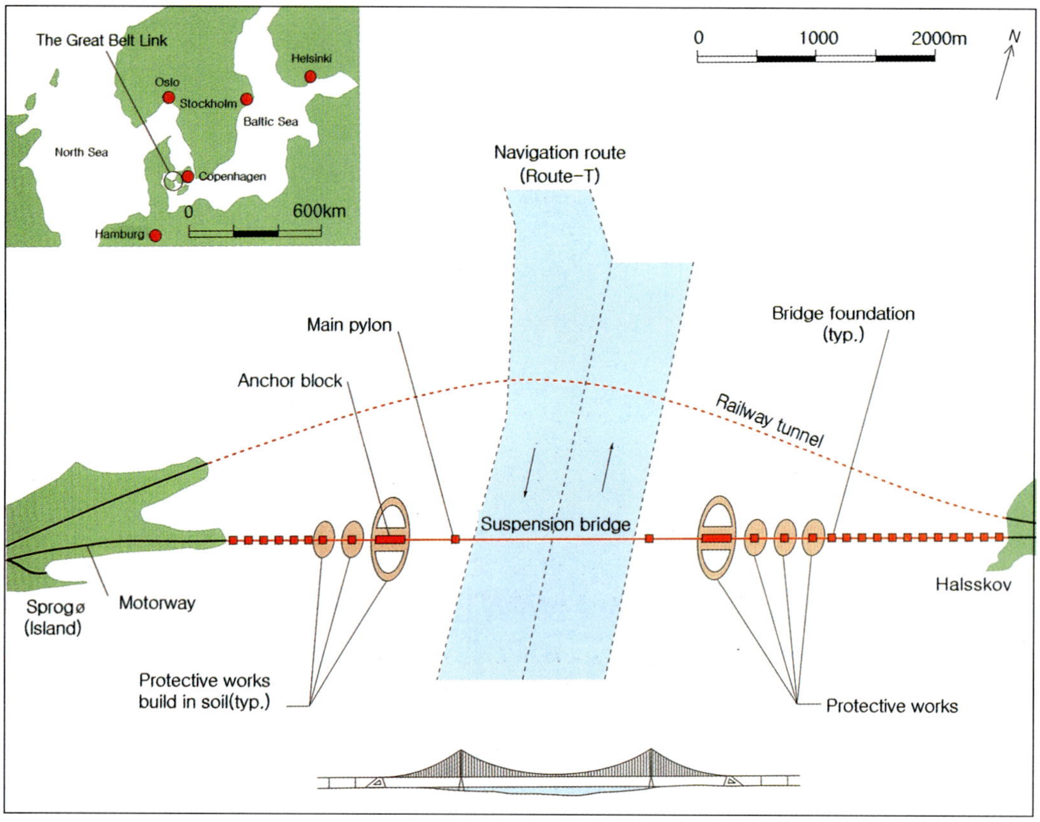

图 4.4－1　大贝耳特通道

船舶搁浅的力学

所有这些设计考虑，都要求准确地预计当各种尺寸的船舶撞到不同土体与不同形状的防护填筑物时的停止距离。因此，必须为船舶搁浅的力学发展一种适当的理论。这种理论要将土/孔隙水的相互作用考虑在内。用通常的被动土压力或摩擦力的稳定状态的岩土技术理论则是毫无用处的。新的理论还必须用实验室的和足尺的试验来核对与校准。

在船搁浅时，其水平运动的能量一部分转换为抬高和使船倾斜的势能，一部分就被摩擦所吸收。根据土的特性，船头会多少穿进填筑物斜坡，穿进的程度对于确定船在何处停止是一个很重要的因素。因为它影响到船与土之间的摩擦力以及由于抬高和倾斜而被吸收的势能。

使船停止的力是在船头与土接触面土的破坏的结果。这种破坏的力学是十分复杂的。可以用一个例子来说明：一个具有垂直边的圆柱形船头在水平方向撞进具有 1:6 坡度的砂土斜坡，船头是半圆柱形，有一个平底。作用于船头的抵抗力，取决于速度（见图 4.4－2）。来自浸没于水的、完全饱和的坡度的阻力，要比悬在空中的船撞进干燥砂坡时大 10～20 倍。后者的阻力只是来自通常的被动土压力；而船头下部所遇到的孔隙水压的建立，则控制其作用于船的阻力；而且，作用于船头的抬升力和抵抗力也是相当大的。

在高渗透性的填筑物如卵石或开采的石块，孔隙水压力建立不起来，抗力就小，并接近于通常的被动土压力；作用于船头的抬力将很小，因而船头将进入防护填筑物。在较不透水的填筑材料，船头将爬上斜坡表面，并在摩阻力作用下停止。

由于土—船艏相互作用的复杂性和重要性，建立了一种模拟船在浸水斜坡上搁浅的数值模型，考虑了斜坡的变形，土的破坏，以及土与孔隙水的相互作用。在搁浅时，船被假定为一个刚性体。假定动水压力可以用不变的附加质量系数来模拟，主要的挑战是计算作用于船头的土的反力。

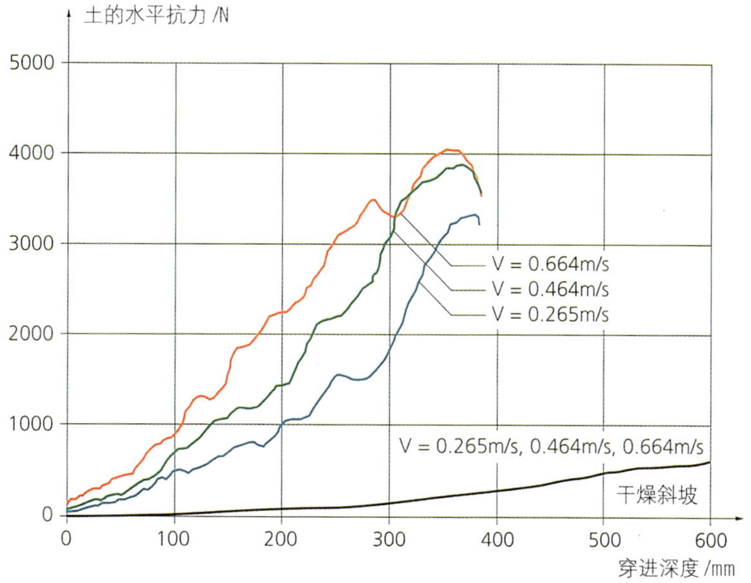

图4.4－2 对于一向前运动并被抬高头部的船所受到的土的水平抗力测试值与该船水平位置的关系

在通常的稳定状态破坏理论中，假定土的破坏或者是浸水的，或者是充分排干的。但是为了协调一致地将颗粒骨架和孔隙水的相互作用考虑在内，还必须发展破坏理论并将它充实到模拟程序中去。船艏穿进斜坡将产生土和孔隙水的运动。孔隙水压力始而在船头下面建立，这个压力将使颗粒骨架稍为压紧。这种机理将产生孔隙水的过剩，过剩的水将开始从船头向外流掉。孔隙水的运动当服从达西定律。若是湍流，则应遵循二次法则。从船底流出的孔隙水的水流和水压，将产生遵循“破坏中的摩擦土动力学”的土的运动。

理论的验证

为了确认最后的设计是安全的，进行了大量的实验验证，平行地进行了理论和实验。理论是部分地以模型试验为依据。但是任何试验都容易受到比尺的影响，所以，为了使结论尽可能不受比尺影响，也进行了尽可能接近足尺的试验系列。本节提供了模型试验和足尺试验的某些结果。

模型试验和足尺试验

模型试验是按1:60的比尺模拟的20 000 WT LNG油船的模型，用不同的碰撞速度，不同类型的砂（细粒与粗粒）来进行。船模型的头部做成可以互换的，使得可以对不同形式的船头（球茎形，V－形，驳船形和圆柱形）进行试验。

进行了船舶可以自由抬高和倾斜（但不能滚动，摇摆和偏向）的试验。船是以一种常数的高速度撞入具有1:6坡度的砂质斜坡，船的运动经过某一长度以后被迫停止。这种强制的运动自然和撞上斜坡被阻停止的自由船有所不同，但是它们有许多相似之处，而那个常数的高速度使分析得到了相当大的简化。对搁浅时土的反力和船的运动都进行了记录，随后则对斜坡的变形进行测量。确定船头与斜坡之间的有效摩擦系数，而不是照对待自由船那样测量停船长度。图4.4－3表示实测的和计算的土反力的比较。

可以看出搁浅包括两个阶段：在船碰撞斜坡后的瞬间，土的反力显示出振荡的动力行为，随后，是一个类似静止的阶段。在这第二阶段，当船滑上斜坡时，土的垂直反力逐渐增加。在这个阶段，加速度是很小的，因此，土反力的垂直分力是近似地与恢复力相平衡（见图4.4－3）。

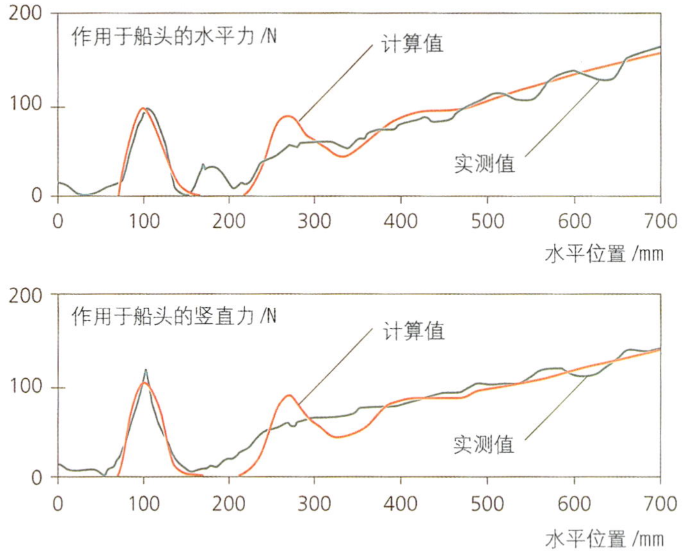

图 4.4－3　作为水平位置函数的土反力实测值。船速是 0.664 m/s

这一理论能相当好地预计搁浅行为。在初始的动力阶段以及随后类似的静力阶段，理论和实验结果之间都有良好的对应性。在图 4.4－4 中，对实测的摩擦系数与相应的计算值进行了比较。注意到有效的摩擦系数在 0.6～1.0 之间，而填筑物与船底板之间的摩擦系数只是 0.38。

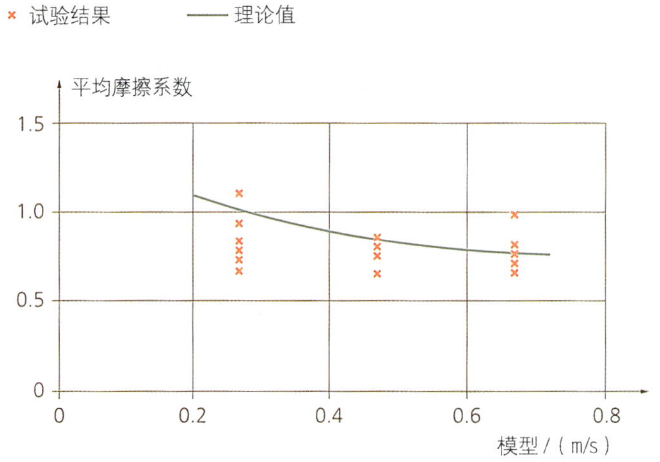

图 4.4－4　摩擦系数实测值与计算值的比较

足尺试验是用一艘废弃的 300 DWT 渔船来进行的。图 4.4－5 表示了它在搁浅试验后的照片。表 4.4－1 则列举其主要的试验结果。

表 4.4－1　足尺试验的主要结果，也给出了计算的停止长度

试验编号	坡度 1∶x	初始速度(m/s)	撞击持续时间（s）	实测停止长度（m）	计算停止长度（m）
1	12～14	2.6	6.3	10.6	11.0
2	9～11	5.1	4.8	15.7	16.7
3	4～6	5.0	4.4	11.4	12.0
4	4～6	4.2	3.7	7.5	9.4
5	10～15	4.1	6.8	15.5	16.7
6	8～15	5.2	4.9	16.0	20.3
7	11～18	3.8	6.5	13.1	17.5

图 4.4 – 5 进行足尺搁浅试验所用的 300 DWT 渔船

船舶的搁浅行为

在防护工程的设计中，上述模型被用来模拟一些船舶搁浅的情况。图 4.4 – 6 表示 3 艘船在不同装载的情况下，作为土的类型与渗透性函数的停止长度。可以看出：对于砂或卵石做成的斜坡，停止长度与斜坡的材料无关。但若是碎石，则船的停止长度会稍微有增加，而停止长度是船的位移的增函数。但是，吃水深的船将在离桥墩较远的地方撞上斜坡，因而也将在较远的地方停止。图 4.4 – 7 表示轻载的和满载的船，作为船的吨位的函数，相对于水边的停止位置。

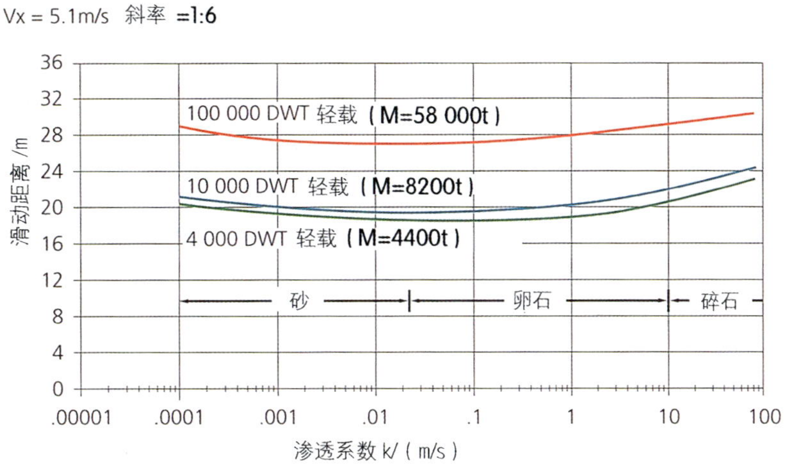

图 4.4 – 6 作为斜坡材料的函数的停止长度（用 3 艘不同尺寸的船进行试验的结果）

4.5 主塔（结构设计）

作者：Flemming M. Pedersen，项目工程师，COWI；
Henrik Gluver，风险部，高级工程师，COWI。

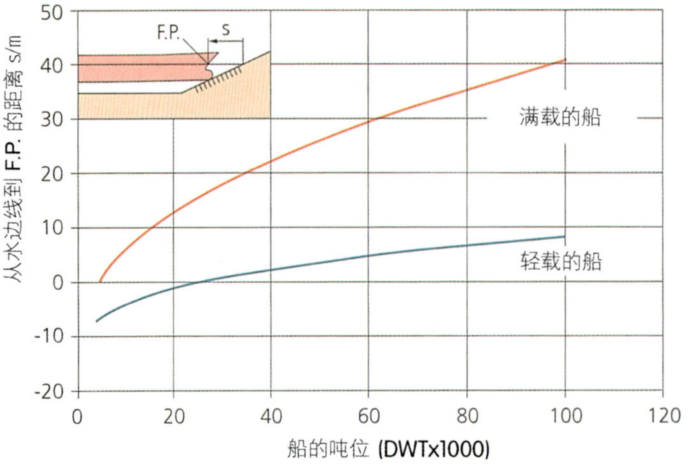

图 4.4-7　轻载与满载的船，作为船吨位的函数的相对于水边的停止位置

混凝土主塔是东桥最壮观的建筑，通过建筑师和工程师的密切合作来塑造它的外观是设计工作中最关键的问题。其结果是产生了一种在大型悬索桥主塔中，前所未有的结构外形。在加劲梁之下习用的横梁被取消了，向下张开的两柱给人以一种向下传力的感觉，还避免了主梁是支承在横梁上的错误印象。将沉井的顶部置于水面以下 3.5 m 处，让塔柱和底座以一种简单的形式连成整体，这样就避免了所不希望的底座与沉井相分离（一个在另一个的顶上）的视觉效应（见图 4.5-1 和 4.5-2）。

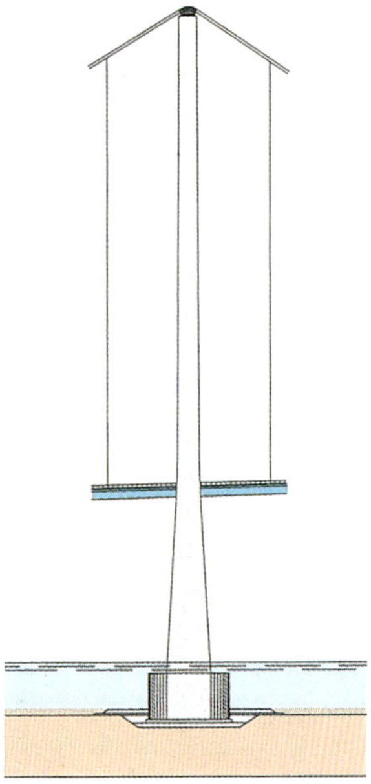

图 4.5-1　主塔立面（侧视）

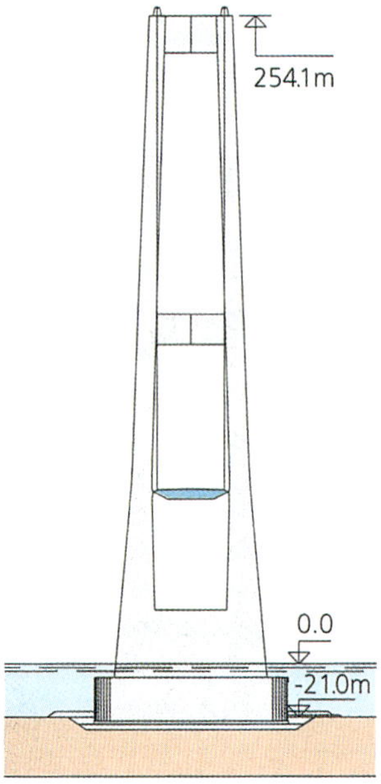

图 4.5-2　主塔立面（前视）

主要构件的设计

每一主塔包括下列主要构件：

1. 基底碎石床；
2. 沉井；
3. 底座；

4. 塔柱；
5. 横梁。

基底碎石床

主塔处的地质条件为：顶层为8～10 m厚的冰碛黏土层，其下是40 m厚的泥灰土，泥灰土下面是石灰石。要将整个东桥结构直接建在较为坚硬的预压实的冰碛黏土层上面。因为水很深而且附近有主航道，在排水的基坑内就地灌注基础显然是不可行的。所考虑的施工方法是：在每一主塔位置，在水下准备好压实的碎石床（碎石层），然后将预制好的混凝土沉井放在碎石床上。开始时，假定用1.5 m厚的碎石床。但是，现场的土壤勘察说明冰碛黏土层的强度和变形要比预计者为差，因此，决定开挖冰碛黏土层，并在更强与更均匀的泥灰土上设置厚达5 m的碎石床，以避免发生承载能力和不均匀沉陷方面的任何问题。

沉　井

主塔沉井是在 Kalundborg 的船坞内制造的，每个沉井的底面面积为2 770 m^2，在拖运时，重约300 MN（30 000 t）。它们是78 m长、35 m宽的矩形，分成55室。但是隅角与顶部各边棱分别做成半径为8.4 m和2.0 m的圆角，以降低其阻水效应，并避免尖角和棱边使碰撞的船偏移，减少船的损伤。沉井底板的厚度从0.95 m变化到1.1 m，使底面形成屋面形。底板沿其边缘设有0.5 m高的裙板，裙板是按照可以在未压实的、经过筛选的碎石床顶层中切入约0.3 m深来设计的（见图4.5－3）。底板底面与碎石床之间的空隙，进行灌浆。裙板用于限制灌浆的外溢。沉井高20 m，包括沉井各室顶上3 m厚的顶板，该顶板是在沉井运到桥位后，在高12.5 m的临时围堰内就地灌注的（而临时围堰则是在沉井拖运之前，在干船坞内安装在沉井顶上的）。选择这个方案是为了将拖出时的吃水深度降低到12.5 m，以便沉井能够从 Kalundborg 海湾拖出。

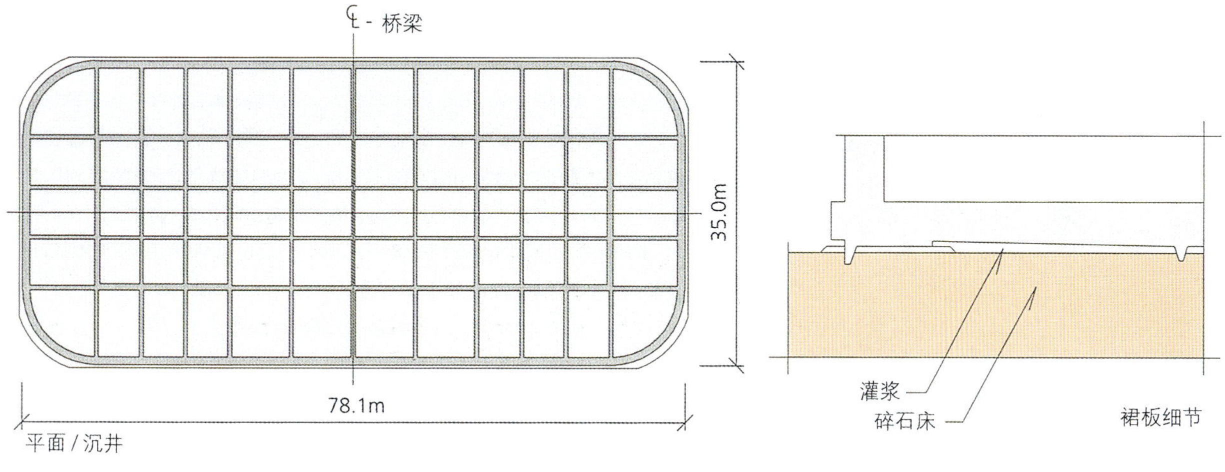

图4.5－3　沉井平面及细节

主塔基础必须能抵抗一艘250 000 DWT油船所产生的670 MN的撞击力（注：见图3.11－9，这是250 000 DWT油船以5.1m/s速度碰撞桥墩所产生）而不发生永久变形或位移。这要求在基础底面有大约为2 000 MN的巨大的垂直荷载。在每个沉井内填入37 500 m^3的砂，其有效重量为340 MN，可以部分地满足这一要求。在这方面，混凝土塔本身所固有的约950 MN的巨大的自重，相对于钢塔来说，是一个很大的优点。（而钢塔由于重量轻，就必须用更大的沉井和更多的压重来补偿。）

底座（bases）

底座是从水面以下3.5 m到水面以上21 m。它具有矩形的外廓，从61.0 m×18.0 m变化到56.5 m×

15.1 m，其内部分为22个室。在底座的顶部，用一块1.2 m厚，在纵向及横向均施加预应力的顶板进行封闭。由于它位于水位线附近，其外墙是暴露在冰的磨损、连续的海水溅沫带来的氯离子侵蚀和可能的碰撞威胁之中。这里需要有特别坚固的设计。为此，从水面以下3.5 m到水面以上5.5 m的范围内，采用了厚1.2 m、高配筋率、低水灰比、厚保护层（75 mm）、不设施工缝的密实混凝土外壁。

塔柱（legs）

在加劲梁水平以上，塔柱有一个微小的收坡，矩形空心截面的外廓尺寸从底部的8 m×9 m变化到顶部的6.5 m×7.5 m，壁厚也从2.0 m变化到1.5 m。这些尺寸是经过细心选择，以保证塔柱在施工期间具有所要求的刚度和强度，同时使它们在最后的使用阶段保持足够的柔度，以适应主缆由汽车荷载与温度变化引起的运动，而不致产生过大的约束力。同样，也要考虑到支承主鞍座所要求的空间和美观的要求。

在加劲梁水平以下，要求对塔柱在纵横两个方向放坡（taper），这既是为了施工时的纵向抗风稳定性，又是为了在横向抵抗从横向限位支座传来的水平风力。因而，在加劲梁水平以下塔柱的外部尺寸从8 m×9 m变化到13.8 m×15.1 m，壁厚则维持1.7 m不变（见图4.5－4）。

横　梁

在主塔的中间高度和顶端，设置下横梁与上横梁以连接两根塔柱，从而在结构上形成刚架。下横梁为变宽度的矩形空心截面，具有蝴蝶结的外观，给人以与塔柱相连续的轻型顺滑的视觉。下横梁与上横梁的高度分别为12.0 m与13.0 m，最小壁厚分别为1.2 m与0.8 m。两根横梁在上下翼缘均施加后张预应力，并设置高配筋率，以抵抗由于沿桥长方向塔柱变形有差异所产生的扭转和由风载等产生的横向弯矩的综合效应。

结构分析

结构分析包括以下主要方面：

1. 沉井的拖出，落位和压重；
2. 裸塔自由站立和它在被扳弯（pulled-back）的位置；
3. 在成桥中的状态。

沉井的拖出，落位和压重

沉井在被拖出以及在用水/砂压重的情况下，沉井的壁与底板是暴露在与裙板插入和水力填砂有关的、波浪和水流的压力差的作用之下的。这些压力分布的效应是采用IBDAS程序对沉井进行三维有限元模型分析来确定的。分析表明：拖出，落位和压重等临时荷载一般不成为沉井结构配筋的控制条件。

裸塔自由站立和它在被扳弯的位置

在安装主缆和加劲梁时，由于从锚碇引到塔顶的主缆的弹性伸长，主缆将主鞍拉着向主跨方向发生线变位。为抵消这一线变位，一种方法是将主鞍在塔顶偏置，并在安装上部结构的同时，用千斤顶将它调整到最终的设计位置。这就要求在塔顶有一个额外的空间，并需设置为产生移动所需的千斤顶。这一方案没有被承包人所采纳。承包人采纳的乃是在编制主缆以前，将塔向锚碇方向扳弯来抵消主鞍随后向主跨方向的线变位。这意味着主鞍在一开始就可以固定在它们的最后位置；但要做到这一点，必须提供能够用10 MN左右的力将塔顶扳回约1.2 m的后拉索。（注：看9.4－4，塔顶在施工时只能被扳回1 m。）

由于主塔较柔，在安装主缆以建立稳定作用之前，风载作用的动力放大效应是很显著的。为此，用DYNWIND程序，对裸塔在自由站立状态和扳弯状态下的安全性进行了大量的动力分析和验证。表4.5－1给出了不同阻尼比时，在加劲梁水平（+72.0 m）处的塔柱弯矩的某些结果。

表4.5-1　不同阻尼比的反应

阻尼比（%）	总弯矩（包括动力效应）（MN·m）	平均风速产生的弯矩（MN·m）	动力放大系数
1.0	509	298	1.71
2.0	467	298	1.57
3.0	432	298	1.45

根据动力分析，发现在下横梁水平（+137 m）以下塔柱横向墙内的纵向钢筋是由自由站立情况控制的；而扳弯主塔的力所产生的附加应力则要求塔柱靠近主跨一侧的横向墙从高程+55 m到+85 m，配置额外钢筋。

对于临时自由站立状态的设计验证，照通常的规范规定，按通常的安全系数和10年重遇周期的风载进行。但是，规范所规定的风载实际上只适用于200 m以下的结构，应用于这桥主塔必须进行外插。因为风载是临时状态的控制因素，故对结构可靠度还必须加以验证。为了避免在评价可靠度时不恰当地保守，对风的结构反应进行了非常详细的计算。风荷载是用空间随机过程来代表，而主塔反应则根据主塔的有限元模型确定的特征模式作根据。

这样，对每一种特征模式，其极端值分布就表达了反应的统计值。对风模型的各种参数，结构反应的参数，引入了不定性模拟，用这些参数确定结构承载力，这样可靠度就可以决定，而后进行分析。

对于在施工时，由于风荷载产生的塔柱破坏的可靠度，经标定为$\beta=4.0$。而作为丹麦规范的主要依据的NKB-55则建议施工阶段的可靠度水平应在$\beta=2.0\sim3.7$的范围。由此可以得出结论，主塔有足够的安全性。

在成桥中的状态

在成桥状态，每一主塔从上部结构承担510 MN的垂直荷载，作用于主缆、吊索和加劲梁的水平风力，其通过主鞍传给每个主塔的是5.6 MN，在加劲梁水平通过水平风支座传给每个主塔的是10.7 MN。为了给加劲梁提供扭转抗力，塔柱也应有支承竖向液压缓冲器的准备。

在成桥状态，主塔也应能抵抗高达670 MN的船撞力，高达50 MN的飞机撞击力等偶然荷载。这些荷载的效应，除了对船撞情况采用SIAS程序发展的平面框架动力模型分析之外，其余是用IBDAS程序对整个结构进行三维有限元模型（见图4.5-5）分析来得到的。特别是塔柱与横梁连接的复杂区域，是用IBDAS有限元模型分析，来确定后张预应力筋和普通钢筋细节的布置，以控制这些区域的裂缝宽度。

SIAS动力分析的结果表明：底座以上塔柱内的配筋不由船撞荷载控制，但底座和沉井结构的配筋则要大大地加强。

4.6　锚碇（结构设计）

作者：Erik Andersen，高级工程师，Rambøll；
Flemming M. Pedersen，项目工程师，COWI。

大多数现有的悬索桥的锚碇都设在岸上的岩石上，这使其设计相当地简单。但是，对东桥来说，设计

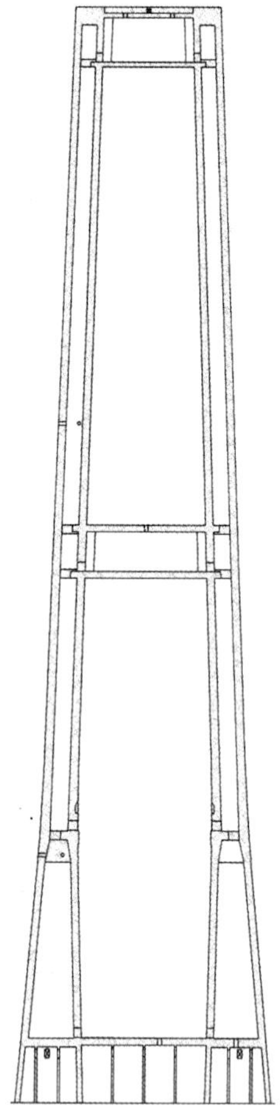

图 4.5－4　主塔的垂直截面

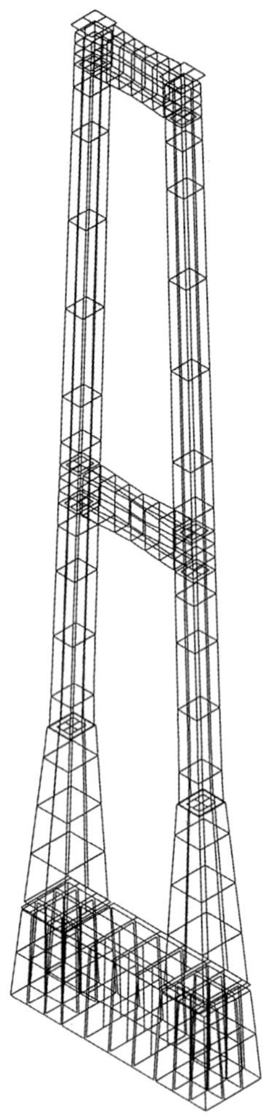

图 4.5－5　主塔结构的三维模型

者受到的挑战要大得多，因为所要承受约 600 MN（注：见图 4.6－2，实际上是 548 MN）水平力的锚碇必须设在离岸 2 km 以上，水深约 10 m 的黏土地基之上。

从一开始就认为必须采取重力式锚碇，或者是用预制的沉井放在碎石垫床之上，或者是在巨大的基坑内抽水，就地灌注沉井结构。两个方案都招了标，根据最低标，选择了预制沉井方案。

锚碇的外形是根据所强调的目标（要尽量减少对视觉的冲击，并要产生一种与整个桥梁组合的良好关系）来制订的。为了达到这个目标，将沉井巨大的实体放在水面之下，而将上部的框架结构做成开敞式，其倾斜角的设置要能产生表达力的平衡的视觉。

主要构件的设计

每一锚碇包括：

1. 基底碎石床；
2. 沉井；
3. 散索室与散索鞍支腿；
4. 横梁；
5. 引桥的一个墩身。

基底碎石床

锚碇的地基包括：一层20 m厚的冰碛黏土层，其下卧层是泥灰土。开挖冰碛黏土层会扰动它的表面，使锚碇可能沿着这一薄的扰动区滑动。为解决这个问题，进行了大比例尺的现场试验研究，提出了两个楔形碎石床的设计。这可以使由锚碇自重和主缆拉力所形成的合力几乎与倾斜的开挖面相垂直，从而消除了上述的滑动问题。碎石床与沉井底板之间的接触面则通过前述的灌浆方法使之紧密可靠。

沉 井

锚碇的沉井是在距桥址约30 n mile（注：即30海里）的Kalundborg的一个干船坞内灌注的。每个沉井大约包含100个室。在就位后，则用砂、橄榄石和铁矿石填入室内以获得必需的有效重量。这是因为它们的价格比混凝土便宜得多，这是合算的（见图4.6－1）。

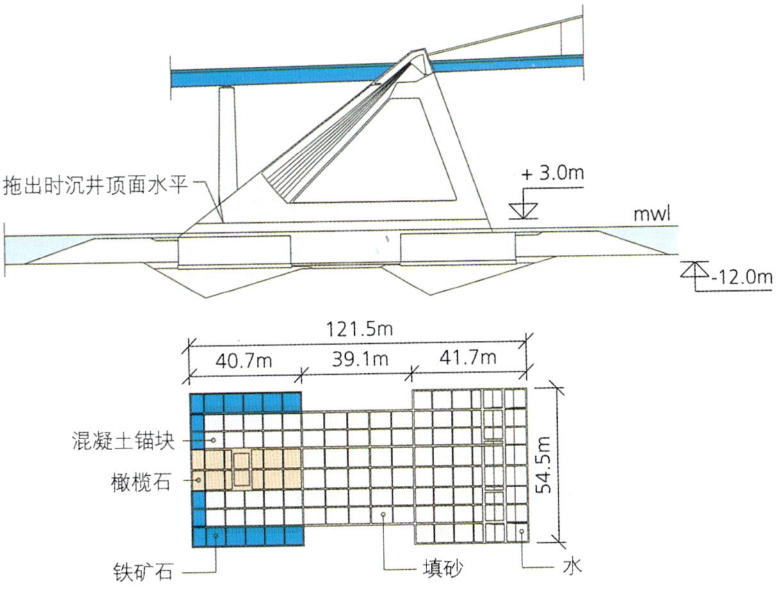

图4.6－1 锚碇的立面与平面

沉井的后部有两个锚块（anchorage massifs），每块约有9 000 m^3混凝土。这些锚块用Macalloy预应力筋建立了高达472 MN的预加力，它将巨大的主缆力传递到周围的沉井结构。

每个沉井的底面面积约为6 100 m^2。在1993年10月拖运到桥址时，每个沉井约重50 000 t（500 MN）。其矩形底面为121.5 m长，54.5 m宽；分为3部分：前段长41.7 m，中段长39.1 m，后段长40.7 m。仅前段和后段与楔形碎石床相接触。在工程的早期，也研究过全底面都支承在碎石层的方案，但因担心在巨大底面上不均匀的接触压力可能导致不恰当的抗滑性，乃决定采用中段不支承的方案，使两个分离的楔形垫床获得更加确定的，较高的接触压应力。

与下面的地基没有接触的锚碇沉井的中段则填砂，其纵向井壁用Dywidag型预应力筋施加竖向后张预应力，而其底板则施加高达363 MN的纵向后张预应力。

散索室与散索鞍支腿

倾斜的散索室与散索鞍支腿在顶部要升到加劲梁之上，借能让主缆支承在一个置在内部的散索鞍之上。散索鞍支腿是壮硕的矩形空心柱，它们是按照能抵抗从主缆传力到散索鞍时由于角度转折产生的巨大压力来设计的。散索室的竖向壁采用后张预应力，以便能用悬臂法施工，按其在安装主缆的临时阶段没有顶板而呈U状截面设计。

横　梁

横梁位于散索室与散索鞍支腿的顶点之间。它是锚碇最复杂的部分。含有若干个后张拉力筋系统，用以抵抗来自纵向液压缓冲器，以限制梁端纵向移动的水平力和来自引桥与悬索桥的支座的垂直力。此外，还在横梁顶面设置特殊构件，用于支承位于悬索桥与引桥之间两个伸缩缝中间的路面。

引桥的一个墩身

锚碇后端的一个墩身，是用来支承引桥的梁，并作为平衡由主缆产生的倾覆力矩引起的上拔力之用。为此，整个墩身用重的橄榄石作压重。

主要荷载

作用于锚碇的主要荷载列举如下，并示于图 4.6－2：

——混凝土和压重材料产生的有效的永久荷载　1 905 MN；
——由永久荷载产生的主缆拉力　455 MN；
——由活荷载产生的主缆拉力　87 MN；
——由温度变化产生的主缆拉力　6 MN；
——由液压缓冲器产生的水平荷载　30 MN。

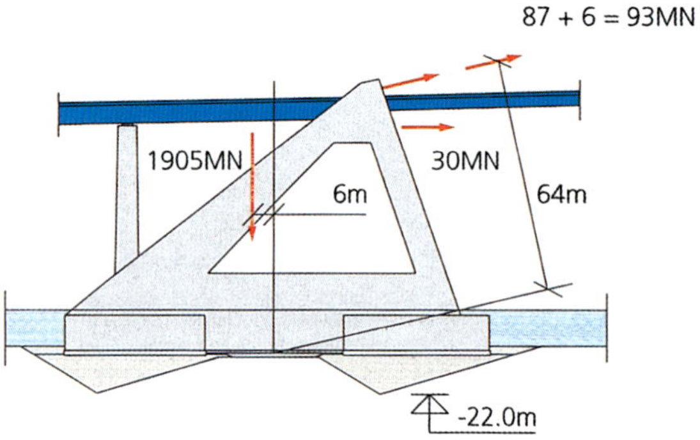

图 4.6－2　作用于锚碇的荷载（注：漏列主缆因永久荷载所生拉力 455 MN）

结构分析

结构计算包含以下主要项目：

1. 施工阶段对沉井的验算，包括在干船坞内对底板力筋的张拉，及纵向井壁中段竖直力筋的张拉；
2. 拖出和落位时沉井的验算，包括压重和修整的影响；
3. 在用橄榄石/铁矿石与砂压重后对沉井的验算；
4. 在散索室和散索鞍支腿悬臂施工到全部高度时，对锚碇的验算；
5. 锚碇在成桥状态的验算。

结构计算原理

锚碇的结构计算用 IBDAS 程序建立的总体有限元模型为主要根据，而岩土计算与土压力分布则以有限元程序 ABAQUS 来确定，并让土压力作用于 IBDAS 模型。

第一步是建立结构的三维几何模型。由于对纵向轴为对称，仅对锚碇的一半做了模型。该模型是按照能代表上述各施工阶段锚碇状态来建立的（见图 4.6－3）。第二步是根据几何模型（包括不同施工阶段的模型）建立三维有限元分析模型。在分析中，采用了壳单元与实体元（仅用于锚块）。在施加荷载以后，通过有限元程序的运算，算出应力和变形。其结果一般包括：

——主要的薄膜力；

——截面力；

——变位。

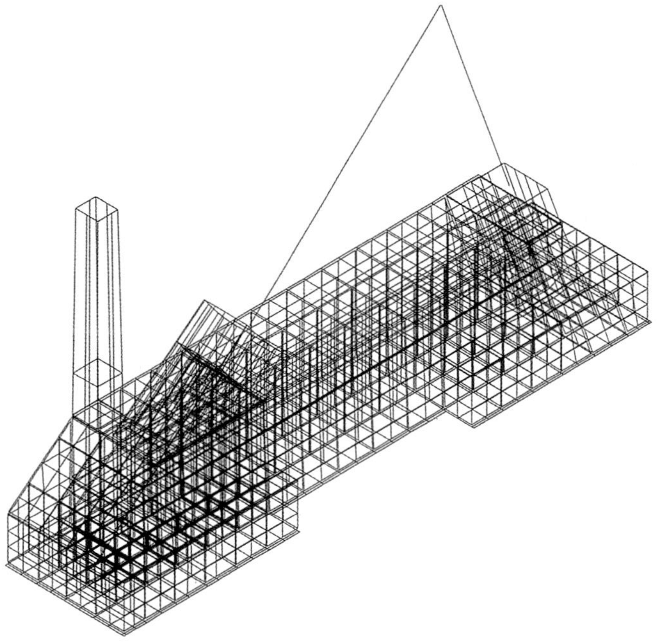

图 4.6－3　锚碇的有限元模型

为了调整后张预应力水平，可能要进行重算。在规定了钢筋的类型，尺寸和距离后，通过 IBDAS 钢筋验证模块（reinforcement verification module）的运算，进行钢筋利用比（utilisation ratios）的计算。钢筋利用比包括：正常工作极限状态（SLS）的裂缝宽度和承载力极限状态（ULS）钢筋的应力。

5　引桥上部结构设计

译者：唐继舜，教授，西南交通大学。

5.1　结构设计

作者：Ove Sørensen，设计部经理，COWI；
Lars Hauge，桥梁工程师，COWI。

引桥的整体布置，反映了对施工、成桥结构以及养护与运营等方面取得最佳收获。这是要求结构粗壮，施工不复杂，养护费用低而又造型美观。为此，曾经提出几个基本的概念：

——采用连续梁，并让其位于桥墩上的各支座高程可以调节；
——大跨度；
——等高度的闭合箱梁；
——其上、下部结构均具有抵抗船舶撞击的能力；
——让箱梁具有纵向中央腹板；
——采用与 prEN 10113 标准的 Fe E 420 KT TM 相当的高强钢；
——通过调谐调质阻尼器（TMD），控制其风致振动而使其高跨比可以相当小；
——箱梁内部通过除湿以防止锈蚀。

外部约束

两侧引桥，分别长 1 556 m 和 2 518 m（见图 5.1－1）。

每边引桥都是从桥台延伸到锚碇的、梁高恒为 7.1 m 的连续钢箱梁。在 7 号和 23 号墩处，分别设置固定支座（注：在图 5.1－1 内，标以 F 处），把两边的引桥各自分成两个大致相等的长度。在方案设计期间的研究表明，最佳的方案是采用大跨径，因为，为了抵抗船的碰撞以及避免流过大贝耳特海峡的洋流发生阻塞，增加下部结构的数目是较为昂贵的。

招标设计给出两个方案，即每跨 124 m 的混凝土梁方案和每跨 168 m 的钢梁方案。但是中标者建议使用较高强度钢并加大跨径到 193 m，可以仍保留招标设计中的结构布置和梁高。

总体布置

引桥中，梁的设计截面为闭合的单箱双室截面，两侧为斜腹板（也叫斜边板），中轴线处为一竖直腹板。所有的钢板都用槽形加劲肋加劲（见图 5.1－2），仅靠边的板是用板状肋。所有的加劲肋都布置在内侧，使箱梁有一个适于涂漆的光滑外表面。

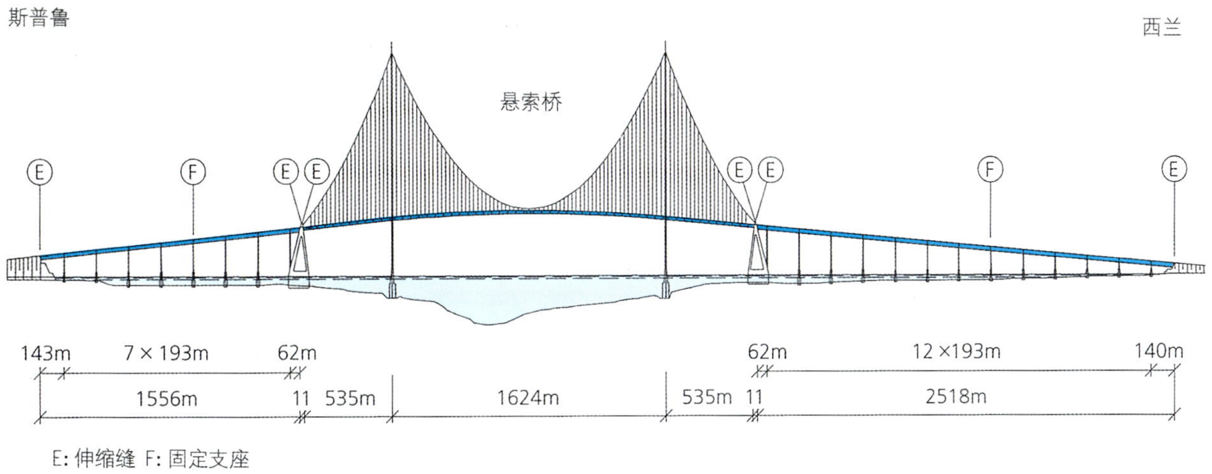

图 5.1－1 大贝耳特东桥的立面图

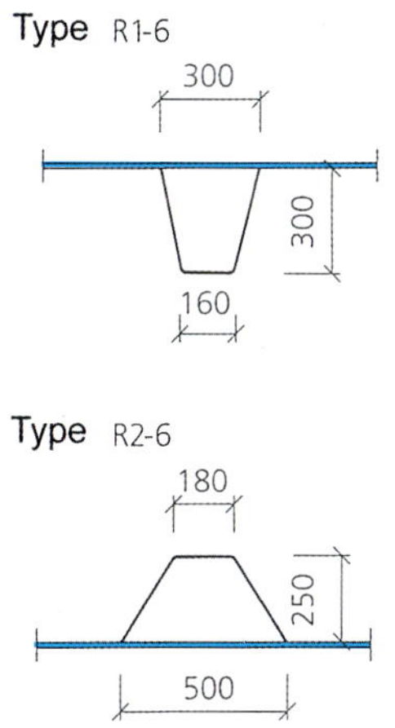

图 5.1－2 槽形加劲肋

梁高为 7.1 m，高跨比为 1∶27.2。横向为 25.1 m 宽，每隔 4.022 m 设一横联。为了减轻重量，采用了桁架式横联而不是用横隔板。中央腹板能够将剪力滞效应降低到最小，并且，在船舶撞击斜腹板而导致梁的局部破坏时，能使梁保有足够的抗剪、抗扭能力。其横截面如图 5.1－3 所示。

选择 4 m 间距设置横联是在对正交异性钢板作了广泛的疲劳研究后而作出的。大的跨高比要求使用高强的钢材，箱形梁的板以及加劲构件，均依照 pr EN 10113 设计标准，使用 Fe E 420 KT TM 高强钢，其屈服强度为 420 MPa。横联则依照 DS/ISO 630 标准，使用 Fe510 D，其屈服强度为 355 MPa。

箱梁是由一些基本构件拼装而成：带有加劲肋的板，横联四周的梁形杆和管支撑。由于梁高及横联间距恒定，故其几何尺寸和节点构造都是不变的，这就使得梁适合于批量制造。

箱梁内部表面，除车间底漆外，不再涂漆，而是通过箱内的除湿来保持其不锈蚀。因而，就有大约 80% 的钢材表面是不再涂漆的，这就节约了成本和时间。只要让空气的相对湿度低于 60%，它对钢材的腐蚀作用是很弱的。箱梁内的空气湿度将保持始终低于平均 40% 的程度。同时，光滑的箱梁外表面适于油漆和养护。

由于公路设有平曲线，故而在靠近霍尔斯科夫侧的桥台附近的横截面有少许不同。引桥各梁所使用的结构钢材总重 48 900 t，平均 12.0 t/m，而在公路桥面上则为 0.51 t/m^2。

几种典型的板厚如下：

顶板：12 ~ 18 mm，其槽形加劲肋：6 ~ 7 mm；

底板：10 ~ 30 mm，其槽形加劲肋：6 ~ 9 mm；

腹板：10 ~ 20 mm，其槽形加劲肋：6 ~ 9 mm。

主要结构体系，分析原理

主要体系计算

极限状态（ULS）下，梁的验算主要是在整体有限元模型上进行截面内力分析。其荷载一部分来自于静力计算，例如，汽车荷载和温度荷载；一部分来自动力计算，例如，风荷载（抖振和涡脱）。

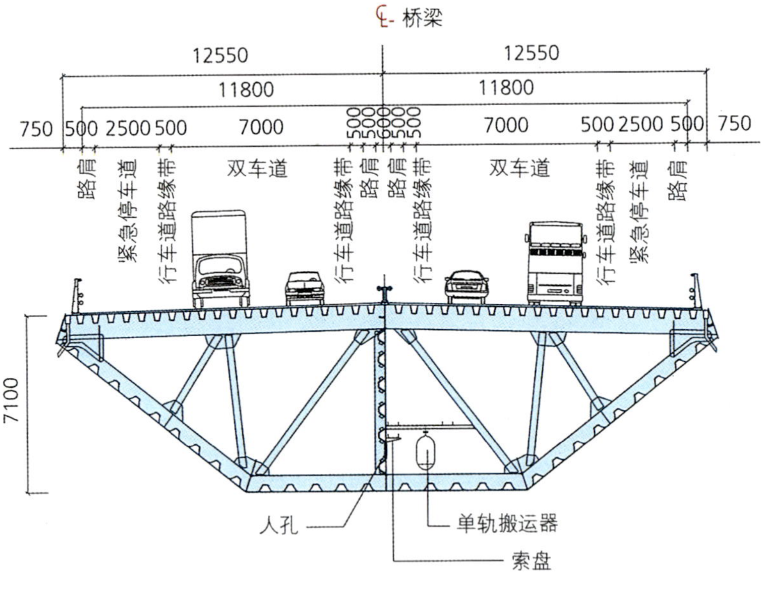

图 5.1－3　横截面

由截面内力推算出应力。法应力是在考虑了剪力滞效应引起横截面的减小后，按线弹性分布考虑的；剪应力是按 Grasshoff 假定分布在多室横截面上。然后把所得的应力与容许应力进行比较：对于拉应力就用设计屈服应力，对于压应力就用设计的临界屈曲应力。

梁在架设时的弯矩重分布

设计中假定，在架设时由钢材恒载引起的桥梁弯矩将分布在支点和跨中，这使梁的承载能力被充分地运用。假定引桥建造采用各个整跨的架设，随即进行与邻跨的焊接以形成连续梁。这时，让恒载弯矩重分布，以减小跨中正弯矩是必要的，而这一重分布是通过降低其新到位梁的前端而产生的。对于跨中的正弯矩，桥梁顶板及加劲肋的抗压能力是控制因素。对于桥墩处的负弯矩，梁的底板及其加劲肋将控制。在弯矩重分布中，为使梁在墩处的负弯矩与在跨中的正弯矩值相等，前端降低量应是 3.9 m（注：见图 5.1－4）。

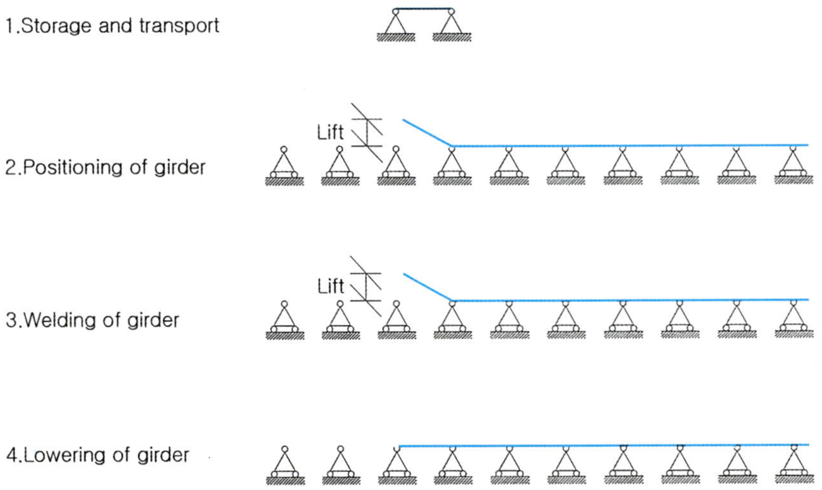

图 5.1－4　架设步骤示意图

剪力滞

剪力滞效应对连续箱梁桥有重要的影响，它主要出现在横截面有巨大剪力的支承点处。由于负弯矩的存在，此处横截面同时受到巨大的法应力。DIN 18809 讲述了如何计算剪力滞。但是为了对支承点附近剪力滞系数的变化有更为精确的了解，进行了有限元计算，确定其作为离支点距离函数的剪力滞系数。依照弯矩曲线的形状，DIN 18809 提供了两种计算作为离支点距离函数的剪力滞系数的方法。这两种方法得出区别很大的系数——这就是为什么要用有限元计算来验证该系数的主要原因。在下面的表 5.1－1 和图 5.1－5 中给出了结果。

表 5.1－1　剪力滞系数的变化

底板		面板	
离支点的距离（m）	剪力滞系数	离支点的距离（m）	剪力滞系数
0.0	0.89	0.0	0.72
2.0	0.92	6.0	0.92
10.0	1.0	14.0	0.97

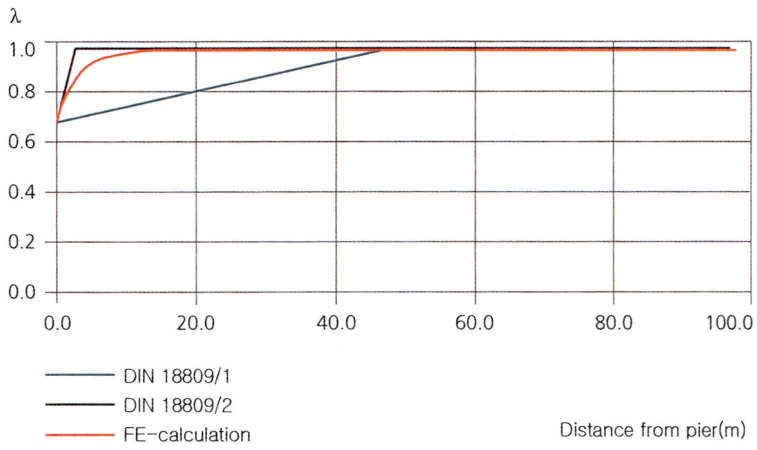

图 5.1－5　剪力滞系数的变化

计算机辅助设计

计算机辅助设计被运用于引桥设计的很多方面，同时，还用来确定其梁的承载能力。

船舶碰撞上部结构

为了研究船舶（其甲板室）碰撞引桥上部结构的情况（见图 5.1－6），进行了一个专门的分析。目的是：

——确定由甲板室的碰撞在支座处引起的水平反力；

——验算梁的横联承受碰撞荷载的能力；

——验算受伤后梁的承载能力；

——研究地基土参数的影响以及支座与侧滑挡块点间可能的间隙。

这是使用有限元程序 ABAQUS 进行的一个时间历程的分析；由 DnV 独立研究建立了荷载—位移曲线。荷载脉冲历时如图 5.1－7 所示。

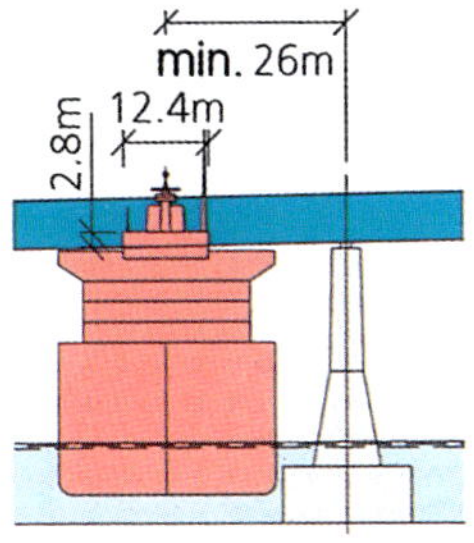

图 5.1－6　甲板室的碰撞

支座反力

从柔性支承到刚性支承，分四种情况对支座反力进行了计算。计算结果如表 5.1－2 所示。

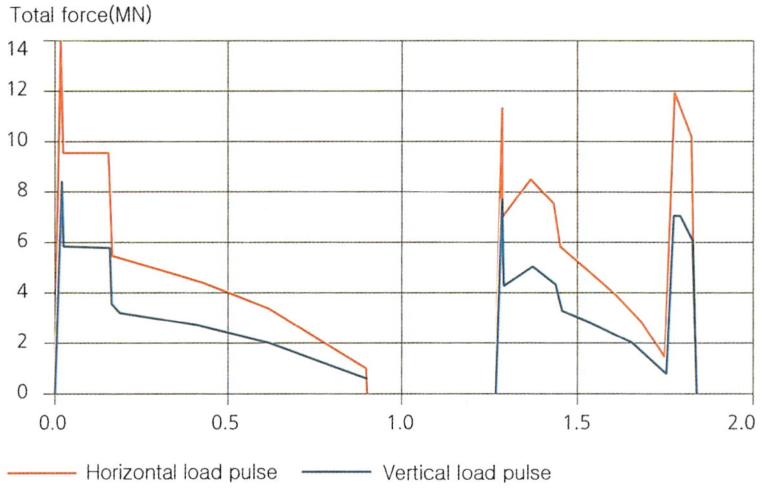

图 5.1－7　甲板室碰撞的荷载脉冲

表 5.1－2　在支承不同刚度的假定下水平方向的反应

状　态	水平方向的反力	
软弱土质，混凝土开裂	侧面间隙 4 mm	16.1 MN
坚固土质，混凝土不开裂	侧面间隙 6 mm	18.2 MN
坚固土质，混凝土不开裂	侧面间隙 4 mm	17.7 MN
动态土质，混凝土不开裂	侧面间隙 4 mm	18.3 MN

横　联

对横联的主要考虑，是其在巨大剪力作用下是否会发生逐个不断的破坏。但计算结果表明：梁的强度足以避免出现这种破坏。

梁受伤之后的承载能力

计算表明：受伤后的梁的承载能力是足够的。这主要是因为：即使有一侧的斜腹板和一半的顶、底板垮塌，其中央腹板仍能确保有足够的抗扭刚度。

底板的稳定性

为了研究实际的约束情况和加劲肋与板件的屈曲强度，以及它们与整个板件之间的相互影响，计算了它们的屈曲强度。

为了分析底板和斜边板间形成的拐角处的约束及效应，对梁的底板的抗屈曲能力进行了研究，并且，查明了底板支撑点间（从底板和斜边板的拐角到中央腹板的距离）相对较短的距离所带来的影响。同时还研究了在桥墩支承处的底板上应用纵向加劲构件所带来的影响。模型见图 5.1－8。

研究了板和加劲构件的厚度变化。板件屈曲的主要分析结果，现总结在表 5.1－3 中。

表 5.1－3　对不同的板厚和加劲肋布置所算出的欧拉应力

底板厚（mm）	斜边板厚（mm）	槽形加劲肋	中间加劲肋	欧拉应力（MPa）	$\sigma_{critical}$（DS412）（MPa）
25	20	R 2－9	2	1 216	224
30	20	R 2－9	2	1 242	226
30	20	R 2－9	1	948	209
40	20	R 2－9	2	1 250	223
45	20	R 2－9	—	640	172

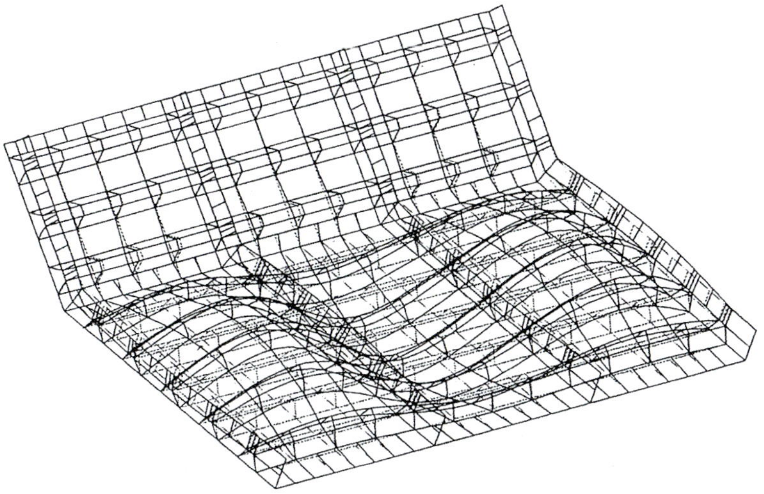

图 5.1－8　计算荷载稳定性的有限元模型

斜边板发生屈曲时欧拉应力大约为 825 MPa。

计算表明，底板与斜腹板的交角处有足够的刚度来支撑相邻的板件。

正交异性钢面板的疲劳分析

在第一章中曾提到用大量的疲劳计算来分析钢板在有焊缝处是否具有 100 年的疲劳寿命。分析中包括了几个被认为是对疲劳问题至关重要的细节，如：

——槽形加劲肋与顶板的焊缝；

——槽形加劲肋接头；

——犬牙缺口板（注：指横联上弦杆的腹板）与纵肋的抗剪焊接。

分析是用 16 m 长、3.6 m 宽的桥面板的精确有限元模型进行。该模型如图 5.1－9 所示，图中显示了单元网格的划分。

从两个方面来进行分析：纵向上，疲劳车分步移动，并经过相应的控制点；横向上，考虑汽车的横向分布。（译注：对于疲劳，原书对验算点、该点的应力、裂纹位置等均未作明白交待，这是原书不足之处。）

槽形肋与顶板的焊接

正交异性钢板的控制点之一是纵向加劲肋与顶板的焊缝。焊缝是用自动焊接工艺形成的部分熔透焊缝，承受着法向力和弯矩（见图 5.1－10）。任何疲劳破坏在很大程度上都取决于顶（面）板和其铺装的结

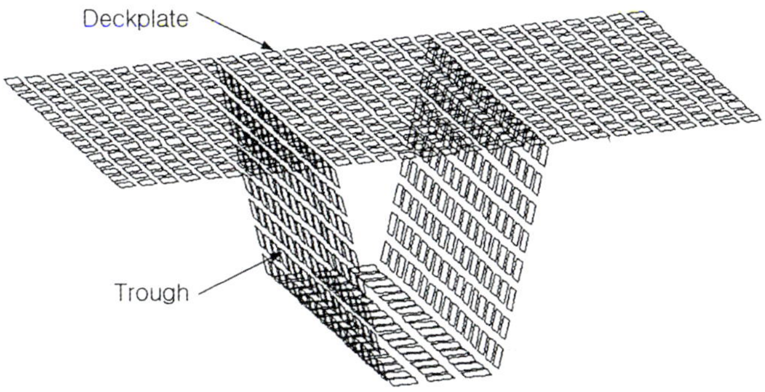

图 5.1－9　有限元计算的单元网格

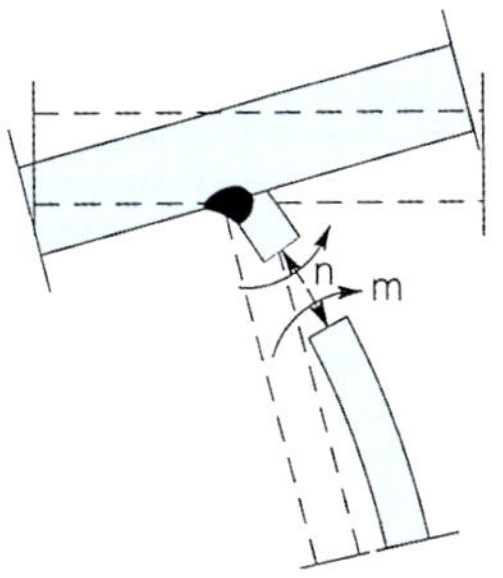

图 5.1－10　槽形肋与顶板的焊缝

合作用。这一众所周知的作用通过现场试验和实验室分析在详细设计中被广泛研究。这些分析详见 5.2 节。

卡车使用超级单轮胎（高压力及窄轮胎），增加了槽形加劲肋与面板间焊缝的疲劳破坏的危险，因为这样会出现更大的弯矩。另一重要问题就是细节的疲劳强度。直接从规范中来查看，单侧不熔透焊缝是很弱的。然而，在 EC（欧洲工程规范）资助下所进行的研究认为其疲劳等级要比规范所订的高得多。计算表明，每隔 25 ~ 30 年对桥梁进行一次检查，保证其有超过 100 年的疲劳寿命是可能的。

槽形肋的接头

就疲劳而言，相对于正交异性钢板的其他构件来说，肋的接头板是一易损构造。就其与横联相距的最佳位置的研究认为：最佳位置大约在离横联为 0.5 m 处（注：参见图 5.1 – 11）。为了易于制作，在接头焊接处要有一钢垫。像加劲肋与顶板的焊接一样，这接头的疲劳寿命也取决于顶板与铺装的结合，以及铺装对荷载的横向分布能力。计算表明，每隔 40 年进行一次检查，这是能保证其超过 100 年的疲劳寿命的。因此，这也和加劲肋与顶板间的焊缝大致一样。

犬牙缺口板与纵肋的抗剪焊接

对横联的疲劳曾进行了细致的分析。横联呈桁架状，其上弦是一梁式杆（叫横梁，截面呈倒 T 状，以 T 的腹板焊于顶板，以顶板为横梁上翼缘）。若为让纵肋（与顶板的）纵向焊缝自由通过，可以在横梁腹板开出缺口，但这会引起该处疲劳强度稍有降低。为让纵肋下缘自由通过，横梁腹板应当开缺口（注：见图 5.1 – 12）；这时，槽形肋与横梁腹板间的焊缝两端便对疲劳强度起控制作用。表 5.1 – 4 是对这些细节疲劳寿命的估算。按照这表，可以推知对这细节的检验时间间隔，与上述两者（纵肋与顶板焊接，纵肋焊接接头）相近。

表 5.1 – 4　对疲劳寿命的估计（用年表示）

位　置	疲劳寿命 $\gamma_{fat}=1.0$	疲劳寿命 $\gamma_{fat}=1.48$
带缺口（让焊缝自由通过者）的横梁与桥面板（即顶板）的焊缝	≫100	最小 100
不带缺口的横梁与桥面板的焊缝	110	25
横梁腹板与槽形肋的焊缝	≫100	最小 100

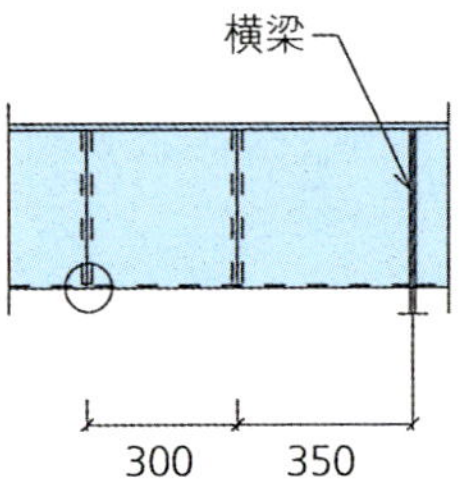

图 5.1 – 11　槽形肋的接头

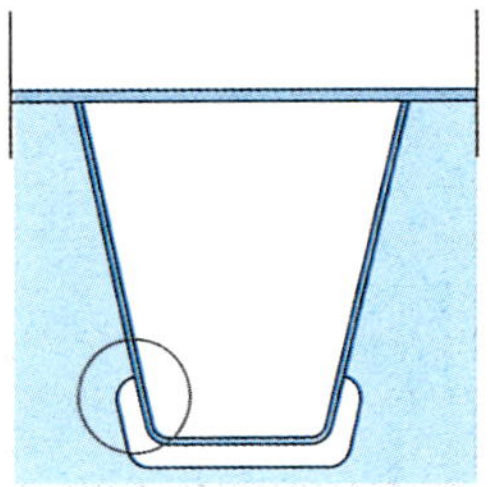

图 5.1 – 12　槽形肋与横梁的连接

支　座

支座布置如图 5.1 – 13 所示。

总共需要 50 个球面支座，由意大利的 FIP 提供。对于不锈钢的滑动介质是 PTFE（聚四氟乙烯）。支座按照适用的 DIN 标准和德国柏林的 Institut für Bautechnik 的 Zulassungsbescheid（认证书）来设计和制造。为了减小纵向滑动导梁磨损，制定了严格的架设容许误差，这是因为累积位移是相当大的。如表 5.1 – 5 所示。

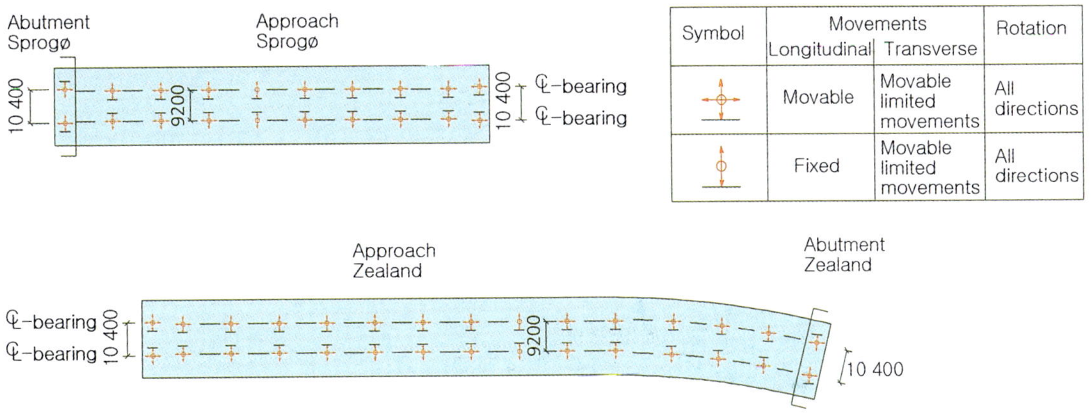

图 5.1 – 13　引桥外部约束的平面布置图

表 5.1 – 5　支座纵向位移在方向上的容差

相对于桥的理论中心线的滑动方向	0.10 %
在同一墩上的一组支座，彼此间的滑动方向	0.05 %

仔细研究了船舶对上部结构的碰撞，得到其水平反力应为 16 MN——远远高于对通常支座的要求。表 5.1 – 6 列出了典型的特征荷载和纵向位移的最大值。

表 5.1 – 6　典型的支座特征荷载和纵向位移

恒载，竖向	18 MN
活载，竖向	15 MN
船舶的水平碰撞力	16 MN
最大纵向位移	+765 mm

在锚碇处，跨度为 62 m 的梁在支座处有上抬的可能，曾考虑了多种方法来抑制它。最终决定在梁中使用混凝土配重并且设置与支座分开的反上抬装置。此法比采用通过锚索预拉到锚碇的方法，以及只加混凝土配重的方法都更好。并不是在日常营运条件下时常出现上抬现象。它仅在特殊的汽车负荷情况下出现。因此，反上抬装置在其被激活之前可以让梁有一点微弱的上抬量。让反上抬装置与支座分离设置，是为了不使支座复杂化，并且更易对其进行检查、养护和更换。见图 5.1 – 14。

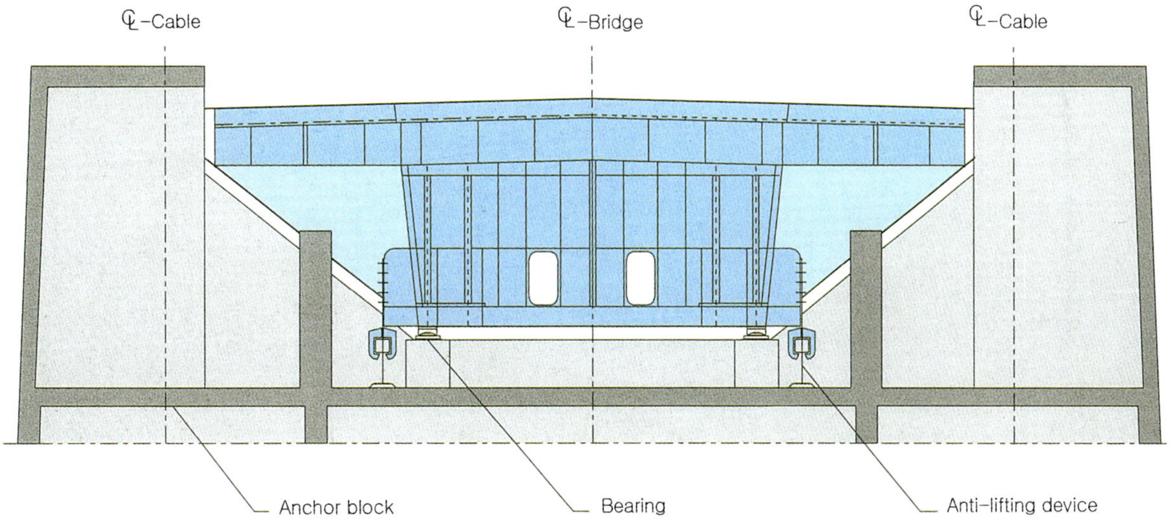

图 5.1 – 14　锚碇处支座和反上抬装置的布置

所有的支座都是可更换的，上部结构的支点高程可以用在支座处插入一最厚为 50 mm 的垫板来调节。而临时支承也已经在上、下部结构中布置好了。

伸缩缝

在疲劳设计中，对伸缩缝要求其能在 100 年时间里，每条车道都能抵抗疲劳荷载 3×10^{7} 次的通过。所用的疲劳荷载是一辆三轴车，每轴为 80 kN；但因考虑冲击而加大 25%，使其总轴重为 100 kN。（译注：这种三轴疲劳车是丹麦较老的规定，见 5.2 节。）

伸缩缝在边缘处没有楔形凸起，雨水能直接流过边缘并汇集在排水管内，这使水能快速地排走，并且使橡胶密封有自洁的功能。伸缩缝下，布置了永久的进入口及平台，并且让所有的可移动部分都可更换。

伸缩缝，可在桥面的一半不中止交通情况下更换其另一半。

5.2　钢面板与铺装层的结合作用

作者：Lars Hauge，桥梁工程师，COWI。

多年前便已知道：正交异性钢面板上的铺装层，对延长钢面板疲劳寿命很是有利。1963 至 1973 年在英国的 Denham 所做的实验使得铺装层的积极效应展示得非常清楚。由 Statens Vejlaboratorium 所做实验的初步结果表明，铺装层在 20 ℃时对正交异性钢板刚度的影响，相当于板厚为 18 mm 的等效钢板——12 mm 厚的钢板和来自铺装层的“6 mm 的贡献”。但是这一结果不足以完全肯定结合作用的效应。对正交异性板来说，疲劳荷载是其控制荷载，而考虑结合作用的结果将导致很大的节省。

为确定钢面板与铺装层之间的结合作用，已经进行了足尺和实验室试验。

疲劳车

近年来已经有以高荷截的单轮胎（“超级单轮”）来代替双轮胎的趋势。就正交异性钢板的疲劳而言，单轮胎（260 mm 宽）比双轮胎更具破坏性。而且由于欧洲工程规范（EC）有其新版，丹麦似也应该增加其容许的轴荷载。这就需要对丹麦规范所使用的疲劳荷载（3 轴，每轴 80 kN，用双轮胎）有所更新。在东桥设计中所使用的疲劳车，是带拖车的卡车荷载，如图 5.2－1 所示。

各结构构件让疲劳车通过的次数，应依以下条件来确定：

——在大贝耳特通道的设计使用年限内，用卡车运送货物驶过通道的数量的预测；

——丹麦公路管理部门所测得的、丹麦公路上的机动车轴重分布。

在疲劳验证中，允许依据 BS5400 来考虑横向分布（注：参见图 3.11－6）。

在法罗（Farø）桥进行的现场试验

为了验证设计假定，决定在法罗桥进行现场测试。该桥的正交异性钢面板和铺装层与计划中的大贝耳特东桥几乎完全相同。在其箱梁内部布置了应变片和位移计，并租用了一辆卡车（其轮轴布置与疲劳车

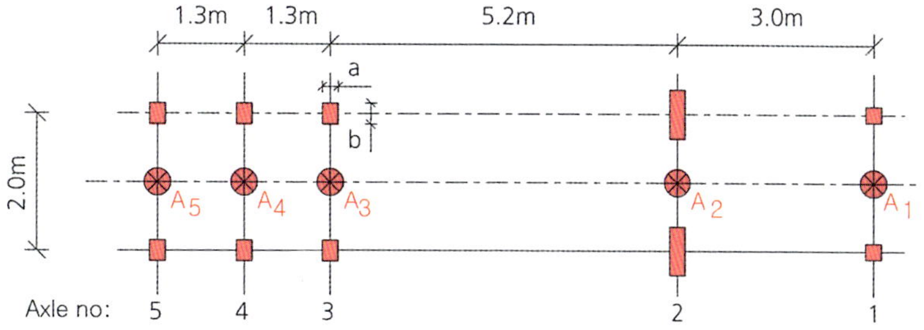

Contact areas

Axle	a	b
1	200mm	230mm
2	200mm	600mm
3	200mm	260mm
4	200mm	260mm
5	200mm	260mm

Axle loads

Axle	A_i
1	65kN
2	115kN
3	80kN
4	80kN
5	80kN

图 5.2－1　疲劳车

相同)，对箱梁进行了加载。铺装层因有黏弹性，其在持久荷载作用下的刚度将较低。让车速分别为 0 m/s、10 m/s 和 20 m/s，对桥面板进行了实测。

现场实验所得的结果如下：

——正交异性钢板对荷载的横向分布能力与车的行驶速度呈函数关系；

——对实测值和计算值进行了比较（用于验证详细设计）；

——对局部效应的结合作用进行了研究。

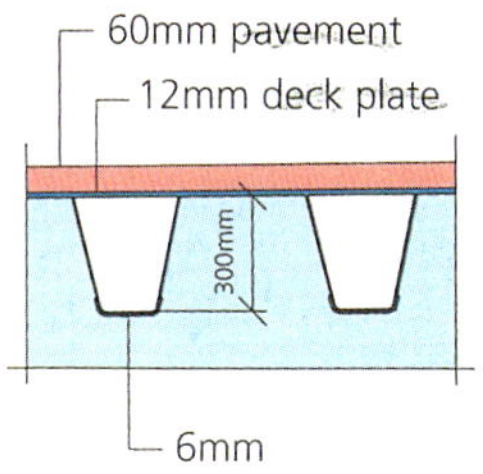

图 5.2－2　正交异性钢面板

荷载横向分布效应

桥面板对荷载的横向分布能力，可用三个相邻的纵向加劲肋的应力进行对比。桥面板的典型尺寸，如图 5.2－2 所示。静力测试结果，如图 5.2－3 所示。动力测试结果，如图 5.2－4 所示。

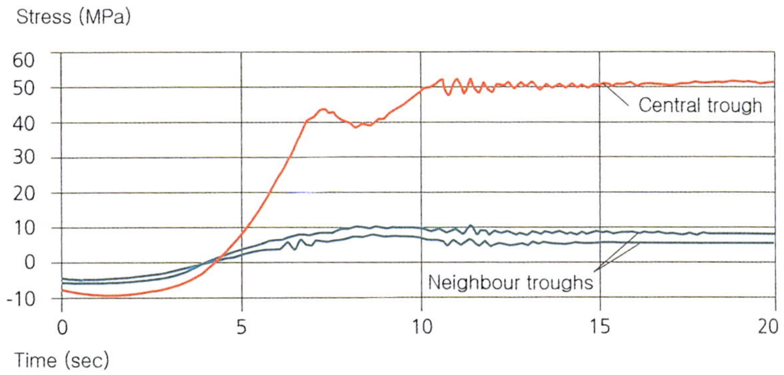

图 5.2－3　静力加载在正交异性钢桥面板之上

表 5.2－1 列出测试结果的汇总。

虽然观察到动力加载时的横向分布能力大大增加，但是，横向分布与车速是 10 m/s 还是 20 m/s 却关系不大。

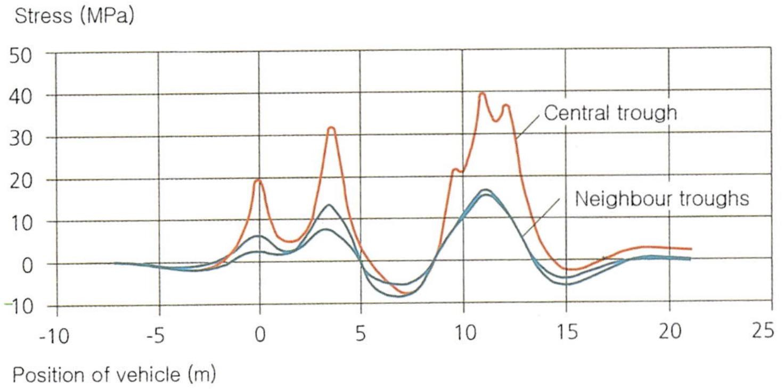

图 5.2－4　动力加载在正交异性钢桥面板之上

表 5.2－1　横向分布能力

荷载类型	单　位	相邻的加劲肋	中间的加劲肋	相邻的加劲肋
静力加载	应力（MPa）	9	51	8
	比　值	0.18	1	0.16
动力加载	应力（MPa）	17	41	16
	比　值	0.41	1	0.39

实测结果与计算结果的对比

图 5.2－5 表明了应力的测得值与计算值。对于所考虑的效应（槽形加劲肋底面的纵向应力），它显示计算值与测量值有较好的一致性。计算是在详细设计时用来验算疲劳破坏的有限元模型上进行的。

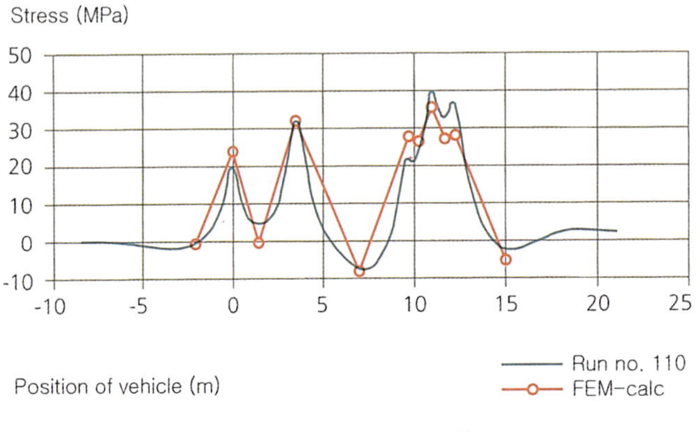

图 5.2－5　实测值与计算值

局部效应的结合作用

对局部效应的计算表明，假定的 6 mm 厚的等效板厚（注：指可用 18 mm 等效钢板厚度来对应于实际 12 mm 的钢板厚度）是趋于保守的。这是源于这样的观点，如果考虑相邻两横联之间的弯曲，则铺装层的 *EA* 起决定作用；但若考虑两纵向加劲肋之间的弯曲，则铺装层的 *EI* 将起决定作用，这样，铺装层厚度的重要性乃大为增加。

结　论

对法罗桥的实测，验证了在详细设计中所用的疲劳验算方法：

——将铺装层折合为桥面板厚度，能得到令人满意的结果，而且这一方法是保守的；

——铺装对正交异性钢面板的荷载横向分布能力，得到了确认。

实验室试验

作为详细设计的一部分，准备了一块试验板件，用于研究正交异性钢板的疲劳寿命，如图 5.2 –6 所示。因为钢板与铺装层的结合作用对钢板的刚度有显著的影响，乃决定对于有铺装层的板件进行疲劳测试。测试的主要目的是确认关键构件的疲劳，但因测试构件是带有铺装层的，所以很自然地要研究钢板与铺装层之间的结合作用。建立了一个保温棚，借能在不同的温度条件下进行测试。研究了如下两项：

——在不同速度的荷载作用下，铺装层对正交异性钢板刚度的影响；

——在不同的温度下，铺装层对正交异性钢板刚度的影响。

图 5.2 –6　丹麦技术大学结构工程与材料系的试验用板件

结　果

图 5.2 –7 显示了正交异性钢板在不同速度的荷载之下的横向分布能力。图中可见三相邻加劲肋在温度为 21 ℃时不同荷载速度下，其底部的应力（第 13 号加劲肋位于荷载正下方，第 12 号是其相邻的加劲肋，第 11 号加劲肋是离第 13 号的第二根加劲肋）。可以看出：静载使 13 号肋所生的应力显著地高于动载；而在荷载频率为 4.5 Hz、9.0 Hz 或 14 Hz 时所生的应力几乎相等。

图 5.2 –8 显示了正交异性钢板在不同温度下的横向分布能力。它也表明了三相邻加劲肋在荷载频率为 4.5 Hz 时不同温度下其底部的应力，这 4.5 Hz 频率是与正常的行车条件下钢板所受的荷载频率接近的。与前面一样，第 13 号加劲肋位于荷载正下方，第 12 号是其相邻的加劲肋，第 11 号是离第 13 号的第二根加劲肋。可以看出温度的影响还是较大的。

为比较足尺试验和实验室试验，计算出如同表 5.2 –1 给出的有关横向分布能力的相似的数据，表 5.2 –2 给出其结果。从表中可以看出：在足尺试验的数据和实验室试验的数据，是接近的。

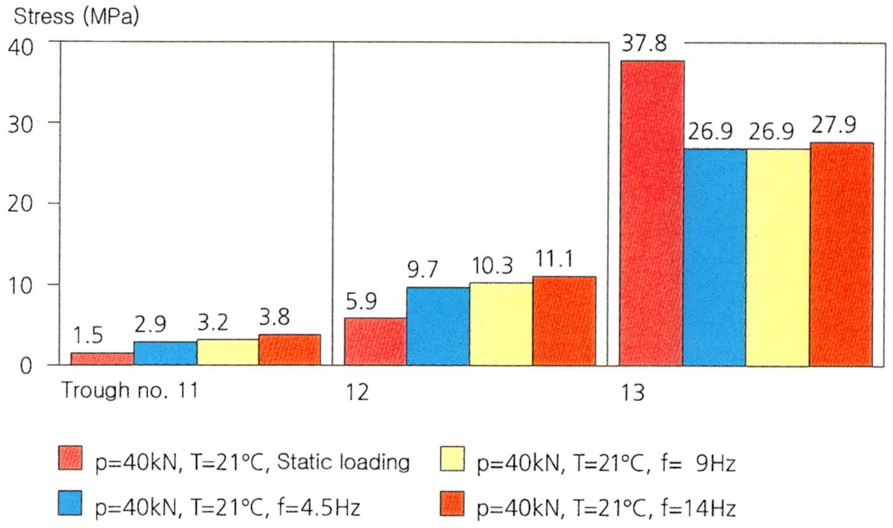

图 5.2-7　加劲肋底部的应力

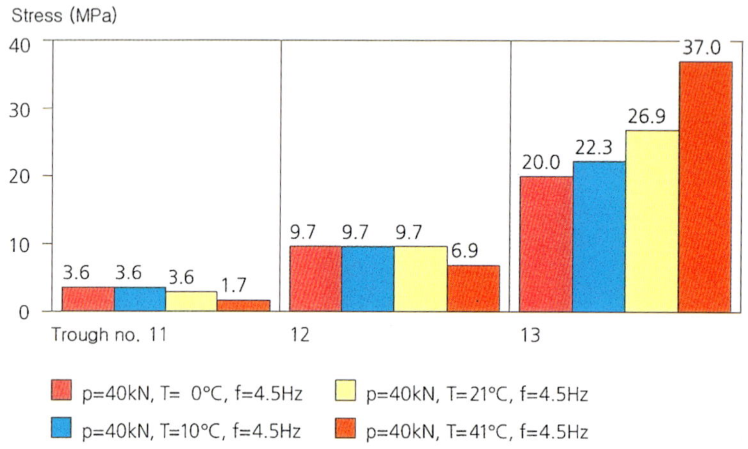

图 5.2-8　加劲肋底部的应力

表 5.2-2　横向分布能力

荷载类型	单　位	相邻的加劲肋	中间的加劲肋	相邻的加劲肋
$T=21$ ℃时的静载	应力（MPa）	5.9	37.8	5.9
	比值	0.16	1	0.16
$T=21$ ℃，$f=4.5$ Hz 时的动载	应力（MPa）	10.3	26.9	10.3
	比　值	0.38	1	0.38

总　结

从法罗桥所做的足尺试验与在 DTU 的结构工程与材料系所做的实验，得到了相同的结论，确认了在东桥上部结构的详细设计中所作的假定，而该假定对疲劳寿命的估计是保守的。测试表明，铺装层对刚度的贡献受荷载为静载还是动载的影响很大，受加载频率的影响则较小。影响铺装层对刚度的贡献的主要因素是温度。在详细设计中确认疲劳寿命时所使用的刚度，是以温度为 20 ℃为准。

5.3 引桥的动力行为

作者：Allan Larsen，桥梁工程师，COWI；
Anton Petersen，高级工程师，COWI；
Jørgen Nørbach，机械工程师，COWI。

因为引桥的上部结构轻而且细长，从一开始就认为必须对其动力行为进行研究。这些研究包括风洞试验，和对法罗桥的全焊钢箱梁的结构阻尼进行现场测试。最后，根据实验室和理论研究，决定在引桥箱梁内安装调谐调质阻尼器（TMD）。

风荷载的平均值

恒定状态的风荷载系数，以及由对横截面有不同攻角的气流所产生的风荷载系数变化值，是基本的空气动力参数。这些参数是用来决定风荷载平均值及在有气体紊流时桥梁的振动效应的。恒定状态的风荷载系数是在节段模型上测定的，该模型是在针对有无挡风屏的引桥横截面进行的。其定义见图 5.3－1，其结果总结在图 5.3－2。

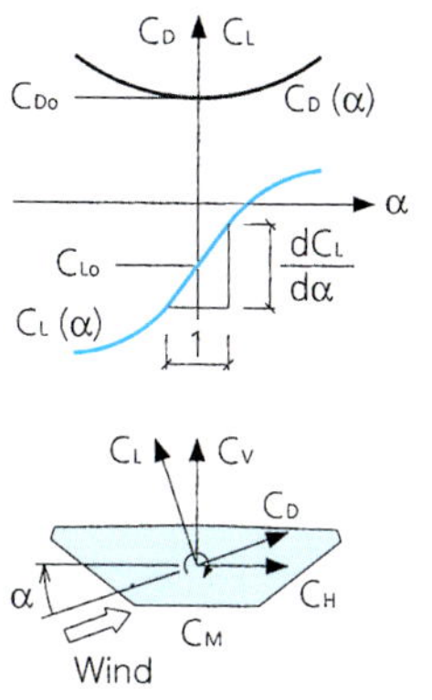

图 5.3－1 梁横截面的恒定状态风荷载系数及其斜率的定义

Steady-state wind load coefficients

Designation	Cross section	Lift C_{Lo}	Lift slope $dC_L/d\alpha$	Moment C_{Mo}	Mom slop $dC_M/d\alpha$	Drag C_{Do}
A1.1 Scale 1:80	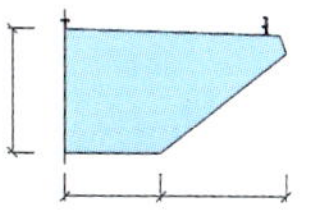	0.01	4.6	0.12	0.5	0.69
A1.3 Scale 1:80	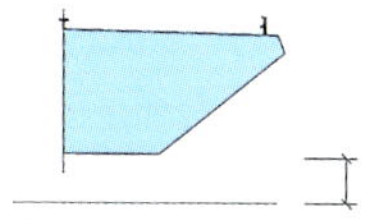	0.21	5.9	0.14	0.9	0.70
A1.2 Wind screen added	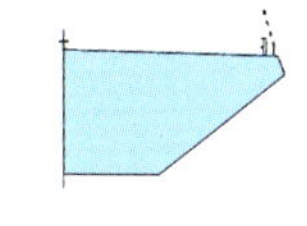	-0.11	1.0	0.12	0	1.10

图 5.3－2 对没有挡风屏（A1.1）和有挡风屏（A1.2）的引桥横截面的恒定风荷载系数及其斜率的测定。对 A1.1 和 A1.2 的 $dc_L/d\alpha$ 的不同表明了挡风屏对竖向振动有显著的影响

激发涡脱的临界风速

涡激振动是指在涡流的频率与桥梁的某一固有频率一致时发生的共振现象。像斯特罗哈数 $St=(f_v H/U)$ =（涡流频率×截面高度/风速）那样，桥梁模型的涡脱频率 f_v 通常以无量纲的形式给出。用结构特征频率 f_n 代替涡流频率，就可用该式求得激发涡脱的临界风速，即 $U=(f_n H/St)$。

在 DLR 的高压空气风洞中进行了一些专门的试验，这些试验表明当由节段模型的典型雷诺数外推时，引桥的斯特罗哈数将出现明显的缩尺效应。为得到足尺桥的典型雷诺数，在 DMI 进行了全桥模型试验。在高压空气试验所得的高雷诺数下的斯特罗哈数，可以用来预测梁的激发涡脱的临界风速。（注：见图 5. 3 -3，与高雷诺数相对应的斯特罗哈数是 0. 22 ~0. 23。）与直接由常规节段模型和全桥模型试验所得的 19 m/s 的风速相比，对缩尺效应所作的修正，得到激发涡脱的临界风速为 15 m/s。

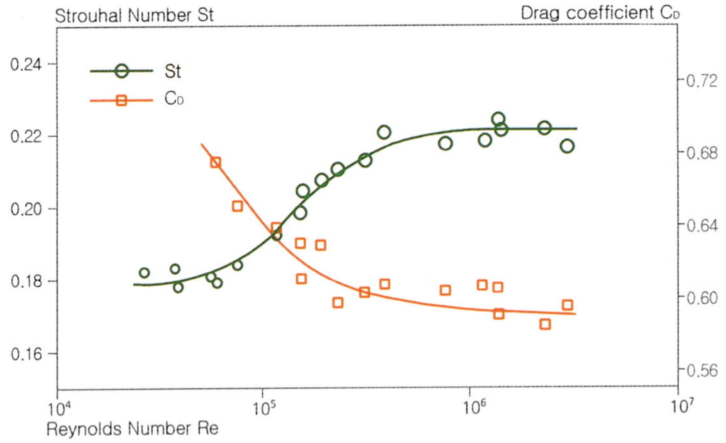

图 5. 3 -3　从高压风洞为引桥模型所测得的斯特罗哈数（St）与雷诺数（Re）的函数关系。测出的高值雷诺数是和 St =0. 22 ~0. 23 相应，这和该桥架设初期实测的足尺的数据非常吻合

由涡脱引起的振幅

节段模型及全桥模型试验表明，仅在风速超过 15 m/s 时，引桥方才容易发生竖向的涡脱激励。对涡流的发散行为的评价，就气象观察而言，应仔细考虑仅有紊流的情况。可根据节段模型试验结果与在悬索桥中所利用的相同的分析程序来评价最大的竖向均方根加速度。

使用在法罗桥上所测得的结构阻尼的评估，可发现：当引桥装备了挡风屏或者在发生交通阻塞时，它将违反 1. 5 m/s^{2}的判定标准。

对节段模型试验的研究，引发对斯普鲁侧引桥的全桥模型试验，其目的是验证在节段模型试验中所测定的响应以及验证调谐调质阻尼器在缓解过度的涡脱响应时是否足够。将由节段模型试验和全桥模型试验所估计的最大竖向均方根加速度与均方根加速度的判定标准作了比较，并在图 5. 3 -4 中用绿线示出了没有挡风屏的情况，用红线示出了有挡风屏或出现交通阻塞的情况。根据节段模型试验和全桥模型试验对装备了挡风屏（A1. 2 部分）和没有挡风屏（A1. 1 部分）的桥梁进行了评估。可以注意到，对有挡风屏或者交通阻塞的梁，其最大的竖向均方根加速度是超过了 1. 5 m/s^2 的舒适标准的（水平阴影线）。图中的数字表示了由涡脱所激活的模式阶号。而图 5. 3 -5 则表示了全桥（风洞）模型。

结构阻尼

对于东桥设计来说，因为必须采取特别措施来限制引桥上部结构的结构振荡以达到舒适的标准，结构阻尼的详细信息是重要的。由于有关的资料在文献中介绍较少，所以决定在法罗桥进行现场测定来确定其钢梁的结构阻尼。由于其具有与东桥的引桥相似的外部约束，并是由全焊的钢箱梁所组成（见图 5. 3 -6），法罗桥被选来进行这样的测量。该桥为连续梁桥，总长 1 596 m，由 18 跨 80 m 的中间跨及两个 78 m 的边跨组成。

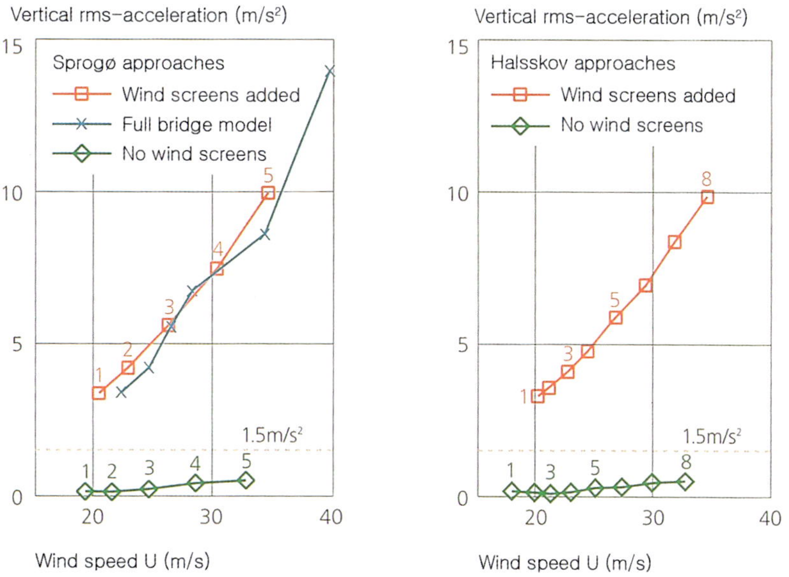

图 5.3－4　由涡脱激发的西引桥（左）和东引桥（右）的最大竖向均方根加速度。根据 DMI 的节段和全桥模型试验所作的预测

图 5.3－5　西引桥的全桥气弹模型

为了获得一个可靠且经济的、具有高度再现性的方法，曾拟定了若干个测量强迫结构振动的衰减率的方法。最后，在共振频率下进行了强迫振动试验。桥梁的激励是由液压千斤顶提供的，该液压千斤顶能提供与桥梁第一阶桥梁竖向振动相一致的、施加在中跨底板的循环荷载。

激励桥梁的能量由液压千斤顶/蓄能器系统提供。该系统允许对循环力按 0. 01 Hz 的增量进行调节。确定了第一阶竖向弯曲频率为 1. 15 Hz。试验布置如图 5. 3－7 所示。对应于千斤顶的 10～250 bar 的压力，作用于梁的力是 8～200 kN。

测量程序

根据不同的目的，测量分为主要和次要两类。主要测量是对桥上部结构的结构阻尼进行直接估计。次要测量是对结构安全进行监控。

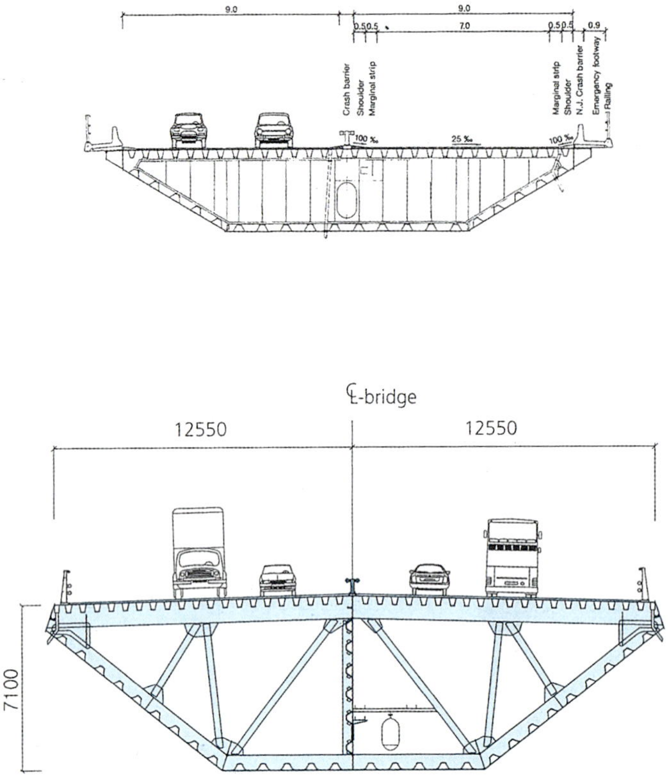

图 5.3－6　法罗桥和大贝耳特东桥引桥的横截面

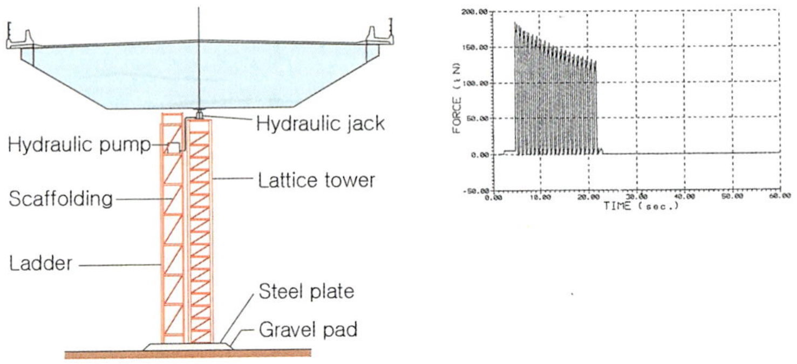

图 5.3－7　现场测试的布置及典型的荷载曲线

主要测量是通过沿桥配备的加速仪来进行。如图 5.3－8 中所示，垂直加速仪置在跨中，纵向加速仪置在墩顶。所有主要数据都用个人电脑以数字形式记录并储存。图 5.3－9 是其测得的加速度记录举例。

次要测量的内容包括梁底板的应力水平、液压蓄能器释放出的压力、梁位移的峰值以及桥面上的风速等。

现场测试的结果

激励是不允许用同样的振幅来激励所有桥跨的，因为液压系统不能提供足够的多于 20 个周期荷载的能量。结果就使得不能通过对梁中单点移动的衰减率进行简单分析从而获得可靠的对结构阻尼的评估值。因而采取了另一个分析方案。在该方案，上部结构振动能的耗散是在能量输出停止后的一段时间内，按一

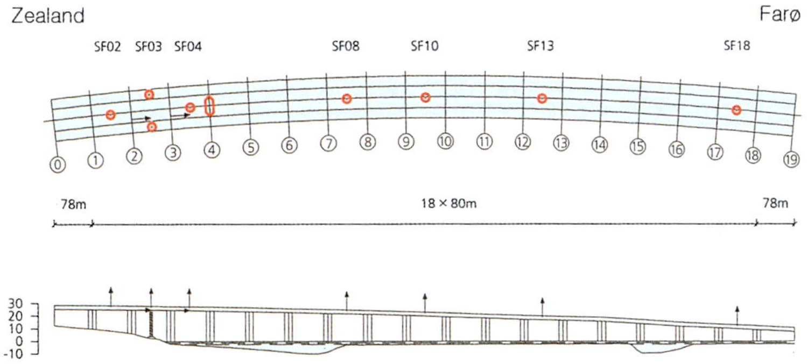

图 5.3-8 加速仪的位置和测量方向

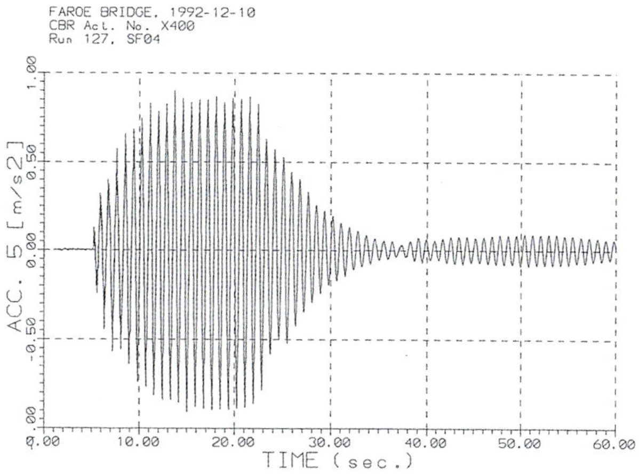

图 5.3-9 在法罗桥的跨度 3-4 所测到的加速度

定的时间间隔进行量计的。这一分析的基础是所有测点所记录的垂直加速度。在时刻 t，上部结构相对的振动能 $E(t)$ 的通用表达式如下：

$$E(t)=\sum E_i(t)=\sum k\times u_{i\max}(t)^2$$

式中 $u_{i\max}(t)$——第 i 跨的最大位移；$i=1,2,\cdots,20$。

假定其为谐运动，$u=u_{\max}\sin(2\pi f_1 t)$，$f_1$ 为其频率；上式可改写为：

$$E(t)=\sum(2\pi f_1)^4 a_{i\max}(t)^2$$

式中 $a_{i\max}(t)$——在时刻 t 第 i 跨的最大加速度振幅；

f_1——测到的在第一垂直模式（1 阶）下的特征频率。

为了确定结构阻尼，把根据测量计算的能量发散状况与在不同的阻尼水平下进行计算机模拟的结果作了对比。桥梁被模拟成 20 跨的连续梁，且其频率调为实际频率。直接由现场试验测得激励荷载的时间历程，在这一时间范围内进行力的响应分析。在三种结构阻尼水平下进行了模拟，即，$\delta=4.5\%$、$\delta=5.5\%$ 和 $\delta=6.5\%$ 的对数衰减率。结果如图 5.3-10 所示。由图可以看出，法罗桥的上部结构阻尼大约为 6.5% 的对数衰减率。

结构阻尼为 6.5% 的对数衰减率，看来是相当高的。因为对于全焊钢箱梁，其期望的对数衰减率在 1%～3% 之间，所以又研究了铺装层—— 60 mm 厚的马琋脂地沥青——对阻尼的影响。桥梁上的铺装层在梁承受垂直振动时将发生变形，并且通过与钢板的结合作用，铺装层将对全梁的刚度有所贡献。为了评定铺装层的阻尼效应，由 Statens Vejlaboratorium 进行了实验来测定在马琋脂地沥青中的能量发散的状况。铺装层在不同的温度（-15 ℃、-7.5 ℃、0 ℃、10 ℃、20 ℃、40 ℃）和不同的频率（1.0 Hz、10 Hz、20 Hz、30 Hz、40 Hz）下进行了实验。

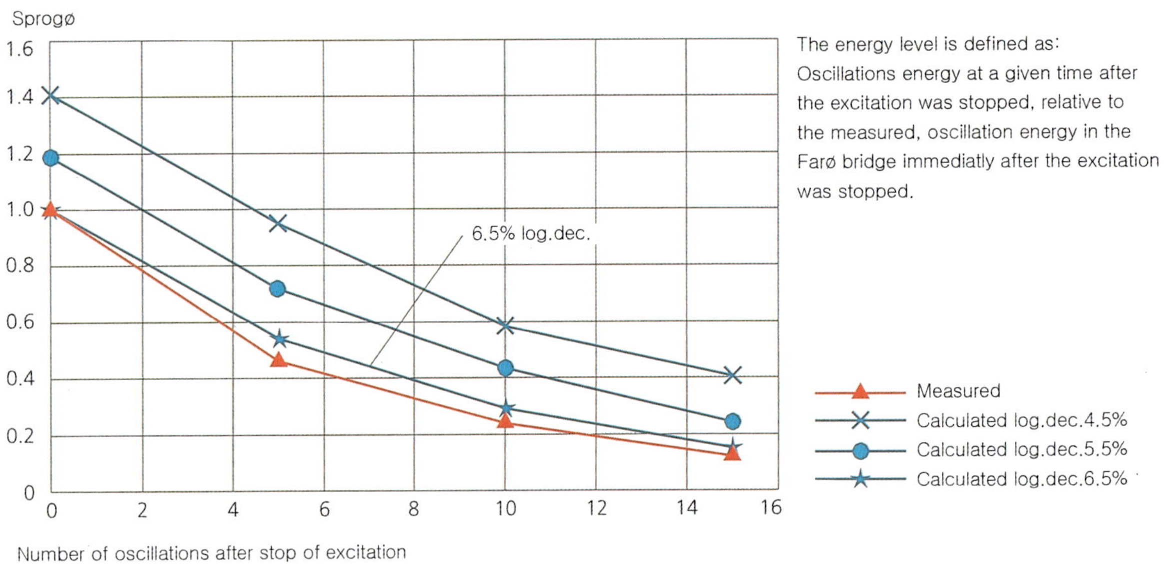

图 5.3－10　全桥上部结构在激励停止后的相对振动能量衰减的测量和计算

根据实验室试验的结果进行了理论计算，将每个荷载周期总的能量发散分作两个部分，一个是在钢梁的发散，一个是在铺装层的发散。

$$E_{dis} = E_{dis}(钢) + E_{dis}(铺装)$$

图 5.3－11 表明法罗桥的计算结构阻尼，它是在钢梁的阻尼对数衰减率为 2% 时由温度的函数形式给出的。在试验温度为 2～4 ℃时，计算出阻尼为 7%，这一结果与测得的阻尼对数衰减率 6.7% 吻合得相当好。

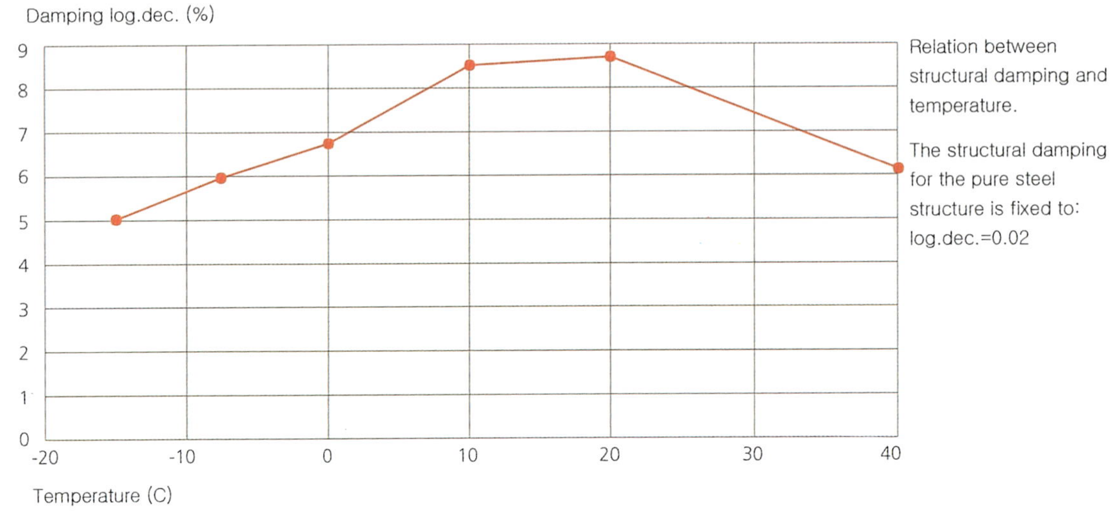

图 5.3－11　法罗桥的结构阻尼（用对数衰减率表示）随温度而发生变化

对东桥引桥的箱梁也进行了结构阻尼的计算。相对于法罗桥的临界值 0.65%～0.7%（注：似应为 6.5%～7%），在计算时采用了 4.5%～4% 的对数衰减率。东桥的阻尼相对于法罗桥应该较低，是其钢梁相对较重，铺装层乃相对较轻，钢梁在全部能量发散中就更占主要地位。

垂直涡脱振动的评定

风洞试验表明：引桥横截面不良的外形（边棱较钝）促使桥梁在边缘处形成 von kármán 式“涡道”。

如果桥梁装备了挡风屏或者出现严重的交通阻塞，那么，在涡脱的斯特罗哈频率与桥梁的垂直固有频率相一致（锁定的）时的风速下，将出现大的垂直于梁的振动。在锁定的情况下振动与时间是纯调和的（正弦的），振幅由桥的结构阻尼来控制。结构分析和风洞试验所确定的振动模态、固有频率和锁定的临界风速，示于图5.3－12中。

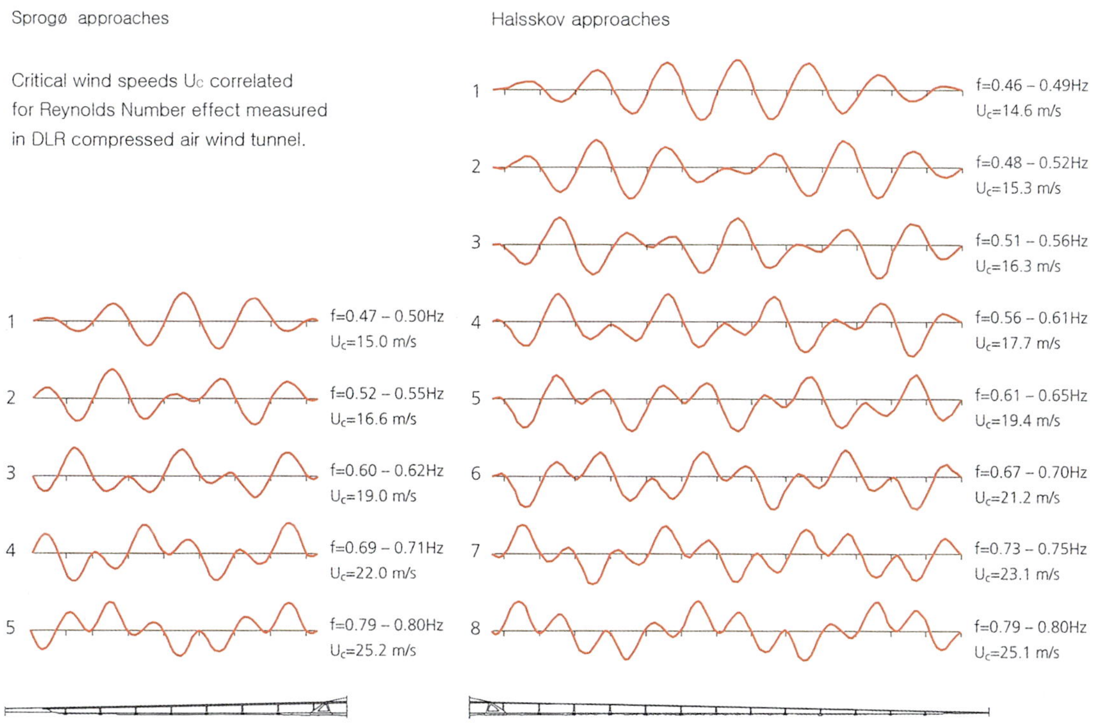

图5.3－12　模态形状、固有频率和对应于西引桥（左）和东引桥（右）的竖向涡脱的风速。若支座能较好地滑动，可得到较低的固有频率和临界风速。固定支座则使梁得到较高的（频率和风速）值，因为其桥墩也参与了振动

引桥竖向振动的量级，将由人的舒适度评定准则来评定，这一准则是由ISO建议并为东桥BBD所采纳。这一准则指出：如果旅客暴露于振幅超过0.2 m竖向振动（相当于频率为0.5 Hz、均方根加速度为1.5 m/s^2），人就会有不舒适感了。以下给出了振动的等效允许振幅（相应于ISO的舒适标准）与在按1∶125的比尺所做的斯普鲁引桥全桥模型上测得的最大振幅的比较（见图5.3－13）。注意到，为了符合设计标准，引桥的有效结构阻尼将增加到1%（相对于临界值）；与其按法罗桥现场试验推导的0.65%（相对于临界值）相比，阻尼几乎翻了一番。

对竖向涡激振动的阻尼；调谐调质阻尼器

引桥的结构阻尼，可以通过在桥梁上安装调谐调质阻尼器（TMD）来增大（从估计的0.65%的水平提高到1%的水平）。以前已有许多用TMD来控制风致振动的实例，这包括：

（a）Kessok桥（斜拉），Inverness，苏格兰；

（b）Dao Khanong桥（斜拉），曼谷，泰国；

（c）Cleddau桥（多跨连续梁），Milford Haven，威尔士。

Cleddau桥在不少方面与东桥的引桥相似。其梁也是连续支承于桥墩上，并且也是梯形的钢箱横截面。在设计Cleddau桥时也遭遇了有关竖向涡激振动的问题，并通过在长220 m的主跨中心引入一个大的（30 t）TMD来解决了这一难题。Cleddau桥的经验表明，安装TMD是解决涡激振动问题的可靠方法，所以东桥的引桥也采用了它。

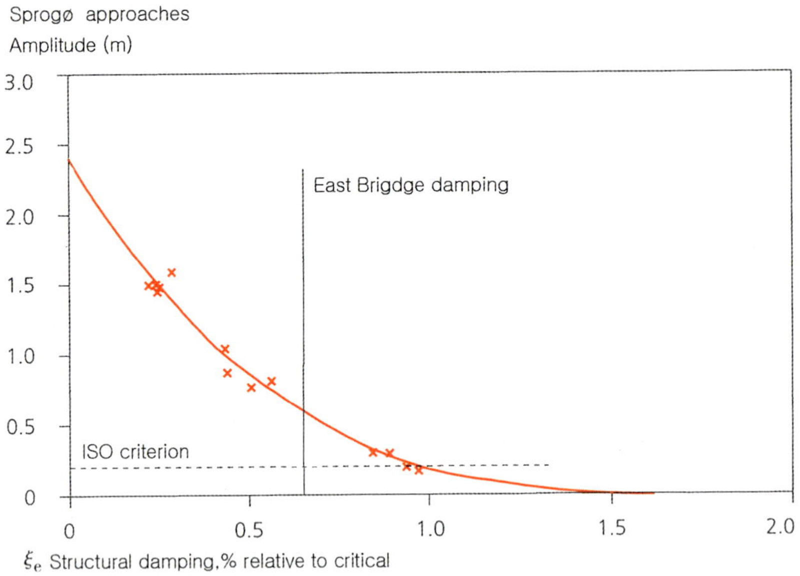

图 5.3－13　作为结构阻尼（相对于临界值而言）函数的引桥梁跨的最大竖向振动幅度。数据表明，对东桥引桥桥跨所估的阻尼水平是 0.65%，若要符合 ISO 的舒适标准的约 0.2 m 的振动幅度，需让其阻尼水平增至 1%

TMD——设计和工作原理

一个 TMD 元件就是一个力学系统，它包含一个通过弹簧元件与桥梁结构相连接的相对较小且能运动的质量块，以及一个阻尼装置（一个减振器）。可以选择 TMD 的质量块、悬吊的刚度以及固有阻尼值，来供给特定的等效阻尼，而这里所需的阻尼是相对于临界值的 1%。可以将设计的 TMD 用最小的质量块进行大振幅振动（并使其接近于固有频率的振动），这就可以把成本降至最小。

桥梁在涡流激励时的振动，其能量当转化为 TMD 质量块的振动。接下来，TMD 质量块的振动当通过阻尼装置而耗散。结果，桥梁振动将转化为阻尼装置的热能。

设计参数的确定

由风洞实验获得的有关空气动力/结构相互作用的信息，被运用于一个新的有关涡脱和 TMD 动力学的非线性的数学模型中。该模型可以用来确定 TMD 的最重要的参数，即：质量比（TMD 的质量与桥梁振动的质量的比值），可调的频率比（TMD 的固有频率与桥梁的固有频率的比值），以及 TMD 的固有阻尼（是临界值的百分之几），见图 5.3－15。根据非线性计算，选择了如下的 TMD 参数：

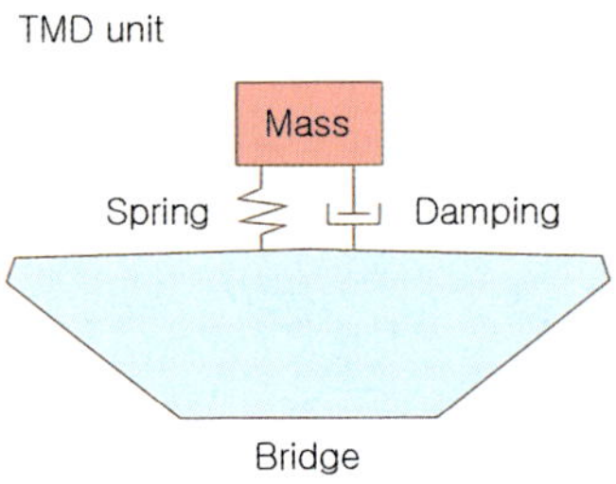

图 5.3－14　TMD 元件的基本部件：质量块、悬吊弹簧和阻尼器

（a）TMD 的质量比 > 0.4%；

（b）TMD 的可调频率比为 0.975～1.025，要求非常精确的调节；

（c）TMD 的固有阻尼为临界值的 4%～5%。

当 TMD 的质量比 > 0.004、且频率比在 0.975～1.025 之间时，可以得到一大于 0.01 的等效系统阻尼，这就可以符合 ISO 有关的旅客舒适的准则。

TMD 元件在引桥上的布置

以上对设计参数的讨论形成了对 TMD 元件的力学设计和在桥上怎样安装的基础。拥有 6 500 t（斯普

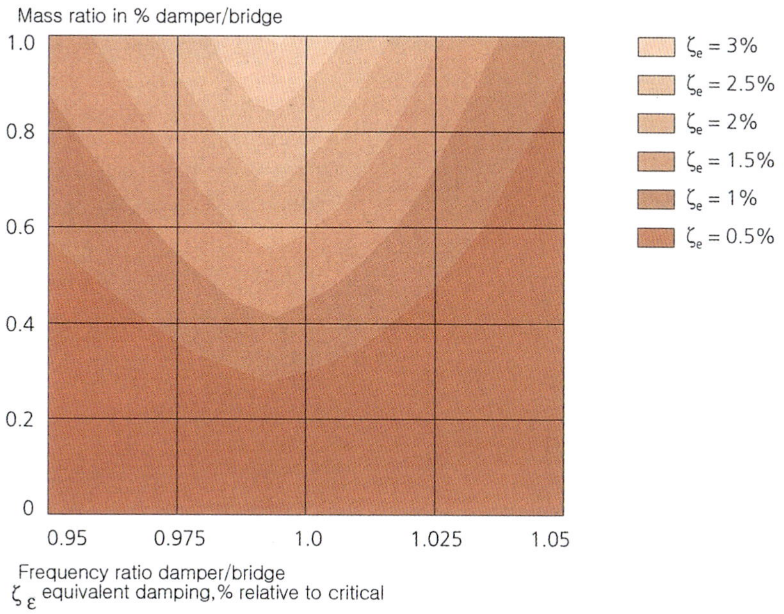

图 5.3－15　按照非线性分析计算，推出的作为频率比（横坐标）和质量比（纵坐标）函数的等效阻尼的等值线图

鲁侧的引桥）和 10 500 t（霍尔斯科夫侧的引桥）的振动质量，从而确定了对斯普鲁侧需要的 TMD 的质量大约为 26 t，对霍尔斯科夫侧需要的 TMD 的质量大约为 42 t。考虑到有中央腹板，以及在桥上安装的问题，决定限制每一 TMD 元件的振动质量为 8 t。因而，对每种振动模式，在斯普鲁侧的引桥要装备 4 个 TMD 元件，而在霍尔斯科夫侧的引桥则要装备 6 个 TMD 元件。

根据结构分析，桥跨在风的激励下将出现最大的振幅，TMD 元件应安装在桥跨的中央（变位最大处），布置在纵向中央腹板的两侧。斯普鲁侧引桥有 2 个低阶竖向振动要抑制，而霍尔斯科夫侧引桥有 4 个低阶竖向振动要抑制，于是，这两引桥总共安装了 32 个 TMD 元件，见图 5.3－16。这就可保证在风速低于 20 m/s 的风致振动得到控制。

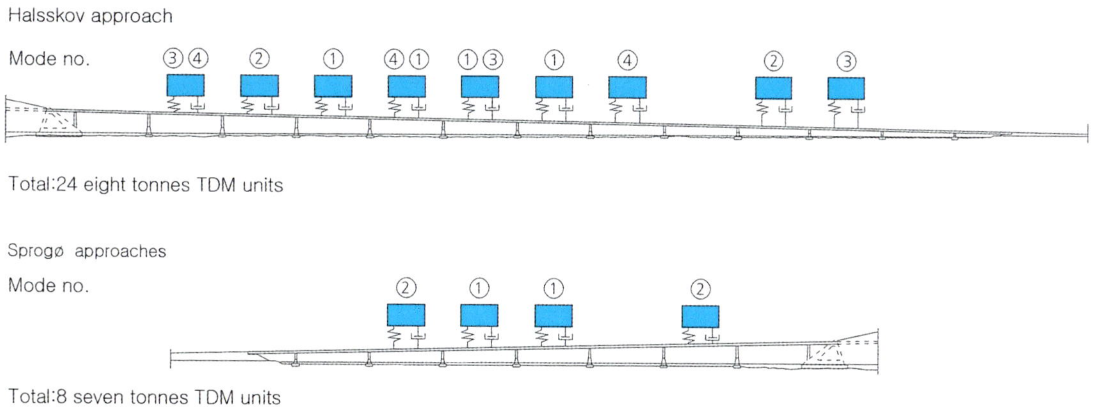

图 5.3－16　东桥的引桥上的 TMD 元件布置，圆圈内的数字表示设计的 TMD 所抑制的振动模式编号

TMD 元件的调节

回顾前述分析结果（见图 5.3－12），可以看出，由于支座的情况（活动或者固定）可能导致桥梁的固有频率在 0.95～1.05 倍的范围内变化，这是超过了 TMD 的可调频率比（0.975～1.025）的范围。因而，TMD 元件的精确调节仅能在对固有频率进行测量之后进行。这一任务是在成桥后进行的。

TMD 元件的设计

TMD 元件的力学和结构设计，应在符合桥梁设计所要求的许多准则之下逐步完成：

——桥梁结构不应因承受 TMD 元件而增加过多的荷载；

——对每一阶竖向振动所设计的 TMD 元件将被安装在跨中，并应在纵向中央腹板两侧对称布置；

——TMD 元件应是在引桥全部架设完毕后再安装；

——TMD 元件应便于在对桥梁固有频率进行测定之后来进行“现场”调节；

——为了确保制造与保养的经济性，如果可能，对不同情况将使用相同的力学和液压部件。

支承架与 TMD 的质量块

准则 1 使得对每一个 TMD 设计了一 4.6 m 高，3.0 m 长，2.2 m 宽的支承架。该支承架由 4 根竖直的 400 mm×400 mm 的 RHS 钢柱、一个 Z 字形支撑以及一个承载着一组螺旋弹簧的肋形顶板组成；它确保因 TMD 的运动所产生的竖向力能传给梁的底板。钢柱也可以用作质量块的导轨，阻止其水平晃动。支承架的整体高度由螺旋弹簧的长度及所期望的 0.8 m 的竖向冲程来决定，见图 5.3－17。

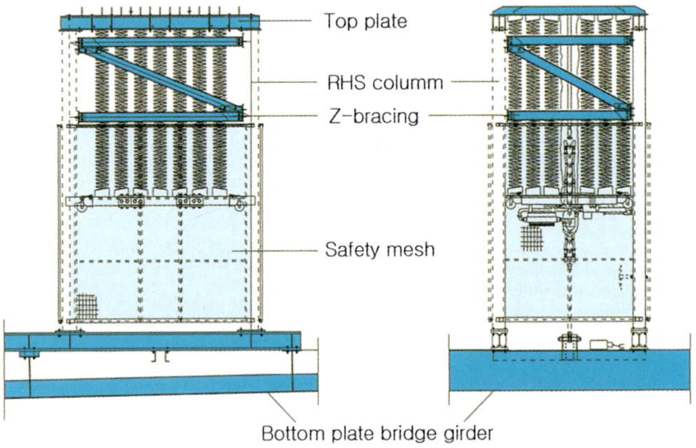

图 5.3－17　TMD 的支承架与质量块

每一 TMD 的质量块，都由 3 块厚 120～145 mm 的 1.0 m×2.2 m 的钢板所组成，钢板厚度则由所拟减振的振动模式决定。除了作为 TMD 的质量块之外，它还支承着螺旋弹簧和液压阻尼装置。而在水平方向，各质量块又用 8 个以弹簧加载的尼龙滚子来稳住，借使质量块在钢柱间作竖向运动时的摩擦为最小。各质量块可用重 30 kg 的“添加块”来增减其质量。

弹簧、液压阻尼装置和保险闸

TMD 内的悬吊是由 ϕ180 mm 的受拉螺旋弹簧平行排列而组成。选择每个 TMD 元件中弹簧的数目，可以产生一个合适刚度，让该刚度与 TMD 质量块的惯性所形成的频率与桥梁的固有频率相匹配。见图 5.3－18。单个 TMD 元件中的弹簧总数是在 22～50 之间，具体数目根据实测得的要减振的特定振动的固有频率来确定。每个 TMD 中的弹簧被等分为左旋和右旋两组，并对称地布置。这一布置使得 TMD 的质量块保持水平，并保证它们对中心竖直轴不转动。

每个弹簧是由 ϕ18mm 的弹簧钢丝冷加工而成，有 66 匝，其额定弹簧刚度为 2 900 N/m。钢弹簧两端用凹座固定在支承架的顶板和 TMD 的质量块上，凹座经特别设计、使钢丝所受动应力减至最小。

TMD 元件的阻尼装置是由一个长动程、双向作用的液压缸和活塞装配而成。该缸通过耳轴支架固定

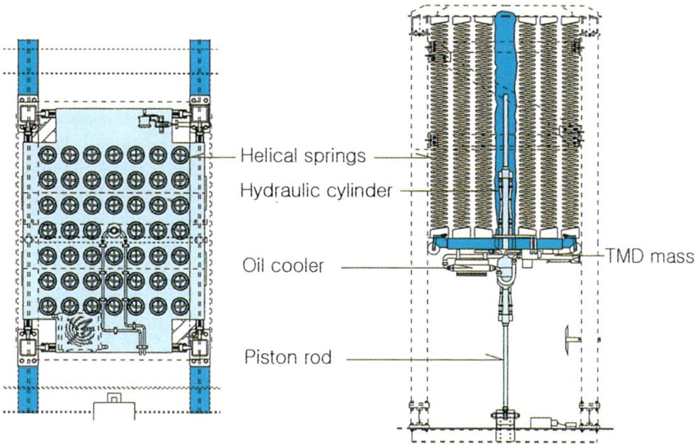

图 5.3－18　弹簧和液压阻尼装置的布置

在 TMD 的质量块上，而活塞杆下端别则接在桥梁的底板。通过油门调节，在一个特别设计的液压阀里的液压油来确保黏性阻尼。由油门调节过程导致的液压油变热，可由固定在 TMD 质量块上的冷却器来消除。

每个 TMD 元件装备了两个设在反向对角柱上的液压安全闸。在 TMD 的振幅超过 0.8 m 或者发生电力故障时，这些安全闸将启用。

监　控

设计了一个监控系统来监视 32 个 TMD 元件在每天的运行中的基本功能。对 TMD 振幅、油压、温度的测量形成了下列参数的连续记录基础：

——在给定的时间间隔内振动的数目和 TMD 振幅的分布情况；

——TMD 的频率；

——TMD 的固有阻尼。

引入 TMD 系统的监控可以较早发现弹簧的破坏、油的泄漏以及冷却器破坏等来进行预防性养护，从而防止重大的、规模巨大的事故。

原型试验

一个 TMD 元件的原型于 1995 年的夏末，在承造者的组装场地上被架设起来。试验包括测定重力作用下 TMD 质量块的静载挠度，建成后的固有频率和固有阻尼，并且观察了在连续 72h 动力作用下力学和液压部件的耐久性，见图 5.3－19。

试验证明：TMD 的设计，在结构与功能两方面是坚固而耐用的；同时也作了一些修改，以改善机械和液压部件。

图 5.3－19　在丹麦的 Aalborg，TMD 元件的原型架立在其承造者的组装场地

6　悬索桥设计

译者：赵人达，教授，西南交通大学。

6.1　加劲梁

作者：Anton Pedersen，高级工程师，COWI；
　　　Lars Hauge，桥梁工程师，COWI。

在方案设计阶段，进行了综合研究以确定主缆垂度（f）和跨度（L）的最优比例。这些研究包括经济和技术方面。例如，若 f/L 的比值减小，则有下列结果：

——主缆的受力和主缆用钢量都加大（＝增加成本）；

——塔高将减小（＝减少成本）；

——主缆对锚碇的作用力将加大，导致锚碇增大（＝增加成本）；

——桥的整体刚度增加，导致支座和伸缩缝的位移量都减小（＝降低施工和维修费用）；

——临界颤振风速减小（＝增加成本）。

对所有影响的完整分析是复杂的，但有一个明显的趋势：增加垂跨比可以降低施工成本。在进行了参数研究之后，确定按垂跨比为 $f/L=9$ 来进行详细设计。

结构体系

刚开始时，就对这桥提出了一个观点：要求将支座和伸缩缝的数目减到最少。根据经验，很清楚地认识到，维修它们乃是维修费用的主要部分。因此，将其在塔处设置伸缩缝的经典悬索桥（注：指美国所习惯使用的三跨两铰形式）和在整个由主缆支承的加劲梁长度 2 694 m 范围采用连续梁（即：三跨连续加劲梁形式）的设计比较。表 6. 1 –1 给出了两种结构体系在不同垂跨比情况时，由汽车荷载产生的纵向位移和竖向挠度。

表 6. 1 –1　纵向位移和竖向挠度（mm）

体系	f/L	纵向位移 δ_x	跨中竖向挠度 δ_z
经典体系	1/9	2 400	8 742
连续体系	1/9	1 820	8 570
经典体系	1/11	1 580	8 000
连续体系	1/11	1 220	7 820

让加劲梁连续穿过塔的最大问题，是处理由主缆在主鞍两侧转动强迫加劲梁在塔处所产生的负弯矩。因为，柔性加劲梁的挠度将因主缆挠度而变化，这就要在梁之内引起弯矩。为了使加劲梁在恒、活载组合

下的弯矩达到最小，对支承条件进行了优化；这是对吊索间距、吊索类型（封闭型与平行钢丝型）、吊索力调整、加劲梁刚度、梁在塔处的竖向支承等进行研究后得到的。最后的解决方案是：

——吊索在塔处的纵向间距采用56 m，而正常间距是用24 m；

——对加劲梁恒载弯矩进行调整，其结果如图6.1-3所示；

——在塔处，加劲梁不设竖向支承；

——加劲梁高度为4.3 m；由于空气动力稳定性对扭转刚度的要求，不可能再降低了。

悬索桥立面图如图6.1-1；其外部约束条件平面图如图6.1-2。

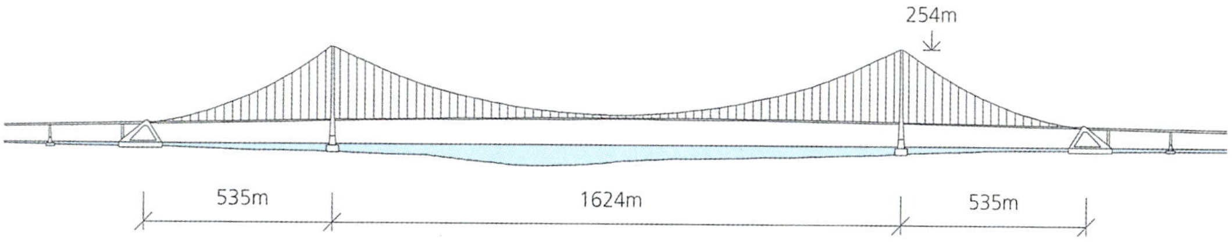

图6.1-1 悬索桥立面图

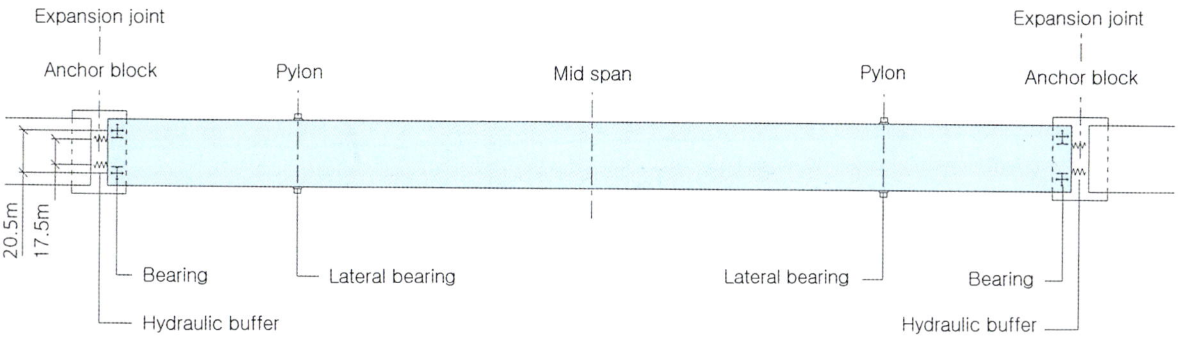

图6.1-2 悬索桥约束条件平面图

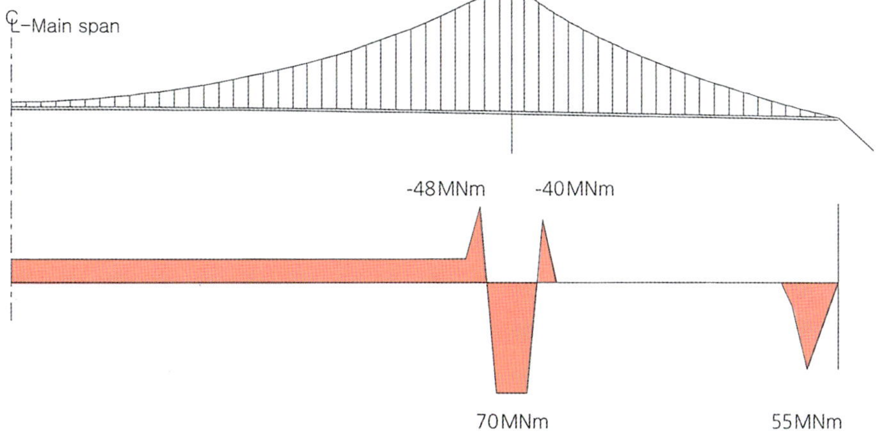

图6.1-3 悬索桥加劲梁恒载弯矩的调整

加劲梁

选择箱形加劲梁的外形时，考虑了结构要求和适当的空气动力性能。强大的扭转刚性、闭合的梯形截面、主缆较大的垂跨比，保证其具有较高的临界风速，以抵御灾害性空气动力失稳。

加劲梁具有闭合箱形断面，所有的平板均用梯形（槽形）加劲肋和球扁钢加劲。所有加劲肋均布置在箱的内部，使外表面光滑。

在中心线处的箱高是4.338 m，箱宽是31 m。横断面是带有“风嘴”的流线型，对断面设计曾在风洞试验中进行了详细研究。吊点的正常纵向间距是24 m，横向间距是27 m。横联是每4 m设置一道，为桁架式，这是与引桥一致，以适应承包商的制作工艺。横截面的布置如图6.1－4所示。

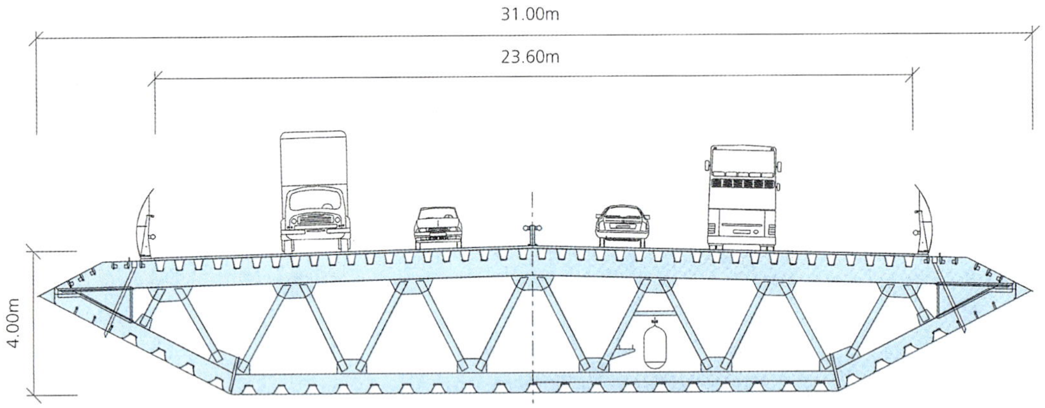

图6.1－4　悬索桥加劲梁的横断面

邻近塔处，横联的距离减小为3 m，以增加受压板件的承载能力。在锚碇处、在塔处和在中心扣处，局部布置了纵向腹板，以提高梁的抗剪能力。

将吊索的下锚头设置于钢箱梁内部，其原因有如下两点：

——加劲梁内部有除湿设施，可对它提供防腐；

——吊索更换工作可在箱内进行，不需临时脚手架，且对桥面交通无任何干扰。

加劲梁所用的钢为Fe510D，屈服强度355 MPa，按DS/ISO630标准。梁的总用钢量是29 700 t，合11.0 t/m，按桥上路面面积计算，合0.46 t/m^2。

典型板厚为：

桥面板（箱顶板）：12 mm，用6 mm厚的槽形肋加劲；

箱底板和边板：9～20 mm，用6～8 mm厚的槽形肋加劲。

设计的一个特点，是调整加劲梁内的恒载弯矩分布。该调整有三个目的（见图6.1－3）：

——为了取得竖向曲线（$R=15\ 000$ m），在其按平坡拼焊而成的直线梁中引入负弯矩；

——为了减小在塔附近的吊索力，局部施以正弯矩；

——为了增加锚碇处支座的竖向反力，局部施以正弯矩。

在塔附近的这个调整，对于加劲梁因承受恒载和活载产生的负弯矩是有利的（该处的恒、活载负弯矩是较预施的正弯矩为高）。

加劲梁所包含的组成单元与引桥相同，可用同样方法进行制造。箱内表面除在工厂所涂的车间漆外，不再涂漆，而是照引桥那样，用除湿设施进行防腐。

计算机辅助设计

加劲梁承载能力极限状态（ULS）的验算，采用有限元模型，按下列三种情况进行：

——全桥的整体有限元模型；

——长度为80～100 m加劲梁的梁段有限元模型；

——考虑各种构造细节的局部有限元模型，如吊索的锚固、横隔板。

该项分析按图 6. 1 –5 所示的框图进行。

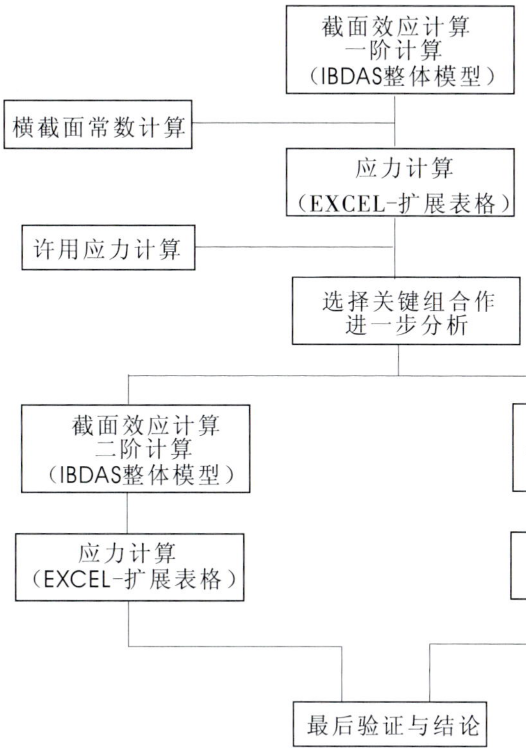

图 6. 1 –5　加劲梁 ULS 状态验算框图

在更深入的研究之中，按最关键的荷载组合进行；包括，基于二阶截面效应的应力验算、基于包含板件内纵向及横向法应力的半局部（指梁段）模型的综合应力验算。对有效横断面的直接计算。

整体有限元模型

恒、活载作用的分析，采用梁/壳组合的三维有限元模型进行，有 9 780 个自由度。该计算模型采用 COWI 发展的集成化桥梁设计与分析系统（IBDAS）语言建立，也用于分析桥梁承受的抖振风荷载、其模态和自振频率，以设计综合的风洞试验方案。

风荷载分析

作为对传统阵风分析（包括对 3 s 阵风荷载应用阵风系数）的补充，进行了整体的抖振分析。这是必要的，因为阵风系数法对加劲梁的某些部分偏于不安全。由风产生的截面效应按图 6. 1 –6 所描述的方式计算。

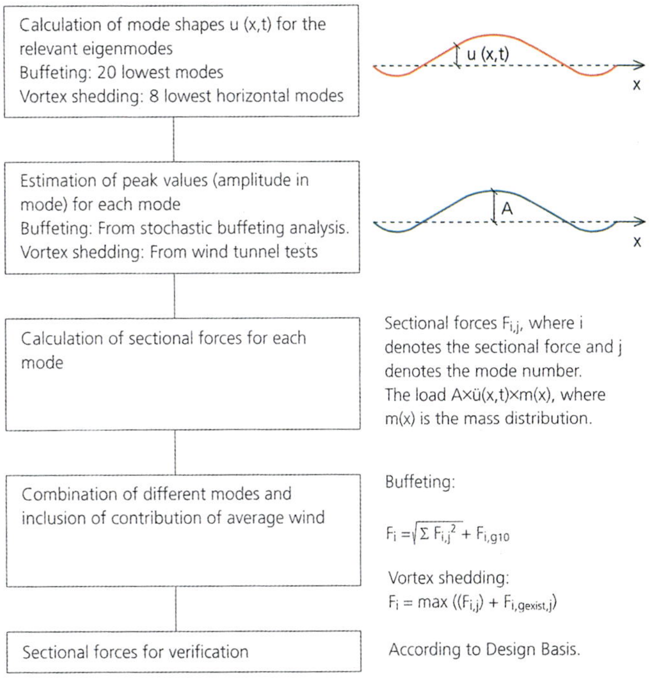

图 6. 1 –6　风力所产生的截面效应计算

整体抖振分析对塔附近的加劲梁给出较小的截面效应（侧向弯曲），而对加劲梁的跨中一段给出较大的截面效应。涡脱产生的截面效应，在 ULS（承载能力限状态）并不显著（注：截面效应指截面上的弯矩、轴力等）。

梁段有限元模型

基于壳单元的梁段有限元模型，用之于推算总体有限元模型所没有考虑的内容。主要是指加劲梁位于吊索之间的纵、横向局部弯曲。也用于反映剪力滞是否明显。共有这样的模型两个：其中之一针对加劲梁普通横截面；另一个针对塔附近的加劲梁。边界条件则根据总体有限元模型所供数据来确定。正如总体有限元模型一样，采用 IBDAS。模型如图 6.1－7 所示。

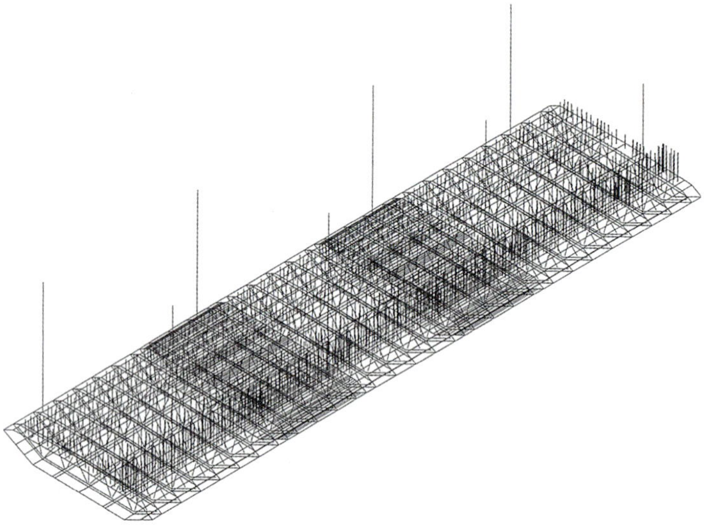

图 6.1－7　梁段有限元模型（IBDAS）

局部有限元模型

进行了大量局部有限元模型，以直接验证某些关键细节，如吊索的锚箱、中央扣、横联。广泛的计算是用于验证疲劳强度，原则上与引桥相同。局部有限元分析采用 ABAQUS 程序，其一个典型模型如图 6.1－8 所示。

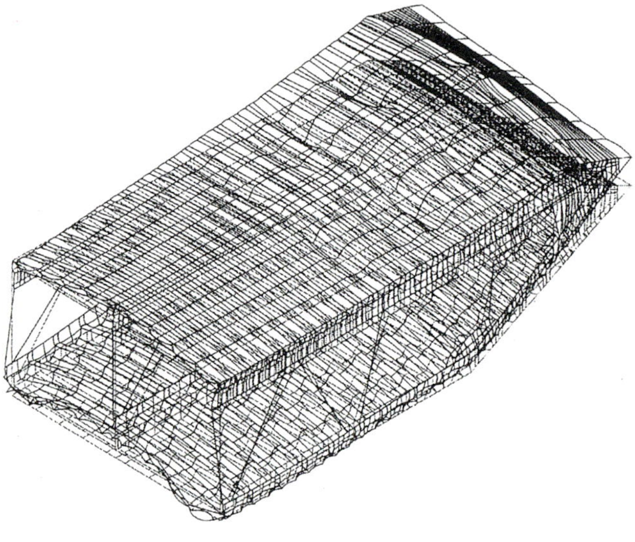

图 6.1－8　局部有限元模型（ABAQUS）

图 6.1－9　吊索锚箱的有限元计算结果

关于吊索在横隔板处的锚箱构造的有限元模型

为了说明在有限元计算中采用细节的详细程度，现将吊索下端的锚箱构造的计算结果示于图 6.1－9。这是在同一模型中进行分析的成果。其边界条件则是由梁段有限元模型提供。

锚碇处的液压缓冲器

为了限制加劲梁由于活载和风载引起的纵向位移，在锚碇和加劲梁之间安装了液压缓冲器，使加劲梁位移保持在伸缩缝的工作范围内。这些液压缓冲器可以吸收由于温度变化产生的“缓慢”的水平位移达到 ±1.00 m，以及加劲梁梁端的自由转动。对于由汽车荷载和风载产生的“较快”的位移，缓冲器将对加劲梁的纵向振动提供一个阻尼效应。在设置缓冲器后，系统的累积纵向位移量可以比无缓冲器者减少10%。这可以减少支座和伸缩缝的磨损，从而增加其使用寿命。桥梁一旦投入使用，伸缩缝位移的连续监控便启动。

液压缓冲器是在一圆柱形缸内，设一有活塞的穿心棒，这使活塞两端的受压面积相同；当加劲梁对缓冲器施压或施拉时，液体通过阀门系统从活塞的一端流动到另一端。在两端，缓冲器是通过球面支座连接于加劲梁和锚碇，容许它在加力作用方向出现小的误差。为了容许加劲梁梁端在水平面内发生自由转动，将位于加劲梁两侧的两个缓冲器通过一个阀门系统相互连接；该系统的平面布置及侧视图示于图 6.1－10 及 6.1－11。

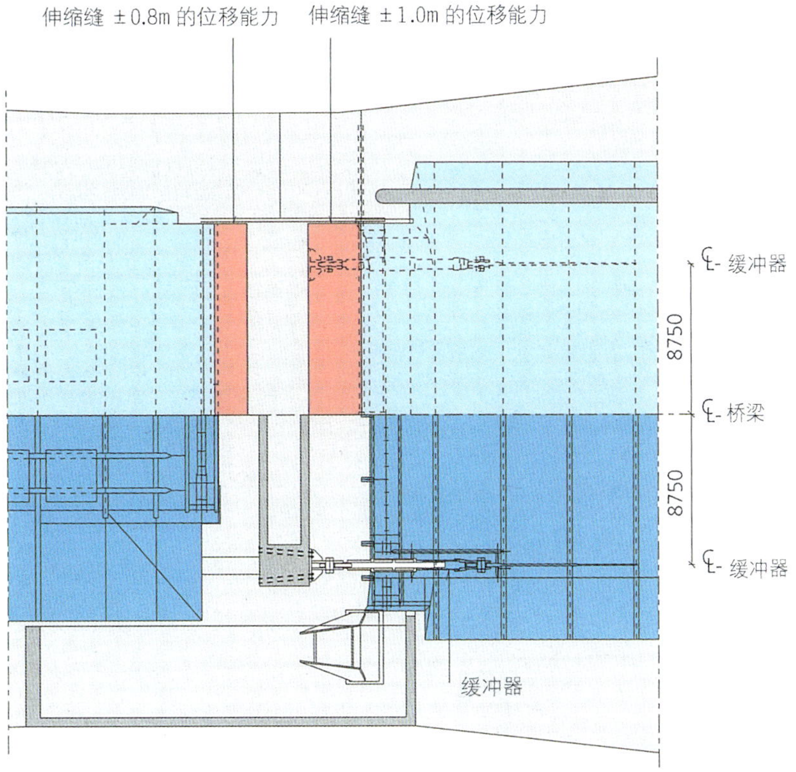

图 6.1－10　在锚碇顶上的缓冲器布置，平面图

中央扣

在主跨的中央，主缆和加劲梁通过 6 m 长的索夹和位于其下的三角形桁架式构造锁紧在一起。这构造就叫中央扣。索夹为铸钢单元，用 60 根 M52 的螺杆夹紧主缆。索夹和三角形桁架杆件则用拼接板和螺栓相连。其布置如图 6.1－12 所示。

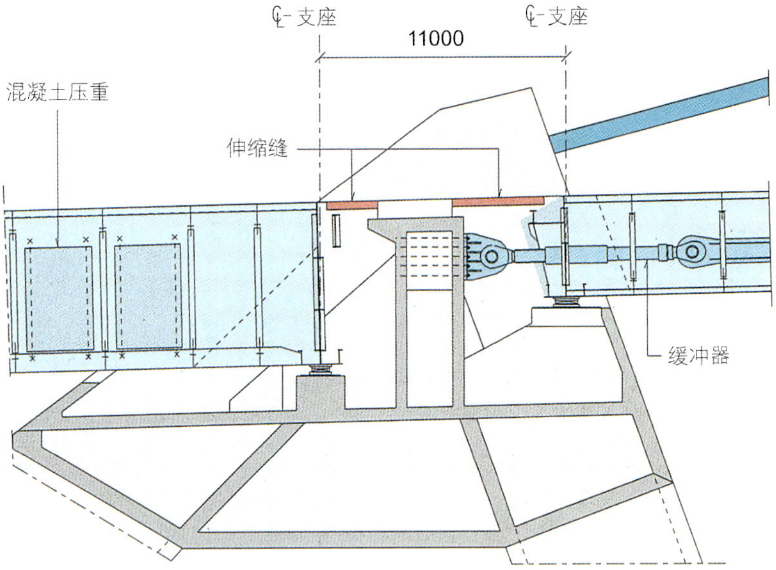

图 6.1－11　锚碇顶部布置，侧视图

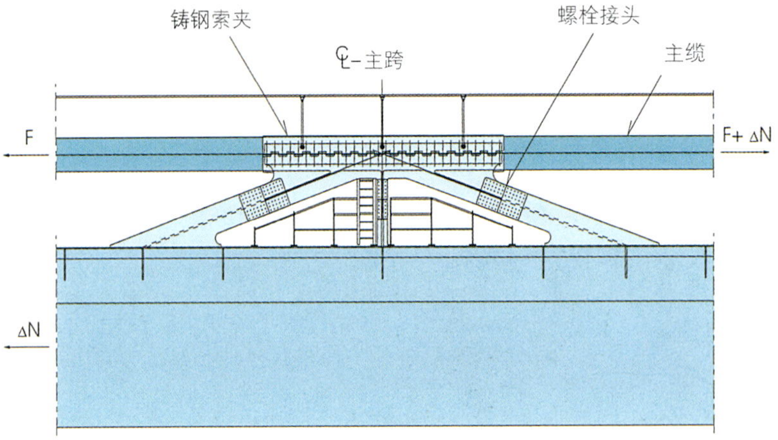

图 6.1－12　跨中的中央扣

中央扣被设计为：

——保护跨中短吊索，免除其由于主缆和加劲梁之间的相对位移在锚杯处使吊索产生弯曲应力所致的疲劳损伤；

——增加结构体系的反对称扭转刚度，改善其空气动力稳定性；

——将锚碇处由液压缓冲器产生的轴力，从加劲梁传递于主缆。

每个中央扣设计时应考虑传递 27.8 MN 的纵向力和 1.8 MN 的面外力。纵向力主要是由于桥上的非对称汽车荷载所引起，而面外力则是由横向风荷载引起。

塔处的限位支座

在塔处，加劲梁的面外水平位移由布置在塔柱和加劲梁之间的横向限位支座来约束。支座应能容纳 ±1 m的纵向位移，以及向上 0.6 m、向下 1 m 的竖向位移。在不受力状态，该支座在其一对承压面之间有 10 mm 空隙，以避免由于加劲梁和塔柱温度变化引起的约束力。滑动材料是不锈钢对青铜。该支座应能传递桥上横向风力产生的10.7 MN的荷载。其一般布置如图6.1－13所示。

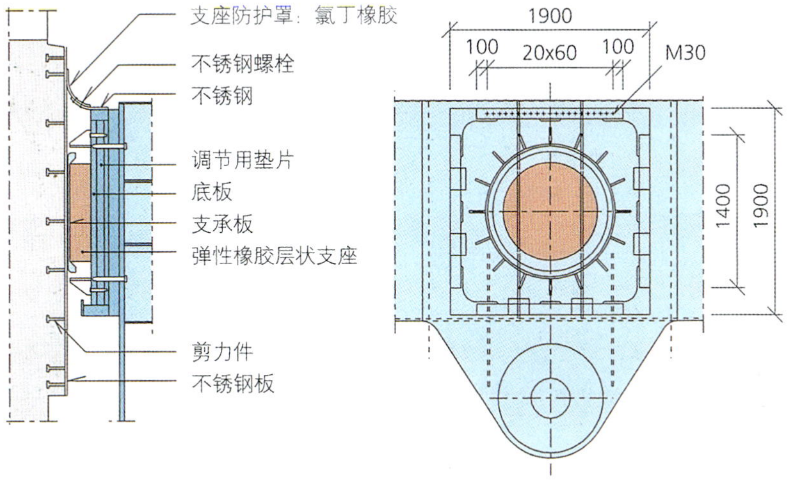

图6.1－13 在塔处的横向限位支座

在塔处，采用一对液压摆柱对加劲梁进行扭转约束，这曾在早期研究过。但全桥风洞试验模型表明，桥梁的空气动力性能只能从这一措施得到有限的改善，因而决定暂不安装它，在塔和梁仍为安装它而留有空间。若今后发现在塔处限制梁的扭转变位有利，可以再安装。

在锚碇处的伸缩缝和支座

为了在锚碇处支承柔性加劲梁，选择了球面支座。该支座的优点是：在球面部分，转动摩擦引起的约束弯矩相当小。这对桥梁结构支承的设计是重要的。滑动介质是聚四氟乙烯（PTFE）对不锈钢。伸缩缝已在5.1节“结构设计”最后一段进行了介绍。

6.2 主缆系统

悬索桥是用在横向相距27.0 m的两根主缆作支承。主缆由主鞍支承于混凝土塔顶上，缆最高点的高程为＋258 m。在主跨内，缆的垂度180.5 m，为主跨的1/9；在边跨，垂度20.19 m（按竖向计量）。在边跨，缆在锚碇顶部通过散索鞍，延伸到下面的锚块处。主缆在锚点之间的长度为2 965 m，其布置如图6.2－1所示。

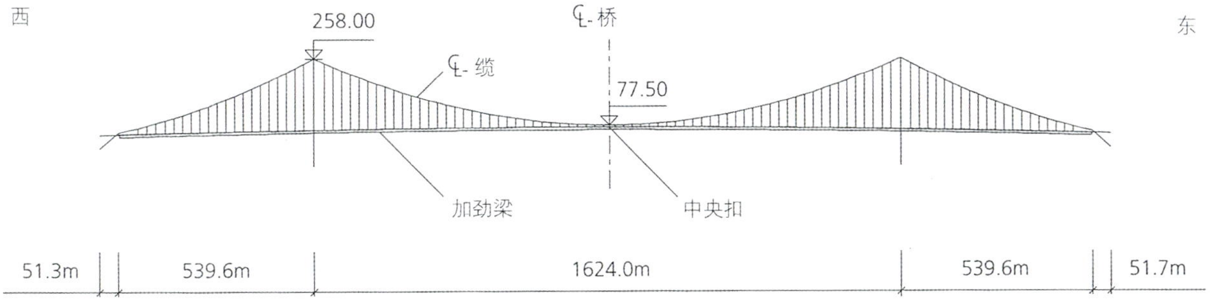

图6.2－1 主缆几何形状

主　缆

每根主缆均由高强度镀锌钢丝组成，其最小抗拉强度为 1 570 MPa，各丝平行布置，通过空中编丝法（AS）架设。每一根截面直径827 mm 的主缆由18 648 根钢丝组成，钢丝的直径5. 38 mm，组成37 根丝股（如图6. 2 –2）。主缆实体的横断面积为0. 424 m^2，提供的极限抗拉力为665 MN。

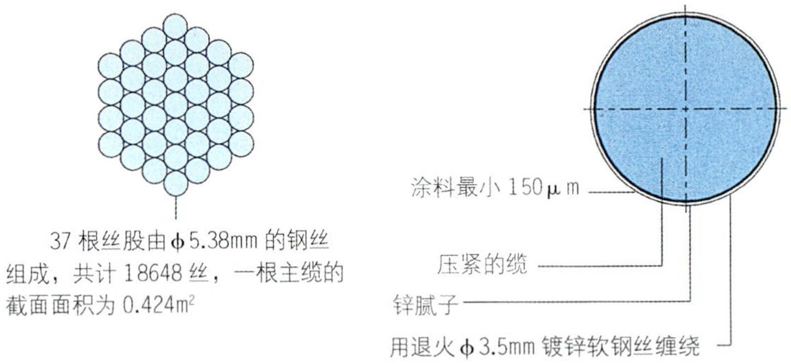

图6. 2 –2　主缆横截面

起初，曾让主缆在主跨和边跨截面不等，后来则选用了相同的横断面，以免在主鞍设置额外的丝股锚固。最大应力点是在邻近边跨的主鞍处。控制极限状态的拉力是331 MN/缆，符合最小安全系数为2 的要求（对特征荷载而言，相应的安全系数约为2. 2）。

在主鞍处，由角变位所引起的和因挤紧钢丝而生的钢丝次应力，通过二维有限元分析单独进行了研究。在主鞍和主缆开始缠丝处的净距离为7 m。

主缆各钢丝要压紧成一个圆截面，其空隙面积与毛面积的比应小于21%。主缆外面当用 ϕ3. 5 mm 的退火软钢丝（热浸镀锌）缠绕。缠丝要布置在锌腻子之上，腻子要填满外层钢丝之间的空隙。最后，再在缠丝之外进行涂装。

主缆系统的设计

塔顶主鞍

每个主鞍由一铸钢鞍槽和一焊接钢支承件组成，其功能是将主缆的反力传递到混凝土塔。鞍槽呈六角形，与缆的形状一致。鞍槽除抵抗主缆的反力外，还必须抵抗由于钢丝在径向向下施压而伴生的侧向压力，曲率半径为7 m，相应的侧压力计算值达5. 4 MN/m。

钢支承件由2 块50 mm 的纵向板和10 道75 mm 的横向加劲肋，以及底板组成。位于两纵向板之间的中空部分，应有检修孔进出以便维修，并用除湿系统防腐。主缆在其未缠丝处安装有防护套筒，筒内有除湿措施。

在三维有限元模型中，施加了ULS 极限状态下与主缆控制力相应的径向下压力和侧向压力。由于对称性，有限元模型仅为结构的一半，如图6. 2 –3 所示。

图6. 2 –4 所示为鞍槽的应力分布，图6. 2 –5 所示为横向加劲肋的应力，图6. 2 –6 所示为纵向板内的应力。鞍槽厚度和2 块纵向板间的距离，对于鞍槽和其横向加劲肋应力水平有重要影响。纵向板的检修孔引起高度应力集中，在板端处的检修孔附近更为突出，因此，检修孔仅是每二室设一个。

散索鞍

散索鞍是摇座式的，设计为铸钢鞍槽，并用钢板结构为其支承，如图6. 2 –7 所示。在顶部，曲线鞍

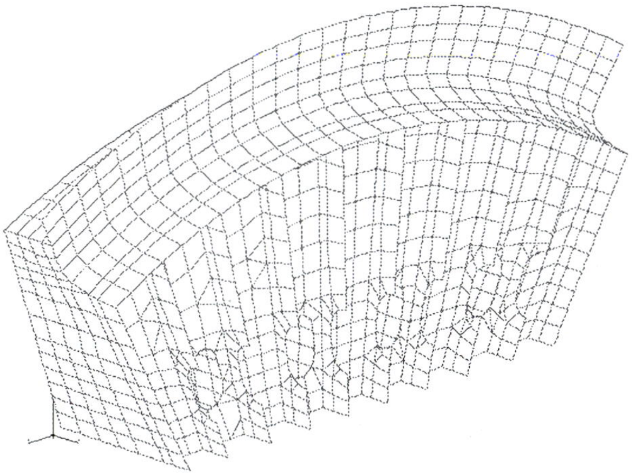

图6.2-3 主鞍的有限元模型

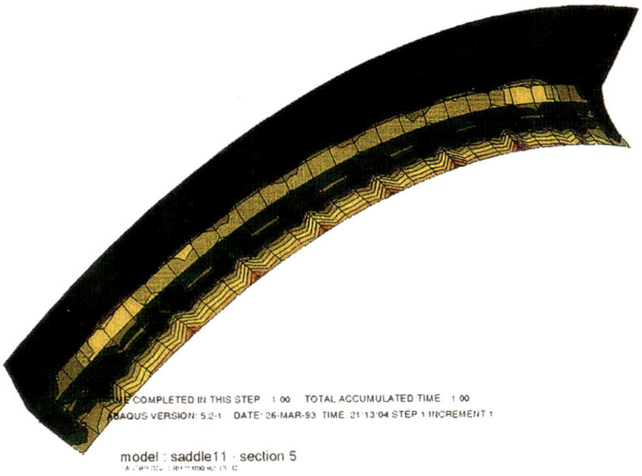

图6.2-4 鞍槽的有限元分析结果

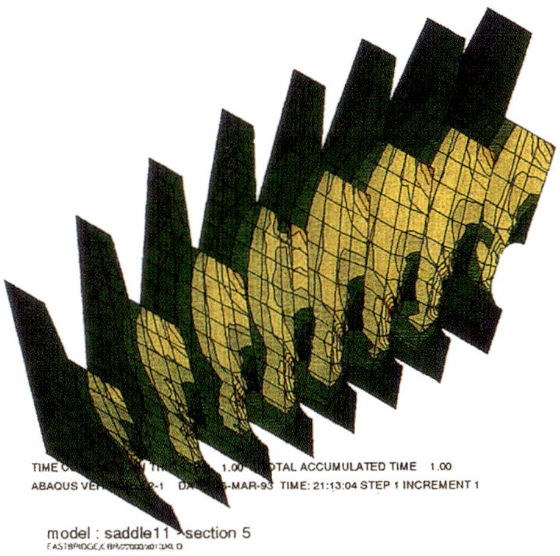

图6.2-5 主鞍横向加劲肋的有限元分析结果

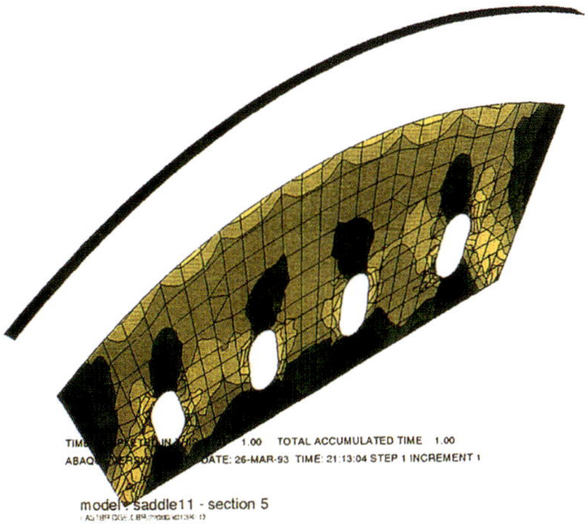

图6.2-6 主鞍纵向板的有限元分析结果

槽与主鞍的鞍槽相似，槽底曲率半径为7.5 m。水平曲率的确定是让丝股在铅垂面内的脱离点比其在水平面内的脱离点更靠近锚碇，借以保证各丝股有良好的支承条件。支承由四块外板和一块隔板构成，可以通过检修孔进入其内部。一个散索鞍的总重量达110 t。

对于散索鞍，在有限元分析中施加了相应于ULS极限状态最大主缆力297 MN的径向力，以及侧压力。其有限元模型如图 6. 2 －8 所示。三维有限元分析所得到的应力分布，如图 6. 2 －9 所示。

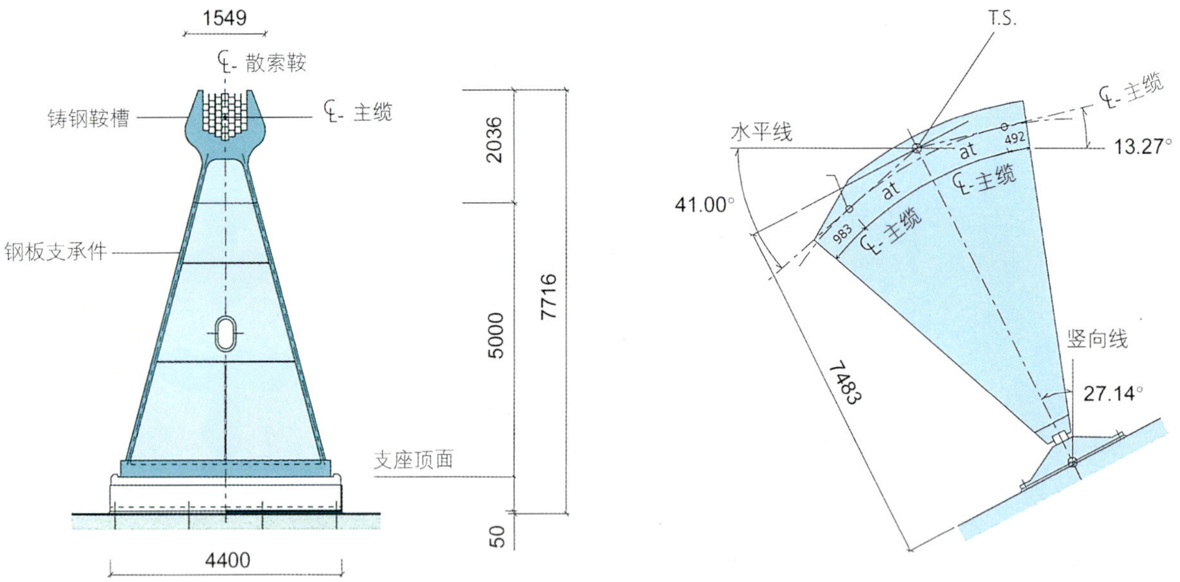

图 6. 2 －7　散索鞍总体图

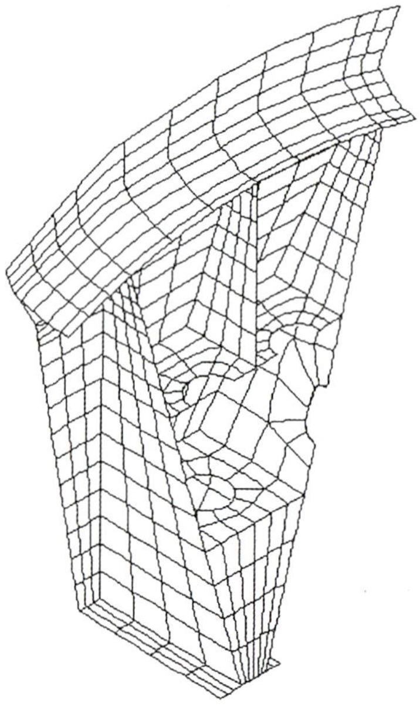

图 6. 2 －8　散索鞍有限元模型

图 6. 2 －9　散索鞍有限元分析的结果

散索室

从锚碇顶部的散索鞍开始，各丝股在散索室内到达其下端的锚头。37 根丝股的锚头按六角形列阵，与主缆断面中的各丝股布置相应。各十字板的位置沿曲面布置，该曲面在竖直面内的半径 R_v = 71. 2 m，而正交于竖直面的半径 R_h = 77. 1 m。十字板布置如图 6. 2 －10 及 6. 2 －11 所示（注：并见图 8. 5 －25）。

在散索室内，用除湿法进行防腐。

靴　跟

每一丝股通过两根 ϕ126 mm 的长螺杆锚固到混凝土块上，荷载是经过总厚 400 mm 的靴跟从丝股传给螺杆，见图 6. 2 －11。每根丝股被分成两个环，分别置在半径 400 mm 的靴跟机加工槽内。螺杆设计成刻

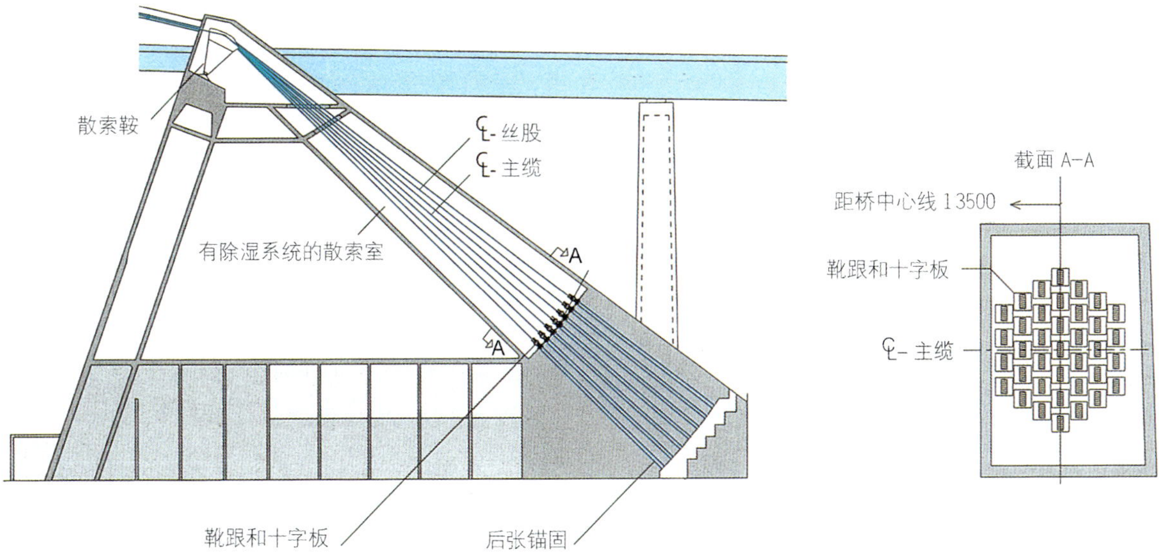

图 6.2-10 各丝股锚固布置图

有剩余螺纹长度，容许单根丝股进行长度调整。螺杆穿过 230 mm 厚的十字板，并以螺母抵紧十字板；而十字板则通过 8 根 ϕ40 mm 和 4 根 ϕ50 mm 的后张力筋锚固在混凝土锚块。

螺杆对其正确方向的安装误差为 0.2°，应确保螺杆在计入弯矩影响后的应力不超过设计的屈服应力。为了达到正确的方向而不致引入弯矩，在螺母与垫圈之间有一个机加工的球形支承面（注：见图 6.2-11 内的螺母）。

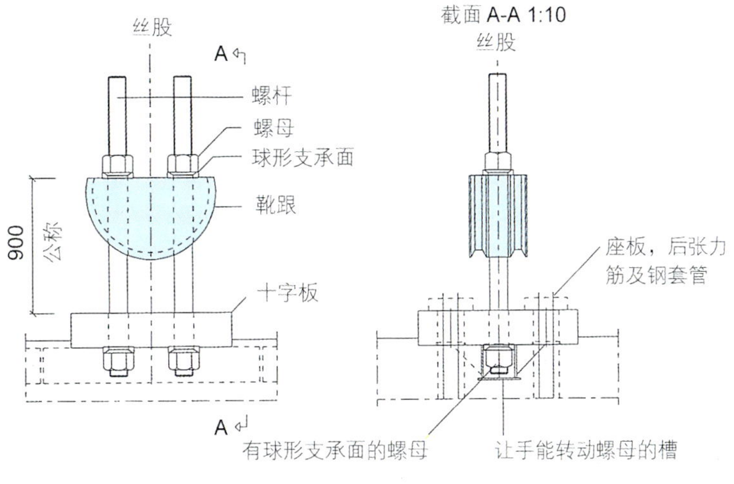

图 6.2-11 靴 跟

索 夹

吊索用索夹连接于主缆。每一索夹分成上下两半来铸造，用 ϕ48 mm 的竖向螺杆将它们连接到一起。螺杆的数量，在靠近塔处的索夹为 20 个，那里主缆的倾角最大；在主跨中央则将螺杆数减为 12 个。每一螺杆应施以 1MN 的预加力，这相应于其极限强度的 83%。在计算中，考虑了 20% 的预应力损失，这主要是由于主缆松弛，以及索夹力引起的蠕变。预加力应作为常规检查的一部分进行复核，一般需要对螺杆进行多次紧固。索夹和镀锌钢丝间的摩擦系数 μ 取为 0.2；在承载能力极限状态（ULS）下，抵抗滑动的安全系数为1.65。为了克服索夹上下部分间的剪力，布置了剪力键（译注：指上下犬牙相嵌部分）。典型的索夹布置，如图 6.2-12 所示。（译注：摩察系数 μ 取为 0.2，似乎是偏低。）

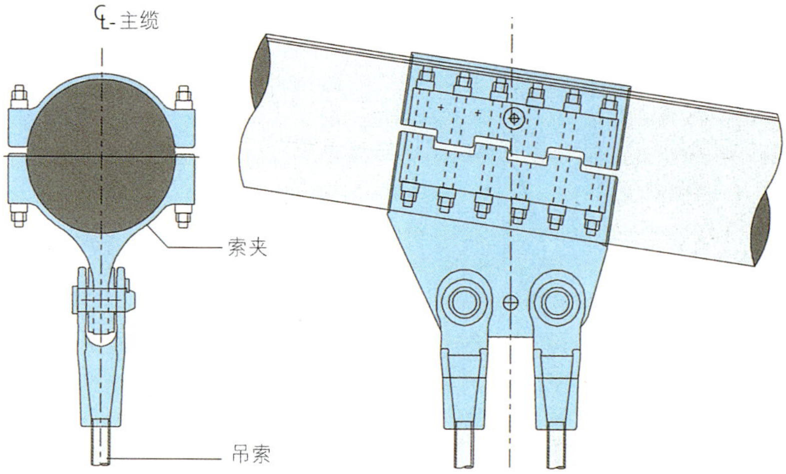

图 6.2－12　典型索夹图

对索夹力的总体要求是：在索夹和主缆丝股之间，在使用极限状态下（SLS）保持正的压力，针对设计荷载采用的部分安全系数 $f=1.7$。吊索荷载对索夹偏心的效应，以及在吊索固定处的荷载集中，都应考虑。

最终建立了二维有限元模型来考查索夹内，以及索与索夹相互连接处的复杂应力分布。模型含：缆单元、索夹上半、索夹下半以及其下伸的耳板。索夹上下两半由代表螺杆的单元相互连接。在缆单元和索夹之间设置了特殊的表面单元，容许滑动。在分析中，缆的杨氏模量如此确定：在螺杆拉紧之后，缆的直径减小 5 mm。

上述荷载条件下的 FEM 分析结果，如图 6.2－13 所示。应力采用四个点处的米塞斯应力和主应力表达，而压力示于主缆底部的点上。分析结果是：为了减小索夹壁靠近其厚实部分的弯曲应力，厚实部分的厚度要减小；螺杆长度可以不变，但要加厚其垫圈。

吊　索

桥的加劲梁，由正常纵向间距为 24 m 的成对吊索来吊住。在成对吊索内，两吊索在纵向相距 500 mm。投标设计内，倾向于用平行镀锌钢丝型（钢丝的直径为 7 mm），置于名义厚度为 8 mm 的高密度聚乙烯（HDPE）防护层内，但并不反对用封闭型钢绞线的吊索。在投标报价中，两者没有明显的价格差异，但承包商喜爱用封闭型钢绞线方案，因为，在搬运之中，它更灵活、更可取。

包括锚杯在内的吊索是由承包商设计。封闭型钢绞线的外层至少要有三层是用 Z 形钢丝的，它们均经热浸镀锌，最小镀锌量为 300 g/m^2，最小抗拉强度 1 570 MPa。HDPE 防护层的名义厚度为 7 mm，挤压在封闭型钢绞线之外，很强地粘附在钢丝上，借以提供最优的防腐保护（见图 6.2－14）。此外，在其各钢丝的间隙内还应填充防锈的复合物。

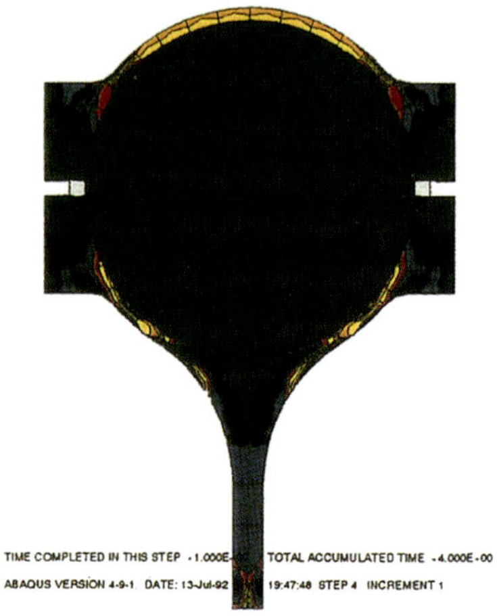

图 6.2－13　索夹有限元分析结果

需要采用几种不同尺寸的吊索，其主要特征如表 6.2－1。

吊索的上端用穿过叉形锚杯耳板的销钉连接于索夹下半（见图 6.2－12）。而吊索的下端则穿过钢套管进入钢箱梁并固定在加劲梁内的横隔板（见图 6.3－15）。其下锚杯是带有外螺纹的圆柱体，利用螺母很容易调节吊索长度。下锚杯端部还有一圆柱形空腔，腔的周边有内丝扣，使它可以连接到液压装置，便于吊索安装和更换。

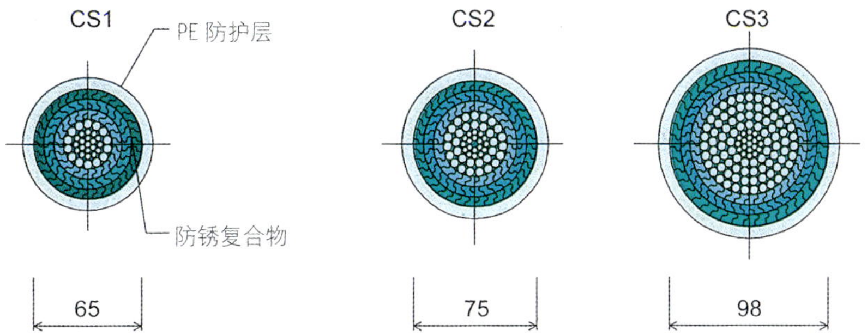

图 6.2－14　吊索的横截面

表 6.2－1　吊索，尺寸

吊索类型	吊索位置	钢绞线总数	钢绞线破断荷载
H1/CS1	主跨和边跨	272	4.05 MN
H2/CS2	距塔第三根	16	5.15 MN
H3/CS3	距塔第一和第二根	32	8.76 MN
H4/CS4	边跨，邻近锚碇处	32	5.15 MN

对于长吊索 H3，由于梁内空间有限，在吊索安装和更换时，由于吊索弹性伸长量较大，对其加载和卸载都必须从梁外进行。已经在其下端的钢套管的顶部焊接了钢环，容许其与换索设备相连。对于其他吊索，加载和卸载都能从梁内进行。

在锚用套管顶部，吊索用实体弹性缓冲垫稳住其位置，以防止钢丝在进入箱梁处的任意摆动。其细节如图 6.2－15 所示（注：并见图 9.4－43）。

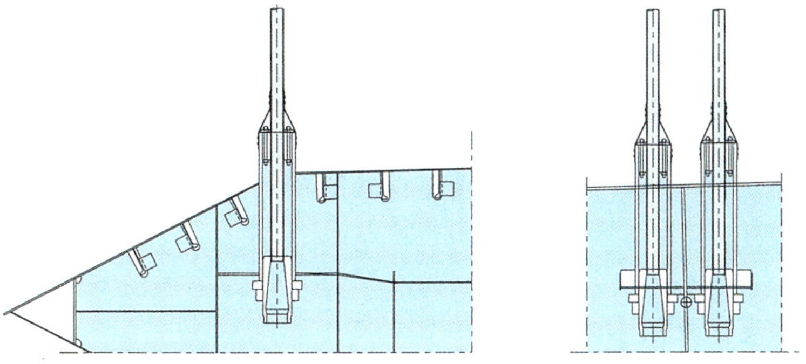

图 6.2－15　吊索在加劲梁处的连接细节

设计时还考虑到在需要时安装分隔器的问题。设在成对吊索中段的分隔器，可以保证两吊索钢绞线的间距。如果单根钢绞线在风力作用下发生不利的振动，这时即可安装分隔器。

在邻近锚碇处，主缆和加劲梁之间的相对位移会使吊索两端产生明显的相对角转动，而这里的吊索相当短。转角会使吊索钢丝产生附加弯曲应力，导致疲劳破坏。为了避免这一现象，在吊索的上下端都设了球面轴承，使转动自由，其布置如图 6.2－16。

注：图 6.2－17 表示吊索上端的锚杯构造，锚杯的叉形耳板向上伸（见图 6.2－12，但耳板上的销钉是在此图之外）

在对单根钢丝力学性能进行试验之外，对整根吊索的抗拉强度和疲劳强度进行了疲劳试验。按应力幅为 150 MPa、200 万次循环，至少进行了三次。

吊索按 ULS 极限状态进行了如下的设计：

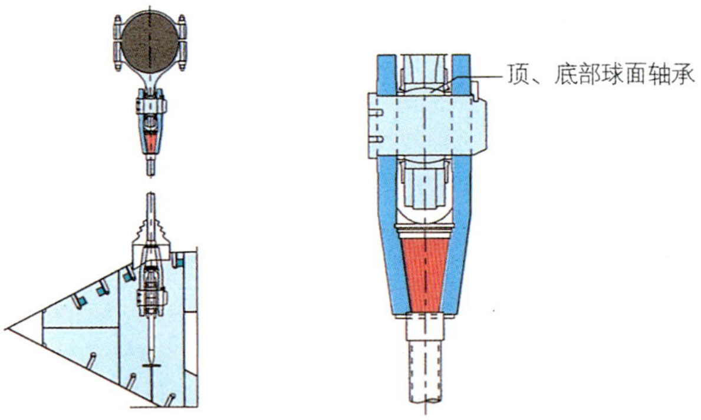

图 6.2－16　装有球面轴承的吊索

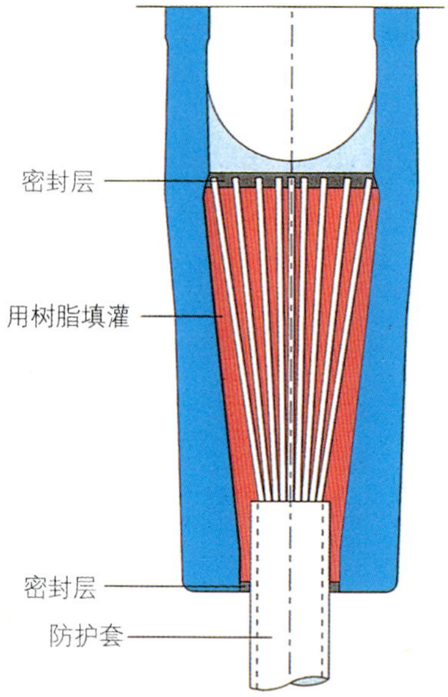

图 6.2－17　吊索的上锚杯

——对于正常荷载组合，吊索 ULS 极限状态荷载小于吊索极限强度除以 2.3。这是对应于在特征荷载下的安全系数为 2.6。在对汽车活载进行一定限制的情况下，更换吊索时也采用 2.3 的安全系数。

——对于偶然荷载组合，由于一对吊索突然断裂，而动力冲击系数取为 2 时，安全系数应为 1.5。

——对于偶然荷载组合，由于两对吊索突然断裂，而动力冲击系数取为 1 时，安全系数应为 1.5。

材　料

主缆系统在设计时所采用的材料，如表 6.2－2。

表 6.2－2　主缆系统各组件的材料

组　　件	钢材类型	标　　准	屈服强度/抗拉强度 $R_{p0.2}/R_m$
主鞍和散索鞍的槽	铸钢	BS3100（A4 级）	320 MPa/540 MPa
主鞍和散索鞍的支承部分	结构钢	Fe 510 D（DS/ISO 630）	340 MPa/510 MPa
主缆钢丝	冷拉钢丝	—	1 180 MPa/1 570 MPa
封闭型钢绞线吊索	冷拉钢丝	DIN 2078	1 180 MPa/1 570 MPa
索夹	铸钢	BS 3100（A4 级）	320 MPa/540 MPa
吊索锚杯	铸钢	BS 3100（A5 级）	370 MPa/620 MPa
螺杆	锻钢	871M40（BS 970）	680 MPa/850 MPa
靴跟	铸钢	A1（BS 3100）	230 MPa/430 MPa

注：吊索锚杯材料随后是按供应商建议进行了变更，见 9.4.3 节。

6.3　悬索桥风洞试验

本章概述东桥悬索桥所进行的风洞试验和理论评价的主要收获。这收获是对其最终采用的设计讲的。

平均风荷载

稳态风荷载系数及其随风（相对于横截面）的攻角的变化，是分析确定平均风荷载、紊流作用下桥梁抖振响应的基本空气动力学数据。稳态风荷载系数是通过在悬索桥上设置和不设置挡风屏、进行节段模型试验时测定。空气动力系数的定义，如图 6. 3 –1 所示。所测到的数据，如图 6. 3 –2 所示。

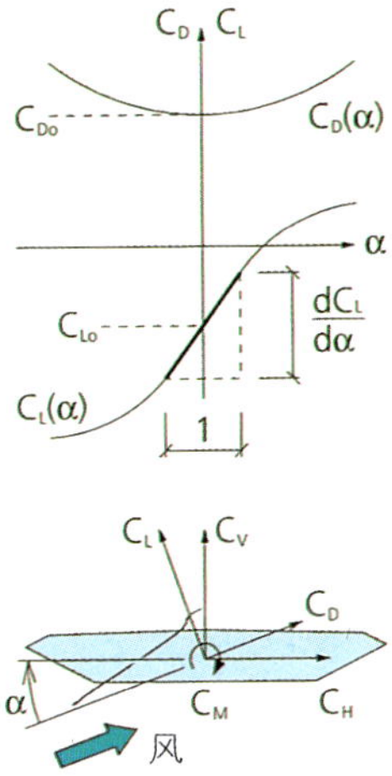

图 6. 3 –1　作用于加劲梁横断面的稳态风荷载系数的定义

稳态风荷载系数

截面标志	横截面	升力 C_{L0}	升力斜率 $dC_L/d\alpha$	扭矩 C_{M0}	扭矩斜率 $dC_M/d\alpha$	拖曳力系数 C_{D0}
H9.1	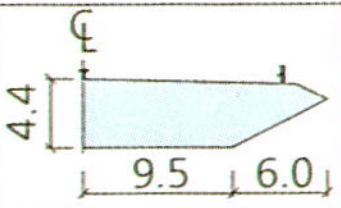	0.01	4.3	0.02	1.1	0.54
H9.2	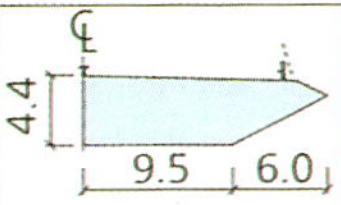	-0.15	4.2	-0.01	1.0	1.23

图 6. 3 –2　稳态风荷载系数及其斜率，从没有挡风屏（H9. 1）和有挡风屏 9. 2）的加劲梁节段模型上测得。拖曳力系数 C_D 表明挡风屏有显著影响，它导致侧向力比成倍增加还要多；但竖向 $dC_L/d\alpha$ 和扭转 $dC_M/d\alpha$ 几乎不受挡风屏影响

根据全桥模型试验获得的悬索桥加劲梁在横风作用下的侧向平均挠度与设计时利用 IBDAS 有限元模型计算结果吻合良好。由于设置挡风屏而增加侧向荷载的效果，在图 6. 3 –3 所反映的侧向挠度图中可以清楚地看到。

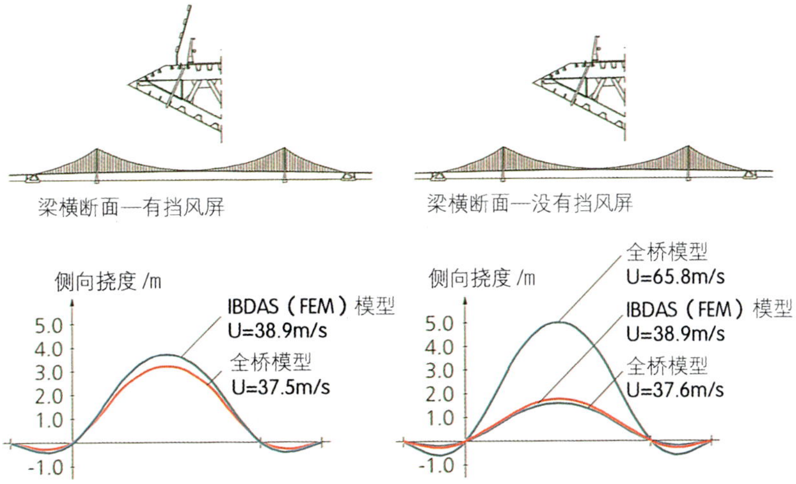

图 6. 3 –3　悬索桥在横向风作用下的侧向挠度。在全桥模型测量值和基于稳态风荷载系数的有限元计算（IBDAS）结果的比较，对于没有挡风屏（H9. 1）和有挡风屏（H9. 2）两种情况

抖振响应

在桥梁设计各阶段中进行的风洞试验表明：悬索桥对大气紊流引起的抖振是敏感的。在侧向振动模态（顺风向）下的抖振响应与平均风荷载引起的侧向挠度是相近的，因而，在加劲梁的设计中特别重要。在竖向和扭转振动模态下的抖振响应，对加劲梁设计就不是决定性因素。但依据加速度准则（由 ISO 建议，并已在设计基准 BBD 中采用的），应该对旅客的舒适性进行评估。根据全桥模型试验、拉条试验和有限元计算结果得出的悬索桥跨中的侧向、竖向和扭转抖振效应的比较，示于图 6.3－5 和 6.3－7。而图 6.3－4 和图 6.3－6 则表示横风抖振模态及竖向加速度。计算抖振响应，按能量准则通过 3 个低阶振动模态的组合求得。

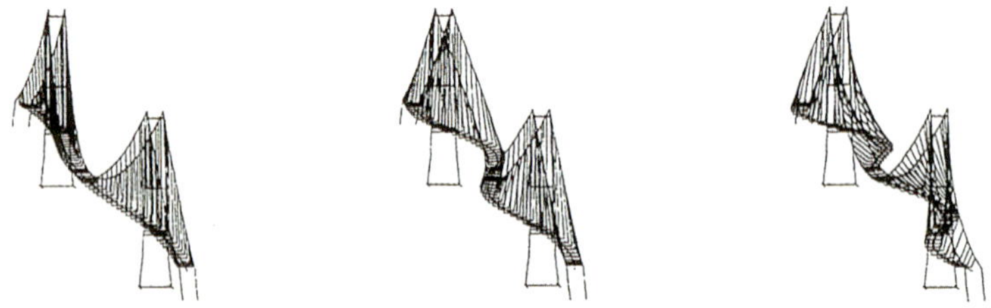

图 6.3－4　在估计侧向抖振响应时所考虑的侧向振动模态

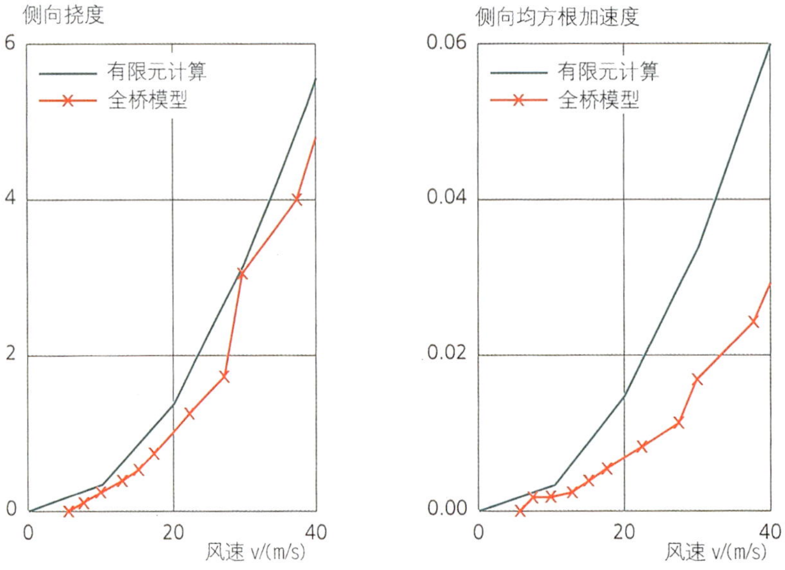

图 6.3－5　悬索桥跨中的侧向挠度（左）和均方根加速度（右），有挡风屏、暴露在横风之中；根据有限元计算和全桥模型试验所得的抖振响应。在设计风速（U＝38.9 m/s）下的侧向挠度（左）几乎是图 6.3－3 所示没有挡风屏时平均风挠度的两倍；但侧向均方根加速度（右）还不到设计基准的舒适度准则 1.5 m/s^2 的 10%

颤振失稳

东桥上部结构的颤振失稳，用颤振开始发生时的临界风速 U_c 进行评估，即，该风速是梁将出现大的发散的自激振动，呈扭转/竖向耦合模态或扭转模态。基本设计考虑和风洞试验表明，颤振失稳对悬索桥是重要的。颤振作为一阶竖向模态（频率 0.097 Hz）和一阶扭转模态（频率 0.269 Hz）的耦合而出现的

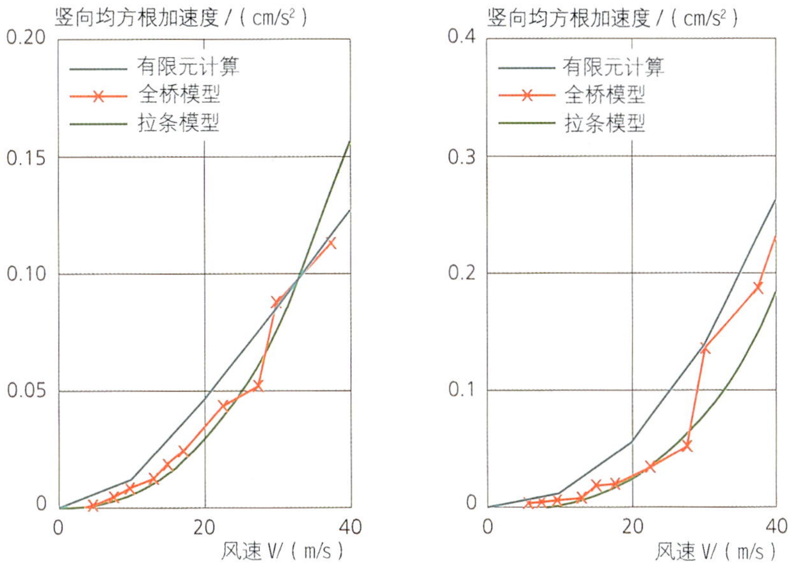

图 6.3-6 悬索桥加劲梁跨中，由横风抖振所导致的竖向均方根加速度（左为竖向运动引起，右为扭转运动引起）。抖振响应系根据有限元计算、全桥模型试验和拉条试验获得。竖向均方根加速度的最大值接近于设计基准的舒适度准则 1.5 m/s^2 的 30%

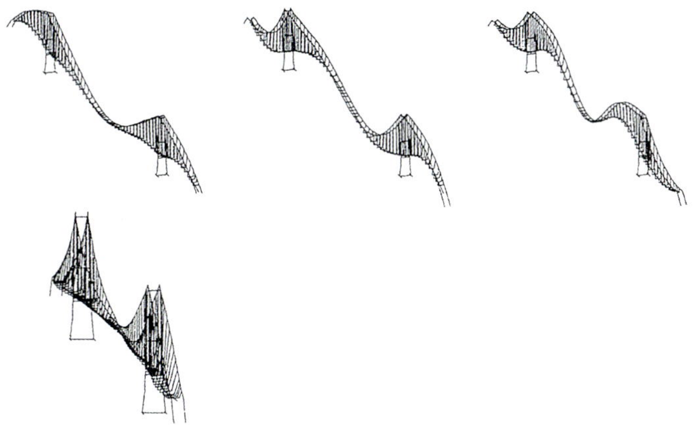

图 6.3-7 在估算由抖振引起的竖向均方根加速度时所考虑的竖向和扭转振动模态

情况，如图 6.3-8 所示。从该图可以看到：风的攻角对颤振失稳有一些影响，但并不很大。

在节段模型和全桥模型试验中，临界风速按有无挡风屏的情况作了记录（截面 H9.1 和 H9.2）；在拉条试验中，对无挡风屏的加劲梁记录了临界风速（截面 H9.1）。节段模型试验技术容许实际颤振发生，临界风速能被记录到。在全桥模型和拉条模型中，颤振失稳不容许发生，因其可能毁坏桥梁模型。当模型梁表现出 ±10°～15°的大扭转位移时，就接近于颤振临界风速，这时试验被停止，它刚好是在临界风速之下。悬索桥在不同试验方法下测得的临界风速，在表 6.3-1 中作出比较。可以看到：所有稳定性试验结果相互吻合良好，所得到的临界风速高于设计基准所规定的 $U_c=60$ m/s。

表 6.3-1 悬索桥颤振失稳临界风速 U_c (m/s)

模型类别	无挡风屏 (H9.1)	有挡风屏 (H9.2)
节段模型	70.0～72.9 m/s	66.4 m/s
拉条模型	72.0 m/s	—
全桥模型	>73.3 m/s	62.3 m/s

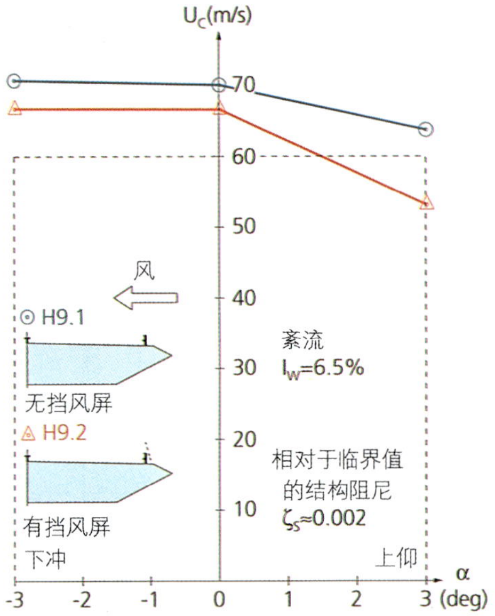

图 6.3－8　颤振临界风速作为风的攻角（在风向和截面弦向之间的夹角）的函数，将其结果点绘在设计基准所规定的界限上下。结果是来自于悬索桥加劲梁节段模型试验，无挡风屏（H9.1）和有挡风屏（H9.2）。可以看到，风的攻角对临界风速有些不利影响，60 m/s 的稳定性准则一般能够满足并具有适当的储备

关于加劲梁外部约束、风的偏角和雪的堆积对颤振临界风速的影响，在全桥气弹模型试验中特别进行了考查。主要结果如下：

——在塔处对加劲梁引入扭转约束，对颤振失稳的临界风速没有影响；仅是使加劲梁的扭转模态在塔处有一结点；

——在锚碇处对加劲梁引入纵向约束，对颤振失稳的临界风速没有影响；

——在与梁轴偏斜 20°的风场下获得的颤振临界风速，实质上是与在横风中获得的临界风速相等；

——沿着桥栏杆堆积的雪，将导致临界风速明显减小，并使颤振模态从扭转/竖向耦合变为纯扭转颤振。

注：图 6.3－9 和图 6.3－10 表示无挡风屏及有挡风屏对 U_c 的影响。图 6.3－11 和图 6.3－12 表示积雪对 U_c 的影响。

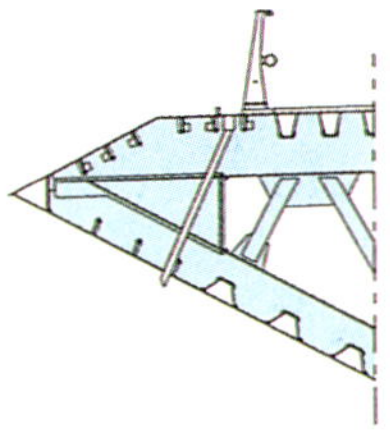

图 6.3－9　有防撞护栏和护轨的加劲梁，H9.1： $U_c=70\sim73$ m/s

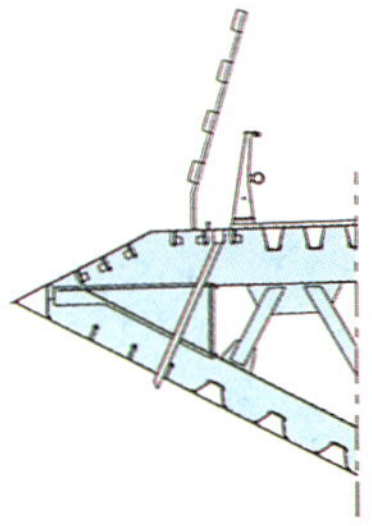

图 6.3－10　有防撞护栏、护轨和挡风屏的加劲梁，H9.2： $U_c=66\sim62$ m/s

涡流激励

节段模型和全桥模型试验表明，悬索桥加劲梁截面对涡流激励是敏感的，但主要为竖向运动模态（注：见图 6.3－14），并仅在平稳流的情况下发生，即 $I_u<<0.01$。参考斯普鲁实测资料，见图 6.3－13，

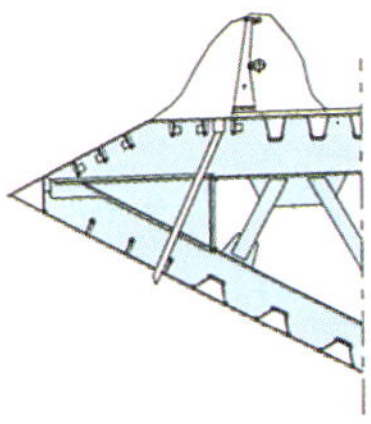

图 6.3-11 桥上的雪堆积到扶手处：$U_c = 40$ m/s

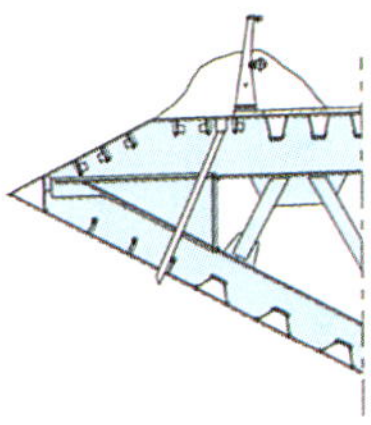

图 6.3-12 桥上的雪堆积到防撞护轨处：$U_c = 50$ m/s

由 $l_u = 0.01$ 所表征的平稳流条件只有在风速范围为 2～15 m/s（留有富余）内发生。如同抖振响应的情况，涡流激励对于加劲梁的结构设计不起控制作用，但需估算其加速度并与设计基准所要求的 1.5 m/s^{2}旅客舒适度作比较。根据节段模型试验所做的涡激响应的评估，考虑到悬索桥的结构阻尼（译注：阻尼对振幅的影响，见图 6.3-15）。这些分析遵循一种新的方法，用于输入的古典钟形响应图（均方根响应对无量纲风速 $U/f_v \times B$），系在风洞试验中针对三种结构阻尼测得。根据节段模型和全桥模型试验估计的最大竖向均方根加速度与均方根加速度准则进行了比较，如图 6.3-16 所示（译注：原书的图题释文与图中注字有明显不同。）

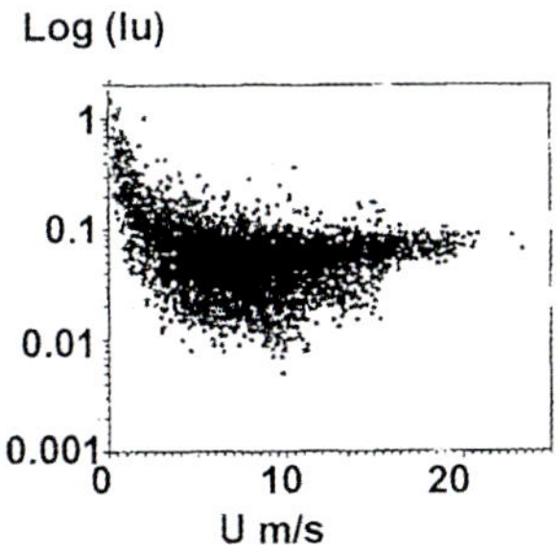

图 6.3-13 测得的沿风紊流密度表明平稳流的风速范围为 2～15 m/s（$l_u = 0.01$）

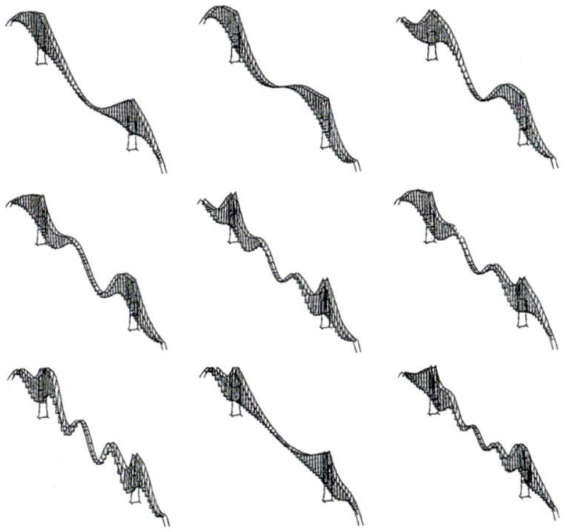

图 6.3-14 评定悬索桥涡流激振响应时所考虑的竖向振荡模型

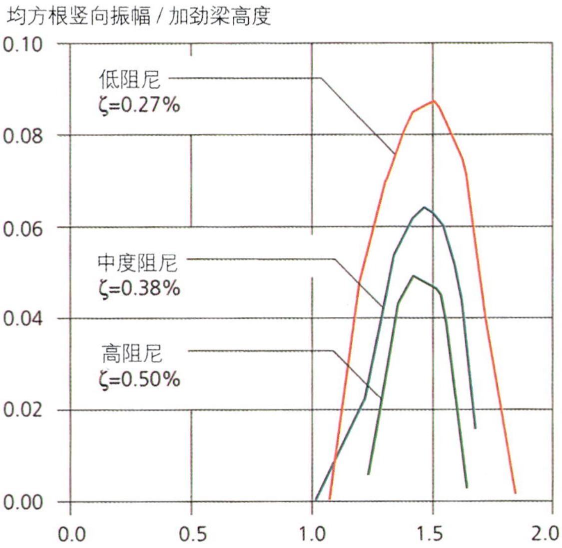

图 6.3-15 阻尼对竖向振幅的影响

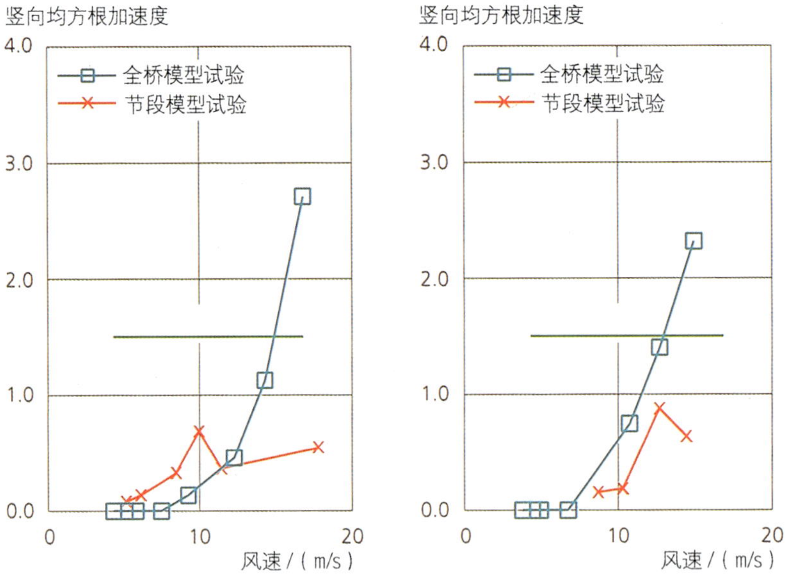

图 6.3－16　在平稳流风场中由涡流激励所引起的悬索桥加劲梁最大竖向均方根加速度：H9.1 为无挡风屏（左），H9.2 为有挡风屏（右）。涡流激励响应的估算系基于节段模型试验（红色线）和全桥模型试验（蓝色线）。可以看到，在发生平稳流条件下的风速范围内，最大竖向均方根加速度落在舒适度准则要求的 1.5 m/s^2（水平绿色线）之下

7　桥梁附属设施

译者：祝兵，教授，西南交通大学。

7.1　桥面铺装

作者：Leif Jonsen，高级工程师，COWI；
　　　C. J. Wøhlk，专家顾问，丹麦公路研究院。

自 1968 年以来，丹麦对钢桥面板的铺装业已发展到拥有一种耐久性强的桥面。例如：小贝耳特桥的桥面业已使用了 30 年。这种桥面包括 4 mm 的专用玛琋脂（mastic），用合成橡胶树脂将它粘贴在钢板上，还有 25 mm 的黏结料层和 30 mm 的磨耗层，它们都是玛琋脂地沥青（mastic asphalt）。见图 7.1－1。为了使东桥桥面有同样的使用期限，并确定其对现有材料的质量控制，丹麦公路研究院（Danish Road lnstitute）开展了研究。为探讨是否有其他类型的桥面比这种传统的玛琋脂地沥青在技术上和经济上更可行，还研究了碎石地沥青（SMA）、改进型地沥青（MSA）磨耗层乃至其他新材料（如改进的聚合沥青与电熔炼钢炉渣沥青）。

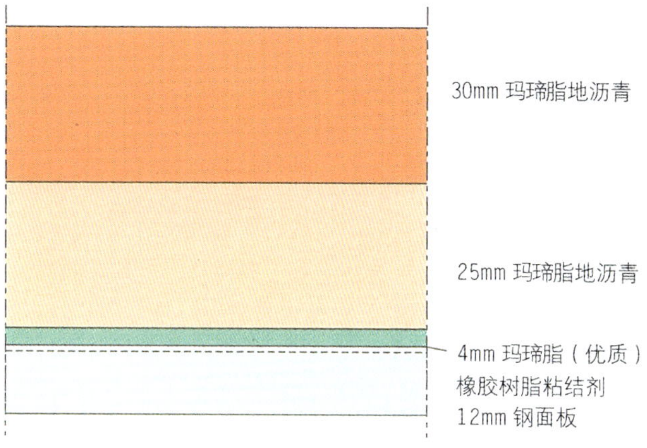

图 7.1－1　东桥所选用的桥面铺装。钢面板应在铺黏结层前，先清洁至 SA3，以保证铺装寿命达 25～30 年

在研究与改进阶段，工作重点还放在抗车辙能力上。车辙压痕往往是由车轴高荷载和现今使用的超级单轮所引起。

范　围

研究对象是每一层的原料，以及铺装层总体。因此，首先讨论传统桥面。

研究方法

绝大多数情况下，检验沥青（bitumens）与地沥青（asphalts）混合料都是用标准法，或是丹麦公路研究院的经验法，但也发展了一些新方法。除常规测试之外，还检验沥青和聚合沥青样品中的硫黄、氮和未饱和化学黏合剂含量。同时也要进行 IR 分析。通过管储和显微试验来测试聚合沥青的弹性复原力和稳定性。

对地沥青混合料的一些基本测试，有抗拉强度、抗剪强度、梁截面抗弯强度、弹性复原、抵抗静态与动态徐变的能力，等等。还有不同温度与频率下的弹性模量。

专门修建了一个压坯坑来制造完整的桥面模型。模型最大尺寸为 700 mm × 700 mm，使用一般的碾压机将其压制成任意厚度，达到预定的密度和与之相应的空隙含量。这样，地沥青混合料的结构就与施工形成的铺装层完全一样。可以用这些样品来作疲劳测试、（车辙）压痕测试和滑动测试，这便是鉴定铺装层最后质量的试验。

疲劳测试是用两个轮子模拟其在钢桥面板之上的重复通过，两轮用纵向肋相连。纵向肋两边的力在 5 ~ 40 kN 之间变化，与之相应的是一个 140 kN 的车轴荷载。试验分别在 −20 ℃、−10 ℃和 0 ℃情况下进行。对作用力和挠度值连续记录下来。图 7.1 −2 中的两圆柱形支承相距 300 mm。用液压缸来施加荷载（见图的上面）。由图可见：力传感器是在上面，挠度传感器则在模型下面。这就是说，力传感器是置在载荷液压缸，而挠度传感器是放在相距 300 mm 的两个支承的中间。施加的力是频率为 3 Hz 的脉冲力。从图 7.1 −3 中可以看到力与挠度之间有 12 ~ 15 ms（毫秒）的间隔。

图 7.1 −2　疲劳试验装置（脉冲机）。试样置在 12 mm 钢板之上

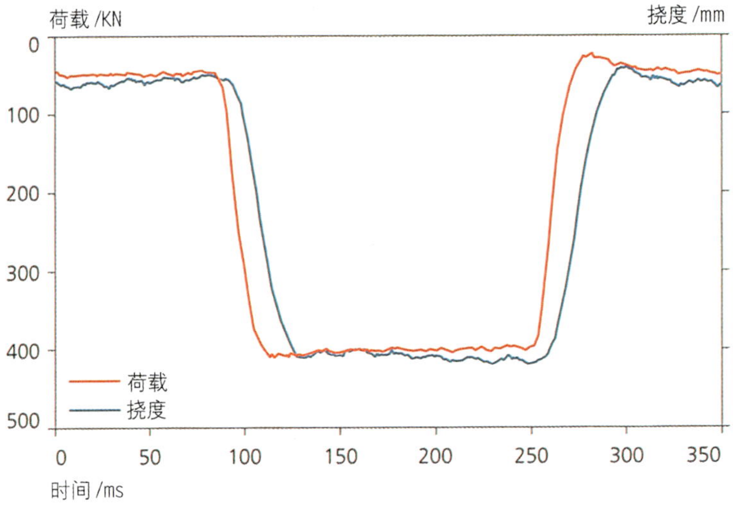

图 7.1 −3　玛琋脂地沥青磨耗层的荷载—挠度关系（温度为 −20 ℃）

使用计算机模拟可以减少疲劳测试的数目。这样，只要施加一个静力荷载，不同的铺装层在应力方面就能先进行比较。图 7.1 −4 显示了铺装层沿其厚度各点正应力的分布，包括支承钢板在内。用这种程序能够比较不同的铺装层结构，由此而减少疲劳试验的个数。

图 7.1 −5 表示对地沥青试样进行拉力试验情况。

压痕试验，用直径为 267 mm，宽 110 mm 的实心橡胶轮胎产生荷载。荷载压力调到 1.10 MPa；用水箱恒温器使尺寸为 500 mm × 500 mm 的模型温度保持不变。在试验中，按重复的时间间隔，用千分表测量压痕。图 7.1 −6 的曲线描绘了以荷载施压次数为参数的压痕深度。由于玛琋脂地沥青具有塑性而被挤出，这就不能用压痕深度作这次试验值的比较。这时，用初期变形产生的那段曲线的斜率来作比较也许更合理。

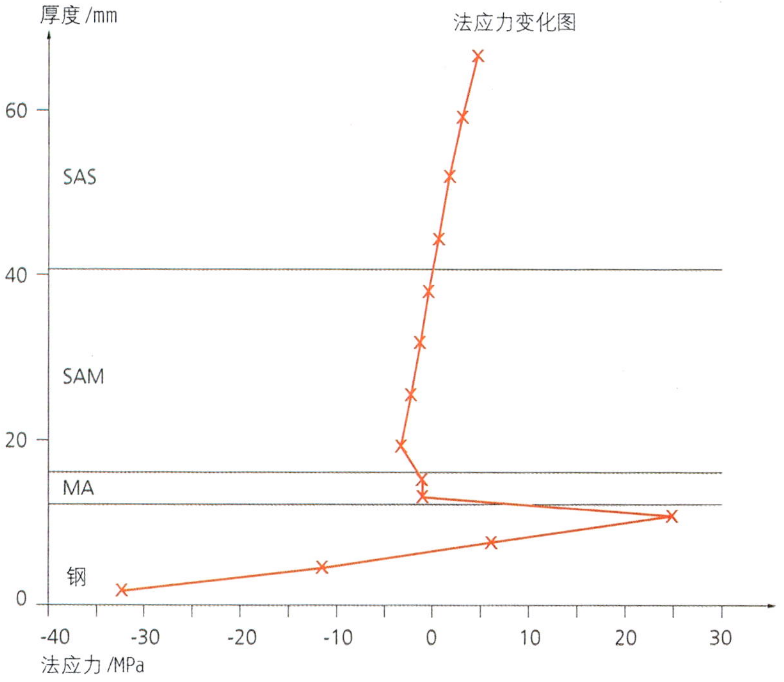

图 7.1－4　模拟疲劳试验的静力计算结果

图 7.1－5　地沥青试件用液压伺服装置检测其断裂时的拉力强度及伸长量。试件是置在恒温箱中保持恒温。这种装置也用于检测试件的梁强度、蠕变及弹性模量

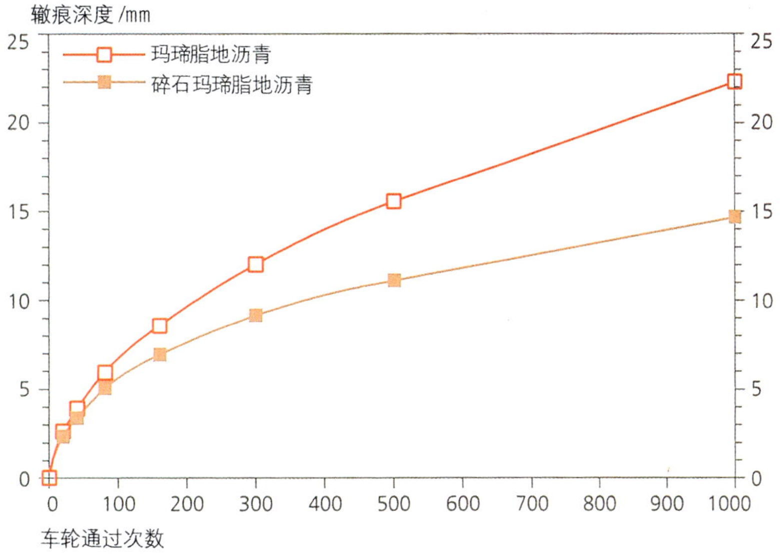

图 7.1－6　玛琋脂地沥青和碎石玛琋脂地沥青在 50 ℃时的辙痕深度

滑动试验，铺装层尺寸为 300 mm × 300 mm，并置在钢板之上，放在 70 ℃的恒温箱中，并让整个模型对水平线呈 45°倾角；每隔一段时间，用千分表测一次铺装层相对于钢板的移动距离。

研究的结果

主要结果如下：

——在性能方面，用于测试的沥青与聚合沥青，即使其规格与生产厂商都相同，也存在很大差异；

——改变沥青最好的方法，是使用高浓度的 SBS；

——发现了一种使人满意的石灰石填料，可以替代现已不生产的 Nysted 石灰石填料；

——改进玛琋脂的黏合剂，可以改善它与钢板之间的黏附力；

——由于其对铺装层内沥青的氧化与裂缝扩展太不确定，不能使用电熔炼钢炉渣代替花岗岩骨料；

——玛琋脂地沥青黏结层比现今规定的更硬一些，其疲劳强度并不降低；

——改善玛琋脂或玛琋脂地沥青中的沥青，其效果很是微小；

——经专门研制，用作磨耗层的碎石玛琋脂地沥青，由碎石（chippings，注：需用沥青预拌，在 9.5 节称之为预拌碎石）充当骨架、空隙率低、沥青含有高浓度的 SBS，表现出非常显著的抗压痕特性，预计其使用年限相当长；它已在西桥用作磨耗层；

——传统的路面结构，包含 4 mm 玛琋脂，25 mm 黏结层，30 mm 磨耗层，后两者都是玛琋脂地沥青者，似已是使用年限最长的路面（注：见图 7.1－1，现将它用之于东桥）。

主要结论

——丹麦钢桥现所使用的常规桥面铺装（玛琋脂加两层玛琋脂地沥青），仍然是最具吸引力的解决方案；为增加其抗压痕能力，可以作一些小的改进；

——专门研制的改良的碎石玛琋脂地沥青不仅便宜，且是一较快的解决方案；但其使用年限的预期值也许会比传统的路面稍短；

——为确保其具有与传统铺装层同样好的质量，对原材料和施工作业的控制应较以前更加严格。

7.2　运营、监控和维护（Operation，monitoring and maintenance）

作者：Hans Vagn Jensen，高级项目工程师，Rambøll；
Ib Deleuran，高级工程师，COWI。

在设计的所有阶段，对运营、监控和维护（简称 O&M）的考虑都是设计的必要组成部分。其目的，一是估算不同的设计在这一方面的不同费用，二是对需要运营与检查的构件和设备，考虑工作人员如何到达。除此之外，在 O&M 框架内还应包括：

——确认并逐条列出 O&M 的日常工作；

——对参与 O&M 工作人员的资质提出要求；

——确认承包商所建议的 O&M 指导性规则；

——确认 Storebælt 所制定的 O&M 手册。

O&M 费用的贴现值

在初步设计和投标的评定阶段，要估算出使用期限为 100 年的 O&M 费用的贴现值，把它作为合理比较不同设计的依据之一。对不同类型构件每年的 O&M 费用的估值，现是由经验决定的。

降低维护费用的措施

就大贝耳特通道而言，其各种规定是比丹麦桥梁标准为严格。其许多改进措施所引起的额外施工费用，与所能节省的 O&M 费用相比，还是低一些。只要可能，设计的一般使用期限都是 100 年。对于不能用到 100 年的部件，就事先考虑其检查、更换和修复。

正如前面所提到的那样，除湿设备安装在箱梁的内部和塔顶主鞍处，除了工厂底漆保护之外，在施工期间不需要对钢结构的内表面作任何处理。从小贝耳特桥和法罗桥中获得的经验表明：当空气正常循环流通时，相对湿度可维持在 40%，最大为 50%。在这种低水平湿度时不会出现任何腐蚀。在散索室和张拉廊内，也装上了同样设备，以减少对钢丝和锚头的维修。在散索室内，对其主缆和锚具都是照外露于空气情况进行保护，这是由于它们在施工过程中所暴露的时间较长。但是，对这些难于到达之处的其他构件，除湿设施可以降低其需要修复的必要性。

为了使桥面交通通畅，并减少维修工作量，在 6.8 km 长的桥上仅设置了 6 道伸缩缝：两引桥连续梁在每个端头各一道，悬索桥加劲梁在每个端头各一道。这样，在每一锚碇就有两道伸缩缝。霍尔斯科夫侧的引桥的伸缩缝，长度为 1 850 mm ± 600 mm，这已是不寻常；而加劲梁两端的伸缩缝，每一道都是 3 150 mm ± 1 000 mm 长，那就创下了世界记录（译注：伸缩缝伸缩长度可看图 6.1 - 10，并可参看 9.6 节）。

为了减少桥梁使用者和结构在遭受重大运营事故时的风险，在桥上还安装了一些专门的设备。

航　运

两个 690 m 宽的航道（注：这是强调双向通航需要）位于主跨之下，用常规的白天标记、夜晚航灯和雾时播音器来标明。雷达信号作为一种新型的附加设施，安装在桥的下缘最合适的通航位置；当能见度很低时，便让桥的立面显在屏幕，以便安全通行。正常情况下，桥梁结构在雷达屏幕上呈现一条连续线，上部结构与下部结构没有明显分界。当靠近的大船需要校核航线时，通过雷达辐射的电波就可以看到它们。而且，由于竖向净空几乎不受限制，还能够看到对面驶来的船是否偏离了航道。

此外，在夜间航行时，由于有泛光灯照亮桥塔、通航跨度的下缘和锚碇。这对通航既是有利，同时也突出了它的建筑美术特征。

航　空

桥塔在三个不同高度，即：+62 m、+160 m 和顶端 +254 m 处，设置白色、高强度的电灯照明。尤其在施工期间，需要用专门设备来使这些电灯的闪光按节奏进行。主缆每间隔 3 根吊索（72 m）用一白色信号灯作标记，这使小飞机受到警示。而选 72 m 为间距则是出于建筑学关于视觉的考虑。

公路交通

已经准备在桥面上为全桥安装挡风屏。由于在开始阶段没有足够依据证明必须使用它来维护公路交通，同时对它在冬天如何影响大雪积聚也不清楚，关于安装挡风屏的决定曾暂时搁置。

在塔和桥的两端，将安装电视摄像机来监控汽车；若它们不能正常工作，就用可变更的标志牌提供指示。

热信号跟踪系统安装在梁端内部排水管连接处，以免冰冻堵塞排水管，以致冰/水堵集在桥面，使交通受扰。它可将危险降到最低程度。

电力系统

现在还没有为发生事故时装配电的供给源。正常情况下，Elkraft 供电站为东丹麦供电；如果发生故障，马上转换到独立的 Elsam 电站，就可以将西丹麦的供电引过来使用了。

安装接地系统，作为一个整体设备使用，以免结构遭受破坏和人员受伤。在桥塔顶端，安装了一个专门的接地电线。但对主缆和钢梁，这是不需要的（因为它们本身就是高效传导体）。在关键地点（如绝缘的独立结构单元，敏感设备等），应安装专门连接线，连接到混凝土墩身内的接地钢筋网。

检查与监控的对象

在事前，对于本项目之内所包含的各种实物构件及设备都已明确。对每一实物构件，列出其需要实测或检查的部件或参数。对于有功能要求的构件，还列出其需要检测的故障类型。

监控所记载的是实际情况。可以是连续的观察，也可以仅是其工作阶段。对东桥的监控，包括下列几个方面：

——结构；

——设备；

——环境；

——交通。

对下部结构及上部结构执行的监控，分别列在表 7.2－1 和 7.2－2 中。

表 7.2－1　对下部结构的监控

监控内容	固定墩的倾斜	腐蚀监控	对阴极防腐的监控	检修控制	对岩土的技术监控
墩的编号	7、23	10、15、16	22	17	15、18

表 7.2－2　对上部结构的监控

	施工阶段所设的装备		运营阶段所增设的装备	
	用便携式或固定巡回监测器测量	SRO 测量	用便携式或固定巡回监测器测量	SRO 测量
施工阶段监控	主缆的拉应力			
	TMD			
运营阶段监控	主缆的拉应力	TMD	吊索支承的应变	吊索振动
	TMD 监控	梁支座位移监控	吊索的应变	梁的振动
	支座位移	液压缓冲器监控	正交异性板的应变	除湿装置监控
		环境参数监控	吊索支承转动监控	结构温度监控
			伸缩缝处梁位移监控	

相对于海平面，在从 －10 m 到 +5 m 的六个不同高程处，用 Peter Schiessl 元件（梯形探测器）进行腐蚀监控。用巡回检测器来读取数据。在 22 号墩上安装独立的阴极防腐保护设备，对测得的两种结果进行对比。用这种方法，可以对于在其他墩是否需要安装相似设备进行评估。

对于引桥所有桥墩的沉降量，以及其两个固定墩（7 号，23 号）的倾斜，进行监控。

对于两塔的倾斜和沉降量也应测读。在上部结构的荷载作用之下，在 10 年之后，东塔的沉降量估计为 135 mm，西塔则估计为 175 mm。

就锚碇而言，预计长期沉降量为 145 mm，水平方向移动量为 125 mm。

对于锚碇，安装了一种专门的监控系统来提供其主要固结变形、次期固结变形、水平移动、空隙压力方面的信息。将实测值与施工阶段因主缆和加劲梁重量所生的水平和竖向荷载相比，可以预测地基的薄夹层的滑移与破裂，并及时采取补救措施。在每一锚碇之下，设有6根竖向管道，可以在其不同深度处测读空隙水压力和水平移动量。在用于计算变位之前，要根据实际大气压和水面高程对空隙水压力值进行修正。

环境监控

在结构有代表性位置处，对气候进行连续观察：

——在一个塔的顶端；

——在加劲梁中心；

——在引桥一个跨度有代表性位置处。

除此之外，还在桥面铺装某些位置安装温度传感器。

为保证公路交通的安全，环境监控还应启动预防措施（除冰，在电子标牌上显示路面结冰情况，强风等）。当桥梁结构受到环境荷载时，环境监控的实测值还将用于预测结构受力行为。

在调谐调质阻尼器、梁端支座和液压缓冲器处，应连续监控结构受力行为。对除湿装置的运转也应监控。

在三个温度跨度的末端（在桥台和锚碇处），应测读活动支座的纵向位移及其累计值。对于液压缓冲器，要测定油压和活塞位置。连续观测和记录调谐调质阻尼器的加速度、相对振幅、频率、油温。就除湿装备而言，观测梁内的温度和相对湿度。如果有一活动门容许潮湿空气进入梁内，则只需监控门的启闭位置就可以改变操作模式。

到达设施

在设计不同的到达设施、门洞和安排所需的起重机、升降机等时，要详细分析检查人员、操作人员和机具配件的行动要求，见表7.2－3。

表7.2－3 到达设施的类型

设　　施	现已配备者	随后再配备者
楼梯、起重机	×	
单轨吊车	×	
升降机	×	
链条齿轮提升机	×	
露天爬升机		×
抓手环	×	
检查车		×
主缆步道	×	
主缆检修车		×

为了让工作人员容易辨别其在桥面和梁内的位置，在结构上编写了数字系统。

进入内部的路径

通过设在桥面处的门洞，可以到达一塔柱的楼梯或另一塔柱内的链条齿轮提升机。提升机可分别承受800 kg的使用荷载或容纳10个人。用提升机可节省10多分钟，而且能携带工具与材料。

在南边，进入梁的路径就是位于横梁和槽形肋附近的出入口。在北边梁内有一能载两人的单轨吊车和载重为 300 kg 的挂车，它的最大速度是 5 km/h。

在桥台里面和锚碇之内，安装有电力升降机。用升降机吊送重物更为方便，例如，把变压器从汽车转到安装地点或单轨吊车。在塔柱内，电力升降机以同样方式安装在齿轮提升机附近。

一般来说，对于要仔细检查的所有内表面和其他设备，都安装了永久性到达设施。对于没有安装设备的空心墩和沉井，因其检修周期相当长，那就不设永久性到达设施了。

外表面的检修

沿着主缆顶部，设置传统的走道，用以检查和维修主缆。在高于海床 +1.7 m 及 +3 m 处，沿着沉井周边，每间隔 5 m 设一抓手环，以便检查沉井和冲刷防护。这些环可以免除潜水检测者遭受周期性强水流的影响。

仅仅对加劲梁安排了在计划之中的永久性维修用检查车（如图 7.2－1）。

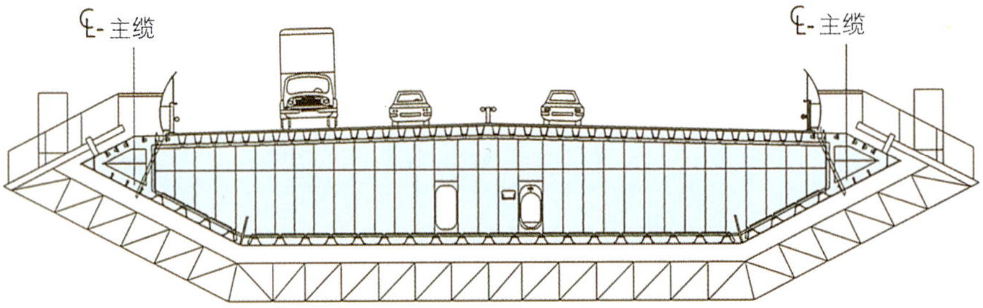

图 7.2－1　计划中的加劲梁检查车

就其他结构而言——墩身、锚碇、塔柱和引桥梁跨，用现有的检修车检修，已经证明为足够。但是，检测吊索和主缆似乎需要特殊的检修车。其例可用图 7.2－2 和 7.2－3 表达。

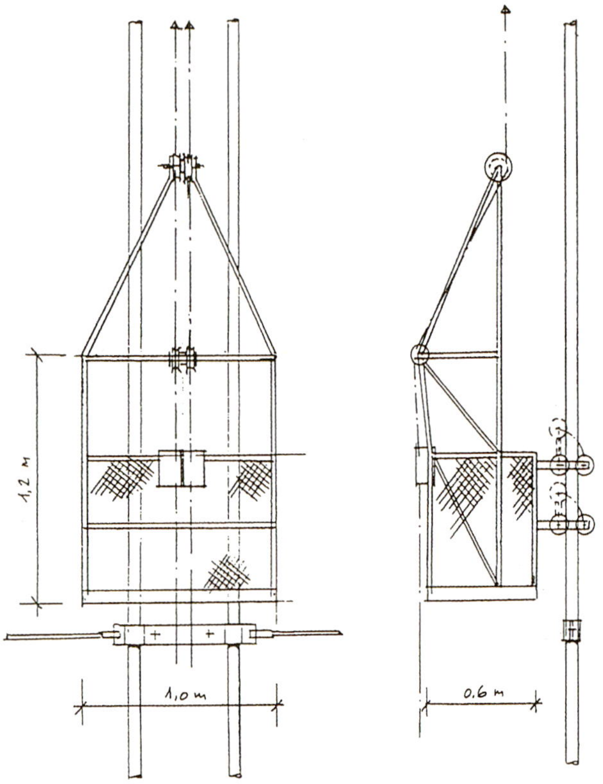

图 7.2－2　计划中的吊索检修车

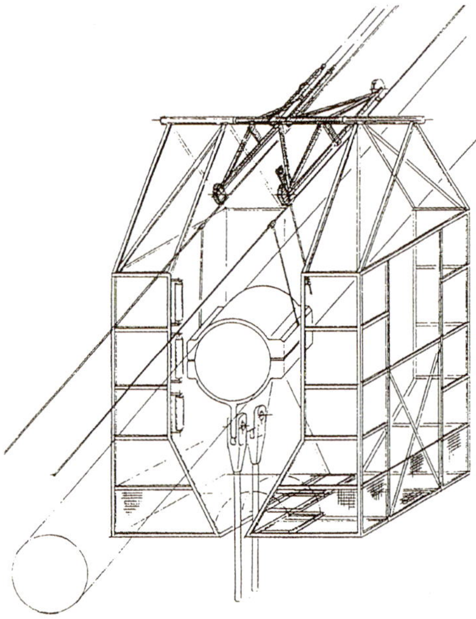

图 7.2－3　计划中的主缆检修车

对将来修复工作的准备

使用年限少于100年的结构构件已按容易更换来设计。支座和吊索可以逐步更换，不会干扰交通，也不用进行梁的加强。除了限制车行速度之外，桥面一半的铺装可以更新，不会造成其他妨碍。

钢结构的表面处理，业经选用其容易更新者。不需打糙原先的表面涂层，新的涂层便能有效地与它黏结。

8 下部结构（混凝土结构）的施工

译者：周履，教授，中铁大桥局桥研院。

8.1 总体布置

作者：Kjeld Roger Henriksen，项目副主任，Stroebælt。

东桥下部结构的合同是在 1991 年 10 月由一家丹麦/德国/荷兰跨国联合企业，自称为大贝耳特承包公司（Great Belt Contractors，简称 GBC）所赢得。GBC 的决心从一开始就是让整个引桥下部结构、桥塔及锚碇的沉井都在离桥址 40 n mile（74 km）的 Kalundborg 一个按目的建造的施工场地预制。（注：GBC 在投标中曾使用 GBEBC 名称，见表 2.1－2。）

在总量为 250 000 m^3 的下部结构混凝土中，有 100 000 m^3 是在 Kalundborg 场地灌注的，其余的 150 000 m^3 混凝土在桥址附近的岸上制造，用自航行的渡船将搅拌车运到施工场地，供主塔、锚碇以及各引桥桥墩使用。

如已经讲到的那样，两侧的引桥桥跨支承在两个桥台，两个锚碇和 19 个桥墩（其中 12 个在西兰一侧，7 个在斯普鲁一侧）之上。两侧引桥均为连续梁，伸缩缝仅设在桥台与锚碇之上。

引桥每个桥墩均包括一个放在碎石床上的沉井，加上在海上工地的钢围堰内（在干燥状态下）灌注的墩身（译注：就地灌注业已改按预制并移运落位施工，如 8.5 节所述）。锚碇上主缆的锚块、锚固主缆的三角形框架，以及用以支承引桥的垂直墩身，均为就地灌注。主塔底座（其高程从 －6.5 m 至 ＋21.0 m）也是在钢围堰内（干燥状态下）就地灌注的。塔柱，根据合同规定，则用爬模进行就地灌注。

以下为下部结构的材料数量：

混凝土：

悬索桥	206 000 m^3
引桥	51 000 m^3
总计	**257 000** m^3

钢筋

悬索桥	35 000 t
引桥	10 000 t

预应力筋

悬索桥：19K15，12K15，7K13	940 t
Macalloy 预应力粗钢筋	568 t

其中，用于悬索桥的 **206 000** m^3 混凝土是按下述项目分配：

两个主塔所用混凝土：

沉井（在 Kalundborg 预制）	23 500 m^3

主塔底座	28 500 m^3
塔柱	50 500 m^3
两个主塔总计	102 500 m^3
两个锚碇所用混凝土：	
沉井（在 Kalundborg 预制）	38 500 m^3
沉井（在桥址现灌）	11 200 m^3
散索室	4 800 m^3
散索鞍支腿	4 000 m^3
横梁	6 200 m^3
锚碇，主缆锚固区	36 400 m^3
墩身	2 400 m^3
两个锚碇总计	103 500 m^3

8.2　制造工场

作者：Kjeld Roger Henriksen，项目副主任，Storebælt。

8.2.1　Kalundborg 工场

Kalundborg 的预制工作是在一块过去用作废品堆放场的 45 hm^2 的场地上进行的，见图 8.2－1。在这里开挖了两个干船坞，船坞 1（见图 8.2－2）用于制造主塔沉井，船坞 2（见图 8.2－3）用于制造锚碇和 7 个最大的引桥桥墩沉井。这两个船坞的西边，在支承于桩上的混凝土板上，建立了用于制造其余沉井和墩身件的灌注及装卸设备（见图 8.2－4）。对预制的唯一例外是 2 号墩，它是在霍尔斯科夫就地建造的。

图 8.2－1　Kalundborg 工场

图 8.2－2　船坞 1，主塔沉井

在干船坞的周围，围以 1 580 m 长的膨润土泥浆壁（bentonite slurry walls），其中，船坞 1 周围有 870 m，船坞 2 周围有 710 m。10 辆倾卸车在船坞 1 场地总共挖出了土方 418 000 m^3，挖到海平面以下

图 8.2-3　船坞 2，锚碇沉井

图 8.2-4　装出站，后面为“仓储 B”

13 m；15 辆倾卸车在船坞 2 挖出了土方 599 000 m^3，挖到海平面以下 10 m。由于该地区已被污染，一位来自 Dansk Geoteknik 的地质学家专职对挖出的土进行评估，这些土被放在船坞 2 前面称为“仓储 B”的地方，见图 8.2-4。还挖了一条 14 m 深的引槽，通到船坞 1，所挖的土共475 000 m^3，其中有 100 000 m^3 是被污染了的。后者用驳船运到“仓储 B”的前面。所有这些场地准备工作从 1991 年 10 月进行到 1992 年 5 月（注：1991 年 10 月是全桥正式施工开始）。

在主塔沉井灌注完成以后，船坞 1 在 1993 年 3 月 12 日灌水，该两个沉井分别在 4 月 21 日（PY16）和 5 月 5 日（PY17）被拖出。船坞 2 在 1993 年 9 月 2 日灌水，两个锚碇沉井分别在 10 月 5 日（ANBL 15）及 10 月 19 日（ANBL 18）被拖出。其后，7 个最大的引桥沉井用吊船（Taklift 8）吊出。这个工作是在 1994 年 12 月 20 日完成的。场地退役开始于 1994 年 10 月，而从 1995 年 1 月起，仍在其处工作的只有钢筋厂和木工场了。所有其他现场准备工作则在霍尔斯科夫工地进行。

主塔沉井

在船坞 1 内，每个主塔沉井的尺寸为 78.1 m 长，35 m 宽，19.8 m 高。在船坞的透水碎石床上，先投放一层伸出箍筋的隔水层（blinding layer），再在这一层上灌注沉井底板。这可以保证在浮运出去时，沉井底板容易移动。随后，在拖往霍尔斯科夫以前，在引槽的一个特殊坑内，由潜水人员对底板进行检查。

在船坞 1 的工作场地配备了 4 台可动式 180EC/256 Liebherr 型塔吊，其吊钩的高度分别为 29 m，45. 3 m，53. 6 m 及 57. 3 m（沉井每侧各 2 台）。此外，还设置了 4 台固定式 Liebherr 型混凝土分配机，并用 1 台 48 t移动式吊机与之配合。

锚碇沉井

每个沉井具有126 个室，底面尺寸为121. 5 m×54. 5 m，其在船坞2 内的高度为16 m。这里，像主塔沉井那样，要在透水的碎石床挖出沟槽以便安放预制的裙板。在碎石床上，也像主塔沉井那样，投放了一层伸出箍筋的隔水层，在该层之上灌注底板。后者与裙板之间用榫筋连接。

沉井壁分 5 提灌注，每提 3 m，但其第 4 提及第 5 提是在一次操作中完成。在周边各室的顶部，在 -1. 5 m 水平处灌注一盖板。船坞 2 为每个沉井底板配备了 2 台固定式 Liebherr 塔吊和 4 台固定式混凝土分配机，型号为 112EC/256。此外，配置了吊钩高度为 16 m 和 22 m 的 2 台 Potain 吊机，供底板以外之用。

船坞 2 中的引桥桥墩沉井

由于吊船的起吊能力限于 3 000 t，第 12，13，20，21，22，23 和 24 号桥墩的沉井在船坞 2 内预制（见图 8. 2 -3）。用了 1 台吊钩高度为 25. 5 m 的移动式 112/EC120 型 Liebherr 塔吊，和一台移动式 Krøll 吊机。围绕底板的周边并沿着中心线挖掘一沟槽。将预制的裙板放在周围的沟槽内，并与底板灌注在一起。然后用 3 台混凝土泵车分两提灌注沉井的井壁。在沉井壁的顶部，灌注顶板和倾斜的顶墙。

引桥构件的装出站

在船坞 1 和船坞 2 的西边，为制造其他的引桥沉井和上、下墩身件准备了一块场地。由于地基性质不明确，采用了密集的桩基，上加钢筋混凝土板，使之承受 1 t/m^2的容许荷载。在场地的北边，配备了在共同轨道上行走的 3 台型号为 112EC/120，HH 27 -55M 的移动式 Liebherr 塔吊，还有 1 台小型的 Potain 吊机用于吊运钢筋。

引桥沉井中有 16 个沉井的尺寸为 23 m×19 m，有两个的尺寸为 21 m×17 m。它们的高度，不包括顶墙（1. 5 m 和 2. 5 m），在 4. 85 m 与 8. 35 m 之间。每个沉井有 20 室。制造的第一步是灌注一个底座，其上用厚塑料膜覆盖，在塑料膜上，安放有伸出箍筋的预制块。底座就用作裙板的内模。不同于桥塔和锚碇沉井，这里的裙板是与沉井底板一起灌注的。灌注分 3 层进行。

沉井井壁（体积是变化的，最大达 560 m^3）用 3 台可动式混凝土泵（其中 1 台备用）在 1 次工序中灌成。在壁内，冷却水的 PEL 管路固定在钢筋上，借能用冷水来控制养护温度。在钢筋上还附着一些笼状构造用作混凝土输送管和电振捣棒的定位和导向。在沉井壁的底部，有 4 个供起吊时使用的缺口（block-outs）。厚度为 1. 35 m 的顶板分为 3 块灌注，其宽度从 2. 6 m 变化到 4. 0 m。每个沉井的顶墙约有 85 m^3混凝土。为了和下墩身件的下部相匹配，使接缝能在空气中制成，在运往霍尔斯科夫桥址以前，就将钢围堰安装在沉井顶上。

每个下墩身件是一个 6 室结构。除了支腿（supporting legs），它们的高度从 4. 7 m 变化到 15. 8 m，重量最大达 2 100 t。18 个这样的下墩身件共要求 18 000 m^3混凝土。在开始制造以前，先将具有钢筋混凝土壁和内板的矩形基础放在碎石床上，4 个“缺口”（block-outs）放在准备设支腿的隅角位置。支腿是分开灌注的，以后再放在隅角缺口内，并用有齿缺口的底模将它们连接起来。根据不同的高度，墩壁用 2 台汽车泵在一次至三次的操作中完成灌注。在最后一次灌注时，放上 6 块预制板（以后不回收），并在它们上面灌注顶板，留 4 个孔以备在吊出时固定起吊设备之用。

每个上墩身件是一个 3 室结构，其高度从 7. 5 m 变化到 31. 4 m，最大重量达 1 550 t。18 个上墩身件共用 21 500 m^3混凝土。在一个由小混凝土框架支承的，有齿形缺口的底模上灌注上墩身件的第 1 提。然后根据高度接着灌注 1 至 9 提。根据不同的墩身高度，在最后和最后第 4 提之间，每个长边，准备两个装吊耳的孔眼。这些孔眼在安放好墩身后，在工地予以封闭。在灌注最后1提时，放上3块预制（不回收的）板，在它们上面再灌注墩帽。

混凝土的灌注用了2或3台汽车泵和6台搅拌车，每台均为6 m^3。灌注分层进行，每层200～350 mm，用直径为32 mm，42 mm，60 mm，65 mm的振动棒进行振捣。根据振动棒的直径，每150～400 mm的混凝土振动15～20 s，但对最上一层，则应尽量减少或根本免除振动。

8.2.2　霍尔斯科夫工场（见图8.2－5）

以下为霍尔斯科夫工场为东桥下部结构提供混凝土和施工所使用的设备和装置：

——工作码头；

——混凝土工厂；

——存储室和车间；

——气象站；

——工地办工室；

——仓库和停车场；

——工人宿营地。

工作码头早先由隧道承包者MT集团所建，由GBC在1993年的秋季接管。为了向海上各工地供应材料与混凝土，在现有码头上，建造了备有跳板及系船柱的滚装坡道和停靠往返渡船的泊位。不论是在岸上或者往返的渡船上，坡道均用液压缆索系统操作。在施工时，为了往海上工地运料，用了4艘渡船，主要运送预先装好钢筋、模板、混凝土等材料的卡车。当运输混凝土时，渡船要装运最多达6辆9 m^3容量的搅拌车或72人。工作码头也用于接收混凝土的原材料。在码头西端，建造了一个特殊的漏斗系统，配有锚船设备和卸料站（它有传送带将材料运到集料储存场）。另外，专设的“港口控制”负责协调往返码头的所有运输和车辆，并照顾意外事故和求援。

混凝土工厂包括两个新厂和一个来自Kalundborg工地的厂。SKAKO公司设计并交付了这些工厂。每个工厂（见图8.3－2）包括：

——两个150 t水泥筒仓；

——一个60 m^3 PFA（磨细飞灰）筒仓；

——具有6个4 000 L混合物的搅拌机；

——控制室；

——一个硅粉筒仓；

——锅炉容器；

——两台传送带；

——集料筒仓。

图8.2－5　霍尔斯科夫工场，下部结构及上部结构承包人所用的各种配备

与混凝土工厂相关的，还有下列存储、服务与应用设施：

——一个有屋顶的集料存储场，内有容量各为1 000 m^3的14个集料箱；

——一个供混凝土用的600 m^3水箱；

——两个容量各为1 500 L的柴油罐；

——一个可供10台混凝土搅拌车清洗，并具有沉淀设施的清洗场地；

——一所两层224 m^2的混凝土试验室；

——操作室与办公室。

存储室与车间共用一757 m^2的建筑，其中342 m^2为存储室，415 m^2为车间。与后者相邻的是铺着混凝土地坪的钢筋工场和木工场，作预制钢筋与弯制冷水管之用。

气象站位于霍尔斯科夫礁的西端，用于获取气象信息并发布气象预报，供从Kalundborg发送沉井和墩身件到海上的霍尔斯科夫工地时参考之用。位于霍尔斯科夫礁上的工地办公室建立在就地灌注的基础上，是1 662 m^2的预制木结构单元。它是按照供100人来设计的，并用附近146 m^2的小卖部来提供服务。施工阶段，对存储和停车的要求增加时，承包单位在码头附近向Storebælt租用了各种场地。大约有20 000 m^2添加的土地，给承包人作存储与停车之用。

在Kruusesminde的8 000 m^2的土地上，建造了供330工人的宿营地，包括4座两层楼的建筑和一座单层建筑。所有这些以前都曾经用于Kalundborg工地，现在又被重新用于霍尔斯科夫。在营地附近，准备了可容纳170辆有篷汽车的场地，备有电力供应、厕所和洗涤设施。

8.3　混凝土的生产、运输和养护

作者：Kjeld Roger Henriksen，项目副主任，Storebælt。

8.3.1　在Kalundborg与霍尔斯科夫的混凝土工厂（见图8.3-1）

GBC在Kalundborg和霍尔斯科夫建立了他们自己的混凝土工厂，为足尺试灌注及所有的生产灌注制造混凝土（仅是在斯普鲁和Slagelse生产少量混凝土是其例外）。开始时，在Kalundborg的四个工厂为预制沉井和墩身件供应混凝土。在最后一个大型沉井的底板在Kalundborg灌注完成以后，一个工厂转移到霍尔斯科夫工地，剩下三个仍在Kalundborg。另外，在霍尔斯科夫又新建立了两个工厂。这样，总共有6个混凝土工厂，它们基本上是相同的。

Kalundborg的混凝土工厂本身就在施工工地，不论是到船坞内灌注，还是运往装出站，搅拌车都很容易进入。其主要设备为：

——材料的储存设施；
——从储存场到混凝土工厂，内部运输设备；
——配料设备；
——搅拌设备；
——计算机控制系统；
——搅拌车的清洗设备；
——试验室设备。

霍尔斯科夫的混凝土工厂位于MT集团在霍尔斯科夫礁附近所建的工作码头上。这个地点便于将混凝土运往海上的工地运输，见图8.3-1。其主要设备除了与Kalundborg的相同以外，还建立了：

——为冷却搅拌车内混凝土所用的供氮设备；
——废混凝土再循环的设备（所有这些再循环的材料都卖作其他用途，未用于东桥）。

存储设施容许将从存储到配料所有的检查完全分开。这就保证了各种材料从存储到灌注各步情况完全可以追踪。

8.3.2　配料与搅拌

将材料配合并搅拌成混凝土是由SKAKOMAT 20计算机控制系统进行控制的。它使得以下各项工作能

图 8.3－1　在霍尔斯科夫的生产设备的总体布置。
在 Kalundborg 的布置大体上与此相似

够全部自动化：

——测定集料中水分含量；

——配合比设计的计算，调整到与实际水分含量相对应；

——组成材料的配料；

——混凝土搅拌；

——在搅拌时间符合要求以后，放出混凝土；

——混凝土制造全部有关数据的记录。

混凝土工厂操作者唯一需要做的，是选择拌和类型，确定所需数量和目标来启动程序。所有材料称重的结果都记录在配料报告中，供操作者立即检查，并在以后传送到 Storebælt，见图 8.3－2。

所用搅拌器为 SKAKO 反向电流 SM4500 型盆式搅拌器。每个搅拌器最大理论产量是每小时 85 m^3 混凝土。但在做计划时，GBC 采用了每小时 75 m^3 的实际产量。GBC 保证有一个混凝土工厂备用，借能在有某一个损坏时即可投入使用。

图 8.3－2　一个混凝土工厂，它具有材料、水和动力的独立供应

外加剂

为了在较长的时间内保持混凝土的工作度，GBC 在运送混凝土时，向搅拌车内引入了二次剂量的超级塑化剂。在灌注工地，超级塑化剂通过一根塑料管灌入搅拌车的中心。两个 3 min的快速旋转将它拌匀在混凝土中，即可开始出料。

虽然 GBC 一般能细致地遵守外加剂的操作规程，但是，看来不太可能避免由于外加剂引起的工作度的变化，尤其是在 9 m^3 的大搅拌车内加入外加剂总是比在小搅拌车内困难。但是这种变化总还可以保持在一个可以接受的水平。

在某些灌注，主要是 1993 年的夏季和秋季，液氮被用来冷却新鲜混凝土。那时，它是通过霍尔斯科夫混凝土工厂区的两个单元注入于混凝土搅拌车的（见图 8.3－3）。为了不影响试验室的试验结果，注入是在随后进行的。经验说明：掺用液氮在运到施工现场以后，对混凝土的工作度和含气量的影响非常微小。注射是通过将注射枪下到搅拌车内混凝土表面，注射时搅拌车的转筒缓慢地转动，借使混凝土达到最均匀和最有效的冷却。液氮是由德国 Linde GmbH 公司供应的，该公司也在现场监督注射。

试　验

为了证明混凝土本身和混凝土工作的质量，GBC 配备了所需的试验设备。一般情况，材料的试验是由供应者进行的。但是 GBC 也能做一些简单的试验，主要是在接收材料时进行的检查。GBC 也将一些特殊的试验分包给外面的实验室。

在 Kalundborg 和霍尔斯科夫，试验室设施都靠近混凝土工厂。对于离岸（海上）试验，GBC 建造了一座小型的可移动的试验单元。此外，在试验室设备中还包括 LOK/CAPO 和钻取芯样的可携式设备。

图 8.3－3　向搅拌车的转筒内注入液氮

8.3.3　运　输

岸上运输

由于工程的复杂性，特别是离岸灌注，GBC 必须为混凝土从搅拌到灌注，建立一个广泛的运输系统。这包括各种设备和方法来进行计划和控制。GBC 曾经使用 40 辆搅拌车将混凝土运到灌注工地，其中 30 辆的容量为 9 m^3，其余为 6 m^3。然而，它们往往不是满载的，最常用的加载量是：2 m^3、4 m^3、6 m^3 或 8 m^3。通过变更加载量，GBC 将混凝土的运输调整到和灌注速率相应，以免运输时间超过容许值。制订了下列 4 种不同的时间，作为试验计划的一部分：

——在掺超级塑化剂二次剂量以前的最短时间，一般为 40 min；

——在掺超级塑化剂二次剂量以前的最长时间，一般为 150 min（这一要求仅在 1994 年 1 月 6 日以前有效）；

——在掺超级塑化剂二次剂量以后的最长时间，一般为 45 min；

——最长的总运输时间，在不掺超级塑化剂二次剂量时，一般为 90 min；在掺超级塑化剂二次剂量时，一般为 180 min。

为了避免在搅拌车内的混凝土在海上运输时被飞溅的盐水所污染，当海浪大时，司机应用防水油布将搅拌车的漏斗盖严。

离岸运输

为了离岸运输，GBC 用了 4 艘被称为“梭子（shuttle）”的小渡船（见图 8.3－4）。每艘可载 6 台满负荷的 9 m^3 搅拌车，或者 4 台搅拌车加 1 台可动式混凝土泵。搅拌车经由两车道斜坡进出渡船。这样的斜坡，在霍尔斯科夫的工作码头上有两个，在主塔和锚碇的每个驳船上各设一个；在斯普鲁有一个。

图 8.3－4　装载搅拌车的渡船。运达海上工点所需时间至少为 30 min。渡船可以在不同方向移动，还能在气候恶劣、水流汹涌之时停泊于工点

为了在海上进行墩身灌注以及主塔与锚碇的少量灌注，渡船在灌注地点，下锚停泊，然后由渡船上的可动式泵完成灌注工作。

8.3.4　分　配

使用了各种大小的混凝土泵，从为中等规模的修理工作泵送 16 mm 混凝土、具有 64 mm 软管的小型可动式 Swing 泵，到为主塔及锚碇灌注用的大型固定式 Swing 泵。建立了用于大型结构的、具有相当长度的固定的 4’或 5’管路系统。引桥结构用可动式 Liebherr（车载式）泵进行灌注。在很少的情况特别是在灌注少量混凝土时，偶然也用槽车运送混凝土。

在混凝土配制的一般性预试验中，以及海上灌注之前及其早期的某些特殊演练中，关于运输过程对混凝土性质的影响都进行了预试验。对于这些要求的有效性进行了不断的监测。根据试验结果，也根据在整个工程中一些特殊观察所得的结果，发现运输的影响是很复杂而不易估计的。一些迹象说明对运输系统有影响的重要因素是：

——混凝土龄期影响工作度，含气量和气孔结构（air void structure）；

——泵的类型和泵压影响气孔结构。

混凝土龄期是运输时间（总的时间或在加二次剂量超级塑化剂以后的时间）和用于泵送系统的时间的和。当混凝土管长度达 250 m、体积达到 3 m^3 混凝土时，泵送系统对混凝土龄期的影响是不能忽略的。尤其要考虑混凝土在这一段时间没有搅动。

泵压受各种因素，如混凝土工作度、泵送速度、提升高度、管路长度和管的几何形状等的影响。对于黏性混凝土像 SAB 混凝土类型，适当的工作度对成功的泵送是主要的。考虑了各种因素以后，GBC 确定了在泵送以前的目标坍落度为 170 mm。

8.3.5　材料和配合比设计

根据表 8.3－1 所列举的材料，GBC 制订了用于不同目的的混凝土类型（参见表 8.3－2）。

表 8.3－1　混凝土生产所用材料总表

材　料	类　型		供应者
水　泥	低碱，抗硫酸盐水泥 PC（A/HS/EA/G）		Aalborg Portland
飞灰	磨细粉煤灰		Danske
硅粉	硅粉浆		Elkem Danmark
加气（空气）剂	Amex SB	表面活性剂	Nordisk Bygge Kemi
塑化剂	添加剂 P	木素磺化盐	Nordisk Bygge Kemi
超级塑化剂	Melment L10/L400	三聚氰胺	Nordisk Bygge Kemi
水下使用时	Addiment UW3 化合物		Heidelberg Baustofftechnik
水	水		自来水供应
细集料	Frederikssund 0/2 海底挖出细砂		Frederikssund Sten og Grus
粗集料	Rønne　2/8 Rønne　8/16 Rønne　16/25	轧碎花岗岩 轧碎花岗岩 轧碎花岗岩	Rønne Granitværk, Superfos Construction

——配合比 100/130，无/有气孔要求，用于中等暴露的结构（类型 B）；这些配合比的最大水灰比

（w/c）为0.4，最大含水量为140 L；

——配合比200，用于极端暴露的结构（类型A）；这个配合比的最大水灰比（w/c）为0.35，最大含水量为135 L；

——配合比140，用于大块实体，受保护结构；这个配合比的最大水灰比（w/c）为0.40，最大含水量为140 L，并需具有低的水化热。

此外，GBC制订了一种在沉井底板之下灌浆用的灌浆材料的配合比（配合比300），两种修补用的、最大集料尺寸为16 mm的配合比（配合比600/640），用于在水面以上及以下的修补工作（见表8.3－2）。

表8.3－2　配合比设计总表

配合比编号	130	200	140	300	600/640
混凝土类型	B	A			
	kg	kg	kg	kg	kg
PC（A/HG/EA/G）	310	320	250	240	250
飞灰	47	47	110	200	110
硅粉	20	21	21	10	22
水	138	133	137	270	138
加气剂	1.0	1.4	0.6	—	0.6
超级塑化剂	1.6	8.5	1.2	6	1.6
塑化剂	8	1.6	5.2	—	10
砂0/2 mm	613	619	545	1 350	642
花岗岩碎石2/8 mm	397	396	445	—	362
8/16 mm	477	476	475	—	790
16/25 mm	337	336	336	—	—
水下灌注所用化合物	—	—	—	4.8	—
等效水灰比w/c	0.371	0.347	0.395	0.789	0.398
目标含气量（配合比设计）%	5.5	5.5	5.5	3	5.5

这些配合比的混凝土都在工厂的混凝土试验室进行了工作度、含气量、温度、强度、碱含量、氯离子含量等的试验。对于海上灌注，还在海上进行了工作度和空气含量的常规试验。另外，还定期进行了试验室混凝土性质与灌注现场混凝土性质的对比试验。为了验证施工质量，对硬固混凝土还进行了就地强度（LOK/CAPO-test）和含气结构试验，以及用混凝土切片进行的岩相试验。

8.3.6　养　护

混凝土养护是悬索桥基础规划和施工整体的一部分。在本文中，养护既是指通常的潮湿养护（防止表面水分消失），又是为防止其他有害的影响（包括发生应力引起的裂缝）而进行的对混凝土的保护。有时称为温度养护。

规　范

规范分为两部分：

（1）规 定

承包人必须遵守下列规定：

a）应该对混凝土进行保护，防止水分从表面蒸发。除非已证明其他方法是可取的，保护应该在蒸发达到 0.5 kg/（m^3 · h）以前即建立，这个量相当于 0.20 m 厚的混凝土。假如厚度小于 0.2 m，则容许的水分蒸发量应按比例减少。

b）对已灌注的混凝土，应不使受到水的侵蚀。

c）在混凝土硬固到足以抵抗霜冻以前，应对混凝土进行保护，使不受霜冻危害。

d）混凝土任何一点的最高温度决不允许超过 70 ℃。如有文件证明其无害，则在硬化（水化）过程中混凝土温度只可超过 50 ℃。

e）对于温度膨胀不受相邻结构约束的板或墙，混凝土平均温度与表面温度之差必须不超过 15 ℃。这相当于结构中心与表面的温度差不超过 20 ℃。对于同时灌注的相邻的板和/或墙的平均温度之差，不得超过 20 ℃。对于早先灌注的和新近灌注的板和/或墙的平均温度之差，不得超过 12 ℃［以上三项温度要求，在工地语言简化为 D15（20），D20 与 D12］。以上温度差，只有在证明由温差引起的拉应力总是小于当时混凝土的抗拉强度的情况下，才可以被超过。

f）结构部件的拆模，张拉（后张），通过车辆，或承受其他荷载，只有在承包人已经证明结构已经获得所必要的强度（根据成熟度小时数［Mhrs］决定）以后才可进行。（注：Mhrs 是 Maturity Hours 的缩写。）

（2）预防措施

这里，规范提出了为满足要求而采取的措施。这可汇总如下：

a）对于贴着模板灌注的表面，可将模板留在原处，暂缓拆除，以取得养护的效果，直到混凝土达到所要求的成熟度。

类型 A 混凝土要求的成熟度 = 240 Mhrs；

类型 B 混凝土要求的成熟度 = 96 Mhrs（注：混凝土 A 或 B，见表 8.3 - 2）。

如果较早拆模，任何表面保护的实施不得迟于拆模后 1 h。保护可以通过：经常洒水，置于雾室，或用不透水或不透蒸汽的薄膜，或类似的材料覆盖。

对于自由表面，可按上述方法养护，但若规范容许，也可采取喷涂养护薄膜。但是，类型 A 混凝土，不允许用此薄膜；类型 B 混凝土，可以用此薄膜。

b）防水浸蚀，可采用防水油布遮盖。

c）～f）承包人应预见到在硬化（水化）时，必须个别地或综合地实施以下工作：

——灌注混凝土时，调整温度；

——将模板和/或混凝土表面隔离绝缘，使混凝土在灌注时就绝缘；

——对早先灌注的混凝土加热或绝缘；

——延迟拆模时间，使迟于强度要求的拆模时间；

——通过埋入管道或电阻丝加热；

——遮蔽灌注区，以避风雨。

从上述各点可见：养护规范内容广泛，规范的所有各条可同时使用，也可部分使用。所幸的是，不同条款可以互相支持。例如，通过绝缘，可防止蒸发；通过达到所谓的 D12 的要求，D15（20）的要求也几乎总可达到。当然，也有某些不同条件是互相抵触的。

这些详细和广泛的要求和预防措施，意味着承包人在计划如何进行工作时，必须将养护当作一重要项目来对待。

实 施

为满足养护要求所必需的预防措施，承包人用了许多、单一地或综合地、不同系统和设备。除了少数例外，所有灌注都采取了冷却（满足对相邻灌注的D12要求）。多数情况，是采用埋入管，这些管子可以是塑料（PEL）的，但其多数是钢的。在两个位置（主塔底座），海水直接从大贝耳特海峡较低的深度抽上来，进入冷水管；但是多数情况还是让水取自来水管，并先通过一个冷却单元，以保持稳定的低温。

在一些灌注中，注氮和埋入冷却管同时采用。液氮是向搅拌车内注入，而不是在混凝土工厂。这提供了较好的控制，并较少浪费。

对于那些不要求冷却的灌注——例如引桥沉井底板（只有D15（20）的要求）——采用了很厚的绝缘（隔热层）来保持较高温度，以减少与以后灌注的混凝土的温差。在另外一些情况，没有必要冷却，但用于等待下次灌注的时间很长，就采用了埋入电阻丝，以便在以后相邻部位灌注时加温，以保证D12的要求得以满足。埋入电阻丝的方法，也在截面较薄，可能受冻害的情况使用。

埋入冷水管的优点，是可以调节温度，能够精细地控制养护循环。但这是一项复杂的操作，因为，承包人在进行工作与监测时，必须采用精密复杂的仪器设备，也要求高质量的合格人员。

仪 器

除了极少数例外，所有灌注都用了仪器测试。这使得GBC能够将如何满足养护要求的情况记录下来：

——拆模时的Mhrs：规定a）；

——强度要求的Mhrs（防冻）：规定c）；

——混凝土温度：规定d）和e）；

——强度要求（加载）：规定f）。

一个PC/便携式计算机程序专家系统，连同埋入式热电偶，对养护进行了监测和控制。它将从热电偶输出的毫伏（milivolt）转变为图形表示，直接描述出温度和/或成熟度。对于采用埋入管路或电阻丝的情况，要将截面内温度的梯度考虑在内，仪器的使用是相当复杂的。

几何条件，灌注规模及施工缝位置等因素，极大地影响了仪器使用的复杂性。举个例子，灌注锚碇沉井墙时，每提灌注要用150多个热电偶，连续监测至少170 Mhrs，大约7天之久。图8.3-6表示其一墙一提所用仪器。而图8.3-5则是仪表设置情况照片。

特殊情况

如上所述规定e），若能证明由温差所引起的拉应力总是小于当时混凝土的抗拉强度，则规范允许偏离严格的温度要求。这个证明（证明增加的温差可以被允许）可以通过一种应力分析的程序来得到。在这个程序中，混凝土的物理特性是输入参数，而结构的几何形态和主要的环境条件则为边界条件。这样分析的结果可以通过试验来确认，然后该程序就可以被用来预计实际施工的安全限界。

图8.3-5 仪表设置情况

GBC曾经有意利用这段规范来限制能源的消费并提早拆模的时间，但是，具体混凝土的物理特性，以及承包人与业主对于化学收缩的数量及范围，很难有一致意见。这两个因素就限制了应力分析程序在工程上的应用。然而，在应力分析被采纳并应用的一个主要场合（主塔底座），结果是成功的，D12被扩大到18 ℃。

在工程进行过程中，养护规范有过几次修改，主要关系到防止混凝土水分蒸发的问题。在GBC对潮湿养护的各种方法的有效性进行了调查研究以后，发现：将模板保留于原处72 h，并在拆模后0.5 h内，洒水加养护膜，能给出最好的结果。

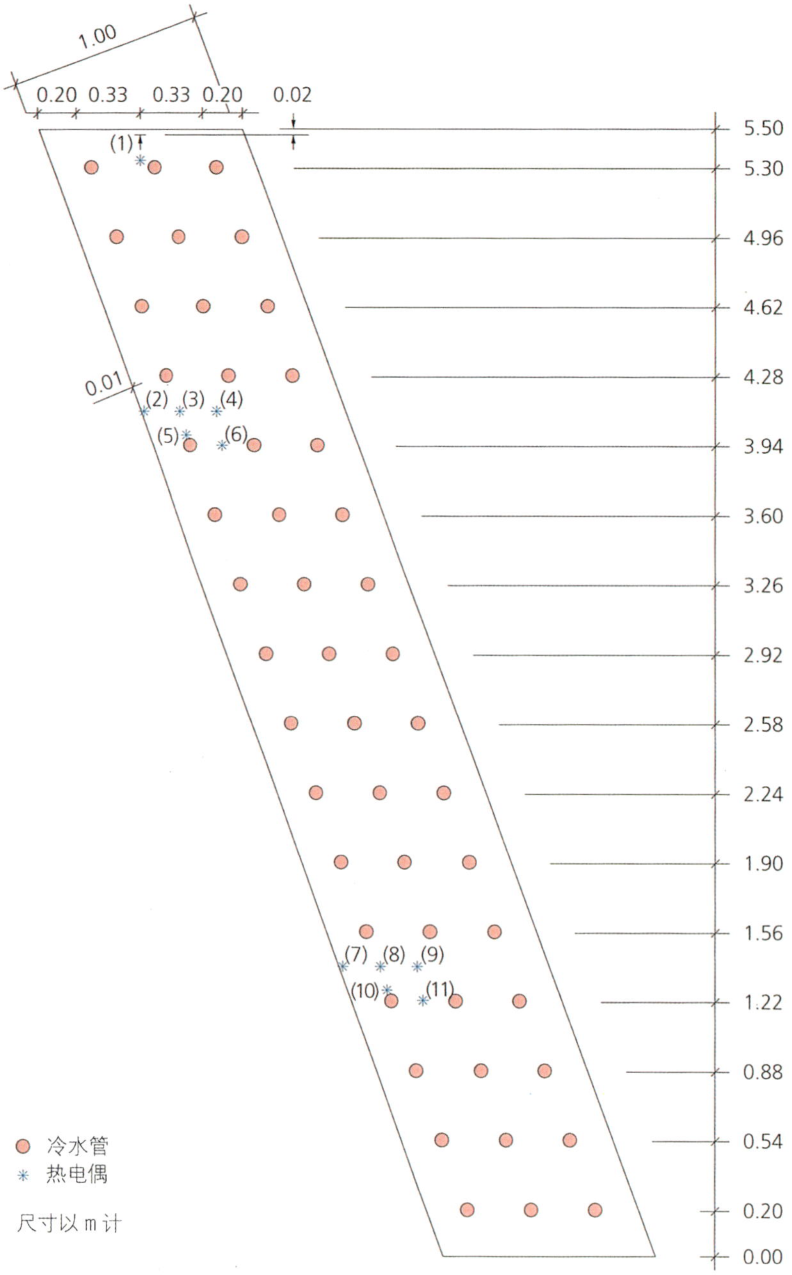

图 8.3－6 仪表布置图

8.4 预制构件的运送

作者：Kjeld Roger Henriksen，项目副主任，Storebælt。

在 Kalundborg 工场内预制的桥梁构件通过海上运输，运到桥址。这是开始于东桥塔沉井在 1993 年 5 月 3 日浮出，终止于 1994 年 12 月 17 日，22 号和 23 号墩的上墩身件的安装。航线从船坞经过引槽与

Kalundborg海湾，到T-线，然后向南穿过大贝耳特海峡到达安装地点；沿航道有一处躲避西北风、暂时停泊的地方。

8.4.1 计　划

构件的运输

重型构件，如塔和锚碇的沉井，在灌水的施工船坞内浮起，然后由一拖船队拖到桥位。引桥的沉井，全是在半淹没状态下悬吊在吊船的吊钩下进行运输的。它们中间最重的7个是从船坞2吊出；其他是从装出站运出；而所有的桥墩的墩身件都是在装出站灌注，从那里，一部分用吊船吊着运输，另一部分则用驳船运输。

气象限制

只有在气象预报已经清楚地指出在大约48 h内天气良好且稳定的情况下，运输工作才能开始。风的条件是很重要的，操作开始时的限制风速，定为10 m/s。

航运的模型试验

为了确定在拖运和落位阶段主塔与锚碇沉井的运动与索力，丹麦海事研究院（Danish Maritime Institute）进行了一系列模型试验，见图8.4-1。这些试验指出：由于主塔沉井的圆角，当它停泊在落位地点时，涡流脱落可能使沉井发生比较大的运动。进一步的试验说明，这些大型构件的运动可以通过变更系缆的角度，通过设置空气气泡滤屏（来打破涡流），或者设置将海底重物与沉井刚性连接的阻尼器等来抑制。

认识到试验结果不能与雷诺数无关，因此，将它们转换成足尺的实物而不降低各种系数，是偏于安全的。但是不可能对雷诺数及其他比例效应（如表面摩擦）的影响进行定量。

图8.4-1　模型试验

试验说明：停泊系统中主塔与锚碇沉井的运动不超过0.2 m的定位准则必须认真对待。从试验也得出结论：这些运动既是有规律的，又是缓慢的。事实上，运动可能如此缓慢，以至有可能预计降落的操作应该在何时开始。

因此决定，落位工作按原计划进行。曾经试验的阻尼性预防措施完全没有采用。理由就是它们相当地不切合实际。在落位过程中，沉井的偏位远小于预期量，主塔和锚碇沉井都是很好地落位在规定的公差以内。

海运的认可检查（Marine warrant surveyors）

对操作中所用设备以及所采取的步骤等的检校工作，委托给伦敦的海上救助协会（Salvage Association of London）。检校，包括对操作所需要的适当环境的检查。完成以后，颁发了检查合格证。然后才能开始操作。在进行每种类型的第一次运输和第一次落位工作时，都有救助协会派来的检查员到现场检查。

8.4.2 主塔沉井

准备工作

船坞的灌水设备包括两根粗大的ϕ660 mm的虹吸管，和一台包括动力包、软管和阀门的真空泵。在灌水之前，所有在船坞内及沉井上的准备工作都已完成。在船坞内，沉井的所有裙边都可接近，以保证底板下的全部水压。对于沉井，则给它配置了塔吊、围堰及支撑、工作室、发电机、压重和灌浆系统，见图8.4－2。

图8.4－2　船坞灌水

灌水于1993年3月12日开始，分三步进行，以防止堤岸失稳。在整个注水过程，对堤岸都密切注意。而在灌水完成以后，在船坞与引槽之间的堤岸就应拆除。在船坞灌水的同时，沉井就用水进行压重。

通往Kalundborg的引槽，深度不能满足浮体倾斜的要求，因而必须挖掘到－13.5 mDNN以容许主塔沉井在计算吃水深度（12.9 m）的某些偏移。此外，在船坞的出口处，还应在引槽挖一检查坑，其坑底高程是－14.0 m，借能容许潜水工对沉井底部进行检查。

在沉井被运到桥址的最后位置时，其混凝土结构顶部约在水平面以下6 m。为了保证有一个干燥的工作空间，在沉井顶上安装了高度为10.8 m的钢围堰。这是在到引槽的堤岸被拆除之后，在充水的船坞内用浮吊进行的，见图8.4－3。

图8.4－3　安装围堰

浮起和拖运

在船坞充水以后，沉井即用4根先张系缆拉住，以防止在浮起时有任何侧向运动。每根系缆与1台

25 t 拉力的绞车相连。然后将两座沉井（东塔沉井于 1993 年 4 月 19 日，西塔沉井于 1993 年 5 月 3 日）压重的水排除并浮起。浮起以后，立即将沉井转到检查坑，见图 8.4-4。沉井在拖出船坞后，其行动由连接到绞车的系缆来控制。

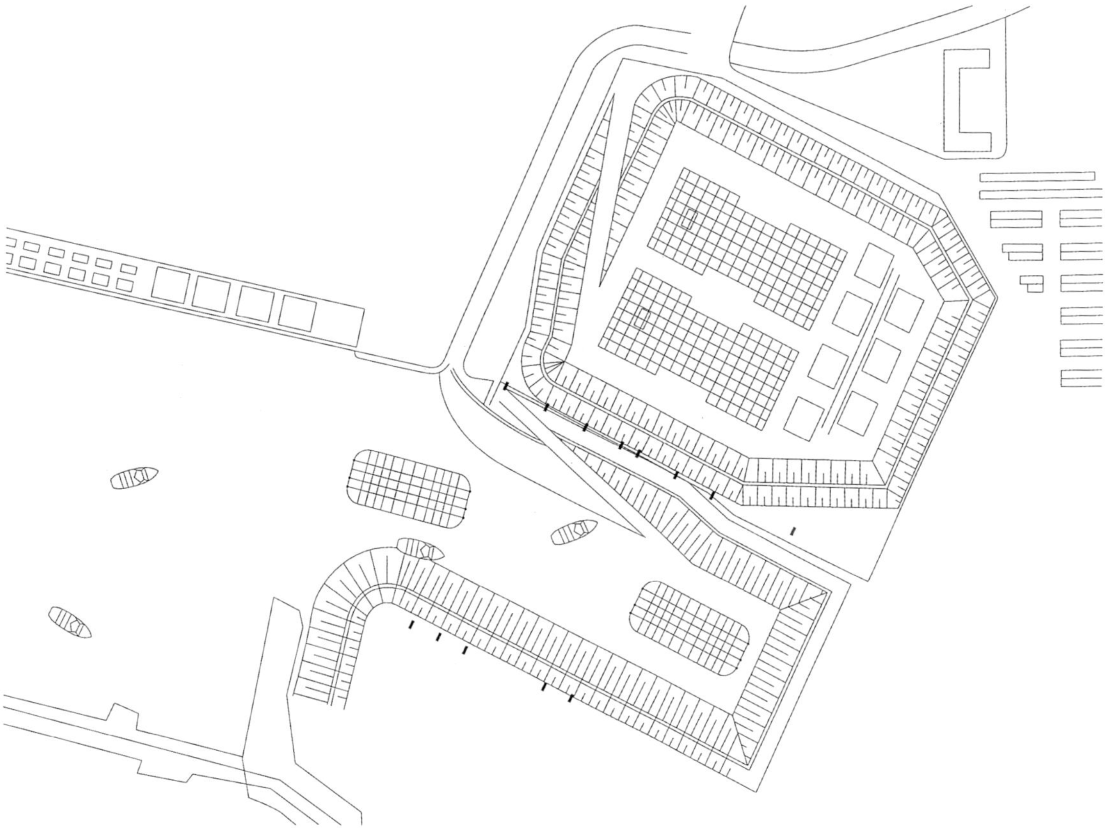

图 8.4-4 从船坞出发，进入检查坑

在检查坑位置处，由潜水工检查沉井底部，清除模板残片及其他碎片。对每个隔舱的底部都进行了电视录像。在潜水工下水之前，让压缩空气通过灌浆系统的管道，在沉井底部，设一空气垫层。这是为了防止因水的乱流而妨害潜水工的工作。

当接到一个合适的气象预报以后，就将沉井连接到拖船，并解除系缆。拖船队有两艘导向拖船，每艘有一个拉力为 60 t 的系船柱，还有两艘尾拖船，每艘有一个拉力为 30 t 的系船柱。拖船队有一艘并肩前进的、具有 60 t 系船柱的拖船沿途作护卫。当任何一艘拖船发生故障时，护卫拖船随时可以顶替。此外，还伴随有两艘警卫船，负责监视交通情况，防止其他的船对拖船队的干扰。

从船坞拖出以后，拖运路线的第一部分是经过 80 m 宽、4.5 km 长的引槽到 Kalundborg 湾。这段线路用浮标作标记，定位工作由 Axyle 系统和光速测距仪（geodimeter）进行。所在位置的细节在一个屏幕上提供给拖船队长，使他能在需要时作出纠正措施。虽然有两艘尾船的努力，在这段路程中所经受的晃动仍有 ±30 m 之多。但在这段狭窄河道以外，水深就足够拖船发挥其操纵能力，也就提高了拖船对沉井的控制。

拖运路线的其余部分，从 Kalundborg 湾，经由 T-线，到达设计位置，定位工作是根据 DGPS（差分全球定位系统），也是在屏幕上提供给拖船队长。

拖到其设计位置，总行程约 73 km，在 27 h 内完成。到达位置后，沉井被停泊在事先设置的停泊系统之内，见图 8.4-5。

图 8.4－5　主塔沉井到达设计位置

8.4.3　锚碇沉井

一旦船坞 2 内的准备工作及沉井装备均完成以后，即将船坞 2 充水（见图 8.4－6），并将两个船坞之间的堤岸拆除，开通到引槽与 Kalundborg 湾的通路。

图 8.4－6　船坞 2 充水并给锚碇沉井压重

东锚碇沉井在 1933 年 10 月 2 日，西锚碇沉井于 1933 年 10 月 15 日，分别浮起。浮起以后，沉井就由绞车绞动（见图 8.4－7），并停泊在检查坑位置，潜水工在坑内检查并清理沉井底部。

沿着与主塔沉井同样的航线，通过由 3 艘（每艘具有 60 t 拉力系船柱）导航船和两艘（每艘具有 30 t 拉力的系船柱）尾船组成的拖船队，将锚碇沉井拖往桥位。见图 8.4－8。东锚碇沉井于 1993 年 10 月 5 日与 6 日被拖出。图 8.4－9 表示其到达设计位置。

一起事故延迟了西锚碇沉井的拖运。基础的最后检查发现，一大堆贻贝（蚌类）和一堆砂落在碎石床上。当这些情况被确认的时候，拖运已快到桥位。但是还必须回到 Kalundborg 湾的有遮挡的水道内。清理是在3天之内完成。1993年10月22日与23日恢复拖运。在到达其设计位置后，拖船与沉井同预张拉的停泊系统相连接。

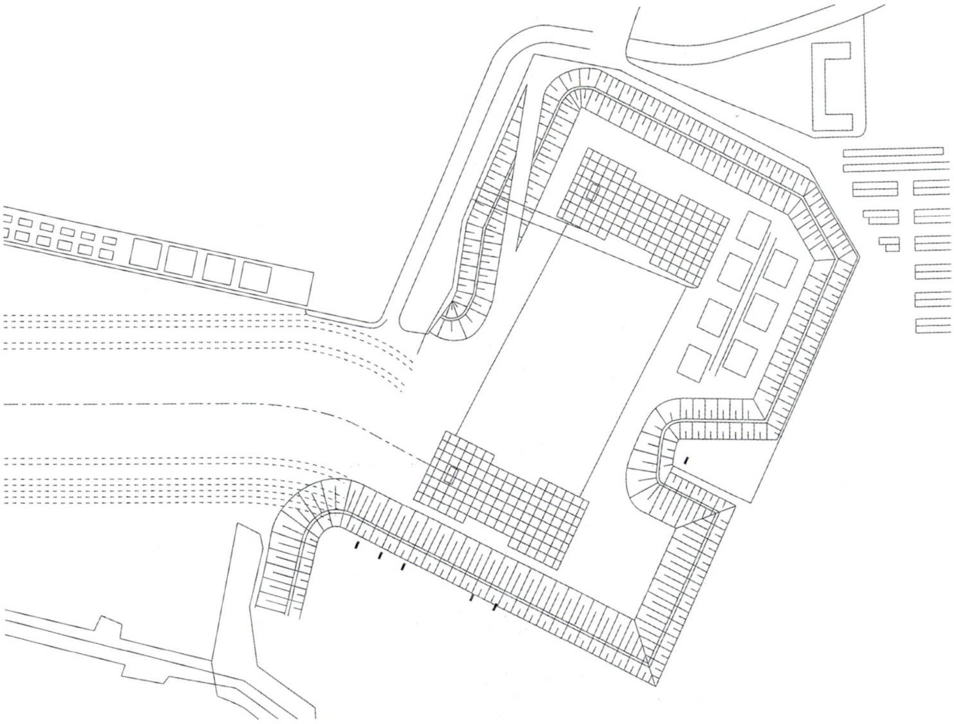

图8.4-7　绞动锚碇沉井

图8.4-8　锚碇沉井的拖运

图8.4-9　锚碇沉井到达桥位

8.4.4　引桥桥墩

引桥桥墩的构件，全都要用吊船从其灌注位置吊出，并一直运到桥位。例外则是较重的上墩身件，它们是在驳船上运输的。图8.4-10表示一个桥墩的大样。

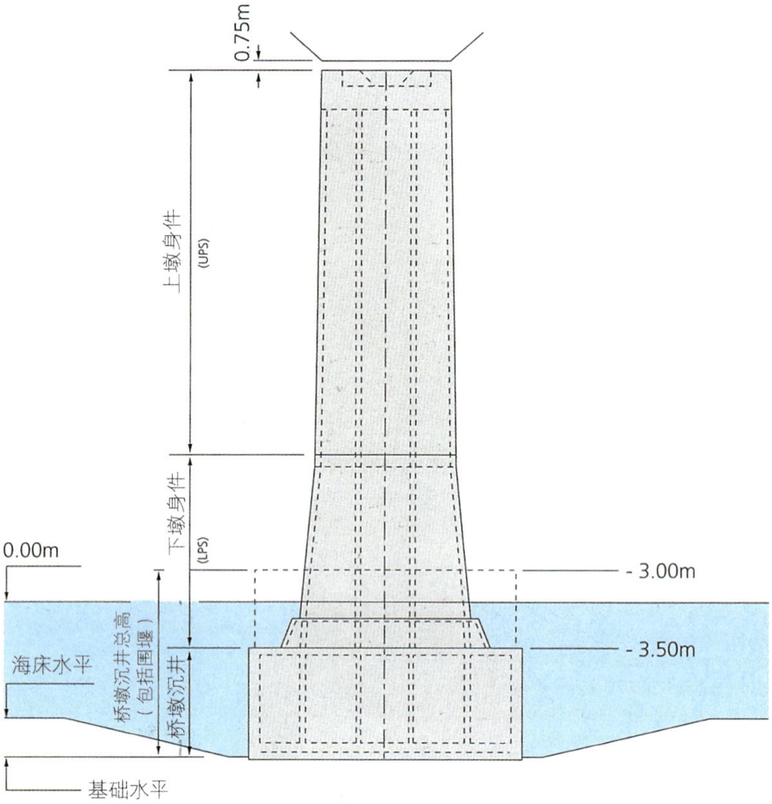

图 8.4－10　引桥桥墩大样

在运输以前，在沉井上安装围堰、压重和灌浆系统。起吊沉井时，穿过靠近底板处的内壁缺口，安装 4 个吊耳（厚钢管），用钢丝绳将吊耳连接到由吊船的扩展架垂下的 4 个吊钩上（见图 8.4－11）。较重的，即包括装备重量在内超过 3 200 t 的沉井，是在船坞内灌注，而其余的沉井则是在装出站灌注并吊出

图 8.4－11　装出站。吊船－8 和 1 个沉井

用模具（matrix）来保证在每一个位置都放置了所需的碎石量。在计算的材料量被安放好了以后，就对这一面积进行测量。必要时用抓斗或整平尺将表面整平。测量要重复进行。所有这些并不总能得出均匀的表面，有时会超出容许范围。但是在大多数情况，这些差异会在整平层内被吸收。

对于悬索桥以及其引桥桥墩，所要求的密实度分别为最大干燥密度的96%和93%；在现场开始夯实以前，在Kalundborg进行了夯实试验，以测定所用夯实机的频率，夯实时间和每次操作中能被夯实的石层厚度，见图8.5-3。 试验结果表明以下夯实参数能够满足密度要求：

悬索桥：初始夯实低频率15~17 Hz，第一轮夯实时间：1 min；主要夯实：高频率19.5~21 Hz，夯实时间3 min。

引桥桥墩：松散石层的最大厚度为1 m；夯实高频率：19.5~21 Hz；夯实时间，起初为2 min，但随后改为15 s。

压实单元由集团公司的荷兰成员HBW建造，振动器由荷兰的Dieseko供应。初始夯实以及引桥桥墩夯实所用夯板面积为25 m^2，主要夯实所用夯板面积为16 m^2。振动器板的重量分别为75 t与70 t。图8.5-4表示一压实单元。

图8.5-3 压实试验

图8.5-4 压实单元

在碎石床夯实过程中，压实单元是从马林和迪娜-M（crane barge, Marlin and Dina M）起重驳船之上来操纵，而驳船则是由Sercel Axyle system定位在碎石床上面，并用6个锚来固定的。压实机的位置是由Sonardyne underwater position system和压力传感器确定的。所有来自压实和测量系统的数据都显示并存储在计算机中。压实动作是在一具有500 mm搭接量的棋盘格式中进行的，起重驳船在移动之前，可以覆盖15 m^2或24 m^2的面积，它可用自己的绞车移到下一个新的地点。

主桥墩下的碎石床分为约2 m厚的二层夯实。在锚碇之下，两个楔形石床设计成16°的倾斜角，与主缆拉力和锚块重量的合力方向相一致，而锚块的中间部分则悬空在前后两部分之间。对于锚碇，碎石床分3层夯实，每层厚度不超过4 m。对于引桥桥墩，夯实在一次操作中完成。西主塔下的第二层夯实是用Buzzard自升式平台（jacked-up platform Buzzard）完成的。图8.5-7表示该自升式平台。

整平（Screeding）

除了两个主塔墩之外，400 mm厚的整平层的铺设与整平都是由从起重驳船操纵的整平单元(screeding unit)进行的。而两个主墩的整平层则是由Buzzard（自升式平台）铺设。整平单元包括一个支承架，它有4个放在被夯实石床上可由液压调整的支腿；在这支承架上，有一用若干缆绳吊于起重驳船的整平梁（screed beam）；通过起重驳船在锚固绞车作用下移动，缆绳就带着整平梁从一端移动到另一端。整平梁是一个13 t重的钢箱；通过（连接驳船与整平梁的）可伸缩的卸石管，可以向整平梁供应碎石，见图 8.5 -5 及图 8.5 -6。

图 8.5 -5 支承架

图 8.5 -6 装备了整平梁和投喂石料设备的驳船马林

图 8.5 -7 Buzzard 自升式平台

在支承架和整平梁上，均设有倾角仪，后者还配置了回声探测仪的传感器。驳船马林、支承架和整平梁的定位所用的测量系统，就是在夯实石床时定位所用的那个测量系统。

石料是用驳船运输的。在驳船马林的甲板上，带有蛤壳式抓斗的起重机将碎石装到传送带系统，喂进卸石管。一旦支承架放在被夯实石床上，调平并调整高度以后，起重驳船就被定位到正对在支承架之上。在这个位置，放下整平梁并搁到支承架上。先进行一次没有石子的试操作。它的进程由整平梁上的回声探测仪追踪。根据这些数据，可以计算每米应填的碎石数量。

在完成了一轮试操作/测量之后，整平梁就移到开始点，开始第一轮铺设碎石的工作。在这轮工作中，由整平梁上的传感器对整平了的表面进行不断的测量，其数据通过显示屏传递给操作人员并存储在计算机内。

8. 5. 2 预制构件的就位

主塔沉井

在主塔沉井落位以前，它是由系缆固持在 4 艘拖船与 2 艘驳船甲板上的绞车上，这些船则全都系固在预先设置的锚桩上。这些锚桩曾通过用 90 t 力的水平交叉张拉进行的试验。在将沉井与绞车系统相连之前，必须让未来 12 h 的天气预报在下列标准以内：

——显著的浪高：1. 00 m；

——桥轴处平均流速：0. 8 m/s；

——风速：11. 0m/s；

在到达安放地区时，拖船就连到连接锚桩的系缆上，而沉井则连接到系固于锚桩的驳船上的绞车。这一操作的定位都靠目测，故必须是白天操作。运输船停泊以后，进一步的定位由光电测距仪进行。应该向拖船队长提供以下信息：

——现在位置；

——距最后位置的距离，以 cm 计；

——航向（方位），以 1/10 度计；

——所有 6 根系缆绳的绳长校正。

附近的一艘小测量船则提供水流方向与强度的更新资料。图 8. 5 – 8 表示沉井就位时的定位布置。

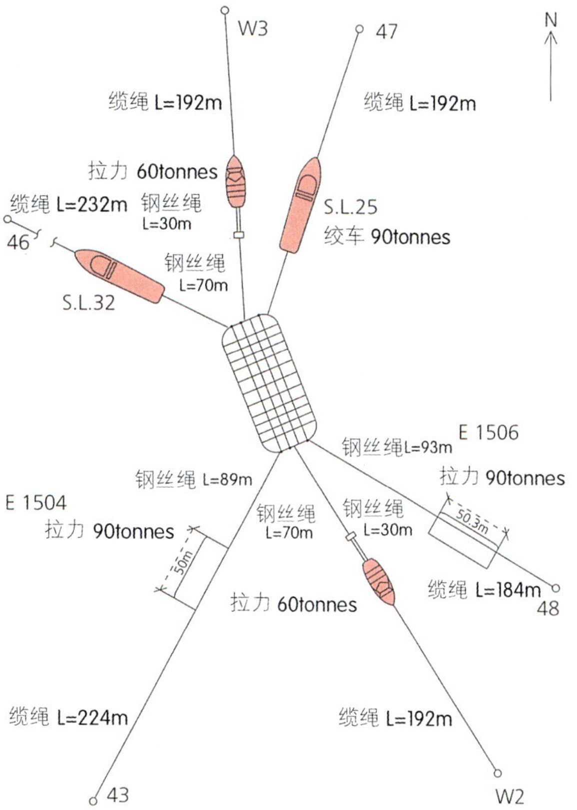

图 8. 5 – 8 就位布置

在沉井被拖到精确就位的位置以后，压重就开始。4 台安装在外面的水泵（每台能力为 1 500 m^3/h）连接到压重管路系统，整个压重操作分为 3 个步骤：

——压重到底部净空为 0.5 m；

——在纵向及横向将水平精调到 0.05 m 以内的容许公差；在这一步，也进行位置的精调；

——下落就位。

当确认主塔沉井在规定的公差 200 mm 以内时，就继续压重，并不断监测，直到下落就位。在这个压重继续到相对于底板 +21 m 的水平以后，这就满足了稳定性的要求。两个主塔沉井在就位过程中，在它们拉紧的停泊系统之下的移动量远远小于预期值，这两个沉井都在容许的公差以内良好地落了位。

图 8.5－9 表示在拖船上所显示的图像。图 8.5－10 表示压重系统。图 8.5－11 表示压重完成。

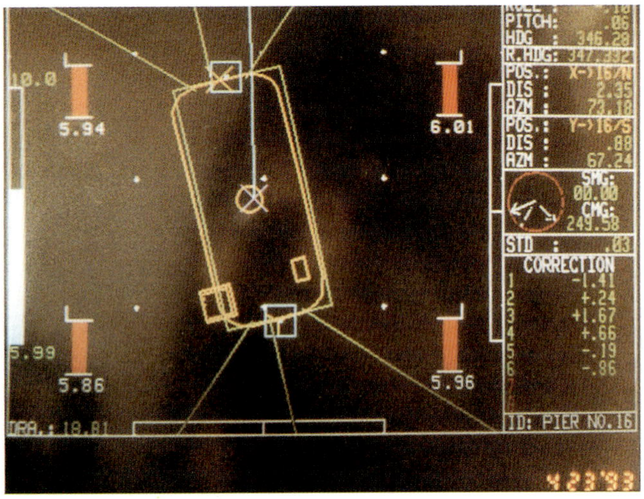

图 8.5－9　拖船队长所见到的显示图像

图 8.5－10　围堰上的压重系统

图 8.5－11　压重完成

锚碇沉井

锚碇沉井的锚定布置由位于 4 艘拖船和 2 艘吊船（Taklift4 与 Taklift8）甲板上的绞车操纵的系缆所形成。所有这些船都系固在锚固桩上，这些桩都曾通过 90 t 拉力的试验。一旦沉井被系固到锚定系统中，并被拖入位置以后，也用主塔沉井所用的方法，压重下沉。两座锚碇沉井也在规定的容许公差之内落了位。图 8.5－12 表示该沉井的锚定系统。图 8.5－13 是其落位时的照片。

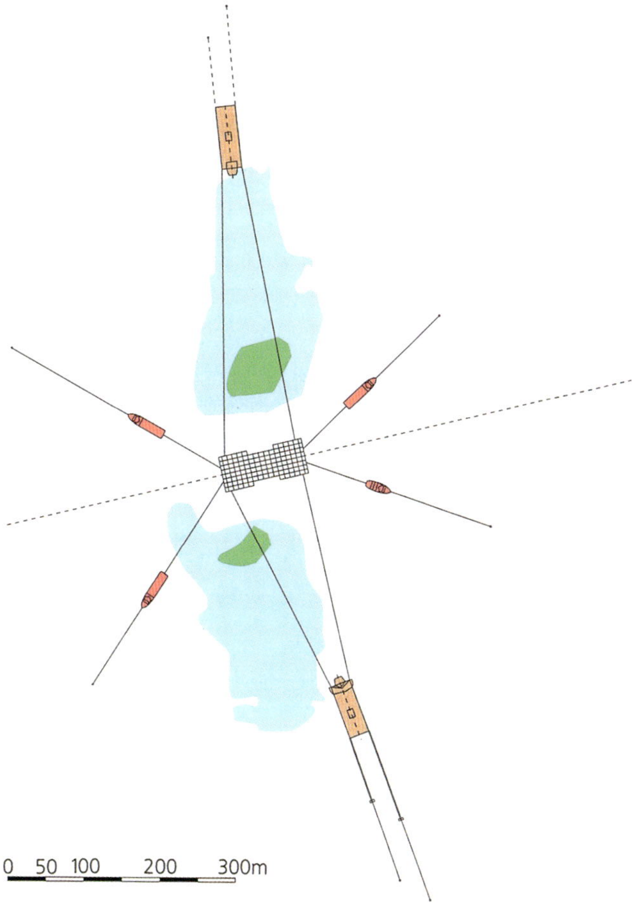

图 8.5－12 锚碇沉井的锚定系统

图 8.5－13 锚碇沉井正在落位

引桥桥墩

在桥墩位置，预先设置了一个锚定系统。从 Kalundborg 到达落位地点之后，在拖船与操纵锚的船的帮助之下，吊船被停泊在预先设定的锚定系统之中，然后就用其绞车让吊船移动就位。见图 8.5－14 及 8.5－17，图 8.5－15 则表示所用的起吊架和压重系统。

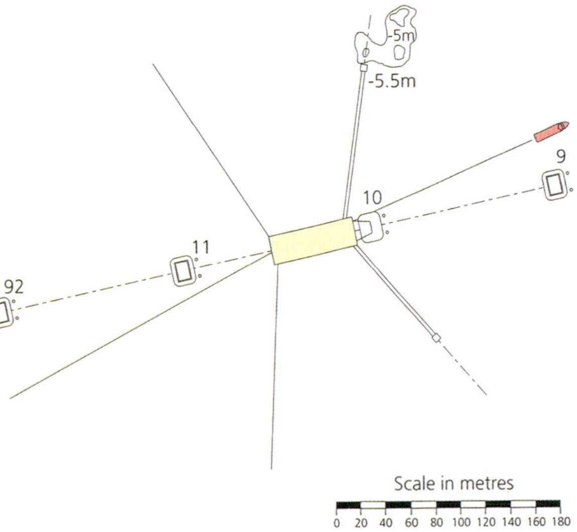

图 8.5－14　引桥沉井就位时的锚定系统

图 8.5－15　起吊架和压重系统

沉井的位置用光电测距仪测量。测量数据通过一显示单元传递给舵手。在就位过程中，每个沉井用水压重下沉，在高出碎石床 0.25 m 时，沉井精确定位。当它完全稳定时，落到碎石床，在最后一次测量之后，吊钩荷载缓慢地解除，让沉井的裙板插入碎石床，再继续压重，直至底部稳定。最后让吊船与沉井脱离。

在沉井上，已安装了扁千斤顶，以备承接墩身。一旦吊船进入位置后，下墩身件即下降至高出扁千斤顶大约 50 mm 的位置。再从这一位置继续下降到扁千斤顶上预先标记的墩身的最后位置。下降时，由 tirfor tackleline system 导向，以抑制振动。垂直方向则用操作扁千斤顶来达到。图 8.5－16 表示下墩身件在下落过程之中。

图 8.5－16　悬挂在沉井之上的下墩身件

上墩身件安装在下墩身件顶面的扁千斤顶上。从 Kalundborg 运到以后，吊船即停泊在预先设置的锚定系统内，然后，用它们自己的绞车移动，将上墩身件定位在下墩身件之上。当采用两艘吊船时，载墩身件的驳船停泊在它们中间。一旦上墩身件吊起以后，驳船即被拖开，两艘吊船用它们的绞车一起移动使上墩身件定位到下墩身件上正确的位置。导向工作也是由 tirfor 来完成的，精确位置由垂直激光确定。一旦上墩身件已经稳定在其位置上，它们就下落到扁千斤顶上，像前面一样，由扁千斤顶进行精确的垂直调整。图 8.5－18 表示上墩身件用双吊时的就位，图 8.5－19 是其安装示意图。

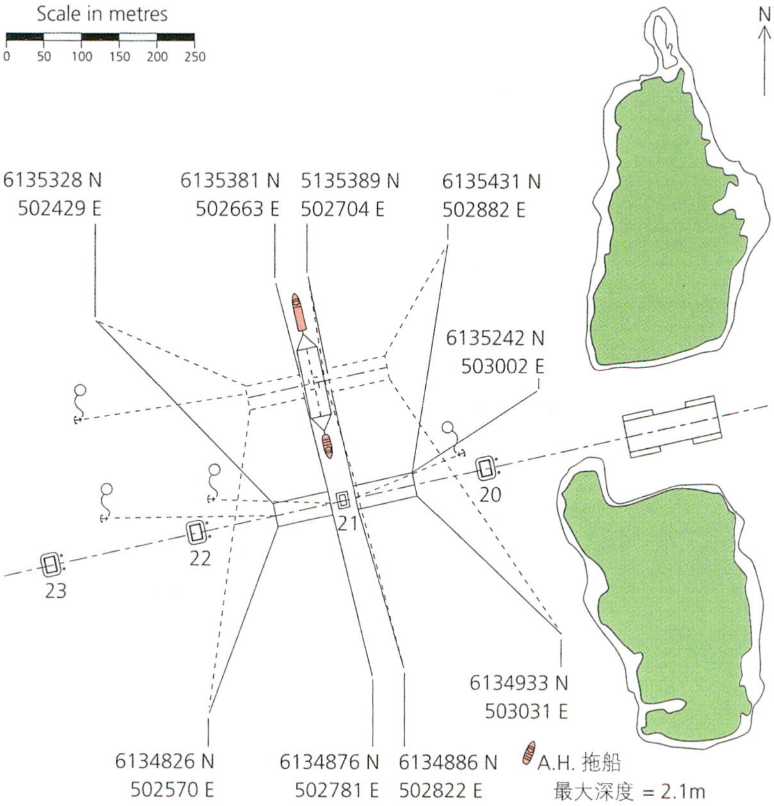

图 8.5－17　锚定系统

图 8.5－18　双吊上墩身件就位

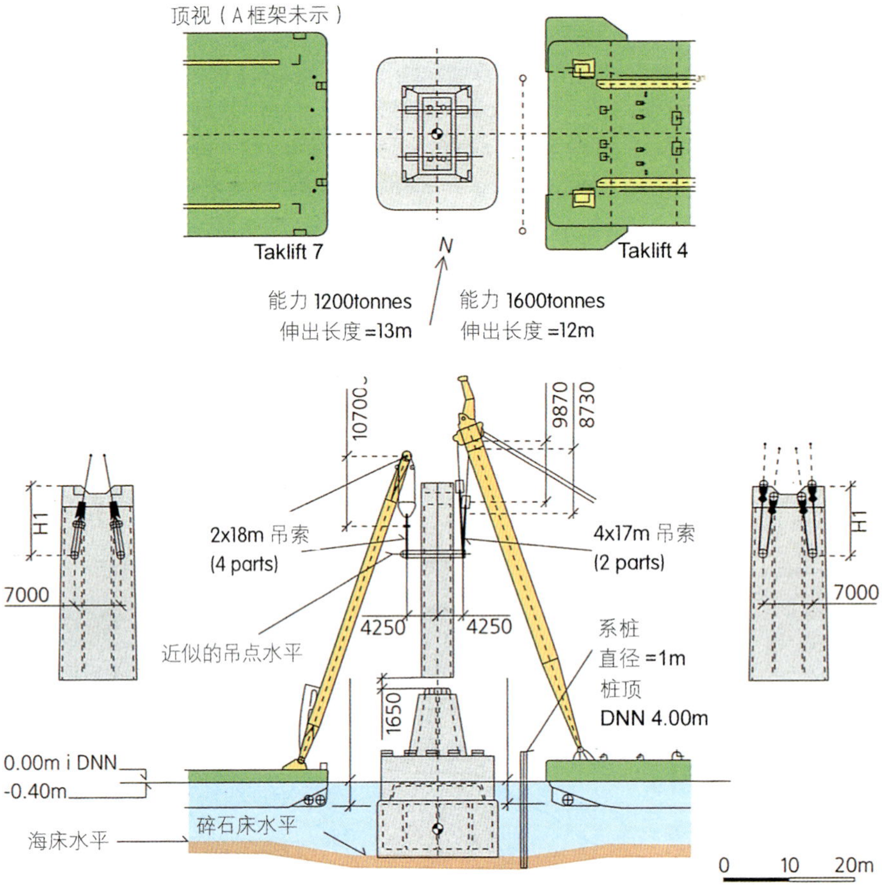

图 8.5－19　上墩身件安装

8.5.3　基底灌浆，压重和冲刷防护

灌　浆

在沉井的裙板已经插入碎石床的情况下，沉井底部与碎石床之间的空隙用灌浆填充。这一工作在落位完成以后，立即开始。灌浆是通过预先布置的管道进行的，进口用 2’管，出口用 3’管。掺塑化剂的砂/水泥浆是在霍尔斯科夫混凝土工厂制造，用搅拌车在渡船上运输。压浆泵设在驳船“Skerchi”上。图 8.5－20 表示一灌浆驳船。

灌浆压力在进口管为 8 bar，随后在引桥沉井降低至 5 bar，因为发现高压力会使沉井少量位移。每座锚碇沉井的灌浆约在 72 h 内完成，共灌入砂浆约 1 500 m^3。对于每个主塔墩，灌浆量约 725 m^3，大约40 h 灌注完毕。引桥桥墩沉井的灌浆量在 80 m^3 至 145 m^3 之间，灌浆时间为 6～8 h。

压　重

在基底灌浆完成以后，就向沉井内填砂、填橄榄石，对锚碇沉井并用一部分铁矿石进行压重。砂主要用泵泵入。图 8.5～21 表示填砂压重情况。其他材料则用配有 1.5 m^3抓斗的吊机或 1 m^3箕斗进行填充。

冲刷防护

对水流与波浪冲刷的防护采用了填石的方法，一层 0.5 m 厚的 50～150 mm 过滤石和一层 1 m 厚的 Hyporit 60～300 kg 护铠石。引桥桥墩在设置冲刷防护以前，在其基础开挖坑先填以碎石，而主塔墩的冲

图 8.5－20 主塔沉井的灌浆驳船

刷防护则直接设置在开挖坡上，开挖处不予回填。这项工作是用传统设备，即运输驳船和配有抓斗的吊船来完成的。

图 8.5－21 撒播主塔墩压重砂的浮箱在围堰内工作

锚碇具有（用开挖出来的泥土筑成的）防护岛，不做填石防护。

8.5.4 锚碇的现场工作

本节对两个锚碇现场工作的步骤，所用方法和主要数量作一简单描述。锚碇的构造，则如图 8.5－27 所示。

工作场地

锚碇沉井在桥址落位后，先灌水压重，基底灌浆，再让一个 27 m×94 m 的巨大工作浮箱停泊在锚碇的主跨侧。大多数材料、钢筋、模板、混凝土等从渡船运来，卸到浮箱上，用吊机和混凝土泵送到锚碇，浮箱上的 4 台混凝土泵连接到沉井内的 4 座分配塔。工人舱、办公室、工场、卫生设备、发电机等也设在浮箱上，见图 8.5－22。

围着沉井，在高程 +4.0 m 处，设置了一个用以储存材料并作为工作场所的工作平台。

大多数时间，每座锚碇配置两台 Liebherr 塔吊，但是在锚碇灌筑时，又安装了另一台 Liebherr 和一台 Peiner 塔吊。此外，在沉井进行现场灌注时，用了 4 台固定式 Schwing 混凝土分配塔，而在其支腿及横梁施工时，用了两台在高程为 +10.0 m 的顶板轨道上行走的移动式混凝土分配塔。除了 1 台 Alimak 电梯通到横梁工地之外，人员都经由梯子到达工作地点。

施工方法细节

所有的就地灌注都使用由塔吊安装的活动模板。混凝土在霍尔斯科夫岸上制造，用搅拌车在渡船上运到工地。为了控制养护温度，所有混凝土都用在 PEL 或钢管内流通的冷水降温。在钢筋密集或难以接近的地方，用设在钢筋之间的护笼（cage）为混凝土输送管与振捣棒导向。

沉　井

沉井的现场施工包括约 5 m 高的墙和 0.8 m 厚的顶板，其顶面高程为 +10.0 m。墙用位于浮箱上的混凝土泵及分配臂分两提灌注（始于内墙的提升 6；终于外墙的提升 7）。厚度为（0.4 m，0.6 m，0.8 m 及 1.0 m）的墙分层灌注，每层约 0.45 m，每次灌注数量达 1 300 m^3。

顶板的后部与中间部分是在支承于纵向墙托臂上的预制板上灌注的。在每室之上留 1 个进口孔，以备以后输入压重之用。每个沉井的前面部分在灌注顶板以前，先填砂压重，顶板即直接灌注于置在捣实填砂层的隔水层上。顶板分两步灌注，先灌注后部与（施加后张预应力的）中间部分，随后灌注前面部分。分别灌注混凝土约 550 m^3 和 1 800 m^3。板中设有排水暗管。

锚　块

这是用来将主缆力通过犬牙交错接缝传递给沉井墙的巨大混凝土块。每个锚块约有 9 000 m^3 混凝土，位于高程 −11 m 至 +21 m。为了在 1.5 m 厚的灌注中降低水化热，采用了低温混凝土。锚块分 25 提灌注，灌注量从 50 m^3 变化到 5 330 m^3。图 8.5－23 表示锚块施工；图 8.5－24 表示其张拉廊和粗力筋。

图 8.5－22　锚碇和工作浮箱及工作平台

图 8.5－23　锚块的施工

每个锚块由张拉廊分隔成两部分，从张拉廊可以检查 26 m 长的 Macalloy 预应力筋的端头和锚具。预应力筋用十字板和锚具锚固在锚块顶面。十字板部分地埋在混凝土内。每个十字板/锚具由 8 根 $\phi 40$ mm

和4根 ϕ50 mm的粗力筋来固定，见图8.5－25。

图8.5－24 锚块模型，连同张拉廊与Macalloy粗筋

图8.5－25 十字板

散索鞍支腿与散索室

散索鞍支腿将来自主缆的巨大压力传递于沉井。在沉井顶上，支腿分为11提（lifts）灌注。对锚碇15与18，每提高度分别为3.3 m与3.15 m。在支腿顶部，埋着横梁的后张力筋。散索室为设在沉井顶部的45°倾斜的结构。锚块顶上是大缆丝股的锚具（靴跟、十字板），锚块是灌注在散索室两墙之间，并与墙相连。为了避免在施工时对悬臂的墙设垂直支承，它们的上缘用后张力筋锚固在块体下端。图8.5－26表示散索室腿部在悬臂灌注之中。对横梁施加后张预应力的力筋设在墙的上部。散索室的顶板是在主缆编制完成以后，由上部结构承包人施工。散索室提供了从沉井顶板到横梁的路径，并可对主缆与其丝股锚具进行检查。

图8.5－26 散索室腿的灌注

横　梁

在施工时，在沉井顶板上，建立了高达30 m的脚手架以支承横梁的下部。图8.5－28表示所用脚手架。横梁是一种板/墙结构，具有一块底板，纵、横墙和一块顶板，如图8.5－29所示。它是灌注在两条散索鞍支腿、两条散索室之间，并位于其顶部。横梁内部的隔室则被用来安放除湿设备等。

在散索鞍支腿的顶部，建筑了约6 m厚的底座（见图8.5－29），用于承受来自主缆的巨大的压力（25 000 t），并将它传到散索鞍支腿墙。这底座用Macalloy预应力粗筋，分两层施加双向后张预应力。在底座内，为了固定和安装鞍座以及上部结构承包人的各种临时结构，预埋了许多插入件。

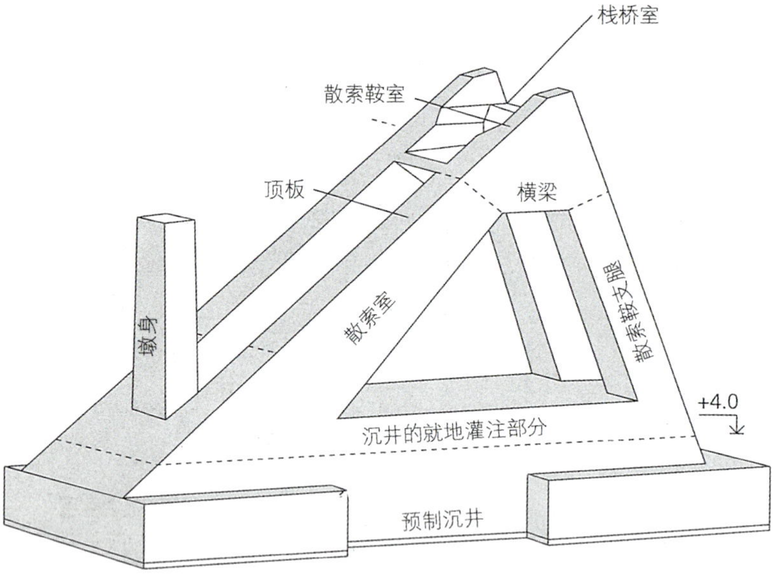

图 8.5－27　锚碇

图 8.5－28　施工时用于支承横梁底部的脚手架

在横梁顶部建立了一个栈桥室（trestle housing），形成主跨与引桥之间、配置伸缩缝的过渡区。主跨与引桥的支座也设在横梁的顶部。横梁在纵、横方向均施加了后张预应力。在主缆编制完成以后，由上部结构承包人在散索鞍和主缆之上修建一个部分用混凝土、部分用钢的散索鞍室。

墩　身

在沉井的后部，用类似于 Kalundborg 预制桥墩的方法，就地灌注了第 14 及第 15 号墩身。墩身分 11 提灌注，每提高度分别为 3.3 m 和 3.15 m。在墩身顶上灌注了墩帽，以备安放上部结构的支座。

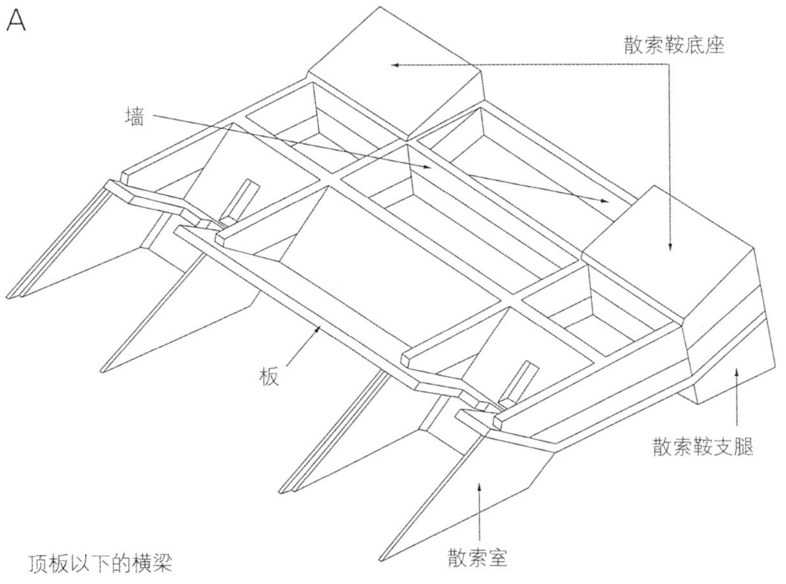

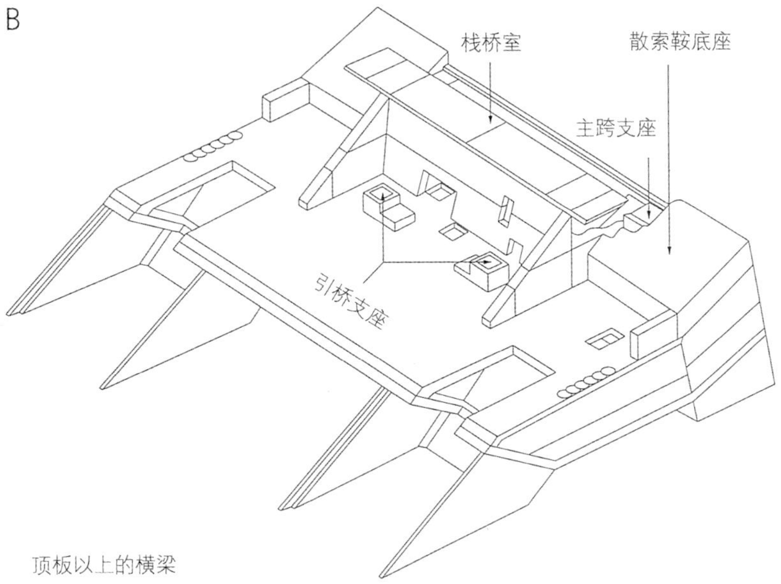

图 8.5－29　横梁

8.5.5　杂项安装

接地和雷电防护

一种接地与雷电防护系统（钳在钢筋上的钢丝）预埋在预制沉井中并穿过散索鞍支腿与散索室，伸到锚碇顶上。在锚块高程 +10.0 m 处、在散索室外墙顶上、在横梁内，以及在主跨与引桥的支座等处，均设有可以在以后连接于该系统的连接点。

锈蚀监测

在锚碇 15 的西南角，不论预制或就地灌注部分，在散索鞍支腿内，在高程 +4.0 m，+10.5 m 和

13.3 m 处，均预埋了监测腐蚀的传感器，见图 8.5 - 30。这是用来监测钢筋是否生锈，是什么时候开始，以及锈蚀到了什么程度。传感器的读数储存在一个在南面散索鞍支腿中的永久 PC - 界面箱（permanent PC-interface box）内。所有传感器在灌注混凝土前后都要经过试验，以确认它们功能良好。

电气的连续性

在沉井和支腿下部施工时，所有钢筋的电气连续性都经抽样检测，以保证以后可以进行阴极防护。

路径和栏杆

到锚碇的路径是从桥面进入散索鞍室，下到横梁；从那里，在两个散索室，从室顶到高程 +10.5 m 都安装了楼梯，在高程 +10.5 m 处有门通到沉井顶板。围绕顶板都安装了外栏杆。从沉井顶板，穿过开在倾斜后板上的孔，可以通到张拉廊。

图 8.5 - 30　监测锈蚀的传感器

主要数量

以下是 GBC 修建一个锚碇所实际使用的材料量：

混凝土	
沉井（预制）	19 250 m^3
沉井（就地灌注）	5 980 m^3
锚块	18 090 m^3
散索鞍支腿 + 散索室	4 550 m^3
墩身	1 180 m^3
横梁 + 散索鞍底座	3 090 m^3
就地灌注，总计	32 890 m^3
钢筋	
沉井（预制）	4 033 t
沉井（就地灌注）	852 t
锚块	2 044 t
散索鞍支腿 + 散索室	856 t
墩身	257 t
横梁 + 散索鞍底座	618 t
就地灌注，总计	4 627 t
后张预应力绞线/粗筋	
锚块	282 t
其他就地灌注结构	170 t
就地灌注，总计	452 t
压重填料	
砂	42 000 m^3
橄榄石	8 800 m^3
铁矿石	6 400 m^3
废混凝土	1 000 m^3
总数	58 200 m^3

主要工厂/设备

以下为每个锚碇现场施工所用：

塔吊	3 Liebherr + 1 Peiner
混凝土分配机	4 Schwing OVM37
混凝土泵	2 Schwing BP8 000 及
	2 Schwing BP4 000
发电机	2 ABZ CS 640/50
水冷厂	8 180/140 kW
热容器	2 180 kW
高压泵	1
起重船	Marlin + Tarpon
渡船	4

8.5.6　主塔的现场工作

本节简单描述两主塔施工工作步骤、工作方法和主要数量。

施工场地

在预制沉井已经落位、灌水压重及基底灌浆以后，尺寸约为24 m×90 m的一艘工作驳船就停泊在靠近主塔沉井的“近岸跨”一侧。多数材料（钢筋、模板、混凝土等）由渡船运来，卸到这一驳船上，并分配到主塔吊机和混凝土泵，其中有两台泵放在驳船上，并连接到沉井上的分配塔。工人舱、办公室、工场、卫生设备、发电机等，也设在驳船上，见图8.5－31。

图8.5－31　主塔与工作驳船

在沉井之上，当它们还在Kalundborg干船坞的时候，已经安装好围堰。每个主塔的施工，开始用两台塔吊，其中1台在以后被拆除。另外，在沉井顶板和底座结构施工时，还增加了两台固定式混凝土分配塔。在塔柱与横梁施工时，混凝土输送管固定在塔柱内边。人员到工作地点是由楼梯通到高程+21 m处。而每根塔柱内部也设有楼梯。在塔柱外边，则设有Alimak电梯，可供上下。

施工方法细节

在高程+21 m以下，用塔吊安装通常的模板进行就地灌注，然后用液压操作自升式翻模继续施工。横梁模板也是通常的模板，支承在一个预先拼装好的，由液压提升就位的巨大钢结构上。

混凝土在霍尔斯科夫岸上生产，用搅拌车放在渡船上，由海上运送到工地。为了控制养护温度，所有混凝土都用预埋在混凝土内的塑料（PEL）管或钢管内流通的冷水进行冷却。在钢筋密集或难以接近的地方，用设在钢筋之间的护笼作为混凝土管和振捣棒的导向。

为了延长混凝土可工作性的寿命达到3 h，在海上搅拌车内掺入二次剂量的超级塑化剂，使混凝土能一次泵送到高程254.1 m处，而无需中继站。

沉　井

每个沉井的现场灌注部分包括一块在压重填砂之上灌注的77.6 m×34.5 m、厚度为2.5 m的顶板，其顶面高程为－3.5 m。这顶板的灌注成为一次连续灌注量最大（6 370 m^3）的一个。

底　座

24.5 m高的底座结构是一个多室结构，外墙和两片内墙的厚度为1.2 m，其他内墙的厚度为0.5 m。底座结构的顶板是在预制板上灌注的，并施加双向预应力。为了避免在浪溅区设置灌注缝，外墙的第一次灌注高度取8.5 m，其余灌注高度为不大于4 m。底座结构顶面高程为+21 m。

塔　柱

塔柱为空心结构，建筑在底座的顶上，按每提4 m灌注。其四面墙的钢筋在工作驳船上预制，提升就位。塔柱的每次灌注量从底部的340 m^3变化到顶部的130 m^3。在高出海平面254.1 m的顶面，主鞍座是安放在由最高灌注所形成的平台上。图8.5－32表示塔柱第1节的灌注。

横　梁

主塔两根高度为12 m的横梁为空心结构，可以让人从一根塔柱走到另一根塔柱。下横梁的高程为从125 m到137 m，上横梁的高程为从240.7 m到252.75 m。在上横梁顶面的外缘，灌注高1.35 m的胸墙，这使上横梁的顶缘到达高程为+254.1 m（全桥最高点）。主塔的两根横梁均用Freyssinet预应力体系施加预应力。图8.5－33表示下横梁的模板。

图8.5－32　塔柱第1节的灌注，前面为工作驳船

图8.5－33　下横梁的模板

接地与雷电防护

雷电防护系统由钳在主塔钢筋上，埋在预制沉井内，穿过塔柱到达塔顶，并穿过横梁连接两根塔柱的钢丝组成。在塔柱内部，设置了可以在随后与安装的铜导体相连接的连接点。在每个主塔顶上，设置了与系统相连接的雷电防护体。

腐蚀监测

在桥塔16的西南角，在预制沉井和就地灌注的底座的混凝土内均埋设了腐蚀监测的传感器。这些传感器是用于显示钢筋腐蚀是否发生、何时发生，以及发生到什么程度。在底座结构的南隅角设置了一个永久性的PC－界面箱，以储存来自传感器的读数。在每次灌注的前后，所有传感器都须进行测试，以确认它们能满意地运作。

电气连续性

在施工过程中，对钢筋的电气连续性进行抽样检查，以保证以后对钢筋引进阴极防护的可能。

主要数量和其他数字

以下列举 GBC 修建一座主塔所用材料的数量：

混凝土	
沉井（预制）	11 740 m^3
沉井顶板（就地灌注）	6 365 m^3
底座结构	8 015 m^3
塔柱	20 485 m^3
横梁，包括横梁处的塔柱	4 825 m^3
就地灌注，总计	39 690 m^3
钢筋	
沉井（预制）	2 280 t
沉井顶板（就地灌注）	755 t
底座结构	1 725 t
塔柱	3 350 t
横梁，包括横梁处的塔柱	835 t
就地灌注，总量	6 665 t
相当于	174 kg/m^3
后张预应力绞线	
总计	205 t
Dynaslan 处理，从 +3.50 m 到 +80 m，主塔	8 250 m^2
填砂压重	37 500 m^3

工作小时

工作一天 24 小时不停，每周 7 天。工班工作 12 小时轮换，经过 7 天，然后休息下一个 7 天。经过 27 个月施工，在 1995 年 8 月中旬，到达第一座主塔的塔顶。恶劣天气造成总人工小时 16.9% 的损失，而罢工造成另外 2.8% 的损失。平均每 m^3 混凝土的灌注需要 7.33 人工小时；平均灌注速度为 26.5 m^3/h。

主要工厂/设备

以下为每座主塔就地灌注所用：

塔吊	2 台 Liebherr 塔吊（底座结构完成后仅有 1 台）
混凝土分配塔	2 座 Schwing
混凝土泵	2 台 Schwing
发电机	2 台 ABZ CS 640/50
水冷却厂	2 台 180/140 kW
热容器	1 台 180 kW
高压泵	1 台
起重驳船	Marlin + Tarpon
渡船	4

8.5.7 测　量

本节讲述与下部结构有关的各种测量工作。

施工公差

规范写明：承包人在每个结构完成时，作为下部结构工作的一部分，进行包括位置、总体几何尺寸、支承面积及埋入件的局部几何尺寸等的控制测量。表 8.5－1 表示特定点的公差。

表 8.5－1　特定点的公差

结构构件			δ_x/mm	δ_y/mm	δ_z/mm	θ_x/rad	θ_y/rad	θ_z/rad
锚碇	沉井，位置*）		±200	±200	±200	0.003	0.002	0.003
	锚碇的就地灌注部分，位置*）		±40	±40	±40	—	—	—
	散索鞍支承处埋件		±20	±20	±20	—	—	—
	主缆锚固处埋件	理论锚固点	±20	±20	±20	—	—	—
		十字板	±10	±10	±10	0.001	0.001	0.001
主塔基础	沉井，位置*）		±200	±200	±200	0.002	0.001	0.003
	桥塔基础的就地灌注部分*）		±40	±40	±40	—	—	—
塔柱，位置	在高程 +21 m 处		±40	±40	±20	—	—	—
	塔柱，在加劲梁处		±40	±40	±20	—	—	—
	塔柱，在塔顶处		±60	±60	±20	—	—	—
引桥桥墩	沉井安放，在高程 0.0 m 处		±200	±200	±100	0.003	0.002	0.003
	墩身安装，在接缝处		±20	±20	±20	±0.01	±0.01	±0.01
	墩顶处		±20	±20	±20	±0.01	±0.01	±0.01

*）δ 值相对于结构构件的隅角，θ 值相对于重心轴中心。

对于以下项目（包括在其他项目中），必须特殊注意：

——构件的主要几何形状，包括长度、曲率、拱度和总的扭曲；

——支座等所用固定件的位置；

——主缆各丝股锚具、十字板的位置；

——主塔为加劲梁提供的水平限位支座及其混凝土托臂的几何尺寸；

——在主塔顶部的主鞍及在锚碇的散索鞍处，其支承面的几何尺寸。

构件制造的公差

规范写明：凡影响结构外观的所有轮廓线应该形状正确，没有可以觉察的偏差：

1）结构部件的水平与垂直位置，相对于参照线的最大偏差　　±20 mm

2）与图纸所示几何尺寸的偏差，不应超过：

　6 m 以内的长度　　±12 mm

　6 m 与 18 m 之间的长度　　±20 mm

　18 m 以上的长度　　±30 mm

测量控制网

在桥线测定和测量控制中，方位测量是以 Storebælt 自己的坐标系统为根据，而高程测量是按 DNN

（Dansk Normal Nul）决定。

海　上

对于海上工程的测量支持，主要是对以下三项工作：① 开挖；② 碎石床设置；③ 拖运及落位工作（见表 8.5－2）。

表 8.5－2　海上定位，采用两个主要系统

名　称	类　型	精　度
Axyle	无线电定位系统 射幅－射幅型（Range-range system）	±0.3 m 或更佳
光电测距仪 400（Geodimeter）	自动跟踪 经纬仪系统（Theodolite system） 射幅－方位型（Range-bearing system）	±0.05 m 或更佳

开挖的测量支持

在铲斗开挖机（Holland 1）甲板上的主要定位系统，是 Axyle 连同 fluxgate compass。还有一台压力传感器，用于控制铲斗深度。

碎石床设置的测量支持

碎石床设置是在起重驳船（Marlin）上进行的。海底定位采用一种声学系统的 Sonardyne transducers，而对于监测深度，采用了设在整平架上的压力传感器。以后在架子上又安装了塔架，以便用三角几何的方法来校核高度。在架子本身，还安装了倾角仪，以保证石床面为平面。

拖运及落位的测量支持

预制构件从 Kalundborg 到桥位的拖运路线的定位用 Axyle 作为主要系统，各种 GPS 作为辅助。沉井的最后定位则采用自动追踪经纬仪（光电测距仪）。来自光电测距仪的信息，经过遥感在线连接到达船上的测量计算机，使得测量操作人员能够在提升操作的监控器上保持对沉井位置的经常监视。

预　制

在 Kalundborg 的预制工场，有一系列测量工作：

——在 Kalundborg 地区内，建立 1 个测量控制网；

——临时工程物的测定；

——混凝土制造的测定；

——构件制成后的测量。

在 Kalundborg 进行的各种测量，采用了全站仪 AGA、光电测距仪和传统的水平仪。因为承包人选择了通用模板，测量工作量是相当大的。灌注以前和灌注以后的校核测量，都必须进行。在每一个构件上，有若干参考点是按照局部坐标系，作为制成时测量（as-built survey）的一部分来测量。其后，在就位时，构件的几何尺寸要转换到桥线坐标系时，即用这些参考点作为转换点。

现　场

在大贝耳特地区，有一系列关于生产工作的测量：

——对 SBF 测量网的复测；

——沉陷监测；

——在接受下墩身件和上墩身件之时的测量；

——在灌注混凝土以前，模板的校核测量；

——成桥测量。

一般情况，放样和制成后测量都是用通常的方法进行的，但在某些情况也使用了特殊设备。

对 SBF 测量网的复测

这是既由承包人也由丹麦路政当局，为了校核所用测点的稳定性而进行的。下部结构承包人一般用 GPS 和通常的水平仪来进行这一测量。

沉陷监测

承包人的意图，原是进行倾角仪测量和 GPS 测量来监测桥墩、锚碇和主塔的水平移动。直到 1994 年夏季，倾角仪和 GPS 两种测量都做。但是在过了这一时间之后，就只进行后者，因为大家业已同意它已足以监测水平和垂直位移。

为了量测在整个施工期间的沉陷量，对下部结构承包人所用测点与上部结构承包人所用测点之间的差距进行了测量。在下部结构承包人交付引桥桥墩与上部结构承包人安装主梁之间的短时期内，Storebælt 会同丹麦公路当局在桥墩墩身上进行了沉陷测量，以检验是否在这一期间发生了任何意外的位移。

相对沉陷

为了检查在锚碇上灌注散索鞍和散索鞍支腿时以及在沉井内填充铁矿石与砂时，锚碇下部是否发生相对沉陷，在相隔距离为 10 m 处，设立了一些测点，4 点接近于外隅角，约有 8 点设在支腿之间。用通常方法，对这些点进行水平测量，就可检测出锚碇的扭曲、下沉和任何倾斜。

在接受下墩身件和上墩身件时的测量

在用 GPS 测量了围堰上或下墩身件顶部的测点以后，设置垂直激光测点。并在待安装的上墩身件设置相应的目标点。当激光射中目标点时，墩身即是在正确的位置。对于垂直方向，也用同法进行测定。

在灌注混凝土以前，对模板的测定

由于锚碇和主塔有很大一部分采用就地灌注，许多测量工作也必须在现场进行。

锚　碇

锚碇灌注采用通用模板系统。在每次灌注以前，所有模板必须校对其几何位置。测量是用电子全站仪，AGA 光电测距仪 440 进行的。仪器本身配置了软件，使它们有可能当场计算与预定模线间的偏差，从而可以在现场直接识别任何超出容许公差的区域。由于十字板不仅位置公差严格，而且转角公差也很严，所以应该特别注意。

主　塔

在主塔，采用了两种系统，一种是在灌注混凝土以前用塔柱内的激光校核几何形状，另一种是用全站仪进行制成结构测量作为文件依据。在每个塔柱内部，在托臂上设置了 4 个自动垂直激光，每个隅角 1 个。激光集束组合包含一个水平圆形的普通水平仪和一个放在它顶上的垂直激光。这使它有可能调整激光束的倾斜度到偏离垂直线 ±22% 的范围以内。集束的组合使它有可能以垂直方向和水平方向都确定的角度发射激光束。爬模的调整，是通过测量每个隅角处激光束与模板之间的垂直距离（利用事先计算好的各提模板的偏移）来进行的。

对于成桥的测量

采用全站仪 Zeiss Elta 2。这是因为必须使用很陡的视线，而这种仪器配置有很精密的补偿器。由于塔柱很高，但不垂直，必须采用“overshooting program”来保证其处于正确的位置，并在灌注横梁时不产生初应力。

8.6　质量保证

作者：Kjeld Roger Henriksen，项目副主任，Storebælt。

合同规定

规范包含了关于GBC的质量保证系统的详细要求（QA），该要求是以ISO 9001“质量系统——在设计开发、生产、安装和服务中的质量保证模型”为准，加上由Storebælt规定的附加要求为依据的。

承包人的质量系统

GBC准备了一份质量保证规划（QA programme），这份规划是以以往的经验和程序为依据而准备和编制的，在合同签订以前即为Storebælt所接受。质量保证规划包括一个总纲，其中有37个一般程序，和一个专门规定，其中410个工作程序/指示是在工作执行时制定的。另外还制订了120个质量计划，涉及合同内的特殊操作或领域。这些质量计划的一个典型例子包含以下各节：

——工作范围；

——方法说明；

——风险及意外事故计划；

——组织；

——界面；

——文档计划；

——检查计划与格式；

——图纸目录。

这个系统在GBC内部是通过由质量保证部（QA department）召开会议，并与雇员的各别接触来实施的。除了GBC自己内部的训练和教育之外，Storebælt还为GBC的工程师和工班长以及他们自己的监理组安排了4次混凝土工艺讲座。

实施了PC－基的质量信息系统（KIS），作为在职培训，由质量保证部对每个KIS操作员进行2小时的训练。GBC的质量控制（QC）工程师是该系统的主要使用者集团。“将它付之于实施”是在与Storebælt密切合作之下进行的，因为，Storebælt是KIS的最终责任人。本工程的80%的质量文件是在最初6个月内制订的。QC工程师负责将QC信息，以60种不同的电子表格类型，登记到KIS系统内。由此产生了35 000份以上的QC文件，以电子格式，送到Storebælt供验收。

为了监控QA系统的实施，GBC的质量保证部对分包人进行了一系列内部和外部的审核。这些审核形成了按照GBC内部程序来纠正工作的基础。

质量保证部配置一位质量保证经理（QA-manager）、三位质量保证工程师和一位负责KIS的工程师。质量控制部（QC-department）配置一位高级质量控制工程师，和最多达25位质量控制工程师，在进行主要工作期间，总人力多达1 000人以上。

Storebælt 的质量系统

根据 Storebælt 的一般要求和 GBC 的质量保证系统，建立了一个用以控制监理的计划，包括一个总纲（包含所有领域的的 43 个一般程序）和一个专门规定（其中包括一个或几个领域的专用控制计划）。

Storebælt 总部对 GBC 及其分包单位进行了 35 次审计，据此形成了 87 项决定（findings）和 58 份观察报告。此外，监理组还完成了 49 次 QC 检查来检查现行的计划、程序和指示（instructions）是否充分和有效。现场的日常监测活动由监理组进行。灌注前的会议由 GBC 和 Storebælt 监理人员参加，由 KIS 正常提供的电子 QC 文件被用于双方的日常对话。每月的质量保证会议（QA-meeting）由 GBC 的质量保证经理召开。

QA 出现问题的领域

GBC 一共发布了 578 份涉及施工不合要求的报告（non-conformance reports），主要是有关灌注质量的，即蜂窝与裂缝以及温度超过规定，但也有关于钢筋和埋入件的问题。对于那些没有遵守正确程序的情况，最常用的纠正措施是对操作人员进行再指示（re-instructing the operators），也有要求修改计划、程序和指示以及变更技术方案作为纠正措施的。

根据合同，GBC 必须在任何一项新的工程开始以前 10 个星期，准备一份质量计划，并送达 Storebælt。这样做的目的是使工作人员有时间来熟悉即将到来的工作，并做好准备。但在多数情况，特别是在施工开始阶段，这一要求很难满足。

竣工文件

竣工文件的准备和提出是由工作程序以及 Storebælt 与 GBC 之间的定期会议控制的。已完成合同工程的竣工文件的投送，应在该工程竣工以前 1 年就开始，其中 90% 左右应在该工程结束时收到，其余的应在其后不久收到。GBC 一共提供了 5 000 份带附件的竣工 QC 文件，还有 6 000 张竣工图。

9　上部结构（钢结构）的施工

译者：周履（9.1 ~ 9.2），教授，中铁大桥局桥研院；
龚志刚（9.3 ~ 9.10），副译审，中铁大桥局桥研院。

9.1　合同的执行

作者：Henrik Hauge Jacobsen，项目主任，Storebælt。

本章叙述东桥上部结构合同的形成及其执行情况。

大贝耳特通道的建设是一次性的，Storebælt 作为唯一的工程业主，承包人没有任何可能再从它这里获得日后的工作。承包人又是专为这个工程而建立的。这使这里的情况变得很独特。

投　标

上部结构合同的签订，是在被邀请的资质合格的 5 个投标人之间的国际竞标评选之中决定的。除了意大利的 CMF Sud SpA 之外，所有投标人都是由 2 家至 8 家熟悉大规模土建工程的公司组成的合营企业。

CMF Sud SpA 的标价最低，约比第二最低标价低 600 MDKK。它还对引桥跨度提出了比较方案，建议将招标方案 168 m 的跨度改为 193 m，借能减少桥墩的数目和下部结构的造价。这两个因素使得 CMF Sud SpA（它与美国顾问公司 Steinman Boynton Gronquist & Birdsall 协作提出标书）成为最具吸引力的投标人。

合同的签订

1991 年早期，开始与 CMF Sud SpA 进行合同的澄清。该公司对大桥和海上施工的计划和工程实践没有多少经验；他们主要擅长于钢结构制造，在小的和中等尺寸钢结构安装方面也有一些经历。为了弥补 CMF Sud SpA 的缺陷，花了很大的努力来确定 Steinman（即与它联系的那个美国顾问公司）对工程的贡献，并将它规定在合同的附件内。在合同澄清期间，从 CMF Sud SpA 和 Steinman 来的人员得到 CMF Sud SpA 的母公司（基地在热那亚，并属于 IRI 集团公司的 IRITECNA SpA 公司）的支持。合同澄清在 1991 年 6 月结束。1991 年 10 月 22 日，正式签订合同，并由 CMF Sud SpA 和 Steinman 两家在合同上签字。

在施工期间，由于意大利政局的变动、停工清算以及加强组织的愿望等原因，合同曾几次转移给新的公司集团，最后完成合同的公司是 COINFRA SpA，这是一家为达到目的而组建的公司，100% 归控股公司 Fintechna SpA（IRI 集团的一部分）所有。

9.1.1　承包人关于分包的策略

除了钢梁板件的制造由 CMF Sud SpA 在 Livorno 附近的 Guasticce 和那不勒斯（Naples）附近的 Pignataro 的工厂里进行之外，承包人不曾计划用它自己的设备，直接雇用工人来进行这座桥的实际施工。所有其他工作，从板件组装成梁段和梁，以及安装工作，主缆工作，还有桥面铺装等，承包人决定用分包方式来完成。

分包人的投标

对于大量的现场工作，用国际查询方法进行分包人的资质预审，并要求可能的分包人为其所用方法和装备报送所用的步骤、程序与技术规范，以及其自身和供应人的信息。根据详细的信息和从可能的分包人那里收到的技术建议，承包人进一步精心编制成最后的招标文件（标书）。这文件包括了 ITALIMPIANTI SpA/IRITECNA SpA 的合同条件和由承包人制订的技术规范，并补充以 Storebælt 的规范与图纸。该标书只发给较少的分包人。

合同的界面问题

分包的范围以及承包人和分包人职责（义务）的交界面，是变化的。有些分包人加进了某些部分的工程和质量计划，部分临时结构和设备的供应，以及包括或不包括材料的供应。

在施工过程中，在所有上述领域内，由于对承包人与分包人义务界定的解释不同，发生了若干问题。争论典型地关系到由承包人提供的基本设计的定义和分包人工程的范围。同样，关于承包人提供的设备的委托和责任的界定，也会引起界面问题。

一个典型例子是桥梁的几何公差的责任。其成品结构的公差是在 Storebælt 的技术规范中规定的。钢梁的板件是意大利的几家钢厂制造的，由 OMBA 在葡萄牙或 Belleli 在意大利南部组拼成梁段，再由 Jøgen Bladt A/S 在 Aalborg 拼装成梁，最后由 SDEM 在桥址安装成最后的结构。要定出在各工序中每个工厂可用的公差是十分困难的。这看起来几乎是不可能的事情，但必须承认最后的结果应该符合规定公差，这会造成后面分包人额外的修整工作。但无论如何，总要让送回到前面的分包人去修改的事尽量减少。

复杂的相互关系

在承担工作者与 Storebælt 之间漫长的交通线和责任，使得承包人在形成施工文件方面非常费时且缺乏效率。工程往往指派到分 - 分包人或者到一位顾问那里。该工程必须首先由分 - 分包人提出意见并接受，然后由分包人，再由承包人，最后到达 Storebælt。在每一步，意见必须回到顾问那里，由他修改文件，再得到批准。

在某些情况，建立一种简捷的办法，即：发出一个文件，送给业主批准，同时通知所有其他层次。这可以使效率较高，但其缺点是文件未经所有中间部门彻底校核，以后有可能导致关于哪一个程序最后必须在承包人和 Storebælt 之间取得一致的问题。此外，Storebælt 仅能作抽样检查，全面检查势必要依靠承包人。

为说明分包与供应人的网络关系，可以看列在 9. 1. 4 的表 9. 1 - 1。该表说明总承包人与分包人的关系是如何形成的。

9. 1. 2　施工工作的组织

工程的施工特别受到承包的影响。它将施工工作和物资供应划分成许多不同的供应和分包项目，这使得已经是挑战性的工程更加复杂。一般情况，承包人将大部分供应定单交给意大利制造厂，例外的是：主索的 50% 购自 Rylands（英国），猫道索购自 Austria Draht（奥地利），伸缩缝购自 Maurer（德国），除湿系统购自 Glenco（丹麦），防撞护栏购自 J. Bladt（丹麦），主缆编制设备购自 Hordaland（挪威）。

板件与梁的制造

钢梁板件指派给在 Guasticce 和 Pignataro 的 CMF SpA 制造是一个明确的决定。但是，CMF SpA 又将某些工作转包给了另外 3 家意大利钢结构制造厂。在合同内，假定桥梁节段在丹麦组拼。但是，由于各种原因，承包人决定改在葡萄牙的Sines组拼，以后又增加了在南意大利的Taranto，但是，这就要将制成的梁段，经过危险和漫长的海上运输，运到丹麦。在Storebælt的要求下，进行了大量的关于运输的风险分析。

制成的板件用船运到两个组拼工地。引桥桥跨的102个节段和悬索桥59个节段中的30个节段是在Sines组拼的，开始由葡萄牙公司Compelmada，后来由意大利公司OMBA组拼。油漆工作由葡萄牙公司SLM承担，油漆则由意大利公司Veneziani供应。无损探伤（NDT）由意大利公司IIS和葡萄牙公司ISQ分担。已完工节段的岸上运输由荷兰公司Van Seumeren承担。余下的悬索桥的29个节段，是在意大利的Belleli组拼，在Taranto油漆。

从Sines和Taranto到Aalborg的储存场地的节段运输工作，由意大利公司Odino Valperga Enterprises承担。在Aalborg，丹麦钢结构承包人J. Bladt分包了将引桥钢梁节段分别拼成一孔长度所需的焊接和油漆工作。引桥主梁以及悬索桥加劲梁的节段在丹麦境内为SDEM所进行的运输，是由两家荷兰公司承担，岸上由Van Seumeren公司，海上运输及部分安装工作由SMIT TAK公司承担。

安装工作

引桥主梁的安装由SMIT TAK负责进行，接缝焊接由SDEM指派给两家丹麦公司，BM承包公司及CCL公司承担。接缝油漆由瑞典公司Alucrom承担。临时缆索系统－后拉索、猫道、抗风系统以及编索设备，是在SDEM的管理之下，雇用法国公司COMAG的资源来完成。而非常成功的主缆编制、索夹与吊索的安装、主缆的缠丝和油漆等也是采用这种做法。

悬索桥梁段的安装是由英国公司Gibson给SDEM完成的。而且，Gibson还设计并制造了4台跨缆吊机。悬索桥施工所需的焊接由SDEM指派给丹麦BM公司，英国ESL公司，和自己旗下的企业（雇用从前在Sines工地所使用的葡萄牙焊接工人）来完成。

桥面铺装

桥面铺装由意大利Anticorrosione公司进行，他们专长于表面处理（油漆），对桥面铺装并没有特殊经验。

桥面铺装的承包工作组织如下：

——Anticorrosione负责工作的管理以及桥面喷砂和涂底漆；

——防水胶玛瑞脂由英国Guaranteed Asphalt公司的工人铺设；

——两层地沥青由瑞士Aeschlimann公司铺设；

——玛瑞脂和地沥青是德国Lintec公司生产。

9.1.3 主要的变更

在合同执行过程中，有一些为增加工作量而来自Storebælt的命令，也有一些来自承包人的索赔。到1998年3月1日，这些工作的60%已经在Storebælt和承包人之间签订了协议，款项总数约为740 MDKK。应该提到的几个主要的变更是：

1. 关于安装工作变更分包的命令

这是第一个签署的重要变更。在整个工程中，这个分包是最重要和最困难的工作。Storebælt全面地考虑了为确保这部分工作（这对东桥上部结构的及时完成是主要的）的安全进行所可采取的不同的选择。Storebælt最后决定对EBC进行财政支持，使他们有可能将合同授予SDEM集团。这肯定了SDEM获得桥梁安装和主缆工作的合同，解决了一系列经过选择的索赔，以及由于下部结构的延期所将导致的关键日期的修改。Storebælt在修改命令的同时付了款，并让承包人付给SDEM。

2. 关于“加速协议”的变更

这一变更命令给出了主缆编制、板件制造、节段发送和桥梁安装等关键的新的完成日期。根据这一变更命令，承包人必须在 1996 年 8 月 31 日以前签订桥面铺装的分包合同，并且在同一个变更命令之下，解决了一些有选择的索赔。在规定的关键日期，款项将分为总数与奖金两项来支付。

3. 关于索赔与额外工作的打包协议的变更

通过这个变更命令，所有因 1996 年 7 月 3 日发布的文件引起的索赔和额外工作得到了解决。这个变更命令也是一次进行决算的尝试。

4. 对“决算协议”的变更

为了遵照早先的变更命令 00 95 99 关于板件制造，桥梁组拼与发送等关键日期，承包人必须谨慎从事。关于 CMF SpA 前途的不确定性曾经导致罢工以及 Guasticce 工厂的生产障碍，这延误了板件的制造。为此，承包人决定将最后 200 块板件的制造转移给他们原来的分包人 OMBA；同样，在 Taranto 与 Sines 的桥梁节段组拼由于两家分包人的财政问题而被部分地耽误了，承包人在这两个工地之间两次变更了工作的分配。耽误与工作的重新安排必须增加一艘驳船将节段运到 Aalborg。这些动作都要花费承包人预算中未曾计入的款项，另外他们还可能估低了桥面铺装的费用。对 Storebælt 来说，重要的是保证公路开通的日期。于是，开始协商，期在达到一个友好的协议。这个变更命令解决了所有的索赔，和除了两个以外的所有额外工作，以及对预防特殊气候的付款。更重要的，是它确定了一个工程完成的日期，1998 年 5 月 10 日。这个日期不容延误。在一位分包人的要求下，这个变更命令还规定：在所有主要承包人和分包人之间，定期召开协调会议，并以 Storebælt 为主席。

9.1.4　结　论

这是一个在许多方面与意大利承包人工作的正面经验。业主对他们在项目管理、质量保证与工程风险评估方面的专业特长有深刻印象。同样，也很赞赏许多意大利制造厂在提供制品方面的技术能力。

也认识到对于为这一工程所制订的协议和委托的理解与遵守，在意大利承包人和丹麦承包人之间有差别。意大利人的看法是：如果发展偏离了预期，仍可对协议进行解释；而丹麦的做法则是坚持原合同的措辞。

在写本文的时候，所有有关部门最终都认识到合作的需要。感谢这种态度向正确方向的转变，也感谢不寻常的 1997/1998 温和的冬季；1998 年 5 月 10 日，这个工作完成里程碑的关键日期当能实现。

表 9.1－1　COINFRA SpA 的分包（示例）

第一层次分包	第二层次分包	第三层次分包
主缆与安装工程：GEC Alsthom/SDEM	主缆工程：COMAG 吊机操作：Normas Cranes 海上运输：SMIT Maritime 承包人（SMC） 组拼及安装接缝的焊接： Calban Contracting International BM Contractors A/S（BMC） 接头处的表面处理： Alucrom Global Protect	装船工作：Van Seumeren 对焊接的支持：HRS
板件制造：CMF SpA	制造板件的各公司：OMBA Officine Meccaniche SpA Deutche Babcock San Marco CMF Sud Carpensalda 横联与轴衬制造：Bisson 板件油漆：Veneziani 板件运输：Odino Valperga	板件油漆：Veneziani/Anticorrosione NDT 工作：ISS

9.2 钢结构的制造：主要原理

作者：Ove Sørensen，高级工程师，COWI；
Ole Rud Hansen，技术经理，COWI。

进行引桥桥跨和悬索桥加劲梁制造工作的地点分布，今用图 9.2－1 表示，并解释如下。

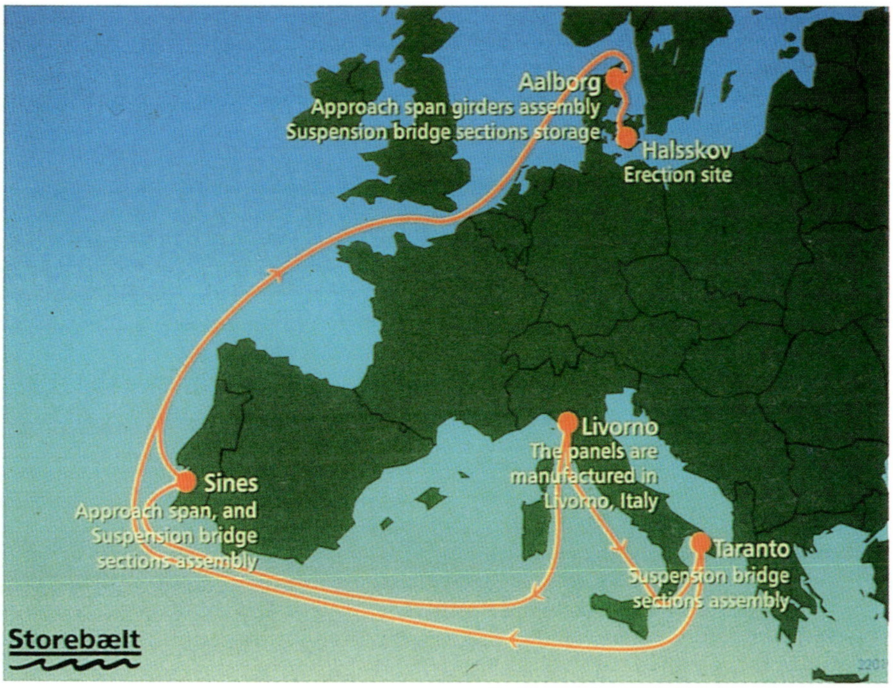

图 9.2－1 制造场地分布

所有钢板和卷材（coils）都由意大利 Taranto 的轧钢厂 ILVA 提供，并由铁路运到 Livorno 的 CMF 的制造工厂。铁路运输限制了钢板的长度不得超过 20 m，宽度不得超过 4 m，这也就限制了板件的尺寸。

纵向加劲肋与横联的部件都焊在板上，然后涂刷底漆，每约 100 件就用船运到葡萄牙 Sines 的组拼工地。当制造工作还在进行的时候，又决定在 Taranto 的 Belleli 工场开辟另一个组拼场地，借能赶上时间安排。

在组拼时，引桥的全截面节段是 40 m 长，悬索桥加劲梁的全截面节段是 48 m 长。这些节段用驳船运到 Aalborg，引桥节段被拼装成 193 m 长的主梁，然后由另一驳船运到霍尔斯科夫的桥址，以备整跨架设。悬索桥的加劲梁节段则堆放在 Aalborg，在轮到它们安装时，再由驳船运到霍尔斯科夫。

引桥各梁的预制共用了 48 900 t 钢材，相当于 12.0 t/m，或 0.5 t/m^2 桥面。悬索桥加劲梁共用了 29 700 t 钢材，相当于 11.0 t/m 或 0.47 t/m^2 桥面。

9.2.1 钢材的供应

桥梁所用钢材几乎全是由设在 Taranto 的意大利钢厂 ILVA 在 1992—1996 年生产的。总数约 80 000 t。

钢材材质

规定的两种材质（括弧内的注释是按最近的 EN 标准：EN10113－3：1993E）是：

——Fe E 420 KT TM（S420K4M）用于引桥桥跨；

——Fe 510D（S355K2）用于悬索桥。

原来只规定 1 种材质，即 Fe 510D，但因承包人将引桥跨度从 164 m 增加到 193 m，且不变更梁高，必须提高钢材强度。在这些主要材质之外，某些卷材是按适宜于冷作的 Q 钢供应的。图 9.2－2 表示对卷材的加工制造。

图 9.2－2　对卷材的加工制造。厂房将近 1 km 长

钢材生产

两种钢材都是按照控热轧制（thermomechanically treated）的(轧制时对温度范围和压缩比都有控制)。这能得到与正火钢同样的强度，而其含碳量则较低。这对焊接十分有利。ILVA 是世界上最大的钢生产者之一，这使制造工作不会遇到钢材质量问题。

质量控制的结果

化学分析

对每批冶炼，都进行化学分析，其结果已及时形成文档。表 9.2－1 给出了 20 000 t Fe E 420 KT TM 与 5 000 t Fe 510D 钢材的某些有代表性的结果。

表 9.2－1　碳含量与碳当量

	碳含量（%）		碳当量（C_{eq}）	
钢材种类	合同规定的最大值	所供钢板的平均值	合同规定的最大值	所供钢板的平均值
Fe 510D	0.20	0.119	0.41	0.33
Fe E 420 KT TM	0.16	0.115	0.39	0.33

力学试验

对 Fe 510D 和 Fe E 420 KT TM 钢均进行了包括屈服强度与抗拉强度和分别在 -20℃、-40℃时的冲击试验。对于 1993 年产品的某些有代表性的试验结果，今示于表 9.2-2。图 9.2-3 和图 9.2-4 则表示 Fe E 420 KT TM 屈服点和冲击韧性的分布。

表 9.2-2　力学性质

钢材类型①	屈服强度上限，ReH，最低值（N/mm²）		抗拉强度，Rm，幅度（N/mm²）		冲击试验（Joule），3 次试验平均，最低值	
	合同	平均	合同	平均	合同	平均
Fe510D	355	497	490～630	564	36	234②
Fe 510D Q（卷材）	355	459	490	563	36	91
Fe E 420 KT TM	420	513	500～660	580	40	205③
Fe E 420 KT TM Q（卷材）	420	526	500～660	610	20	71

资料来源：ILVA 1993 年对大贝耳特通道供应的统计。

注：① 仅包括厚度小于 16mm 的钢板；

② 在 -20℃的冲击试验；

③ 在 -40℃的冲击试验。

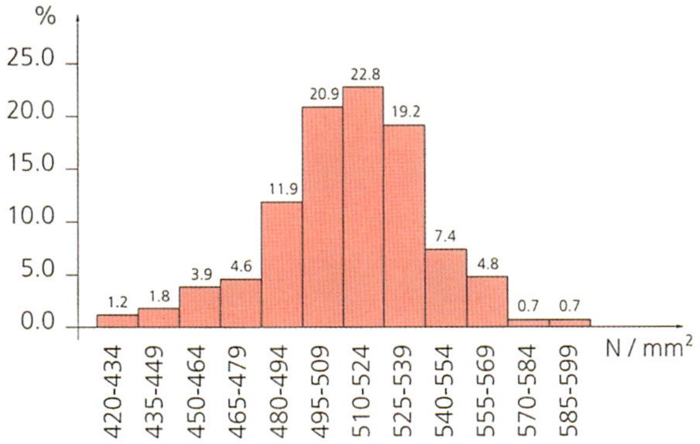

图 9.2-3　Fe E 420 KT TM 钢屈服试验结果的分布

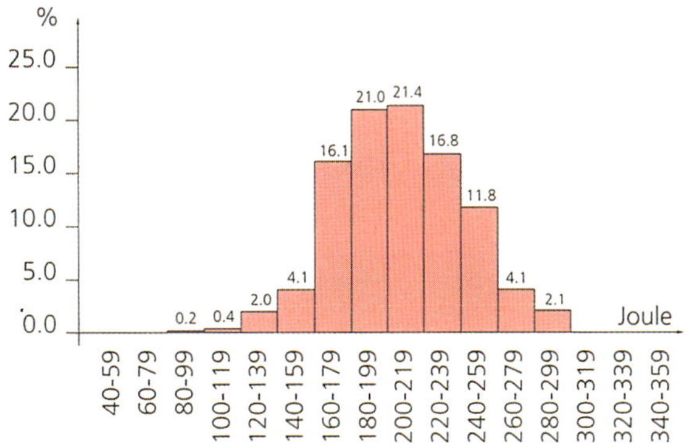

图 9.2-4　Fe E 420 KT TM 钢冲击试验结果的分布

生产过程中发现的问题

从业主的观点讲，在这样大批量之中，仅仅发现少量问题。这些问题可列举如下：

夹　层

有少数情况，厚度 10～13 mm 钢板在受到焊接或切割热影响区域的有限面积内，发现有夹层。对此进行了研究，结论是：由于在连续铸造过程中形成的碳、硫、磷的少量集中可能使板的中间发生了某些离析。对于所查出来的有夹层的范围，均切除更换。

坑　疤

有一次，在生产时，发现一些存放在外面很久的钢板表面有坑疤。这是当轧钢氧化皮（蓝皮）出现小裂缝时，轧皮与钢材之间的电化学反应造成的。这缺点可以通过适当的储存来避免。

错发质量不符的钢板

有一次发现一块钢板与其所附证书所载的性质不同。对此进行了大量调研，为的是避免这种事重复发生，并确认这是一起孤立事件，没有其他有缺陷的钢板进入了桥梁。这事总也没有全部澄清，但可得出结论，至少有两家出了毛病，一家指生产厂家，另一家指承包人。对于假如另一块质量不符的钢板已被用进桥梁结构，而在质量控制时被忽略了的情况可能产生的后果进行了分析。结论是：只有从一开始就存在着初始的大裂缝，而这块有问题的钢板又具有极大的脆性，才会有裂缝扩展的危险。由于对关键焊缝已经进行了100%的无损探伤（NDT），任何这样的大裂缝应该早已被发现。同时，极端脆性的钢板被错误地发送来的可能性也是非常低的。因此，这件事就结束了。

9.2.2　板件制造

总体组拼布置

东桥的上部结构（包括引桥桥跨与悬索桥的加劲梁）是由封闭的钢箱梁组成的。用若干基本部件组合成梁，并大量采用工厂预制的基本原则，为承包人所遵循。在钢梁设计时，已经考虑了纵向与横向接缝的布置，以适应所用的制造设备与组拼方法。

主要的制造工厂是CMF在Guasticce（Livorno）的工厂（见图9.2－2），板件分包人的运输只有公路或铁路，因此，板件的宽度必须限制为一块板材的宽度，4 m；其长度则限制为4 m的倍数——愈长愈好。引桥板件长度为20 m；悬索桥加劲梁板件长度为16 m，使与计划安装长度3×16 m＝48 m相适应。

如图9.2－5所示，钢梁横截面板件的划分，除在支点等特殊地点之外，引桥仅有11种类型，而悬索桥加劲梁则是10种。

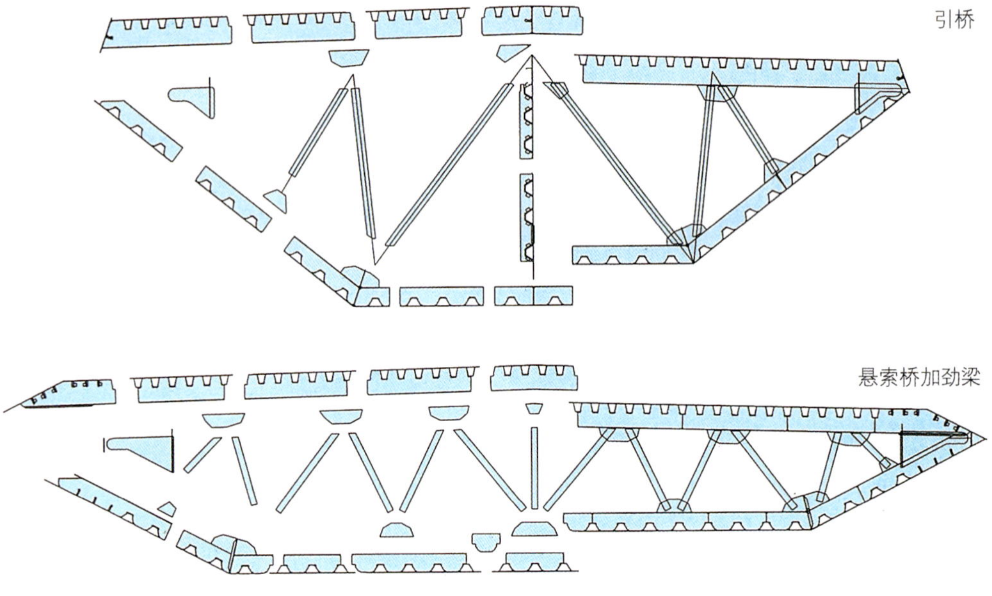

图9.2－5　引桥和悬索桥加劲梁的板件类型

制造工序

喷丸，切割，和标记

所有钢板和型钢都取自库存，在进入制造以前喷丸到光洁度SA2，用数控切割机将钢板切割成预定的宽度和长度。在纵向与横向应预留焊接收缩量和接缝的空隙。任何板件的宽度都不容许有超量。在引桥桥跨，对其每40 m节段的一个端，在悬索桥，对其每48 m节段的一个端，则应有20～50 mm的富余长度。

在切割之后，将钢板放在划线平台（tracing bench）上，将槽形肋及横向加劲肋的位置划上。经验说明：在经过第一个阶段的组拼工作以后，为了减少修改的工作量必须调整这一定位的精确度，以减少修改的工作量。于是，在板件制造中，引进了所谓“图形框架”的概念（picture frame concept，简称PFC）。

图形框架（PFC）

PFC是一个由钢琴丝组成的浮动框架。这些钢琴丝代表板件周边焊缝的理论中心。将浮动框架放在板件上面，参考线就能够准确地画到板件上。而在节段组拼时，参考线就被用作不同板件的匹配线。加劲肋的定位精度则需要调整。

槽形肋的制造

槽形肋R1和R2（见图9.2－8）是由卷材（约350 m长）通过8个连续的轧制工序制成，然后切割成要求的长度。这一轧制程序造成槽形肋内部的内应力，也引起其端部几何形状问题。根据轧制方向，一端张开得太宽，而另一端则太狭。经验说明，槽形肋截面几何形状的变化使得槽形肋的拼接工作必须在组拼场进行修整与改正。因此，悬索桥的R1槽形肋随后改为用冷弯制造，其截面几何形状的变化就改善颇多。

在到达板件制造工厂时，槽形的端部用一个“通过或不通过窗口”来检查它的几何形状。这个几何形状在许多情况由于在用钢丸除锈时的钢丸冲击使内应力有所消除而呈少量变化。

横向加劲肋（横联的上弦）

横向的T－加劲肋（腹板和翼缘）是用自动焊接法（SAW）焊成的。为了防止或减少焊接变形，T－加劲肋的腹板先按成对下料，在将两翼缘板分别焊在成对腹板的两侧之后（见图9.2－6），再将成对腹板沿其中线切割开来。

即使是在不要求全厚焊透的地方，所采用的焊接工艺也必须保证腹板与翼缘在连接处要用全厚焊透。这是为了简化生产流程并且保证在节点板下面重要位置确是全厚焊透。

图9.2－6　成对T－形加劲肋的焊接

槽形加劲肋的焊接

在将纵向加劲肋焊接到一平的钢板上时，平钢板在纵向及横向都发生变形，变成“香蕉状”。这可以在焊接平台（welding bench）预设拱度来抵消。典型情况是对于20 m×4 m的板件，在纵向设40 mm，横向设70 mm的预拱度。对于R1（桥面板）槽形肋是用6－头自动电焊机（SAW）焊接（见图9.2－7），而R2则用4－头电焊机。R1槽形肋用部分透焊焊接，容许最大的欠透度为2mm。R2槽形肋则是使用贴角焊焊接的（见图9.2－8）。

板件的油漆和储存

在制造完成并经过最后的几何校核之后，板件——包括槽形肋内面——涂刷一层工厂底漆。将其以后要焊接的地区挑出来，并用一种可焊的薄底漆保护。虽然以后的经验说明这层底漆仅在几个月内有保护作用，有效时间太短，而在任何情况，焊接处的剖口，在施焊以前必须磨光。

将板件运至拼装场

完成后的板件从储存场地取出，经由铁路运到Livorno的码头。再由散装货船运到拼装场。某些板件装在货船的顶上，会导致盐污染。

焊接缺陷

在板件的整个制造过程，用所有试验方法检查出来的平均缺陷率小于1%。但是，在两个不同的月份，由于焊接程序（WPS）变更，自动电焊机的焊接参数设置不正确，超声波探伤发现很高的缺陷率峰值。缺陷是在20%抽样试验中发现的，于是将检查的截面增加到100%。在板件启运到拼装地点以前，对所有缺陷都进行了修补。

图 9.2-7　用 6 头自动电焊机焊接槽形肋

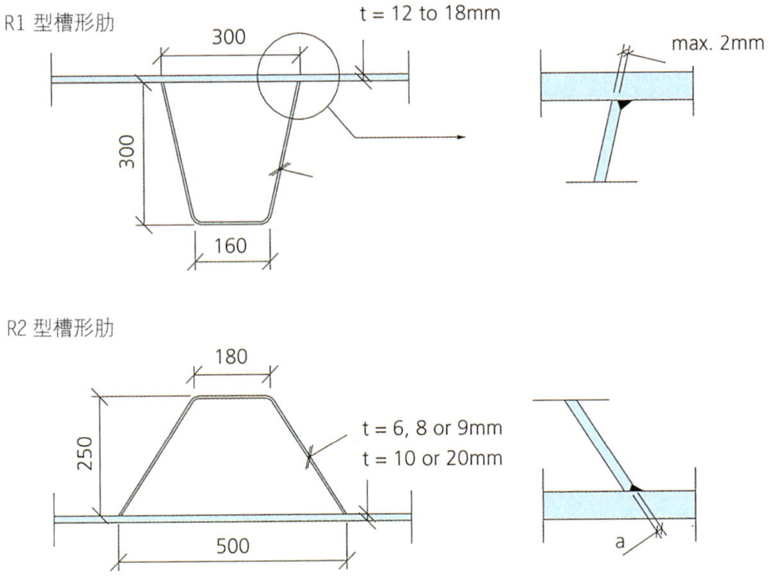

图 9.2-8　槽形肋 R1 与 R2 的焊接细节

关于所发现的问题的描述

引桥桥跨板件类型 10 及 11，焊缝 R 和 G 处的裂缝

典型的裂缝位置示于图 9.2-9。在 1994 年夏季，在这些特殊的焊缝中发现第一道裂缝。为此，决定让承包人对过去及将来生产的上述焊缝，进行 100% 的 MPI 检查。在这次 100% 的检查中，发现已制成板件中 58 处裂缝。没有一处是在制造厂由正常的 NDT（无损试验）发现的。

有两处裂缝被切割出来，并送到实验室进行试验。奥斯陆的 DnV 实验室的结论是，裂缝是由氢气引起的，并在报告中说它们可能分两个阶段发展，第一阶段是由于留在焊接表面的氢气造成的，然后又由于另外的原因，如应力，它们又作为剪力裂缝扩展到表面。不可能得出裂缝是在施焊后立即发生的结论。对这类焊缝的 100% 都用特别开发的 MPI 法进行了检查。除了少量外，大多数缺陷都进行了修补。保留一些未修补的裂缝，是为了要观察裂缝是否随时间发展。因为，对于是否所有的裂缝都已被发现，是否有更多的裂缝会发展到表面等存在着合理的怀疑，当桥梁交付正常运营以后，这些焊缝还应进行定期检查。

槽形肋的几何形状

如前所说，由于经过8个轧制步骤以后，槽形肋两瑞会发生所不希望的几何变形，因此，对待悬索桥的R1槽形肋就采用了冷弯制造。

热整直

板件边缘由于在槽形肋施焊时发生角变位而变形，这种变形可以用热整直来矫正。但必须制订特殊程序；因为热整直是一般规范所不允许的。只有经考试合格的人员，才容许进行这项工作。

图9.2-9　板件类型10及11的裂缝

9.2.3　节段组拼

承包人选择了葡萄牙的Sines作为预拼场，并计划也在那里组拼48 m长的悬索桥加劲梁的全部节段。但由于分包人的工作进度不如预期，他们显然已不可能满足承包人在Sines完成全部组拼工作的意图。因此，主要承包人乃决定将悬索桥加劲梁节段的组拼分在两地进行——30段在Sines，其余29段在南意大利的Taranto。

9.2.3.1　引桥桥跨

Sines的组拼场

Sines是在里斯本以南160 km，面对大西洋的一个小镇，纬度38°N。它原先是一渔村，在20世纪70年代被葡萄牙政府及世界银行投资改造成为一具有大海港的工业区。组拼场一部分建在山洞里，从那里取出岩石来建保护海港的防浪堤。一块靠近海港并与海港设施相连接，约有120 000 m^2的面积被开挖出来，用砾石填平，被用作组拼场地。另一块靠近的面积被整平，用作板件的储存场，见图9.2-10。

组拼原理

从Livorno运到的板件，先检查其是否在运输中受到损伤或有其他缺陷，然后置在储存地区。为了去除任何盐污染，先用新鲜淡水清洗它们的内面（箱形梁的内面）。外表面则是在组拼完成以后，在油漆开始以前再清洗。

为了顺利地进行生产，组拼程序分为：第一步，在组拼平台上进行小件的组拼，然后在两个193 m长的样板平台上，将小件组拼成40 m节段。图9.2-11表示小件组拼和节段组拼的顺序。

样板平台

有两台193 m长的样板平台，每台均是由能够支承组拼单元的钢支架构成。为了与全梁的总体几何形状相适应，平台的几何形状可以调整。所有的引桥主梁，均应做成垂直拱度（典型的为0.56 m），拱度曲线由每段20 m的分段直线梁近似地代表。有4根主梁做成与霍尔斯科夫桥台处公路的水平回旋曲线相应的水平拱度，回旋曲线就近似地用4根主梁的不同曲线半径（曲线用梁段的折线表达）来表示。

样板平台可以转动。这使主梁的倾斜边可以水平放置，以便装配与焊接，并能采用自动焊。在样板平台上进行组拼是一连续性的工作。引桥一孔典型的主梁，包括5个节段，每个节段分成两个小节段，因此每孔典型的主梁包括10个小节段。组拼工作从梁的第一个小节段到最后1个小节段按顺序进行。在样板平台上，各节段之间的内部距离为50 mm。这可以使它们在Aalborg拼装时，接缝的对齐容易控制。在下

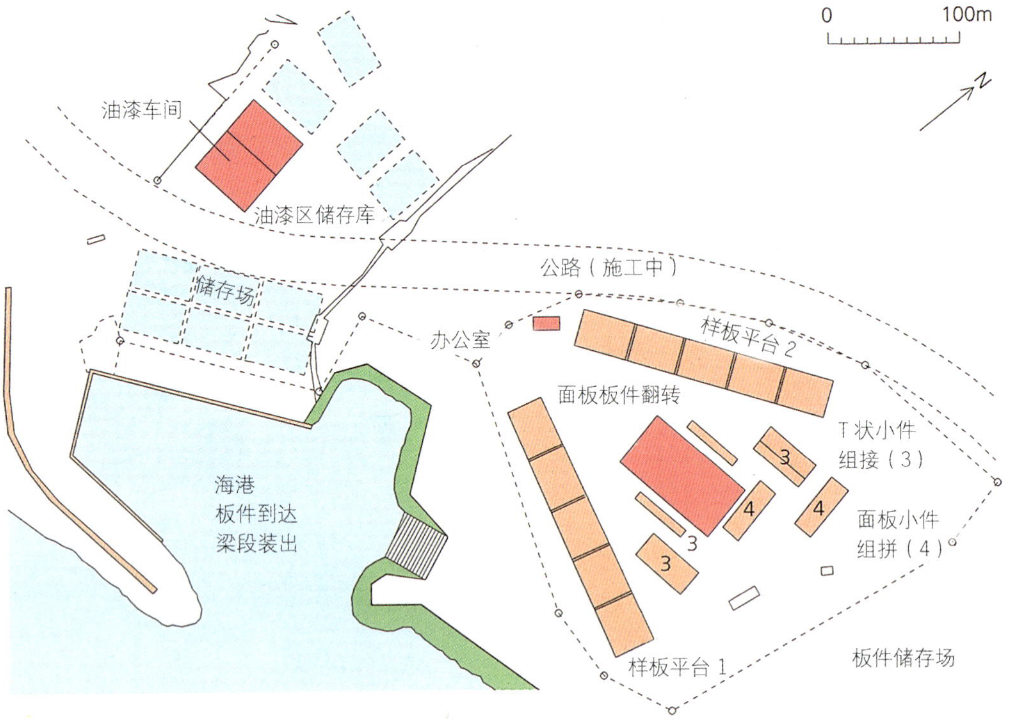

图 9.2－10　Sines 组拼场的布置

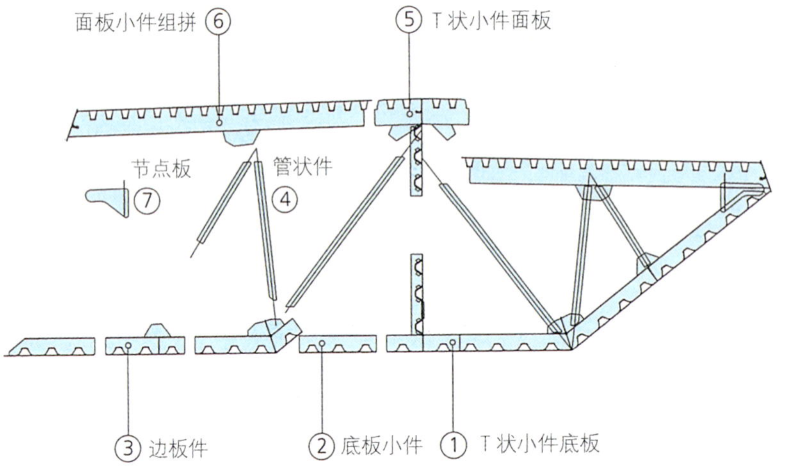

图 9.2－11　引桥桥跨，小件组拼与节段组拼顺序

一个相邻节段有控制地朝向前一个节段接近以前，前一节段不能移出样板平台。

先将两个 T 状小件底板放到样板平台，与其同一小节段内的底板，并与相邻小节段的底板对齐，修配并焊接。然后逐个将小节段内的边板件放到样板平台上，进行修配和施焊，使有可能将包括边板件的支架外部抬起，形成主梁各边的形状。节段的 4 边与相邻小节段的底和边对齐，修配并焊接。

将两个 T 状小件面板也安放到样板平台内，将它们置于设在节段内部辅助结构与支架的千斤顶之上。在安装了 4 块面板件以后，立即对节段的几何形状进行彻底检查。一旦检查的尺寸通过，就对面板板件以及 T 状小件面板的接缝进行修整。对槽形肋接缝应该对齐并施焊。对 B－1 管件也同样办理。

一个节段最后的组拼是其面板与边板之间水平/纵向接缝的修整与施焊，还有其纵向腹板的水平接缝的修整与施焊。在进行这些修整与施焊时，任何由于顶板与底板温度差引起的相对位置偏差应降至最低。组拼的这一阶段只有当温差小于 3 ℃，并且节段的总体几何形状经过细心校对并验收以后，才能进行。

一联连续主梁组拼工序中的最后一步，是其有位于 B－2 墩上横隔板的小节段。B－2 横隔板是在边板已抬高，但面板安装以前安装的。这些节段成为时间的瓶颈，因为它们比其他节段的钢板更厚，焊缝更多。这类问题可以通过将其一部分组拼工作转移到在小平台上进行而化解。

图 9.2－12 表示一典型的节段连续组拼过程。

图 9.2－12　典型的节段连续组拼过程

9.2.3.2　悬索桥加劲梁

如上所述，悬索桥的节段分别在 Sines 工场与 Taranto 的 Belleli 工场两处组拼。在 Sines 的组拼方法，除了对悬索桥相邻节段之间要进行匹配之外，与引桥节段所用者相似。

Belleli 工场的节段组拼

Belleli 工场位于 Taranto 海港的工业区西部，在 Taranto 湾，地中海最掩蔽的水域之一，有它自己的码头。该工场一般为离岸工程生产巨大的钢结构，有起重机、运输拖车、大型车间和焊接设备等完备的设施。图 9.2－13 表示其 464 000 m^2工作场地的布置。

组拼原理

预制的板件从 Livorno 的 CMF 运来，每船所装运的板件大约可以组拼两个节段。用于横联的管件和杂件由那不勒斯附近 Pignataro 的 CMF 生产，用卡车运来。

在计划组拼工作时，Belleli 对于节段如何组拼提出了若干方案。按其优化生产时间与经济的考虑，他们选择了适于典型节段长度为 48 m 的巨大“超板件”的预拼。生产了 3 种主要类型的“超板件”：

——超底板件（5×3＝15“Livorno”板件焊在一起），810 m^2，重约 150 t；

——超边板件（1 边或 1 角板件）；

——超面板件（5×3＝15“Livorno”板件），包括 T1 横联管件，810 m^2，重约 170 t。

采用这种预制法，Belleli 就有可能在室内（不受天气影响）完成整个节段的 12.5% 的底部，10.0% 的边部及 30% 的面部。大部分焊接可以进行平焊，只有少量困难的槽形肋的接头必须仰焊。而且可以节省许多在组拼时为支承面板并提供路径所需的支架。不利的是：在超面板件中板件之间所有纵向与横向的焊接都必须仰焊；而大多数已制好的板件已经切成 Sines 组拼法所需的焊接斜剖口，正是与Belleli法所需

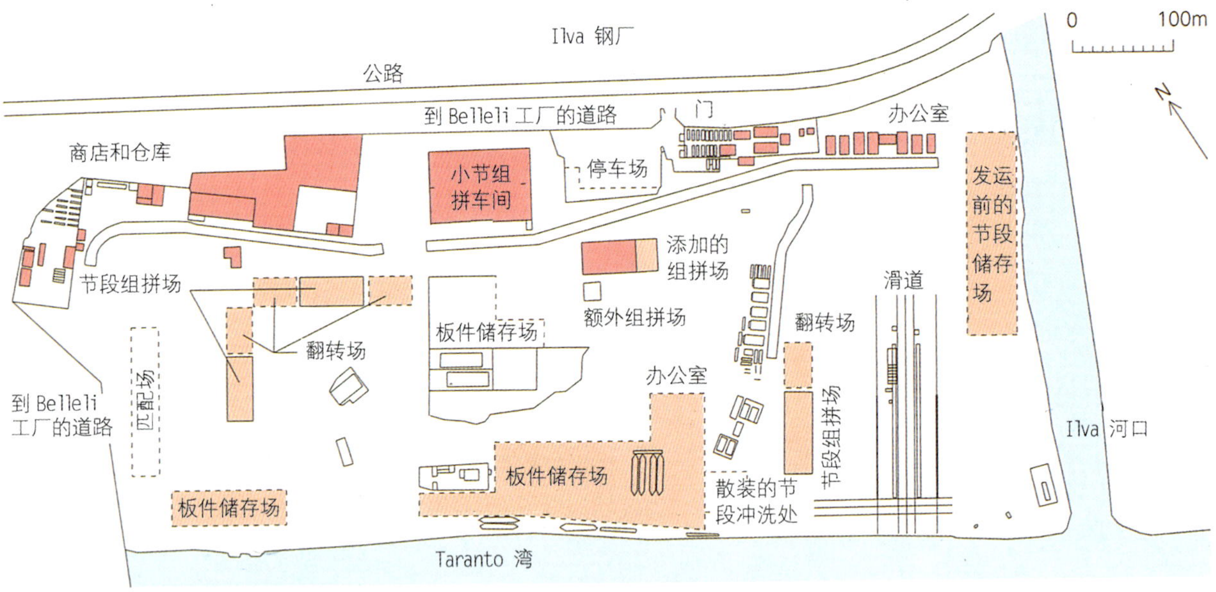

图 9.2－13　Taranto 的 Belleli 工场布置

要的相反。但是，Belleli 对这样的仰焊已从过去的工作中取得了经验，并开发了一种半自动焊接机来实现这项工作。这些巨大而柔的超板件是采用 2～3 台相互连接的 Belleli 拖车来进行运输。板件所需的支承是用设在拖车上相互连通的液压系统做成静定的。图 9.2－14 表示超面板件的组拼。图 9.2－15 表示槽形肋对接。图 9.2－16 表示对 L 形接头进行仰焊。图 9.2－17 则表示超面板件的运输。

图 9.2－14　超面板件的组拼

样板平台内的节段的组拼

共有 6 台样板平台布置在混凝土底座上。每台样板平台内可以组拼一个节段，并有可能将超边板用水平方向焊接，将每 3 个焊接在一起。再抬高外侧的支架，使之形成边的形状。

样板平台的中间部分是支承于柱列（每列 6～12 个柱），它们是按照支承节段的大部分重量来设计的。在抬高边板以前，超底板由拖车移入就位（见图 9.2－18）。边板用移动式吊机提起，然后与超底板

图 9.2-15 槽形肋的对接

图 9.2-16 面板的 L 形接头用 FCAW 进行仰焊

图 9.2-17 超面板件的运输

对齐，修整并焊接（见图 9.2-19）。

Belleli 工场有许多吊机，这使其有可能将巨大而薄的不稳定结构进行翻转。建立了一台包括两个基础和两个框架的翻转设施。软弱的超面板被固定在一个框架内，并由 3 台大吊机进行翻转。这是在靠近样板平台的地方进行的。翻转以后，超面板件就用同样的 3 台吊机安装到样板平台上。T-1 横联的管件先已焊接到超面板上，在翻转以后，超面板就用这些管件作支承，无须再要支架。因为这一阶段的施工非常精细，设置了纵向的挡具（stop），使面板在该方向得以稳住（见图 9.2-20 ~ 9.2-22）。

在超面板安装以后，立即对节段的几何尺寸进行彻底校核。一旦检查的尺寸通过，即装上节点板，并焊接到横联下弦（注：原书作“下翼缘”），再安装剩下的 6 块填空的面板，节段就闭合了（见图 9.2-23）。

在装上填空的面板件以前，对整个节段的几何尺寸重新检查一遍，只有在检查通过以后，才能将填空的面板、槽形肋接头、剩下的 T-1 管件、若干特殊节段，以及纵向腹板等进行焊接，完成节段。

节段的匹配

悬索桥加劲梁每一节段必须在预拼装时与其相邻的已完成节段相匹配。这是为了：

——尽量减少现场拼装中的修整工作；

图 9.2－18　超底板件的安装

图 9.2－19　在样板平台之上安装超底板及超边板

——在相邻节段之间，预先安装临时连接件，以提高被安装梁段的抗风稳定性；

——为施工时起吊，建立吊点的精确位置。

在节段被放置在一个不受扭力，并由千斤顶系统支承的条件下，对节段进行最后的尺寸测量，测量水平线向、垂直线向、横向坡度、吊点，以及设计值与实际值之间的比较等。在最后的几何尺寸测量完成以后，节段由拖车运到匹配场。将每个节段支承在吊索横隔板底部的 4 点上，在不受扭的条件下，将它与两个相邻节段进行匹配。

在霍尔斯科夫的分包人 SDEM 所用的夹板，在匹配时是焊在节段上，在节段端部做出标记，并切割成按照预拱度角度所定的长度。大多数节段在匹配时处于水平位置，但是在锚碇处以及在主塔两侧的节段都应做成与恒载及安装弯矩相应的预拱度。

对于那些相邻节段是在另外组拼场组拼的节段匹配工作，就留待在 Aalborg 再进行。

焊　接

所有焊工都应该具有按照 DS/EN 287－1 规定的合格证明，或同等资质。所用焊接方法都是普通的并已得到良好证明的：保护电弧金属极焊（SMAW）、药芯电弧焊（FCAW）和自动埋弧焊（SAW）。

图 9.2-20 超面板的翻转

图 9.2-21 超面板的翻转

图 9.2-22 超面板的翻转及安装

图 9.2-23 最后填空板件的安装

生产率较低的 SMAW 被用在所有位置和较难接近的焊缝。FCAW 也被用于所有位置，它比 SMAW 有高得多的生产率，但要求更高的焊工训练，它被广泛地用于纵向及横向焊缝的根部焊道，并在陶瓷衬垫上进行。SAW 一般只用于平焊或近于平焊位置，这个方法是所有电弧焊方法中生产率最高的，而且缺陷率一般较低，为此，焊接应尽可能采用它。

合同内的质量要求是符合丹麦标准 DS/R325（特性 3 或 4）的，它们对应于 EN 25817 中焊接等级 C 和 B。横向焊缝与槽形肋拼接焊缝的质量要求是特性 4，纵向焊缝的质量要求是特性 3。所有焊接工艺都按照 DS/EN 288 -1，2 与 3 的规定经过工艺试验进行验证。此外，一些特殊的焊接细节，如槽形肋对接焊、管件对节点板的焊接等，均应通过生产前试验的证明。

进行焊接的钢材是 FE 510D 和 FE E 420 KT TM（Pr EN 10113）。对这些材料的碳当量（CE）有严格限制。对于 FE E 420 KT TM，最大容许 CE 为 0.37，而实际供应的钢板的平均 CE 约为 0.33。这样低的 CE 值使钢材具有高的可焊性、低的预热要求，并降低其出现硬化区的风险。

焊缝的无损探伤（NDE）

所有焊缝必须符合 DS 412（1983 年版）和特殊规范的要求。

为了提供一个关于焊缝和 NDE（无损探伤）的数量概念，表 9.2 -3 给出了一孔 193 m 长的引桥主梁的焊缝与 NDE 的数量。

表 9.2 -3 在 1 孔 193 m 长的引桥主梁上焊缝的长度

	焊缝总长度	被检查的数量		
		MPI	X - 光	超声
纵向焊缝（193 m 梁）	32 454 m	2 248 m	162 m	573 m
横向接缝（10 条）	2 627 m	155 m	605 m	1 226 m
横联 B1（47 条）	12 479 m	1 349 m	199 m	2 279 m
横联 B2	1 263 m	59 m	9 m	153 m
在 193 m“典型”主梁的焊缝总长	48 823 m	3 811 m	976 m	4 231 m

总的焊接缺陷率

做了各种焊接缺陷的统计以备在操作和管理中，作为监测质量水平的工具之用。焊接缺陷统计是从 Storebælt 的 KIS 系统中摘录的，所有数据都是用电子设备储存的。但是，将数据储存到 KIS 往往要落后于实际工作进度数星期之久。为了达到目的，也利用了其他的系统。

表 9.2 -4 表示了不同预制场的总的累计焊接缺陷率。总缺陷率被定义为缺陷长度除以所试验的总长度。有害缺陷是指有裂缝（100，104）、缺少熔合（401）和缺少透入（402）等缺陷。

表 9.2 -4 由 X - 射线和超声探伤发现的焊接缺陷率

工场及桥梁类型		总缺陷率	有害缺陷率
Sines 工场	引桥桥跨	2.3%	0.8%
	悬索桥	1.3%	0.4%
Taranto 工场	悬索桥	2.9%	0.8%

在预组拼时，缺陷率有波动，但其长期趋势是下降的。波动的某些较为显著的理由是：

——对气候的防护；

——长时期内，从同样工作中取得的经验；

——承包人的焊接检查员在检查方法方面的变化；

——主要承包人与分承包人之间合同的复杂因素。

9.2.3.3 表面处理

在 Sines 收到的所有板件都已在 Livorno 的 CMF 车间对板件的内面和外面涂了底漆。在 Sines 节段组拼之后，对底和两边的外表面进行喷砂，并施加最后的表面处理。其全部处理系统（干膜 250 μm）如下（注 μm 原书作 my）：

——喷砂到 Sa 3，参照 ISO 8501—1，1988 年版；

——1 层环氧锌底漆（干膜 50 μm）；

——1 层环氧聚酰胺（epoxy polyamide）中间层（干膜 125 μm）；

——1 层脂肪族聚亚安脂（aliphatic polyurethane）顶层（干膜 75 μm）。

下面介绍 Sines 工场所进行的表面处理及其所用工具，在 Taranto 所进行的表面处理也与之相似。油漆工作分包给葡萄牙公司 SLM（Sociedade Libonese de Metalizacao）；在 Sines，该公司设计、制造、安装并使之运转了 1 台固定的油漆装置，用以涂布适当的防腐系统，而不受室外气候条件的影响。SLM 的油漆设施包括两个主要建筑，1 个用以喷砂，另 1 个用以油漆。每个建筑高 15.8 m，长 54 m，宽 35 m。大门净空，高 10.8 m，宽 34.45 m，很容易让 1 片完成的节段进出。图 9.2 -24 表示其油漆工作。除了喷砂建筑的墙与地坪的特殊保护之外，两座建筑完全相同。地坪铺设了 4 mm 厚的钢板，墙壁用特殊的 3 mm 抗磨橡胶钢板加固到 9 m 高。在完成了外面露天的准备工作（如 SLM 对节段的检查/接收，焊接的中性化和外表面的高压冲洗等），这些建筑能对所有的喷砂和油漆工作进行完全的控制。在两座建筑之间，9 m 宽，全部有屋顶的走廊可以容纳油漆设备。

图 9.2 -24　在 Sines 的油漆车间和 Kamag 拖车上的主梁节段

在 1993 年 5 月油漆开始以前，在实物模型上进行了生产前的试验。准备了试验钢板，按照检查计划进行了检查，建立了文档，并由 4 个不同组织（SLM，Veneziani，COINFRA 和 Storebælt）的检查员进行了监察。

工程没有发现大的问题。也偶尔发现诸如清洗不够，干喷，涂层太薄等情况，总是进行修补，以满足质量要求。

9.2.3.4　引桥主梁中所发现的问题

管件与节点板的焊接

发生了这些焊缝应该是全焊透还是部分焊透，以及无损探伤应该是用 MPI，还是用 UT 的争论。从意大利收到的管件制成了 50°的剖口，适宜于 2 mm 的焊隙。在 Sines 关于缺少透焊与缺少熔深的问题发生在 1994 年春天。承包人将焊隙稍为放大到 3 mm，并将剖口改为 60°。进行了这些变更以后，焊接缺陷降低到正常的水平。对于这种接缝的 UT 检查是可能的，但是要求有特殊训练的操作人员和特别制订的程序。

焊接所用夹板

在引桥桥跨组拼时发生了关于所用夹板的一个大问题。在第一个组拼阶段，安装了 20 m ×4 m 的板件，用无焊接的夹板通过根部空隙加以固定，并将定位焊置在将要施焊的焊槽内。这个方法使焊接出了问题。在定位焊的开始/停止的位置发生凹坑，更严重的是在定位焊的前面，由于约束，发生了约 10 mm 长的热裂缝。因为这些缺点，在 Danish Force Institute 的建议下，这法被改为通常的焊接钢夹板。

采用了两种夹板的类型：一种是通常的短夹板，它焊在焊槽的两边，这样在施焊时可以保持空隙尺寸；另一种是长的滑动型，它仅焊在焊槽的一边，保持线向，并有助于控制变形。

两种类型夹板每米的数量及分布必须优化。一方面希望能减少夹板的数量，消除结构上不必要的焊缝，并且不要因为杆件过分锁紧而引起超值残余应力。另一方面，又必须有足够的夹板来保持施焊时正确的间隙和线向，以维持正确尺寸和平整。结果是：采用 300 ~ 400 mm 的夹板间距，每 1 个或 2 个普通的短夹板，加 1 个长夹板的布置，见图 9.2 - 25。

图 9.2 - 25　施焊所用的夹板

在悬索桥节段的组拼中，Belleli 成功地应用了不焊接的夹板方法。

节段之间的焊缝以及在 B2 横隔板接缝处的焊接扭曲

这些问题主要关系到面板的平整度。

引桥各跨主梁端部（安装焊缝）没有匹配好。而在 Sines 进行的梁端测量没有精细到能够使实际的差错被发现。第 6 节段与 B2 横隔板配合时发现了问题。承包人没有将改进组拼精度的问题在 Sines 解决，而是选择了将问题留到 Aalborg 和霍尔斯科夫解决。因此，在 Aalborg 和霍尔斯科夫对所有引桥主梁进行了较大的校正和修理工作，包括插入附加加劲肋。

在支座区域底板的平直问题，主要是由于大量焊接引起的收缩，以及本来应该与节段底板适配良好的预制横隔板上的加劲肋没有恰当切割与配合。在预制工作开始时，板件间的接缝焊接变形就导致了对平直度的大量偏离。面板的偏差，是通过切除槽形肋的拼接缝，整直面板，并重新设置新的槽形肋接缝来整治。底与两边板的偏差则是用插入新加的加劲肋来校正。对于尚未达到装配和焊接工艺要求的主梁，就在装配时预弯板边来解决。

槽形肋接头长度

组拼的经验说明，相当多的修补/修改工作对于满足槽形肋之间线向偏差不超过 1/100 的要求是必要的。为此，在引桥桥跨端部板件的制造中，将 300 mm 的补插长度改为 500 mm；并将悬索桥加劲梁的面板 R1 槽形肋从轧制改为冷弯，如 9.1 节所述。

槽形肋处由打磨造成的伤痕

在槽形肋拼接缝的设置中，往往必须进行修整与修补。

修补工作包括对槽形肋和面板之间焊缝剖口进行打磨。在某些情况，磨具会伤及面板，造成伤痕。第 1 道伤痕是在 Aalborg 更换一个槽形肋的接缝时发现。这就导致了对打磨伤痕的彻底检查，从而找出了许多这类伤痕（主要存在于面板上）。从面板的上边，进行了 US TOFD（time of flight detraction）试验，来估计缺陷的深度。在丹麦技术大学对试验钢板进行了疲劳试验。在这试验的基础上，制订了容许的标准。超过容许标准的伤痕，用特殊工艺进行修补。

两次以上的修补

经验表明，承包人在规范要求的修补焊接缺陷至多两次的尝试中并不总能成功。某些情况必须进行更多次的修补。承包人被要求通过执行适当的工艺/生产试验来证明修补的质量。已经发现：即使到第四次修补，钢材也没有发生冶金方面的变化。

9.2.3.5 悬索桥加劲梁中发现的问题

组织与计划

首先，板件的制造比组拼提早了一年。这就使根据反馈进行的优化修改与变更在一个相当迟的阶段方才开始。而主要承包人将工作分给几个分包人，这又对变更分包人会有某些阻力，即使这种变更在技术上和经济上是明显合理的。在工作进行的过程中变更分包人的事在某些情况发生过，并导致进度后退，因为新的分包人需要有必要的时间学习。

中央扣

中央扣是在悬索桥跨中将加劲梁和主缆连接起来的一个刚性的有螺栓的构造。它没有适应主缆位置安装偏差的可能。这样的适应会是非常有益的，如若能够这样设计的话。

9.2.4 引桥各个跨度的组拼

按计划是将 40 m 节段焊接成一跨主梁。并已决定在海运到达 Aalborg 以后进行这项拼装，以及相应的表面处理。

进行拼装的引桥主梁的总数为：

——19 × 193 m 主梁，每跨重约 2 380 t；

——2 × 62 m 主梁，每跨重约 870 t；

——1 × 140 m 主梁，重约 1 740 t；

——1 × 143 m 主梁，重约 1 743 t。

在 Aalborg，还进行了下列工作：

——引桥主梁支承面的机加工；

——对于以前工场的工作，重新检查和修补；

——为运输和架设主梁所必要的加固设施的安装；

——除湿设备所需的结构改造和该设备的安装。

引桥各主梁的拼装，是在 1993 年 9 月至 1996 年 6 月的时间之内完成的。

Aalborg 的拼装场

拼装场准备了混凝土基础和适当的沥青公路，分为 4 个区域：运进节段的储存区、拼装区、油漆区和完成主梁的储存区。

组拼原理

在 Aalborg 进行引桥主梁拼装的一个特殊挑战是，节段施焊时的支承系统。由于主梁顶面与底面之间温度差的变化，在晴天正常的温差可达 20 ~ 25 ℃，每个接缝的几何形态及其对支承的效应不断地在变化。

为此，设立了一个浮动的千斤顶支承系统来支承节段，借能控制支点反力与位移（见图 9.2－26）。各支点按照垂直预拱度和水平曲线（4 跨主梁在圆曲线上，其余在直线上）进行抄平并确定线向。在支点的顶部，液压/机械布置容许在所有方向作少量运动，使得被连接的节段端部有可能精确定位。另外，节段的匹配与夹紧都安排在夜间（面板和底板的温度相等以后）进行。

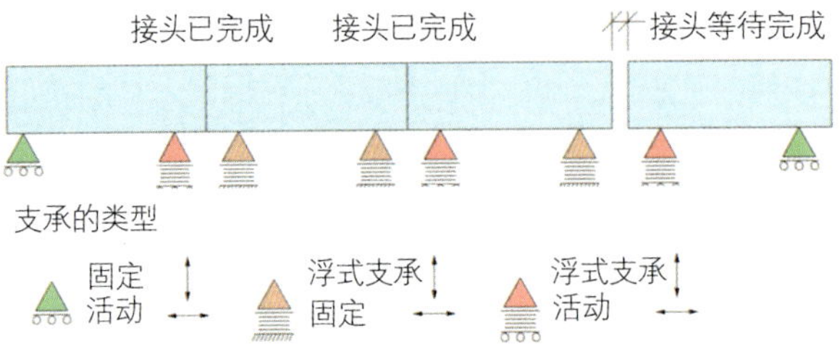

图 9.2－26　千斤顶浮动支承系统

每根 193 m 的主梁由 5 个节段拼装而成，其中 4 个节段在一端各有 20～25 mm 额外长度，这些额外长度在拼成全跨梁时切除，以适应设计长度。与桥墩相对的主梁端节段有约 150 mm 的超长度，这个超长度在霍尔斯科夫工地拼装时切除，以适应主梁的精确长度。

组拼完成后，每跨主梁移到油漆区，在简支的状态下，进行全部几何尺寸的测量，包括垂直线向（挠度）和梁长的测量，后者在中性轴位置测量，使不受面板与底板温差的影响。

如前所述，主梁挠度在白天经常变化。图 9.2－27 说明面板/底板的温度差对 193 m 长的主梁挠度的影响。

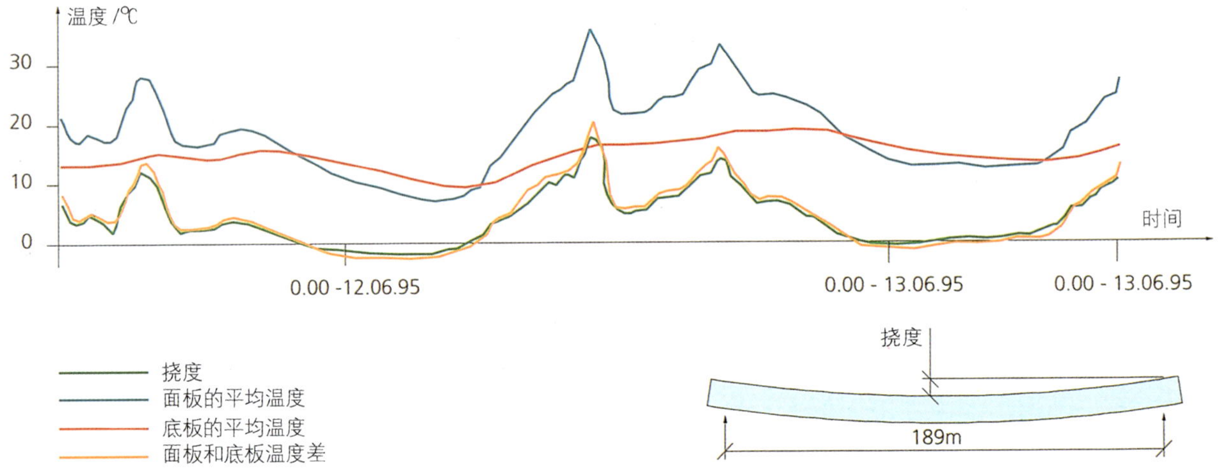

图 9.2－27　在 Aalborg 拼装场储梁区，测到的主梁挠度与温度

在测量了第一跨主梁以后，发现它们的挠度比预计的为大。为了补偿，对以后在 Aalborg 拼装的主梁的预拱度，就增加到 50 mm。

一般说来，在 Aalborg 的拼装工作和在 Sines 与 Taranto 的相似。在 Aalborg，总的焊接缺陷率为：

——全部缺陷　　1.0%；

——有害缺陷　　0.7%。

9.2.5　油　漆

表面油漆分为 3 个区域：

——节段接缝油漆；

——外表面受损坏区域的修补油漆；

——在面板和内表面受损或未经保护的区域的修补油漆。

对于需要进行彻底处理的面积，用石英砂作为喷射介质。对于需要进行单层修补的，用砂纸清理表面。较大面积的油漆用无气喷涂（airless spraying），在较小的修补点，则用刷子涂刷。节段的油漆在油漆站进行，而小的修补工作则在储梁区或装出区进行。所有工作都是在有控制的气候条件下（冬季加温）进行的。

一孔主梁的油漆工作限于4条接缝。每条接缝的油漆面积都是在Sines和Aalborg制造节段时所留下的（800 mm宽，绕梁各边的全长，面积约25 m^2的一个带）。这个工作是在一个特殊的工作室（见图9.2－28）内进行的。

在运输过程中或因海上固定所用的焊接等所造成的损伤面积，一般是在一个小工作室内，在控制的气候条件下进行修补，或者在必要时，在能覆盖该特殊面积的帆布篷内，或在大的脚手架上进行修补，见图9.2－29。

图9.2－28　典型的节段接缝油漆工作室

图9.2－29　小修补工作室

9.2.6　发现的问题——支承面的平整度

为了得到横隔板B2下面的支承面正确的平整度及倾角，必须对这一面积进行磨平。这一工作是由一台配有直径1.5 m的砂轮，由液压驱动，并装在有滚轮走动的机床来进行的。机床放在桥梁下面，用数字标尺定出桥梁的纵剖面，并将机床垫平。垫平之后，机床通过焊在桥梁上的支腿固定在其上。在打磨之前、之中及之后，底部支承面的平整度和倾斜度由测量人员校核，以确定打磨的精确度。

9.3　钢结构的运送及架设

作者：Peter Brønnum，高级工程师，Rambøll。

9.3.1　引　桥

东桥引桥各梁于1995年1月至1996年9月安装、焊接。总共安装23孔梁，其中东侧引桥为14孔，梁跨之间有13道焊接接缝；西侧引桥为9孔，梁跨之间有8道焊接接缝。梁的节段从Sines的拼装场运至Aalborg，并在这里拼装成梁跨。从Sines运出第一批节段的时间是1993年8月，最后一批运抵Aalborg的时间是1996年3月。

装运设备

引桥所有节段及梁跨均装载在自行的平板车上，再由平板车运到驳船上。驳船由固定在其甲板上的两组双卷筒绞盘锚定，锚绳穿过设在船头及船尾的马口，由马口导向。船头的锚绳连接在港口内的锚上，船尾的锚绳连接在码头的系缆柱上。在码头与驳船之间，布置一座临时栈桥，这种栈桥是一种标准结构，为适合平板车行驶而专门修建。在装卸梁的节段的过程中，使用了驳船的压舱系统，并有潜水电动泵备用。

在从Sines到Aalborg的航程中，利用格排梁为每一节段提供4个支承点。各格排梁的下层是若干片带有翅板的小横梁，上层是单片工字梁。水平荷载由焊接的剪切板或翅板加劲肋来传递，它们连接在梁的节段与驳船两侧的格排梁上。遗憾的是，横梁并不总是能支承在具有同样刚度的驳船的梁架上。这给固定横梁的钢板（海上运输时固定货物的钢板）带来不均等荷载，在运输中，引起疲劳开裂。幸运的是，裂缝在抽样进行的无损探伤中被发现，或者通过补焊修复，或者将有缺陷的加劲板更换。

从Aalborg到桥位，所运送的是梁跨。荷载由焊接的、位于其两个支点的工字梁承担。在一工字梁的支承范围内，梁设有四道横联，但仍然需要对这些横联补强，才能够抵抗运输过程中可能产生的集中荷载。在梁的支点要设置橡胶垫，经过计算，其橡胶弹性能够均匀分散恒载，以减小由于驳船在纵向或横向变形时所产生的荷载峰值。

海上运输时，横向固定件呈楔形，用以抵住梁节段侧边的倾斜面，也像竖向支承处那样，要采用橡胶垫。橡胶垫的弹性也应经过调整，以避免倾斜支承超载。

海上运输的纵向固定件，是由焊在梁段底部的牛腿、并以楔块将其下端锁定于格排梁者所形成。这一固定方法在梁节段装船时容易安置，而且只需要少量的焊接。

图9.3-1表示海上运输时的支承。

运输所用船舶

用Giant 2号货运驳船，将各重500 t的节段从Sines运到Aalborg。该驳船长140 m、宽36 m、高8.5 m。一个航程最多可以运输五个节段，也就是引桥的一个整孔。如图9.3-2所示，其中四个节段分两排纵向放置，一个节段横向放置（紧靠艏楼后面）。并排置放的节段比驳船甲板要宽得多；节段在甲板每侧悬出8 m，但悬出的这部分下面是倾斜的，这就减小了节段遭海浪拍击的危险。驳船由乌克兰Neftegaz 68号拖轮拖拉，该拖轮具有80 t的系缆柱拖拉力。

图9.3-1　海上运输时的支承

图9.3-2　由Neftegaz 68号拖轮拖拉、装有五个引桥节段的Giant 2号驳船

制成后的引桥整孔梁，每梁跨重约 2 400 t，是用长 123.5 m、宽 27.5 m、高 6.1 m 的 UR 111 号货运驳船运输。将整孔梁沿驳船长度方向放置，在船头、船尾分别悬出 43 m、27 m，见图 9.3 -5。所进行的海浪拍击力简化分析表明：Kattegat 海域可能出现的最高海浪不会达到梁的端部。UR 111 号货运驳船由两艘拖轮拖拉，其主拖轮使用驳船上自备的系船缆，而护航拖轮则利用驳船船头边的特制托架。主拖轮一般为 Banckert（60 t 系缆柱拖拉力），护航拖轮则为 Smit Polen（35 t 系缆柱拖拉力）。在梁的起吊现场，驳船的控制及锚泊由几艘较小的拖轮来完成。驳船的全部四根锚绳均连接到预先抛在海床的锚上。

图 9.3 -3　用 Taklift 4 及 BLS 让整孔梁就位

架设设备

引桥的每一孔梁，在桥位处都是用两台吊机吊装；一台是吊船，另一台时常是位于相邻的桥上，见图 9.3 -3 及图 9.3 -6。设在桥上的吊机，称为桥梁吊装系统（Bridge Lifting System，简称 BLS）。BLS 是专门为本桥引桥工程的吊装而制造的，但也考虑了该吊机可以再利用的问题。BLS 的底架可以移置驳船上，在其底架上则安装一铰接式 A 形架，并用作吊臂，其安全工作荷载为 1 350 t。它可以移用在承包商的船上。BLS 配有装备齐全的柴油发电机，可以提供各种需要的电力；这些电力不仅用于提升系统，而且还用于控制所吊的梁起落高度的绞车。

BLS 的吊具系统经过特殊设计，可以让梁的纵向中央腹板及梁的两个边侧承担预定的荷载分配。其三个连接点的荷载分配分别为 21%、58% 及 21%。这意味着在梁的边侧，只需要对梁进行少量补强即可，因为荷载的主要部分已通过中央纵向腹板传递了。

梁的另一端由承包商利用其吊船 Taklift 4 进行吊装。这种吊船的最大安全工作荷载为 1 600 t，但在用于引桥的梁的吊装时，最大安全荷载稍有减少。在吊船主吊臂顶上，还需连接一段长 30 m 的延长臂；之所以这样做，是为了获得必要的起吊高度及在高墩旁作业所需的净空。吊船 Taklift 4 通过两个独立的吊耳板，用螺栓与所吊的梁的横隔板连接；BLS 则使用一大型扁担梁，让该梁横跨于梁的一个桁架式横联之上，而扁担梁则是用螺栓与梁的中央纵向腹板以及梁的两侧边相连的。

在吊装斯普鲁岸桥台以及两个锚碇处的各孔梁时，需要补充 1 台吊船 Taklift 6。这台吊船也是人字臂杆式，用于桥台处梁的吊装时，其主吊臂最大安全工作荷载为 1 200 t。在锚碇处进行梁的吊装时，起吊高度成为基本参数，因而给吊机配备了长 130 m 的吊臂，这时的最大安全工作荷载仅为 475 t，但这一起吊能力业已足够，因为锚碇处的梁显然要比其他的梁要轻，见图 9.3－11。

引桥各梁的运输及架设

装　运

如上所述，在 Sines 将梁的节段运到船上时，节段先是支承在平板车上。只是在平板车的顶面，布置了一些带有橡胶垫的木块，主要用来保护节段的涂漆面及将荷载分布于节段内的横联处，见图 9.3－4。

图 9.3－4　在 Sines 装运节段

图 9.3－5　Banckert 号拖轮拖拉的 UR111 号驳船

对于 Aalborg 处引桥整孔梁的装运，需要在平板车顶面布置格排梁，并用橡胶垫垫在被运梁的下面。在将格排梁与梁内横联位置对齐后，平板车上的千斤顶开始顶升，将荷载从存梁支承点转移到平板车上。这一过程通常要在装运前的一天完成。在同一天，还要将梁运送到码头边，等待装运。如有必要，对所有装运过程中要用的设备均进行检查及试运转。

在装运的当天，如果预报的天气好，则装运作业应尽早进行。让平板车缓缓地驶上驳船，同时按事先计划的步骤在船舱内压重。在梁进入到驳船上正确的纵向位置后，平板车停止驶进，仔细调整好梁的位置；此时落下平板车上的千斤顶，使梁体与端支承接触。由于梁有预拱度，在内支承上设置垫片总是必要的。设置了垫片后，梁的荷载也就由平板车转移到格排梁上。

现在可以将承担整孔梁重量的上层格排梁与已固定在驳船上的下层格排梁之间的海上运输固定件连接起来。刚开始，连接采用的是焊接方法，大约需要 8 个小时才能完成。在运输了 4 ~5 孔梁后，研制了一种楔紧连接系统，这种系统只需要约 1 个小时就可完成连接。在设计上，驳船随波浪的晃动可使这种连接系统更加牢固。

最后，驳船完成压重，作好航行准备。将所有的进人孔封闭，将通往码头的跳板撤去。驳船便可驶离了。

运　输

虽然海上运输固定件在设计时是按能抵抗航行海域 10 年一遇的狂风，但航行仍应定在 3 天的天气预报没有大风（8 级风）或狂风（10 级风）的条件下启程。而所说的环境参数则是用于驳船及其所装运的梁段的晃动分析，借以确定海上运输固定件所受的设计力的。

图 9. 3 –6　用吊船 Taklift 4 吊装 BLS

由于每次运输历时 10 ~14 天，而且要在全年持续进行，某些航程不可避免地要遭遇到恶劣天气。尽管在计划阶段，已考虑了紧急避风所，但这些避风所却从未使用过。狂风往往是由拖轮及驳船直接在破浪中航行来克服的。非常巨大的货运驳船，由于能在各种天气下保持相对稳定，使得乘风破浪成为可行。

对于从 Aalborg 到桥位处的航行，为了能在次日早些时候到达桥位，载有一整孔梁的 UR111 号驳船一般在早晨就离开 Aalborg。在航行日及第二天（即架设日）的天气预报均好时，就可以启航。但一般要求，在航行日及架设日后 3 天的天气预报也应没有狂风。

有几次，曾决定在天气不利的情况下，也从 Aalborg 启航，并在到达桥位时进行架设，这是因为对运输可以接受的天气的限制显然是高于对架设天气的限制。在这种情况下，曾使用过在大贝耳特海峡选定的避风区域——Kalundborg 湾一次，Kerteminde 湾数次，而在 Nyborg 港则有 10 孔梁逗留过。就避风来说，Nyborg 港最为理想，因为船舶在这里调遣所用的时间最少。

实践证明，与被运梁进行最少焊接连接的海上运输固定件，是非常有效的。没有遇到支承超载问题，在桥位处解除固定件连接所用的时间也非常少。固定件在设计时还考虑到，若在架设过程中遇到问题，可以将梁返回到驳船上。幸运的是，这种考虑到的固定设施从来没有用过。

图 9.3－7　标准梁在靠近锚碇处的架设

标准梁的架设

在运梁船到达前，先用吊船 Taklift 4 将 BLS 吊装到已经安装好的梁上。见图 9.3－6。如果作业当天，预报的天气较好（风速小于 10～11 m/s），可以允许运梁驳船及拖轮进入桥位。又：对于桥台及锚碇处的非标准梁，显然需要按更严格的天气标准（风速 5～6 m/s）执行，因为该部分安装作业更为困难，见图 9.3－10 及图 9.3－11。

当载梁的驳船到达桥位时，先解除主拖轮与驳船间的连接，将驳船的控制作业转移到护航拖轮及霍尔斯科夫两艘专门进行锚定作业的拖轮上。后者负责将运梁驳船引入桥墩之间，在那里由拖轮完成它与 4 个锚的连接（上游及下游各 2 个锚）。这时，将吊船 Taklift 4 引进来，并连接到驳船的端部，同时也为 Taklift 4 的两侧及后部的锚固定好位置。

将预先布置在吊船 Taklift 4 及 BLS 上的吊具系统落放到梁上，并将这两个吊具系统与梁上的吊点连接。在吊具系统用夹具固定好后，将提升系统的钢绳收紧，同时解除海上运输固定件连接。缓慢升高提升滑车，将荷载从驳船转移到吊机。在梁吊离驳船之时，驳船退场，为 Taklift 4 吊船腾出位置，然后，将梁吊到正确的高程，并与前已安装好的梁保持足够的距离。接着，Taklift 4 的吊臂进入墩顶上空，将新的梁与已安装就位的梁对位。BLS 举高其吊臂，使新梁梁端移近。在与已安装梁相隔约 500 mm 的间距时，吊装工人进入到新的梁上，并将其与用来控制梁的水平位置的导向千斤顶连上。梁与梁之间的接缝这时可减小到 50 mm，不会有损坏梁的风险。此时，Taklift 4 将梁端落放到安装用的导向装置内，并落到临时支承之上。

每孔标准梁的外端均放置在抬高了的临时支承上。当一孔梁是在两端支承时，梁中间的垂度约为 0.5 m，因此为保持梁的线形顺直，需要让所有的梁，在其焊接过程中预先给一个设计弯矩，这个弯矩是通过抬高安装中的那根梁的外支承端 4.54 m 来实现的。焊接完毕后，梁的外端由 Taklift 4 将它落下，见图 9.3－8。落梁作业的天气标准同架梁作业的标准一样。此外，要求梁内温度均衡（最大 $\Delta t = 3$ ℃），因为温差将增大 Taklift 4 所承担的荷载。

用 Taklift 4 将梁外端吊高一点点，借此能将其临时的支承滑移到墩顶上悬臂伸出的平台上，再由

Taklift 4将梁外端慢慢落下。接着，用 Taklift 4（或其他配合海上作业所用的吊船）将临时支承撤去。落下梁的外端时，就使安装好了的梁产生弯矩，并让连续梁顺直。

图 9.3-8 从抬高了的支承下落梁端

桥台处梁的架设

BLS 不能用来吊装桥台处的梁，因为桥台处没有已安装就位的梁可以用来支承 BLS，而且 BLS 也没有足够长的吊臂，可将梁从水面吊出，因此，承担吊装工程的承包商建议采用自行走的平板车，将梁的一端从岸边运送到桥台。霍尔斯科夫侧及斯普鲁侧桥台处的梁的另一端则由吊船 Taklift 4 及 吊船 Taklift 6 分别吊运。在霍尔斯科夫侧，修建了一条临时路堤，供架梁过程中，平板车通行之用，见图 9.3-9。对于近海边处路堤，用打入钢板桩的方法进行防护。钢板桩同时也用作搁浅驳船的锚泊地，搁浅驳船实际上也作为路堤的一部分使用。在架梁期间，将平板车布置在搁浅驳船的顶面。将载有霍尔斯科夫侧桥台处梁的驳船靠着搁浅驳船锚定，并对已悬伸出的梁端与平板车之间的相对位置进行调整。在梁端及平板车均已调整到位，升高平板车，并开始对船舱压重，这就可以使驳船所受的荷载不断地转移到平板车上。同时，将 Taklift 4 的吊具连接于梁的外端。在压重达到预定的高度时，Taklift 4 开始将梁吊离格排梁，平板车也同时尽可能地抬起梁。至此，可将驳船向北拖离，自行走平板车也开始向桥台方向驶进。放松 Taklift 4 的后锚，Taklift 4 随平板车前移。在桥台处，对梁的方向进行调整，使它可以通过混凝土结构的缺口。将梁相对于临时支承的位置调整，随后就将梁落在临时支承上。在 Taklift 4 端部，梁与一种销接筒式纵向导向系统连在一起，再下到位于墩顶的临时支承上。

在斯普鲁侧，由于路堤高度受限制而不能修建，乃采用打入大型钢管桩，桩上架设焊接的临时栈桥，这些临时结构在施工完成后均拆除，见图 9.3-10。

锚碇处梁的架设

两锚碇处的两孔梁均利用吊船 Taklift 4，并配合以吊船 Taklift 6 进行架设。这两孔梁都采用常规的方法架设，从其在锚碇侧面的 UR111 号驳船上吊起来，运到桥位架梁处。两艘吊船均锚在驳船北侧，与桥轴线垂直，并分别连接于梁的吊点。先拆除海上运输固定件，将梁从驳船上吊起后，就撤走驳船。调整吊船的锚绳，让两台吊船向锚碇靠拢。当与已安装梁相距约 500 mm 时，将预先布置在待安装梁上的转向钢

图 9.3－9　霍尔斯科夫侧桥台处梁的架设

图 9.3－10　斯普鲁桥台处梁的架设

绳连接到已安装好的梁的卷扬机上。在此阶段，也要安装标准梁上曾经使用过的、用于竖向及扭转调整的千斤顶。有了转向钢绳及千斤顶，待安装的梁就得到了控制。此时，再利用销接筒式纵向导向系统将梁安装就位，吊船就可以撤走，见图 9.3－11。

引桥连续梁的接缝焊接

安装接缝描述

相邻两跨之间的安装接缝，位于支座处梁的横隔板附近。在桥面板、在纵向腹板处及在两边的斜板

图 9.3－11　锚碇处梁的吊装

处，接缝距横隔板 500 mm。在斜边板及底板处，接缝距横隔板 1 m。为了能在接缝处给桥面板提供较大的柔性，将纵向腹板的顶部（650 mm × 500 mm）临时去掉，在梁的环缝焊接完成后，再用对接焊将去掉的部分恢复。完成环缝焊接及腹板顶部焊接后，再焊接槽形加劲肋的插入段。槽形肋插入段的长度，根据它们所在位置，是变化的。

在对位及切割过程中，梁仍悬吊在 BLS 上，但在梁下纵向腹板处还布置有一 400 t 的千斤顶，以承受任何可能发生的动载，并防止接缝在焊接时的竖向移动。

新安装梁的水平位置由一组连接在 BLS 上的水平千斤顶（每顶 35 t）控制。梁的转动由两台 140 t 的千斤顶控制，每顶由一焊接在边板上的临时底座支承。吊装中，相对于已安装梁的正确纵向位置，先由固定在 BLS 底座附近的 1 台千斤顶（250 t）控制。调整吊机的吊臂及千斤顶，可以得到正确的纵向位置；然后，用重型螺栓将该位置固定，这些螺栓则是穿过焊接在桥面板及侧面板的方钢段块上。所有焊接在梁上的临时部件随后均用氧割去除，并应打磨光顺。

焊接遮挡

所有接缝的焊接均在焊接遮挡内进行，以防止环境因素的影响，见图 9.3－12。在焊接遮挡内，可设置夹持装置，并进行划线、作标记及将梁切割成准确的长度。连同墩顶平台，它还可保证从外面进到梁的接缝处，进行梁的匹配、焊接及检测。焊接遮挡可通过设在其底脚的履带车，从一条接缝移到下一条接缝。也可以抬升起来，在其处在较高位置时，由 1 辆小卡车推移到下个位置。

图 9.3－12　焊接遮挡

焊接工艺

安装接缝采用下列焊接工艺：

——药芯焊丝电弧焊（FCAW）；

——埋弧焊（SAW）；

——自保护药芯焊丝电弧焊（SSFCAW）；

——气体保护金属极电弧焊（SMAW）。

药芯焊丝电弧焊是迄今为止最常用的焊接工艺，多达 90% 的焊接都采用这种工艺。由于质量及经济的缘故，用陶瓷衬垫的单面施焊得到广泛应用。埋弧焊是在药芯焊丝电弧焊完成根部焊道后，用来填满焊接坡口的，而气体保护金属极电弧焊主要用于修补，这种焊接广泛用于桥面板临时开孔的塞焊，在某些情况下，也用于桥面接缝的一般修补。自保护药芯焊丝电弧焊，在早期仅用于第一道接缝处的梁底板的焊接及第一套支座的焊接，由于焊接质量差，所有这些焊接后来都被铲掉，并换之以其他方法焊接。此后，再也没使用自保护药芯焊丝电弧焊。

接缝切割、对齐及焊接

在采用多千斤顶系统，将每一梁段准确定位后，对梁端进行切割。梁的多余长度根据梁及其支承结构的实际测量结果确定。切割完毕后，将梁拖到一起，对齐梁板，用由多个栓钉（stud bolts，见图 9.3－13）定位的临时钢加劲板件及铝导轨固定好梁板，准备焊接。所有这些栓钉、钢加劲板件及铝导轨使用完毕后，均要拆除。然后，将梁板打磨光顺，进行 100% 的肉眼及磁粉探伤检查（MPI）。大量使用栓钉带来许多缺陷，由于栓钉焊斜，其大多数出现咬肉，或者由于栓钉焊接区不清洁或加热而引起氢裂。遗憾的是，承包商没有其他施工方案可换用。

焊口处的缝隙有时过于接近，有时甚至高于规定（为焊接容易而作出的规定）的上限，但总的来说，给焊接作标记、切割多余的梁长及夹持固定工作进行得很顺利。为了确保梁间焊缝收缩均匀，并尽快使梁体获得强度及稳定，梁的接缝的焊接必须按规定的次序进行。首先，焊接梁面、梁底的中间部分，并包括竖向腹板的一部分。这部分的焊接应在温度变化小的夜间（$\Delta t = 3$ ℃）进行，要让焊接材料就位得足够的多，使接缝稳定，以适应次日可能出现的较大温差。填满这些焊缝及完成其余的根部焊（边板最外端除外）都在第二阶段进行。最后，在第三阶段，将只有根部焊的焊缝填满，并完成边板最外端焊缝。

在对环缝焊接进行无损探伤后，安装槽形肋插节。对于槽形肋之间的对接，应该在衬有钢垫板的情况下进行，见图 9.3－14。而槽形肋与面板的焊接则是在无垫板的情况下进行的。让焊根间隙为 0～2 mm，这样在后来的超声波探伤中，焊根就容易通过检测。

图 9.3－13　栓　钉

图 9.3－14　槽形肋焊接

安装槽形肋插节时，偶尔会出现不一致的焊接坡口，从而导致低劣的焊接质量。出现这种情况的原因是这种安装需要高度的技能及精度，从体力上讲，也是一种苦活。槽形肋的安装及随后的焊接，是在桥中线两侧均衡地进行的。处在 BSL 正下方，大约是梁中间的 20 根槽形肋，应该在 BSL 撤走后，再安装、焊接。先焊接槽形肋两端，然后再焊接其两侧。

质量控制

焊接完成后，对焊缝进行无损探伤，并复核接缝处局部线形，看它是否符合规范要求。所有焊缝先用肉眼检查，然后对环缝同时用 X－射线及超声波进行无损探伤。规范规定要进行 25% 的 X－射线及 75% 的超声波探伤，再加上 7.5% 的同时使用这两种方法的重复检查。重复检查的意思是协助承包商选择焊缝检查的最合适的无损检测方法，但是承包商从不主动采取上述方法，因为不可能证明作为一种费用较低的方法，超声波探伤的单独使用是足够精确、可靠的。图 9.3－15 表示引桥各接缝焊接的检查结果。

对于加劲肋（包含槽形肋及球扁钢）的横向对接焊缝，焊缝应进行 100% 的超声波检查，对其纵向焊缝则进行约 20% 的超声波或磁粉检查。对于纵向腹板处，也进行同样数量的无损检测。补焊区及设置临时构件并随后撤除的区域，采用其主要焊缝所使用的检测方法进行 100% 的无损检测。

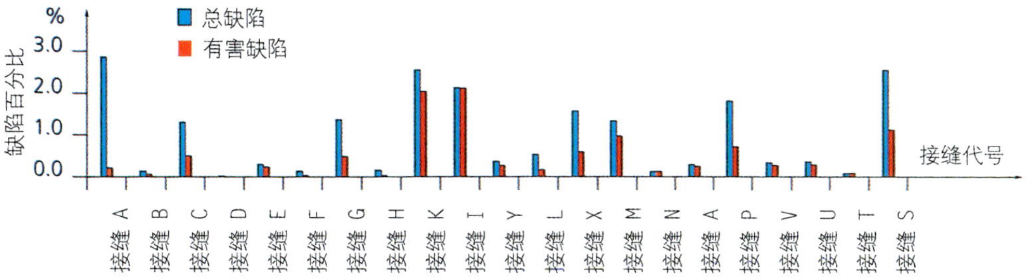

图 9.3－15　引桥接缝焊接统计资料

焊接缺陷较多的第一条焊缝，主要原因是焊工资质不够，以及接缝在焊前的匹配较差。立即将不合格的焊工撤离岗位，并换上一些经证明对药芯焊丝电弧焊焊接方法有经验的焊工。同时，要求在拼装场应尽量将接缝整平，以便能在桥位处更好地匹配。其后，焊接质量便提高，大部分工作的水平均高于有关工业标准。

由于梁段间的匹配较差，在环缝的最后焊接处，总是出现一些线形问题。在这个时候，整平任何凹陷方面的缺陷是困难的。所以，总是优先保证桥面、至少是行车道无凹陷，然后是负荷较小的路肩处，最后是那可以增加补强件的斜边板。由于桥面板受到疲劳的影响，不能对桥面板焊接作任何补强件。只允许在不太关键的区域，有小的偏离，一般来说，用桥面铺装来弥补表面凹陷还是可能的。

9.3.2　悬索桥

东桥悬索桥梁段于 1997 年 4 月至 1997 年 12 月安装、焊接。总共安装了 57 个梁段，其中主跨 33 个，两边跨各 12 个。总共有 56 道环缝在现场进行了焊接。原来计划有 59 个梁段，但承包商将中间的 3 个梁段在拼装场就拼装成一个。所有梁段先用 Giant 号驳船从 Sines、Taranto 运送到 Aalborg，梁段在该处存放起来，然后运到桥位处安装。从 Taranto 运出的第一个节段是在 1996 年 7 月，最后一个梁段运抵 Aalborg 的时间是 1997 年 7 月。

装运设备

悬索桥梁段（节段）均由自走行平板车运送到驳船上，装运方法同引桥梁段的一样。

从南欧至 Aalborg 途中，运输用的格排梁由 4 片用铰支承的小梁组成，小梁的支承均焊接在驳船上。见图 9.3－20。每片小梁在梁的两个横联处支承梁段，小梁的两端设有焊接托架，以抵抗驳船的横向颠簸力，而驳船的纵摇力则由一剪切锁定装置来承受，该装置包含焊接在梁段底面的两个剪力键，楔紧于一焊接在驳船顶面的桁架。（注：从下一小节运输船舶，可知梁段是横放在船上。）

对于从 Aalborg 至桥位间已装配好的梁段的运输，由焊接的 I 形小梁在 4 个支点支承每一梁段，每一竖向支承又将力分布于梁段的两个横联。在 I 形小梁与梁段底板之间，用弹性橡胶垫来均匀分散恒载。为抵抗运输中的荷载，不需要在梁段内设置补强件。

梁段倾斜面采用的海上运输纵向固定件是止动器，止动器的材料是与竖向支承橡胶垫相同，对其弹性进行了调整，以避免倾斜支承面超载（这种超载是由竖向荷载分量引起的，它不可避免地要被施加到处于倾斜状态的支承）面上。海上运输横向紧固件由焊接在梁段底面的托架组成，通过楔块可将托架锁定于钢格排梁。楔块在梁段装船后，容易塞入，只需要上紧螺栓，其位置就固定了。

运输船舶

从 Sines，Taranto 到 Aalborg 的运输，采用与引桥梁段运输用过的、相同的 Giant 2、3、4 号驳船。每一驳船可以装载悬索桥的 4 个梁段，将梁段长度横着放在船上；由于标准梁段长为 48 m，这意味着梁段两端有 6 m 要悬出船外，而最后一个梁段的边部也以同样数量悬出。显然，对于 Storebælt 及授权检测人员来说，他们不得不对如此大的悬出长度给以特别考虑。运动响应分析表明梁段被海浪拍击的风险在夏季非常小，而在冬季，则风险相当大。

由于将梁段抬高，不让其接触海浪的方法是不可行的，在海上运输固定件的设计中必须考虑海浪拍击荷载。基于求解梁段与波浪之间相对波浪粒子速度的迭代分析，估算出悬出梁段上的荷载，发现所采用的紧固托架具有足够抵抗这种荷载的能力。这是因为它们在设计上就考虑了对最不利的驳船横向颠簸的抵抗，而最不利的波浪拍击力则来自从船尾侧方向来的波浪。

驳船由与拖运引桥梁段相同的乌克兰 Neftegaz 68 号拖轮及其姊妹船 67 号拖轮拖拉。两艘拖轮的系缆柱拖拉力均为 80 t。悬索桥的已拼装好梁段由 Smitbarge 1、2 号货运驳船运输，每艘驳船长 91. 5 m，宽 30. 5 m，深 7. 6 m，拖轮为 Sigyn 号（系缆柱拖拉力 52 t）及其姊妹船 Skuld 号。图 9. 3 – 16 表示运梁用的驳船船面。图 9. 3 – 17 表示梁段被运到桥位。

图 9. 3 – 16　运梁用的驳船船面

架设设备

除了锚碇处的两个梁段外，悬索桥的各梁段均由在英国 Middlesborough 一家工厂，专门为本工程制造、并经劳氏船舶年鉴分级的 4 台跨缆吊机中的 2 台来吊装。每台吊机的安全工作荷载为 600 t，按穿心千斤顶的原理工作，在吊机每端设 3 台千斤顶，交替地拉、持一组钢绞线。在钢绞线通过提升千斤顶后，它就卷绕在（存放钢绞线的）卷筒上。图 9. 3 – 18 表示跨缆吊机。

每个梁段在 Aalborg 装配有 4 个吊点，每一吊点用两根重型螺栓连接到梁段内预先安装的加劲件上。在吊装过程中，将吊点与一扁担梁连接，由扁担梁将荷载分配到起吊钢绞线上，扁担梁上又连接一 U 形吊钩。

每一锚碇处的两个梁段由 Taklift 4 和 Taklift 7 两台吊船协同吊起。Taklift 4 的安全工作荷载为 1 400 t，为了得到梁段起吊必需的高度，主吊臂配有长 30 m 的延长臂。Taklift 7 按长 130 m 吊臂布置，其安全工作荷载为 475 t。Taklift 7 之所以需要配备长吊臂，是为了在主缆上能保持有安全净空。这吊船也负责将跨缆吊机吊上及吊离主缆，见图 9. 3 – 19。

图 9.3－17 梁段正在拖运到桥位

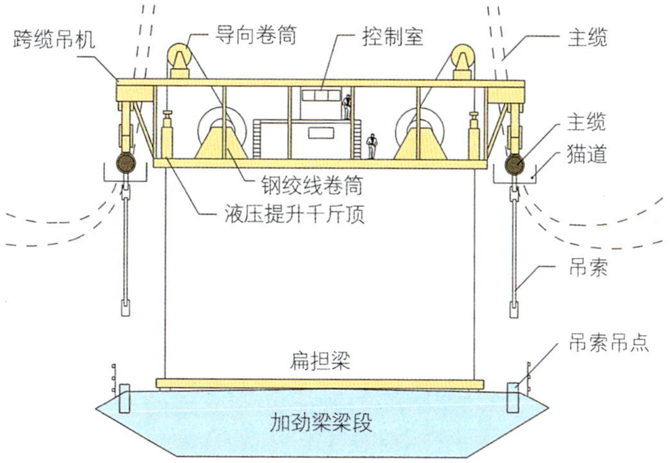

图 9.3－18 跨缆吊机布置

悬索桥加劲梁的运输及架设方法

装船方法

悬索桥梁段的装运方法同引桥所用的一样。从 Sines 或 Taranto 装运，梁段的支承也是采用铰接小梁。小梁在梁段安装到其上面时，临时保持水平位置。然后，将起水平支撑作用的托架同时焊接在铰接小梁及梁段的底面，焊接完成后，再将抗驳船纵摇的支撑与它相连。在装运时，梁段底面的剪力键与用作抗纵摇的桁架都已安装就位，这时仅需塞入垫片，就能固定住梁段，见图 9.3－20

在 Aalborg 临时存放梁段期间，除了留 4 块钢板再度用于 Aalborg 至桥位的海上运输固定件外，大多数海上运输固定件应该拆除，将连接部位清理干净。在装出之前，将每个托架焊接在上述每块钢板上，以得到横向固定。将垫片塞入托架及钢板之间，使它们之间产生接触压力，并用几个螺栓固定。在起吊梁段时，需要用焰割去掉托架。

纵向海上运输固定件包括布置在竖向支承顶面上延段顶面的硬木楔块，用锁定布置的方法，与梁段的倾斜面顶牢。这套固定装置具有快速拆除的机制，在 Aalborg 时也很容易装上。

运输方法

如果 3 天的天气预报没有大风（8 级）或狂风（10 级）警告，从 Taranto 或 Sines 的每次运输就可启

图 9.3－19　将跨缆吊机吊上主缆

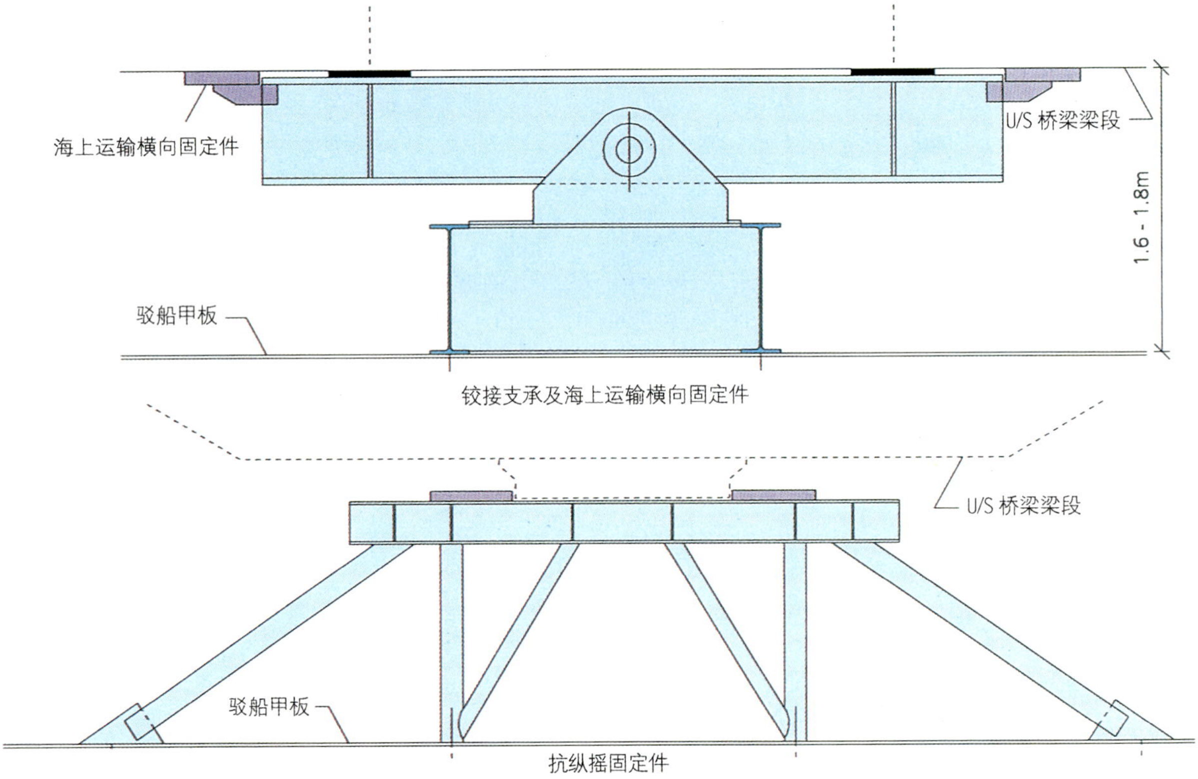

图 9.3－20　海上运输固定原理—从 Sines 或 Taranto 启程

程。所配备的海上固定件，在设计上可抵抗授权检测人员所规定的颠簸、纵摇及起伏引起的加速度。引桥各梁的运输也已表明上述标准至少等于 10 年一遇的狂风引起的力。尽管在有些历时 10～25 天的航程中遇到恶劣天气，但海上运输固定件及海浪拍击都没有遇到多大问题。对于某些恶劣天气，拖轮的船长为避免可能出现的问题，改变了航线。

如果天气预报整个拖运及随后的架设时间段内的天气可以接受的话，从 Aalborg 到桥位的运输就可以开始。Aalborg 到桥位的航行时间，视天气及水流情况，约为 25～30 h，但对拖运速度可以调整，以便拖轮能在次日黎明前到达桥位。有时，不管天气预报如何，也决定从 Aalborg 出发，并到桥位架梁，因为如同引桥梁段的运输、架设情况一样，运梁可以接受的天气限制总是高于安装可以接受的天气限制。在这种情况下，使用了大贝耳特海峡中的避风区。

桥位处的施工作业区

开始架梁前，为了取得丹麦海事管理局所同意的施工作业区范围、航海标志设置、浮标迁移时间表及护航船的提供，与该管理局进行了洽谈。洽谈的结果是同意 5 种航道情况，以此作为对这些航道上过往船舶航行最小影响的解决办法。尽管在航道边缘附近作业时仍需特别小心，但上述办法已可以允许承包商开展架设工作，见图 9.3－21。

两艘护航船由丹麦海军提供，在主跨梁段的整个架设过程中一直在使用。从主跨中央拆除跨缆吊机是在通航航道扩宽后进行的。在拆除作业期间，没有设置单独的施工作业区，但另外增加了两艘护航船，让过往船舶避开吊船。

标准梁段架设

主跨第一个梁段，即跨中预先焊接成一个的原三个梁段，于 1997 年 4 月 18 日开始安装，见图 9.3－22。运梁驳船由承担架梁的承包商负责采用 8 t 的 Delta Flipper 锚抛在 4 个点上锚泊。进行作业前，承包商曾测试了锚，尽管它们的锚定能力一般没有什么问题。

在对锚定测试完毕后，将运梁驳船拖拉到误差仅为 ±0.3 m 内的正确位置，这就可将扁担梁放下，并进行连接。采用同样的测量方法，检查典型的竖向移动不大于 0.3 m，以确保在千斤顶的第一次行程期间，能将梁段安全地吊离驳船。在扁担梁连接好后，在跨缆吊机的提升钢绞线收紧前，对位置进行最后一次复核。

将梁段每一角处的提升钢绞线收紧至 50 t。此时，理想的是所有 27 根提升钢绞线均已收紧，但是，实际上，这种情况是比较少的，因此有必要采用专门设计的夹箍及滑车，对一些钢绞线单独收紧。一般来说，海上运输固定件在钢绞线收紧后，便切割掉。

将穿心千斤顶的液压系统设在最大工作状态，梁段的荷载渐渐地转为由提升千斤顶承受，直到达到预期的总提升荷载的 90%。然后，荷载转移停止，将提升千斤顶复位到其底部位置，此时，可以看到橡胶垫块的变形几乎消失。有时，还可以看到橡胶垫块顶面的三夹板（plywood）与梁段底面之间有缝隙。

在不到 1 min 的时间内，在千斤顶的两个行程里，梁段即被吊离驳船约 2 m（该提升速度达到液压系统所能达到的）。然后，停止提升，并让各提升千斤顶所承受的荷载相同，在将提升速度减降为 1 m/min 的情况下，再次开始提升梁段。历时 1.5 h，梁段到达其最终位置，见图 9.3－23。

当梁段提升到与已安装好梁段的竖向距离为 0.5 m 时，装吊工人登上悬吊的梁段，在其上安装“靠拢系统”，此系统或由连接到梁段每个角处 Tir-for 滑车的钢绳组成，或由连接到一个小型穿心千斤顶的钢绞线组成。此外，如果需要，还可布置一组横向交叉钢绳，用以在横向控制梁段。

悬吊梁段应在已安装好梁段下停住，因为承包商认为梁段会摆动，而这种摆动问题在强风天气架梁时非常突出，但在梁段连接上“靠拢系统”并收紧该系统后，摆动就会立刻停止。另外，在将悬吊梁段水平拉到其他梁段时，也需要使用“靠拢系统”。

在上述吊装的最后过程中，装吊工人将永久吊索导入其套管内。为了能将螺母上紧到其正确的位置上，梁段的提升高度要比理论高程更高一些。然后，缓慢地将梁段落下，并同时用“靠拢系统”横向控制梁段。在梁段落下的最后阶段，先用临时夹具将梁段吊住，再将永久夹具中的连接销（或用手动或用液压千斤顶）调整牢固。随后，剩下的荷载就可由跨缆吊机转移到永久吊索，再将扁担梁拆除。

在用扁担梁安装了主跨大约一半的梁段后，在其吊点处的面板上发现一些裂纹。刚开始，这些裂纹的数量看起来似乎很多，但检验结果表明这些裂纹中的大多数不过是焊缝金属与母材之间不熔合。对这种不

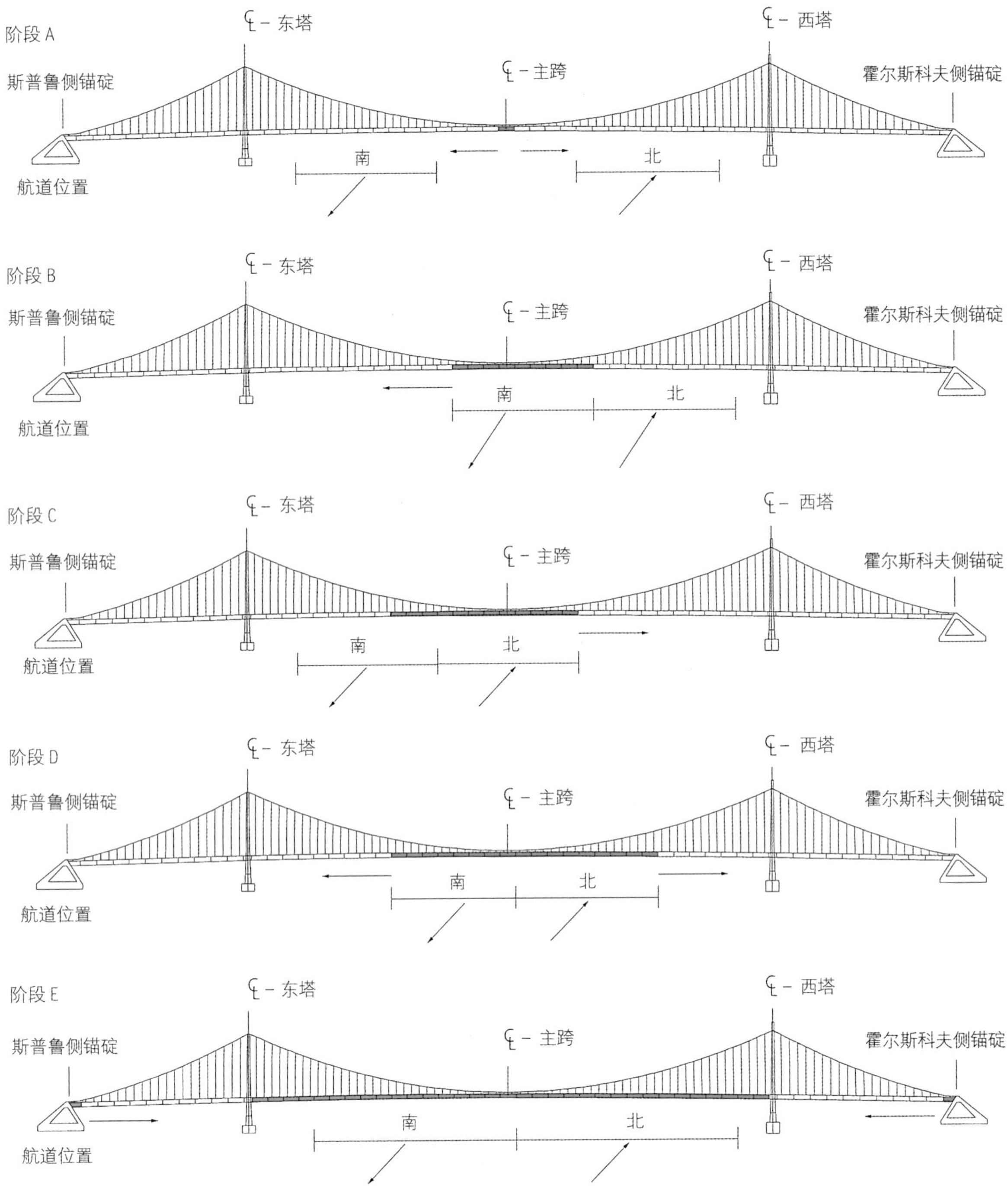

图 9.3－21　架设步骤及航道位置

熔合进行了打磨，并对真正的裂纹进行了修复，然后重新开始吊装。

在主跨架梁全部完成后，授权检测人员要求对所有扁担梁进行一次彻底的无损检测。检查发现扁担梁主隔板的焊缝中有许多裂纹，承包商在起吊设备的有关分级机构的支持下，认为扁担梁不需要修补，就可完成边跨剩下的吊装作业，但 Storebælt 及授权检测人员不同意，并指令承包商修补扁担梁。这样，共修复了两根扁担梁，它们后来用于西侧边跨的架梁作业，而东侧边跨的架梁作业采用的则是另一种吊装系统。

图 9.3－22 跨中梁段的吊装

图 9.3－23 主跨架设

锚碇处梁段的架设

锚碇处的两个梁段采用吊船 Taklift 4，并用 Taklift 7 配合安装。将 Taklift 4 的纵轴线布置在桥的轴线上，其吊臂面对锚碇，并处在两根主缆之间。将 Taklift 7 布置在北侧，与桥轴线垂直，吊臂跨过北主缆进行吊装作业，见图 9.3－24。

图 9.3－24 锚碇处梁段的吊装原理

当梁段位于支承猫道的 A 形架附近时，必须以很小的横向误差安装，因为梁段边缘与该 A 形架之间的净距仅有 40 mm。因此，有必要配备一个横向导向系统，在梁段进入 A 形架处的狭窄空间前，用系统控制梁段。在梁段的底面，连接了一个销钉，这个销钉将嵌入在锚碇上巨大的桁式钢结构的水平扁圆孔中。

将装有梁段的驳船靠着 Taklift 4 尾端的一个浮筒锚定，这可以使驳船在梁段吊离时与吊船刚性地连接，从而减少所要求的抛锚数量。梁段吊离驳船后，驳船用拖轮拖走，让 Taklift 4 进入更靠近锚碇处。

在使用上述导向系统以前，先将梁段提升到其最终高度。将导向系统的销向上移到水平槽孔的端部。在这位置，Taklift 4 将梁段保持指向端横截面，以防止吊船对锚产生意外的拉动。这时，还要将梁段的外端从其最终位置再提升约 500 mm，以便与支承梁段的临时吊索连接。在锚碇处，梁段端先由两个位于永久支座内侧的临时千斤顶支承。

桥塔处梁段的架设

桥塔塔柱之间的两个梁段，采用跨缆吊机及设在桥塔横梁上的一组临时穿心千斤顶安装。安装之后及焊接期间，也用它们支承住梁段，见图 9.3－25。

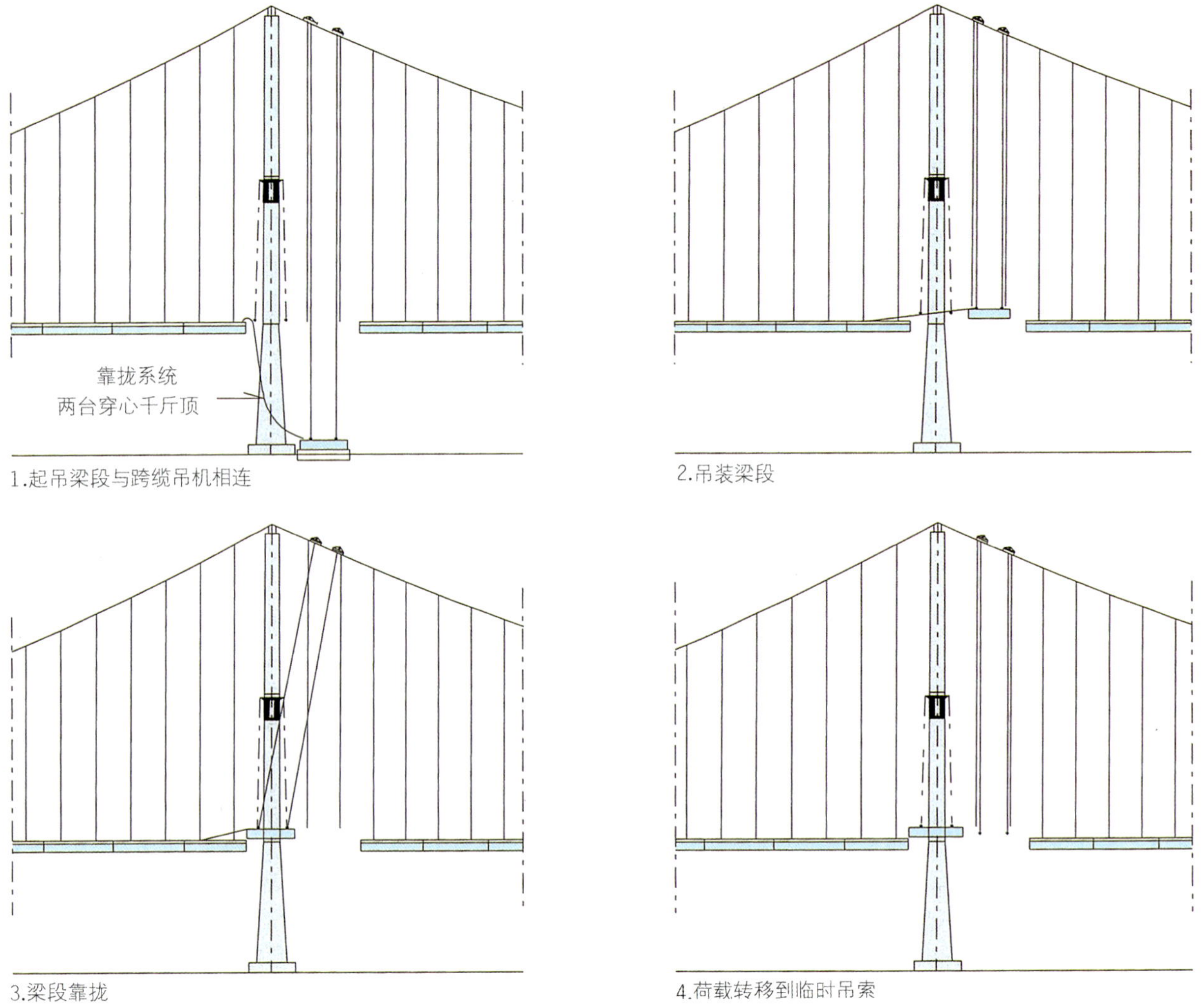

图 9.3－25　桥塔处梁段的吊装原理

上述梁段采用常规的起吊方法，从驳船上吊离。起吊之前，将设在主跨上的 1 台水平穿心千斤顶的一组钢绞线连接到梁段上。当梁段提升到其正常高程时，穿心千斤顶将梁段水平地拉入两塔柱之间，并用跨缆吊机上的钢绞线不停地调整，以保持梁段于水平。在梁段到达其最终位置时，将梁段与桥塔横梁上的提升装置连接。竖向荷载开始从跨缆吊机转移，使用临时的水平稳定装置来使梁段保持位置。让该两梁段稳定地位于其他已安装好梁段的上方，一直到它与相邻梁段间的环缝焊接完成。

在桥塔处梁段落下之前，相邻的梁段采用在它们的吊索上加垫片的方法，施加预应力，以保持桥面整个线形通过没有吊索的桥塔处梁段。桥塔梁段的落下，是用设在桥塔横梁上的穿心千斤顶完成。在落梁过程中，为保证梁段四周的作业空间，用千斤顶将锚碇处临时支承上的整个边跨向外顶。当桥塔处梁段与相邻梁段相平之后，再将边跨顶回原位，这样就可以使用梁两侧的临时夹具。环缝焊接完毕后，松开并撤走临时提升装置。将梁段落下到吊索支承上，并按规定的步骤，撤除垫片，使吊索及梁段不会出现超应力。

悬索桥加劲梁梁段接缝焊接

安装接缝

两梁段之间的安装接缝距其一梁段的横联为500 mm，距其另一梁段横联的距离为2.5～3.5 m。环缝及锚碇、桥塔附近梁段的纵腹板接缝焊接完成后，再将槽形加劲肋焊接上。在桥面板及底板处，槽形加劲肋的插补段的长度均为300 mm。

在接缝的对线中，将相邻梁段用临时连接装置固定住，以确保其与在拼装场进行匹配（试拼装）作业时相同的线形要求。临时连接装置应保持不动，直到环缝焊接完成，再将它撤走。悬索桥梁段接缝的焊接工艺同引桥的一样，也用同样的质量控制步骤检测。关于焊接缺陷的统计，见图9.3－26。

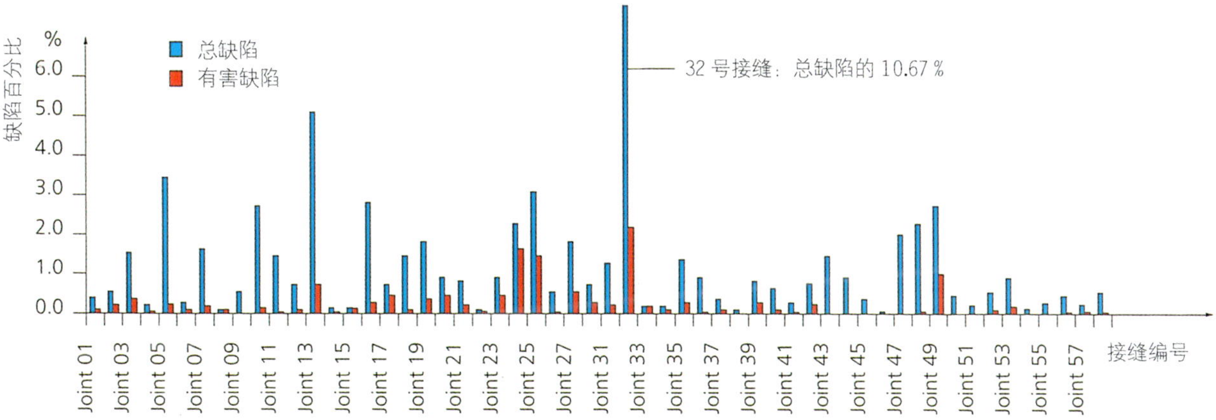

图9.3－26　悬索桥梁段接缝焊接统计资料

焊接遮挡

同引桥上所用焊接遮挡一样，悬索桥焊接时桥上也使用了焊接遮挡。该遮挡为全拼装式，与主跨某些梁段一块提升。焊接遮挡任务完成后，在梁的南、北两侧设置数组穿心千斤顶，并与遮挡的底部连接。遮挡的上部由走行吊机拆除，以便将底部落放到一艘锚泊的驳船上，由驳船将其运往新的位置。焊接遮挡的安装顺序与拆除顺序相反。

拆除焊接遮挡只是在它通过桥塔时才需要，也就是说从主跨到边跨或反之。从梁段一道接缝到另一道接缝的正常移动，利用设在遮挡上部倾斜部分的橡胶轮，这些橡胶轮可以刹住，以防止意外的移动。遮挡的正常移动主要由布置在桥面中央的一台卷扬机牵引，利用滑车组改变卷扬机钢绳的荷载路径，移动遮挡是容易的。遮挡的上部，可以用叉车转移。

临时连接

在一个梁段安装就位后，应将它与相邻的梁段临时连接。临时连接的装置，应在拼装场进行梁段匹配作业时就焊接在梁段上，这就可以保证在拼装场所确定的梁段间关系在桥位处准确地再现。

临时连接装置由设在桥面板上的两个铰接式眼板组成，每个眼板距桥中线约10 m，见图9.3－27。在梁段安装结束时，将两眼板连接上。为了确保梁段底部的正确距离，需要在两梁段上焊上数对短钉，以便当梁段接缝合龙时，它们可以彼此顶住，从而确保焊接剖口的正确距离。当梁段对顶之后，在每对短钉之间加设剪切板，以抵抗水平剪力及扭转。在梁的顶部，也在眼板旁加焊剪切板，以确保它在抵抗桥面处水平剪力时有足够刚度。

在审查临时连接装置的设计计算时，发现主跨中部的临时连接设计需要补强。补强的做法是增加两块剪切板，用贴角焊焊接在桥面处的眼板之旁。环缝焊接完成后，拆除所有的临时连接。

图 9.3－27 临时连接装置及控制梁段的靠拢系统

图 9.3－28 临时吊索

对锚碇及桥塔处梁段施加预应力

锚碇附近及桥塔塔柱内的梁段没有配备吊索，这些梁段所受的荷载应该由相邻梁段及锚碇处的永久支座承受。为了避免无吊索梁段局部下挠以及其相邻的吊索、支座承担过大的荷载，在梁段接缝的施焊过程中，引入了永久弯矩。

锚碇处，将弯矩引入结构的方法完全不同于桥塔处。在这里，预应力的获得是通过在无永久吊索的梁段使用一组临时吊索来实现的，见图 9.3－28。这组临时吊索在安装过程中，也用于支承这些无吊索梁段。在第一组 3 个梁段安装后，临时吊索由其内部的千斤顶系统缩短 300 mm。并用螺栓将梁段、临时吊索固定在这正确的长度。这一过程使得第一条接缝合龙，接缝因此可用临时加劲板固定。在接下来的梁段安装中，临时吊索中的荷载当逐步减小，等到边跨所有梁段安装完时，临时吊索中的剩余荷载就完全释放。这样，由于在开始焊接前的提升，便给它引入了永久弯矩。

桥塔处，预应力的建立比锚碇处复杂得多，劳动强度也大得多。在每一桥塔处，需要让几个梁段在施加预应力的作业中主动变位。吊索锚杯及几个梁段上的支承点应能在制造上适应临时千斤顶系统，该系统可以将上述梁段提高和下落，见图 9.3－29。

梁段安装完毕后，拧紧吊索的螺母，使临时连接处的高程一致。为了让接缝处适合于施焊，需要将梁段调整到它们的无约束线形上，这使得接近桥塔方向的梁段端部（已切割成楔形）出现下挠的趋势。在位于桥塔两侧的梁段焊接完成后，将梁段提升到其最终线形以上的预应力状态中。此时，落下桥塔梁段。为了将桥塔梁段落下到正确的位置，需要将两侧已焊的梁向后推，以腾出桥塔梁段所可能需要的转动及平移的空间。在桥塔梁段落到正确的高程后，就让两侧已焊的梁，顶回原位。这时，再让梁段之间的临时连接装好，这就给这里的环缝做好施焊准备。

在作业过程中，焊接人员站立一旁作好准备。在梁段一旦临时连接后，立即开始环缝的焊接。与可能作用于已完工桥梁的环境荷载相比，施焊之中的连接对风暴的抗力是很弱的，因此，必须优先地对环缝某些部位进行焊接。在梁段临时连接后的 12 h 内，环缝的焊接应能达到抵抗较小风暴的安全状态。

在接缝焊接完成后，梁段就可以落下到它们最终的线形上，预应力弯矩也因此而引入到梁段之中了。由于承包商只有数量有限的几台千斤顶，不可能一次将完工的梁段落下。落梁不得不分几步进行，以免吊索和梁段出现超应力。因为设备笨重，而且只能在非常狭窄的空间内操作，这使每一步工作均很费时间。另一方面，因为它不影响其他作业的开始，对落梁作业也没有必要来限时完成。图 9.3－30 表示为适应设置预应力而对吊索套筒的加强。图 9.3 -31 则是将加劲梁全部架好了的悬索桥全貌。

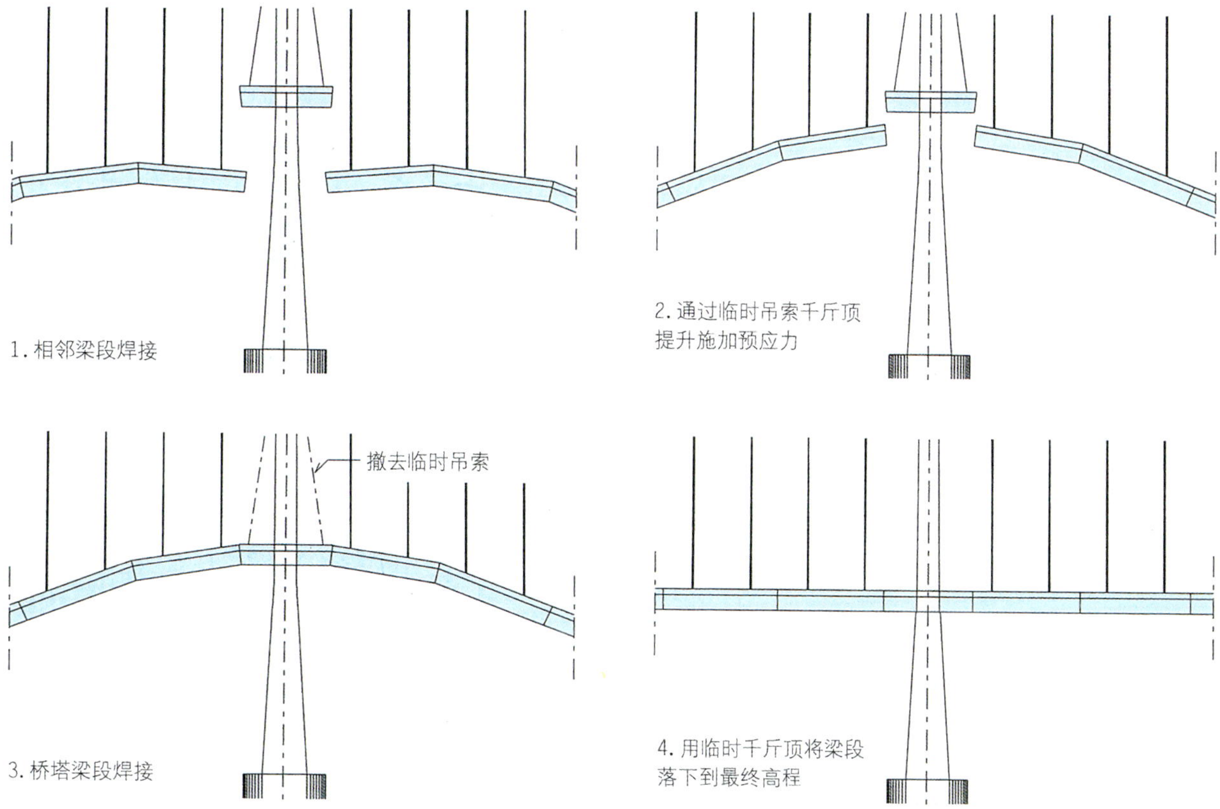

图 9.3 -29　施加预应力的原理

图 9.3 -30　为了在加劲梁内建立预应力，吊索套筒补强

图 9.3 -31　悬索桥已完成

9.4　主缆工程

作者：Francis Rouvillain，副经理，COWI。

9.4.1　鞍　座

主鞍及散索鞍基于同样的原理进行设计。它们是一种结实的结构。每个鞍分为两个主要部分：① 让主缆钢丝就位所需的鞍槽，采用铸钢材料；② 将力从鞍槽传递到支承的部分，可采用焊接结构钢。鞍槽由意大利 Friuli 地区 Cividale 的 Acciaieria Fonderia Cividale（AFC）公司浇铸，意大利米兰的 INNSE 公司进行机加工。鞍的结构构件及（与鞍槽构成一体的）焊接组件，由意大利 Camerana 的 Nuova Simic Srl 公司制作。完整鞍座的运输，用卡车先从 Camerana 运到热那亚，然后，再用船运到丹麦Korsør。完整的散索鞍重120 t，塔顶主鞍重 100 t。

材　料

两种鞍所用材料相同。鞍槽材质规定为 BS3100，A4 级，但加一条规定：冲击韧性应满足 -20 ℃、30 J 的夏比 V 形冲击试验。结构钢构件的材质，规定为 Fe 510 D（DS/ISO 630）。

浇　铸

由于铸件尺寸较大，承包商曾要求将鞍槽分成两部分来浇铸，但这个要求不可接受。应该指出的是，对于这种铸件，如果机加工完成后的最终重量是 45 t（散索鞍），那么，由于机加工余量、模型中的冒口及注入口等缘故，浇注到模具中的材料重量将是 90 t。为了满足整体浇铸的要求，因电熔炉不能一次融化所需要的全部钢水，所以，将钢水分 3 炉融化是必要的。但在第 3 炉钢水尚在炉中时，必须让第一、第二次出炉的钢水，保持在浇铸温度为 1 560℃的情况。这样的一次浇铸，才是可以接受的。图 9.4 -1 表示一鞍的模型。

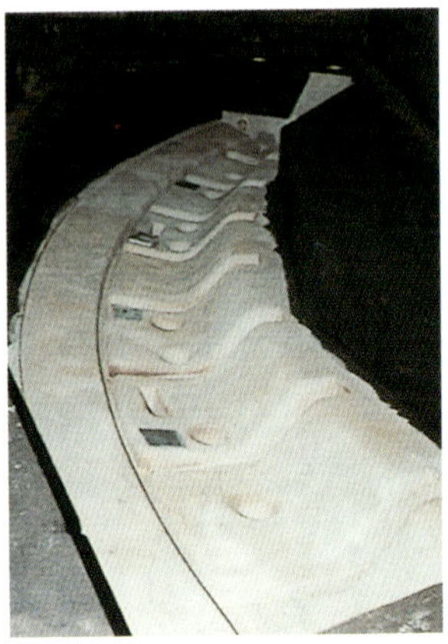

图 9.4 -1　一个鞍的模型

图 9.4 -2　拆模后

模具的尺寸是相当大的，从外部看，模具的尺寸在每个方向均增加约 2 m。这意味着主鞍模具箱的尺寸为 $9\ m \times 4\ m \times 3.5\ m = 126\ m^3$，而在模具箱填满砂及金属后，其总重为 500 t。在准备好木质的模型及砂的内芯后，就制作模具。在将制作好的模具闭合之后，用吹风的方法，将它加热到 200℃，连续预热 10 h，使模具及砂芯充分干燥。然后，将融化的钢水，通过模具的 3 个门，仅在 10 min 内并将它浇注并填满模具。钢水温度则为 1 560 ℃。

让铸件在模具中缓慢降温，直到其温度低于 300 ℃。此后，清出浇铸件（摇晃），用焰割法除去冒口及其他附属物。图 9.4 -2 表示拆模后的铸件。

在铸件热处理前，要进行初步的尺寸控制。热处理的工序示于表 9.4 -1。

在热处理完成前，让试件一直附在铸件上，借使试件所经历的处理与铸件一样。在得到 SBF 的同意后，对铸件进行无损检测及焊接修补。最后，对铸件进行应力消除，并进行最后的化学、机械及尺寸检测，形成铸件符合规范要求的最终文件。至此，铸件就做好了发往 INNSE 进行鞍槽机加工及与结构钢构件密贴连接的准备。

表 9.4-1 热处理工艺

	退 火	正 火	回 火	应 力 消 除
加热速率	50 ℃/h	50 ℃/h	最大 50 ℃/h	50 ℃/h
均热温度	940 ℃ +20 ℃ −20 ℃	920 ℃ +20 ℃	640 ℃ +20 ℃	610 ℃ +10 ℃
均热时间	36 h	最少 20 h	最少 20 h	20 h
冷却	在炉内缓慢冷却到 300 ℃	在静止空气中	在静止空气中	在炉内，最大 50 ℃/h，然后在静止空气中

结构钢构件

其特点是钢板厚、几何形状特殊，要进行特别是密贴连接的焊接。鞍槽与结构钢构件的许多焊接作业都必须在内、外侧对称地进行，借以避免炽热的焊缝体积过大，而其焊接冷缩又引起过分的变形。由于工作空间狭窄及焊接过程中形成的烟雾，完成这项焊接工作，对焊工说，是困难的。然而，这部分工作还是让业主满意地完成了。图 9.4-3 表示结构钢构件的焊接；图 9.4-4 表示其在机加工后的半成品；图 9.4-5 表示鞍槽与结构钢构件业已组合；图 9.4-6 表示进行应力消除处理；图 9.4-7 表示躺在启运码头上的散索鞍。

图 9.4-3 在 Nuova Simic 公司所完成的结构钢构件的焊接

图 9.4-4 为密贴连接所进行的机加工

安 装

主鞍安装前，在混凝土塔塔顶安装了专用的门式吊机。主鞍是用船运到塔处，先吊放在高程为 +10 m 的平台上。在鞍的底板上装配以滚轴，使它可以沿着塔柱倾斜的北侧面滚动。在塔顶，鞍在桥的横向，顺着导轨滑移就位。先安装桥塔南的鞍，然后再安装北侧。图 9.4-8 表示主鞍在桥塔 +10 m 平台情况。

散索鞍则是利用浮吊直接吊放在其支承上。图 9.4-9 表示它在安装中。

图 9.4 - 5　与鞍槽的拼装

图 9.4 - 6　最后的应力消除

图 9.4 - 7　存放在 Korsør 港一码头的鞍（散索鞍）

9.4.2　索夹及中央扣

除了铸造鞍座外，意大利 Udine 的 AFC Spa 铸造公司（承担机加工的米兰 INNSE 公司的分包商）还承担索夹及中央扣的铸造。索夹及中央扣铸造件的机加工等级较高，圆筒状构件所要求的最小壁厚为 30 mm，对此类铸造件来说，是相对较小的。

材　料

索夹及中央扣的材质为 A4 级铸钢。按 BS3100，进行正火、回火，对其冲击试验的附加要求为：-20 ℃（按 BS3100 中的规定为室温）时最小 30 J。之所以提出这种要求，是考虑到索夹的使用条件。附加要求的提出，就改变了材料的化学成分。这种材质称为"改良型 A4 级"。

原　型

先铸造索夹及中央扣一个原型是有益的。在这种情况下，原型的尺寸控制表明，由于绕主缆的圆形开口处不等厚材料引起的变形，原型冷却后的水平直径太大。原型铸造后，采用在圆形开口处设内芯的办法来保持几何形状，可以解决上述问题，同时也可据此调整机加工公差。

图 9.4-8 主鞍在塔旁平台，等待安装

图 9.4-9 散索鞍在安装中

浇铸缺陷及修复

热处理后，开始检查缺陷前，先对铸件进行喷砂处理。缺陷按 DIN 17245（1977 年 10 月）中 Gütestufe 2（Ⅲ）进行评定。根据这评定的第一次无损检测的结果，作出有关修复的决定。微小的表面缺陷，用打磨法清除。对较深的缺陷，则应进行挖凿。在进行任何缺陷修复前，在与监理取得最终一致的意见后，将主要缺陷汇总成表，上报业主。再根据 BS4570 进行焊接修复。随后，再进行最后的无损检测、化学和机械检测，将铸造件的质量记录下来，形成文件。在这些工序中，焊接修复对质量要求最为关键。这涉及：适当的挖凿，预热，熟练的焊补，焊后热处理等项。需要满足的技术规定不下 20 种。图 9.4-10 表示拆模后的索夹；图 9.4-11 表示对其尺寸的控制。

图 9.4-10 拆模后的索夹

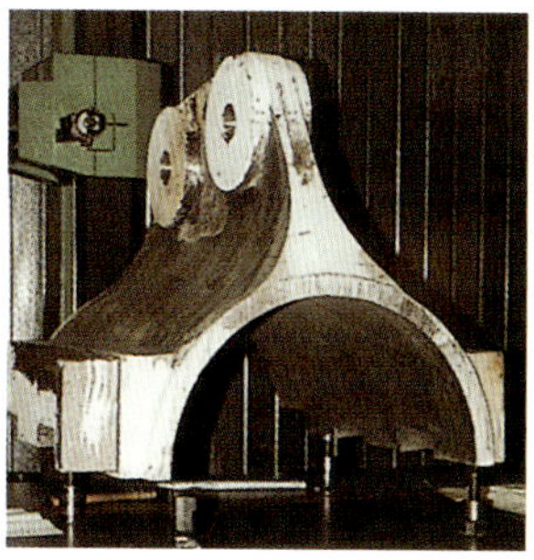

图 9.4-11 索夹铸件尺寸控制

图 9.4-12 为改善与主缆匹配面的粗糙度，采用环形刀具切割的试验

铸件的无损检测

铸件无损检测包括表面缺陷的磁粉检查及内部缺陷的超声波检查，但两种方法均和表面质量有关。

此外，在对粗糙表面检查完毕后，某些按规范可以接受的缺陷，在机加工后变得更为明显。特别是在挖凿的端部，补焊缺乏熔合，这种问题在铸造厂往往不能由无损探伤发现，但在机加工后，却会暴露（特别是在索夹内面）。

利用更为先进的超声检查及射线照相方法，对 43 个铸件（约占铸件总数的 10%）所进行的无损探伤补充检测表明，内部缺陷确实存在，如孔隙、收缩超出了规范的规定，但没有检查到裂缝和撕裂。检查结果还确认对这些缺陷进行分类极其困难，因为按照可以接受的标准，它们属勉强够格的缺陷。因此，基于材料的实际力学性能和缺陷的实际尺寸及位置，以及它们的最大设计应力，用有限元法，对它们进行了两个独立的断裂力学分析（IIS 及 CBR 公司完成）。这两项分析确认了索夹适宜于使用。最后，在霍尔斯科夫的拼装场，对 40 个索夹样品全部按铸造厂同样的无损检测程序，进行重新检查，检查发现：没有根本不可以接受的缺陷。图 9.4－13 表示对索夹进行磁粉探伤。

图 9.4－13　对索夹进行磁粉检查

机加工

为了改善索夹与主缆之间的摩擦系数，对索夹的内表面按每 cm 用 6 个环形刀具作了轻微的切割。为找到最适合的形状，进行了几次试验。最后，对其设计形状作出了选择。图 9.4－12 表示所进行的切割试验。

中央扣非常关键，因为它是一种在其焊接件用螺栓连接并与铸造件相结合的构件，而且，铸造部分的尺寸也大。摩擦螺栓连接要求很高的表面质量。在铸件的下半部，由摩擦螺栓连接的部分，其几何形状不对称，尺寸是变化的，而且厚度相对较小。这些因素使得铸件在制作时不出现缺陷和变形是非常困难的。

在机加工过程中，发现在连接焊接加强肋的腹板上有夹砂。将这些夹砂挖掉后，对中间结点的这一部位进行了应力分布复核，以肯定这种缺陷能够接受，这也是因为该缺陷的空间太狭窄，补焊很困难。而复核表明该缺陷并不是严重的。

对这一特殊的构件，应该考虑其简化设计，以避免在组装上的困难。

螺　杆

螺杆应符合 BS970 规定，为 817M40V 级，所要求的力学性能为 Rm 1 000～1 075 N/mm^2，Re min 850 N/mm^2。这一标准还要求冲击试验值最小为 42 J。如果规范对冲击试验温度值没有规定，那就在 +20℃（室温）进行。

制　造

设计规定了两种直径，即：索夹采用 M48 丝扣及 ϕ44 螺杆，中央扣采用 M52 丝扣及 ϕ48 螺杆。关于螺杆尺寸，需要特别指出的是考虑如下参数：

——螺杆的直径由所承受的拉力及钢质决定；

——索夹处螺杆的偏心，应使索夹所受的弯曲应力减小到最低限度；

——丝扣的直径决定栓孔最小直径，并应计入安装螺杆的公差；这些公差将增大偏心；

——螺杆丝扣与螺母丝扣的公差由 ISO 标准决定；同时应该给出螺杆及螺母表面处理的规定；

——张拉方法采用圆柱状千斤顶组。

螺母的抗剪力是设计的关键。由于施加预应力过程中，螺杆及螺母各对应的延伸率不同，螺母及螺杆丝扣之间的公差应该考虑（图 9.4－14、9.4－15 给出两种解决方案）。

图 9.4－14　螺杆到丝扣的过渡区

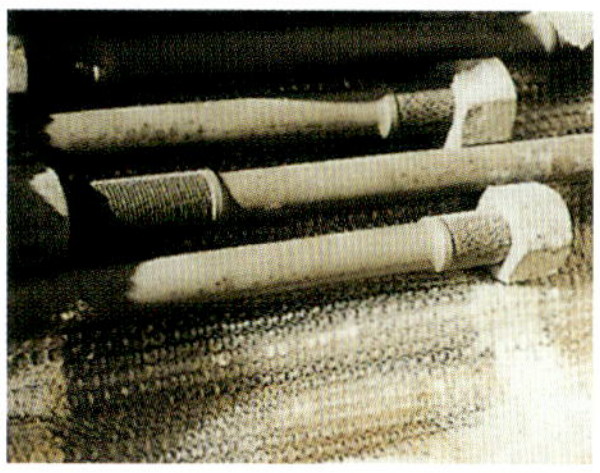

图 9.4－15　过渡区的另一设计方案

假定范围已知，并考虑上述参数，建议让螺杆与丝扣直径的差别取得更大一些，借使延伸长度主要发生于螺杆内。

测　试

螺杆、螺母、垫圈，均在意大利的 ISMES 实验室，用专门设计的试验设备进行测试。将 30 根 M48 及 6 根 M52 螺杆在测试中加载到破坏，连同螺母，但没有进行表面处理。测试中，观察到两类破裂，一是发生在螺杆，一是在螺母（破裂由螺母丝扣中的滑移开始，接着是螺母丝扣的剪切破坏）。破裂总是发生在大于所规定的最小荷载。丝扣连接的抗力等于螺杆的抗力。因此，在表面处理的重新机加工过程中，为了防止螺母丝扣进一步的弱化，各方同意不对位于拟张拉端的丝扣进行表面处理。在上述条件下进行的试验，各方均能接受。图 9.4－16 表示索夹螺杆设计。图 9.4－17 表示螺杆装于索夹情况。图 9.4－18 表示带螺母的螺杆在试验中所呈现的荷载与应变关系。图 9.4－19 和 9.4－20 表示此项试验的布置。

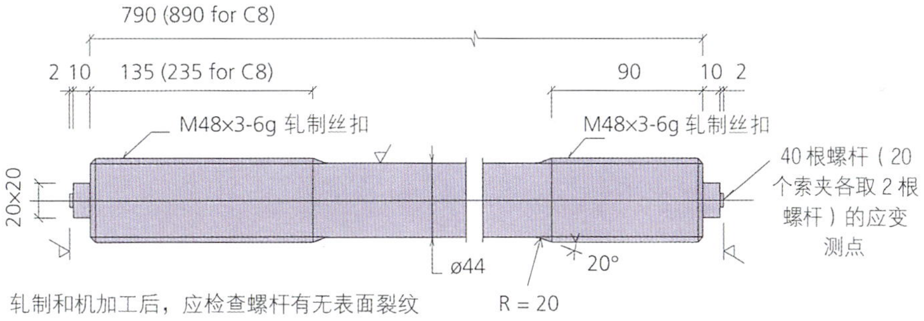

图 9.4－16　索夹螺杆的设计

安　装

安装阶段，对索夹螺杆所要求的公称拉力约为屈服强度的 77%（在中央扣处为 85%），这样，各该螺杆的张拉还是处在应变曲线图中的弹性部分。

拉力测量

给 40 根螺杆设计了特殊的端部，以此端部作为螺栓拉力（因松弛而降低）长期测量的参考点。为了增加有测量点的螺栓的数量，将一些小钢珠粘贴在一般螺栓端部的 V 形槽内，将它们作为参照螺栓，所有这些构成了非常精确的指示标记，并将在今后的监控计划中得到使用，见图 9.4－21。

摩擦试验

规范要求进行摩擦试验，在螺杆的 3 种预拉力水平下进行。同意承包商按公称值 1.0 MN 的 50%、80% 及 100% 施加预拉力。

索夹的滑移抗力基于如下两者，即：

图 9.4－17　索夹上的螺杆

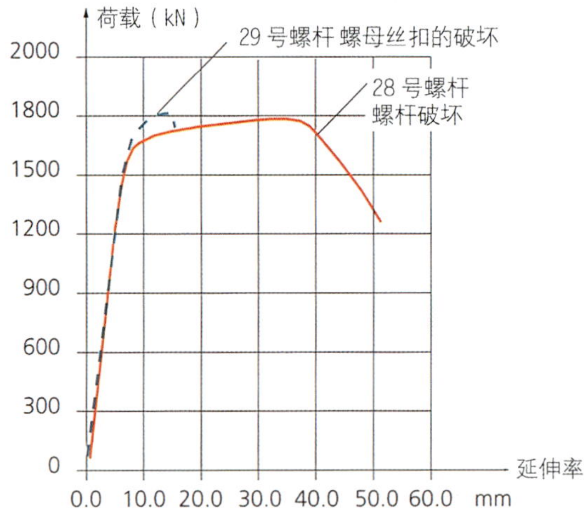

图 9.4－18　带螺母的螺杆试验的典型应变曲线

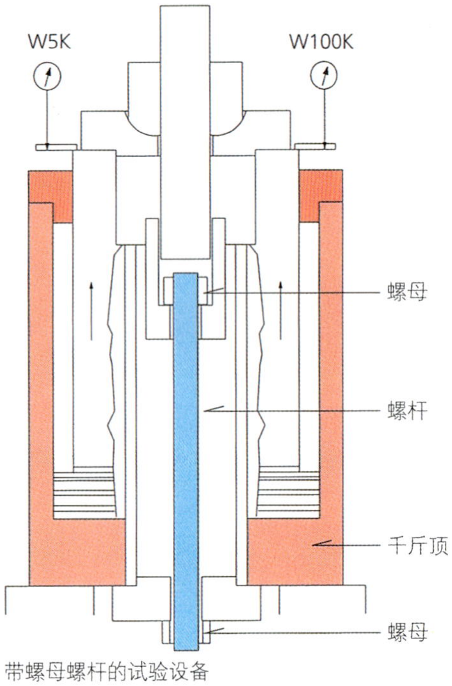

图 9.4－19　试验布置

图 9.4－20　试验布置

——镀锌钢丝与索夹内侧面之间的摩擦系数为 0.2（设计值）；

——螺杆拉力（公称值 1.0 MN）。

螺杆安装后，确认设计假定仍然真实是非常重要的。因此，对上述两者，要在现场进行检查。进行了两组平行的试验（试验结果见表 9.4－2；试验布置见图 9.4－22 及图 9.4－23）。为了避免由于滑移而造成主缆钢丝损坏的风险，同意在出现滑动的第一迹象时，或在达到最大计算值的 85% 时，停止试验。

最后得出的摩擦系数约为 0.17，与设计假定相比，该系数比较小，可能是因为早期对螺栓张拉有困难，对螺栓的预拉力测量不够精确。改进张拉工艺是本次摩擦试验的主要成果。为了保证上述较低的摩擦系数在设计中仍然可以接受，对基于 0.17 的系数进行了控制计算，结果令人满意。

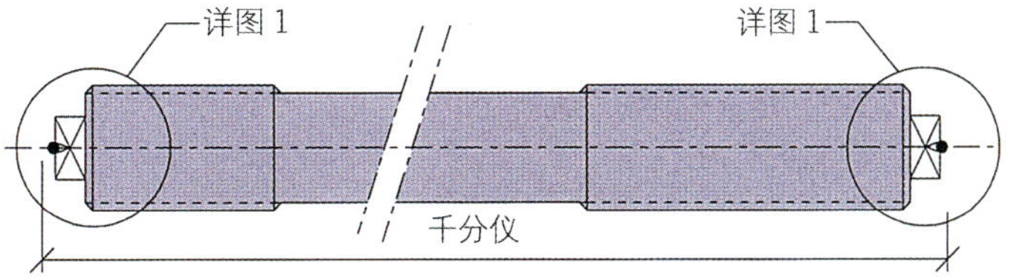

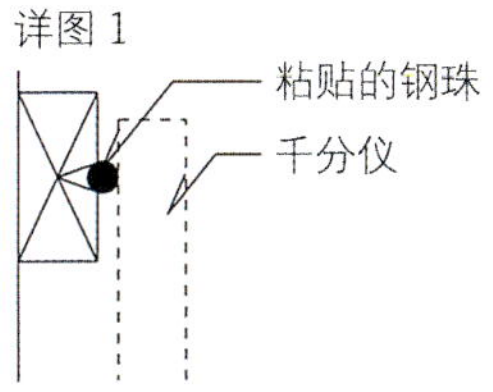

图 9.4－21　有粘贴钢珠的螺杆，供测量之用

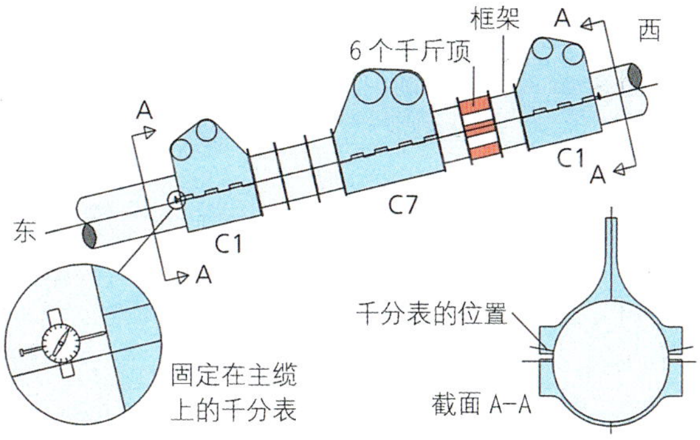

图 9.4－22　试验布置示意

表 9.4－2　试验结果

每一螺栓预作用力 P（MN）	计算轴向力（MN）	实测轴向力（MN）	滑　移	摩擦系数
0.5	3.36	3.37	无	>0.2
1.0	6.72	5.84	开始	0.174
1.0	6.72	5.35	开始	0.159
0.86	5.78	4.85	开始	0.168

螺杆张拉

摩擦试验表明精确地张拉螺栓是困难的。张拉工艺是对一个索夹上所有螺杆同时施加预拉力，将特制的圆形千斤顶连接到相同的液压设备上，液压用标定的压力表检查。张拉设备的理论总精度为可以接受的5%，螺杆公称拉力为 1.0 MN。螺杆的最终拉力也通过测量其延伸率检查。在原理上，张拉工艺及设备是恰当的，而且符合规范要求。图 9.4－24 表示其在现场的测试布置。

对所有测量结果的比较表明：由液压装置施加的拉力与通过螺栓延伸率测得的拉力差异太大，液压千斤顶中的拉力损失比预期的为高。早期，索夹之供千斤顶支承的面为不曾机加工的铸件粗糙面。千斤顶一般可以适应 4°的角偏差，但在有些情况下，千斤顶的支承面不够平整，不能保证荷载从千斤顶到螺杆的轴向传递。千斤顶的活塞承受弯曲，在千斤顶中产生增大的摩擦。该弯曲本身，在螺杆施加预拉力过程中，也会因索夹的变形而增大。

为了克服这些困难，在已装好的垫圈上，加装了一个较大的永久垫圈，以保证千斤顶与索夹之间有一

图 9.4 -23　在接近桥塔 P16 处的主缆上的试验布置

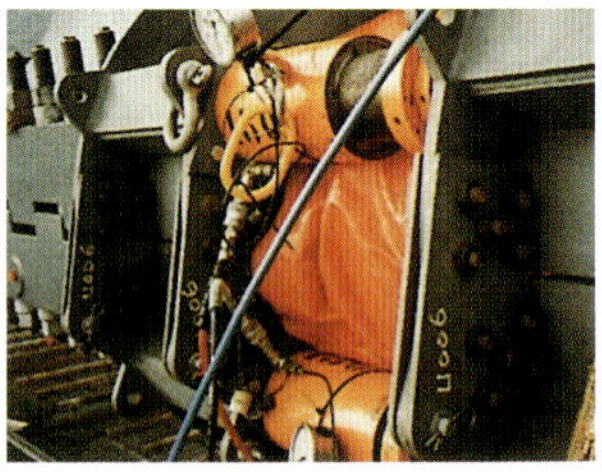

图 9.4 -24　两索夹之间的千斤顶、力的分配环及压力表

经过机加工的表面好接触，以消除拉力损失的第一原因。由于千斤顶行程有限，张拉分几步进行。每一步完成后，都将螺母拧紧。

为了改善张拉，在设计中应考虑千斤顶与索夹之间的机加工接触面的要求。在上表面加装一个较大直径的特制垫圈是一种解决办法，而另一种办法则是对索夹垂直于螺杆轴的足够大的表面进行机加工，以便将千斤顶直接布置在索夹上。

张拉设备标定

共要对 2 800 根螺杆采用同样的张拉力，分几次施加预拉力。预拉力则根据规范，用千斤顶液压的要求来控制。因此，保证千斤顶的压力测量结果能代表螺杆中的实际拉力值以及这一张拉工艺的实用性，是非常重要的。假定千斤顶已经标定过，并且用加设垫圈的方法消除了可能的离散性，从压力表上读出压力值，便可以得到正确的预拉力值。

为了确认这一假定，在开始施加预拉力阶段，将用应变计及千分丝杠测得的螺杆延伸率的结果与根据压力表液压读数得到的拉力进行比较。比较结果表明：压力表液压读数能代表螺杆的预拉力值，其精度为可以接受的 5%。看图 9.4 -25、图 9.4 -26、图 9.4 -27 及图 9.4 -28。

螺杆拉力的损失

规范要求螺杆的拉力不应低于公称拉力的 80%，并在悬索桥架设工程期间，按一定的时间间隔进行检测。通过对 40 根选定检查的螺杆用千分表进行测量，监测到螺杆的拉力损失。随架设工程及桥面铺装引起主缆拉力的持续增加，损失同步增大。图 9.4 -29 所示为 29 号螺杆（主跨南主缆第 145.2 号处）检测结果的典型曲线图。关于引起松弛的原因：

——索夹将主缆压紧，主缆拉力并无增加。在螺杆第一次张拉后约 30 天，压紧工作可完成；

——加劲梁架设过程中，主缆逐渐加载；

——由桥面铺装层的荷载所引起。

所有螺栓均张拉四次。第四次之后，拉力损失低于 5%，并趋于稳定。在所有荷载（包括桥面铺装层）加上后，螺栓最后一次张拉到公称拉力 1.0 MN。图 9.4 -30 表示用千分表监测螺杆松弛。

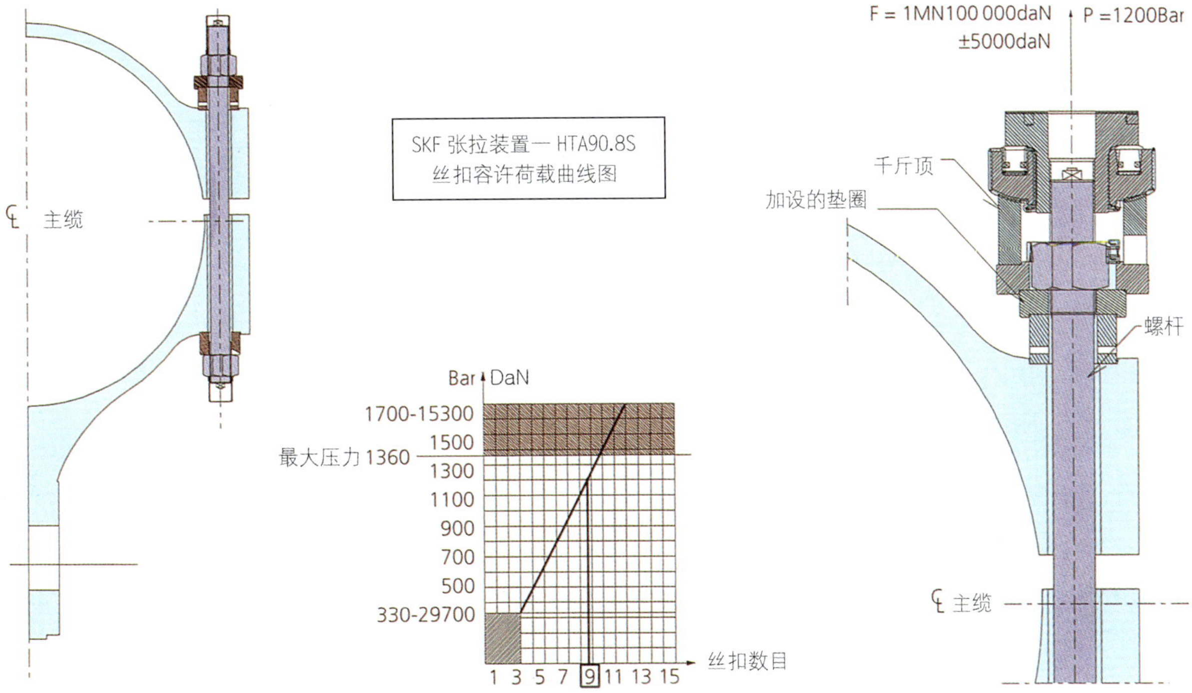

图 9.4 –25　张拉设备及其布置示意

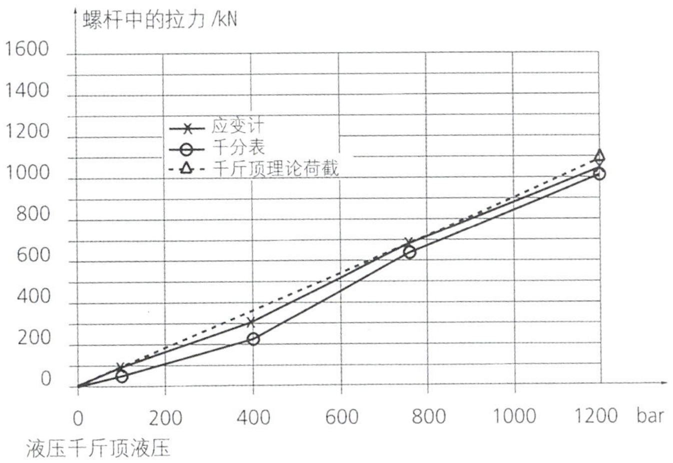

图 9.4 –26　用两种方法测量预拉力结果的比较：
千分表测得的及应变计测得的延伸率

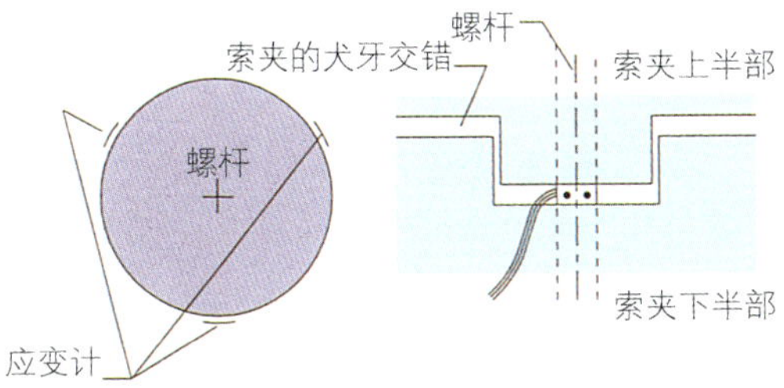

图 9.4 –27　应变计位置示意

图 9.4 –28　螺杆张拉时的千斤顶

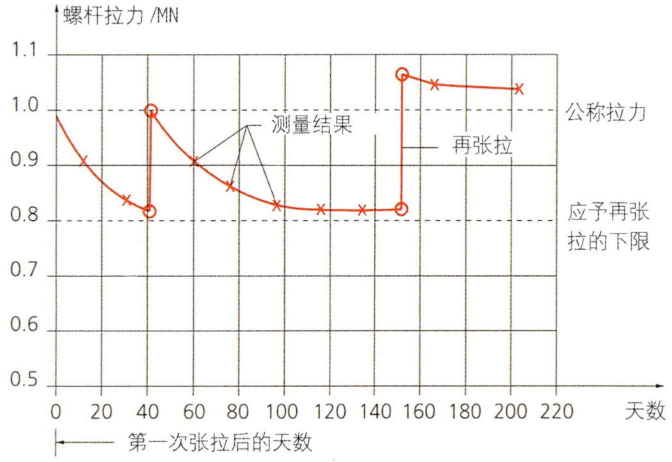

图 9.4－29　螺杆拉力测量结果的典型曲线图

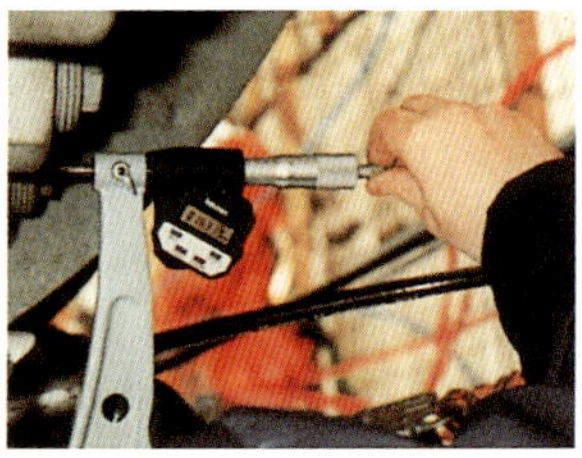

图 9.4－30　用千分表监测螺杆松弛

9.4.3 吊　索

一根完整的吊索由许多构件组成，这些构件不仅必须满足规范要求，而且还要能互相匹配。见图 9.4－31。它是位于主缆与加劲梁之间的一个传力件，上为索夹，下为加劲梁，有界面条件及特殊的公差要求。所有这些参数都应以方便架设为是。

包括上、下锚杯的吊索由意大利的 Redaelli Tecna Spa 公司，按规范要求做出详细设计。承包商根据自己的经验，提出了几次修改设计的建议，因为这些建议并不与设计规范抵触，一般都被采纳。

上锚杯

上端的叉形锚杯按原规定是采用 A5 级铸钢，按 BS3100 正火、回火。但是，承包商建议采用符合 UNI 4010－75 规定的 Fe G70 级钢，经过淬火（水冷淬火）及回火。这两种材质基本相同（见表 9.4－3）。

表 9.4－3　符合 UNI4010－75 Ste Fe G70 及 BS3100 的钢的力学性能

特　性	单位	UNI 4010－75 Fe G70		BS3100 A5 级钢	
		最小	最大	最小	最大
抗拉强度，Rm	N/mm^2	690		620	770
下限屈服强度：ReL 或 2% 的验证应力：Rp0.2	N/mm^2	440		370	
延伸率 A（Lo＝$\sqrt{5.65 SHo}$）	%	12		13	
夏比 V 形冲击值	J	－20 ℃时 25		＋20 ℃时 25	

制　作

叉形耳板锚杯要求机加工表面比率较高（70%），因此，机加工的误差具有很大的重要性，必须确保：

——所有外部常见的表面缺陷，如夹砂、表面裂纹，应通过机加工彻底清除；

——机加工后，上锚杯两个耳板应平行，在铸造过程中的变形应被消除；

——铸造件应与两根垂直轴正确地对中：一根为销钉轴，另一根为吊索钢丝绳轴；

——铸件的锥形腔应机加工为正确的几何形状（粗糙的机加工，以增加填灌材料与它之间的摩擦力）；

——应尽早考虑架设承包商认为需要的公差，因为不必要严格的公差，可能会在架设过程中带来问题，并使费用昂贵。

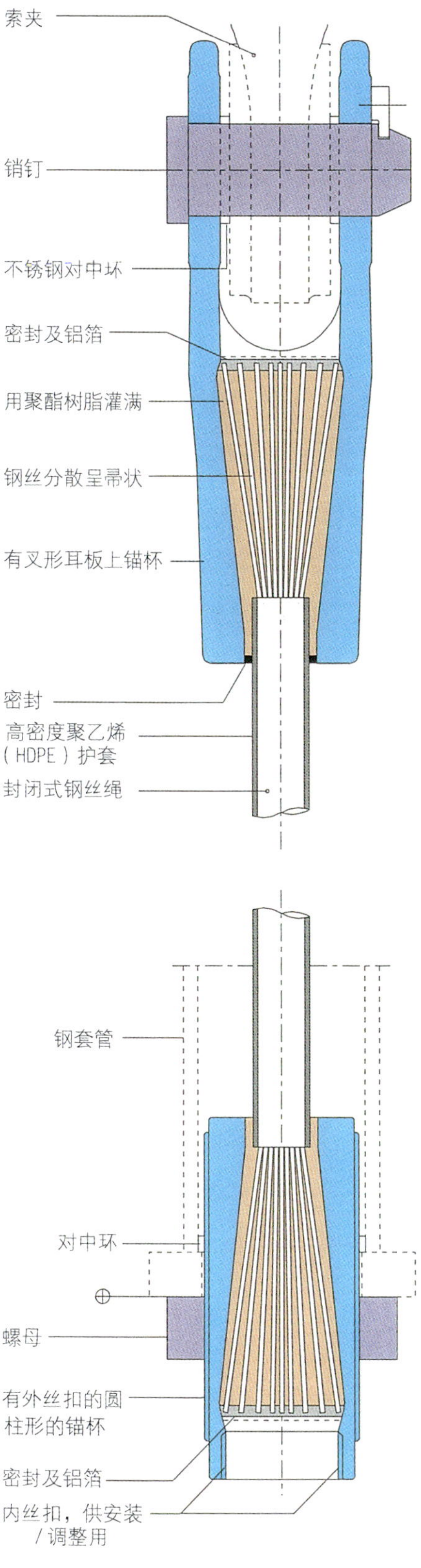

图 9.4－31　连同锚杯在内的一根完整吊索的布置

最终表面涂层的厚度也应考虑。看图 9.4－32 及 9.4－33。

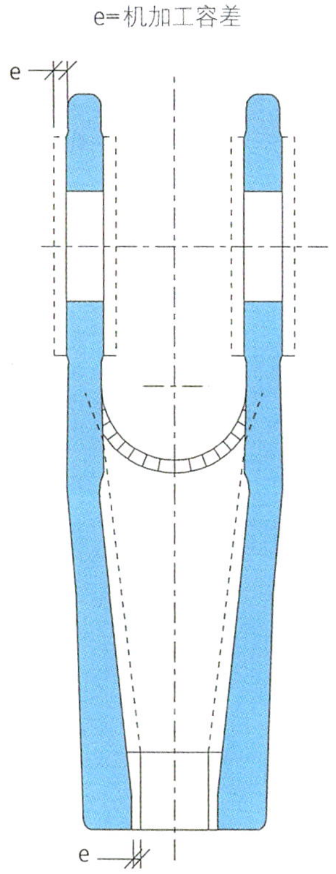

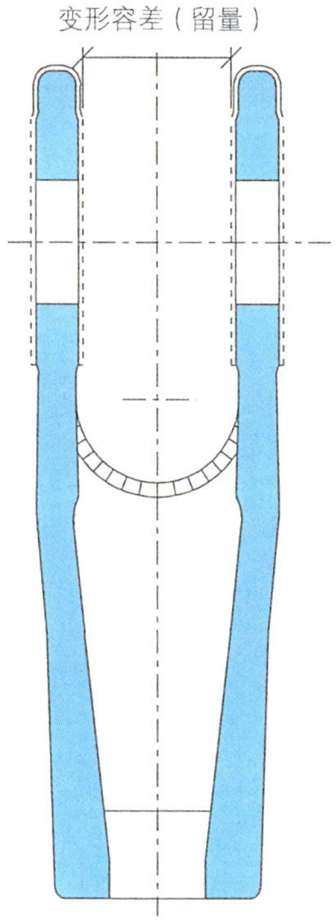

图 9.4－32　机加工的容差（留量）　图 9.4－33　变形容差（留量）

尽管铸造厂家认为所有的缺陷都可以通过电焊修复，但因锚杯承受很高的应力，可以接受的修复当然是有限的。大的电焊修复意味着对锚杯铸件重新热处理，因此，必须根据初始缺陷的类型、位置、范围及深度等，对电焊修复的严重程度进行评定。必须考虑为完全清除缺陷所作的挖凿数量往往比缺陷本身大得多。在承包商与业主之间，对每一铸件的修复方案交流意见，往往是管理这一复杂问题较好的办法。

吊索钢丝绳

规范规定了吊索钢丝绳如下主要特性：钢丝的力学性能、Z 形钢丝的根数、规定的破断荷载及最小横截面等。它们已经足以定义钢丝绳。根据供货商掌握的机加工资源，供货商优化了钢丝绳每一种横截面的组成，并达到了规范要求的钢丝根数。共有3 种直径的钢丝绳，即 65 mm、75 mm 及 98 mm，直径中未包括厚7 mm的防护层。见表9.4－4。图 9.4－34 表示钢丝绳横截面。图 9.4－35 表示钢丝绳在拉力试验中破坏情况。图 9.4－36 表示粘贴在密封之上的铝带（铝箔）。图 9.4－37 表示一根钢丝绳的拉力—延伸率曲线。

钢丝绳按规范制作，但将金属灌锚改为树脂灌锚，改变的理由及结果将在下文的“锚杯”小节中说明。

表9.4－4　ϕ98 mm、横截面6 470 mm^{2}的钢丝绳的典型组成

H3全封闭式钢丝绳						
直径	公称金属面积	单位质量		最小破断力	捻绳方向	
98 mm	6 470 mm^2	51.6 kg/m		8 760 kN	右手	
钢丝绳结构						
层数	形式	钢丝类型			形状参数	
	直径 mm	数量	公称尺寸 mm	形状	h/b_1	h/e
1	11.72	1 6	4.14 3.83	圆形		
2	19.42	12	3.83	圆形		
3	30.10	14	5.83	圆形		
4	40.78	20	5.38	圆形		
5	51.46	26	5.38	圆形		
6	62.14	33	5.38	圆形		
7	74.14	37	6.00	Z形	0.97	0.65
8	86.14	43	6.00	Z形	0.97	0.65
9	98.14	49	6.00	Z形	0.97	0.65

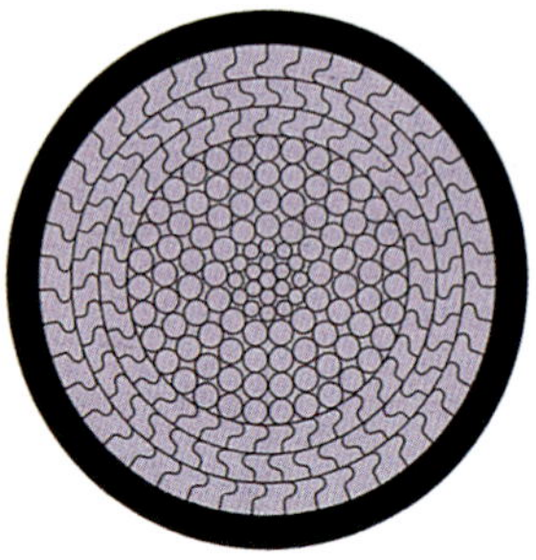

图9.4－34　ø98 mm钢丝绳的典型横截面

图9.4－35　在德国Bochum试验中钢丝绳的典型破坏

图9.4－36　在Denso HT底层及密封型Densolen Mastic WP之上粘贴的铝带（箔）

吊索钢丝绳制作

钢丝绳成型制作中采用的润滑剂，是对一种天然油（Injectelf）蒸馏后的残余石蜡。

钢丝焊接

根据规范，钢丝的焊接是不能接受的，但因下列理由，规范的这一规定并不合适：

——沿钢丝长度及在绳的截面上分布数量有限的焊接接头对钢丝绳的抗力无害；

——电阻焊接后，进行退火处理，可使钢丝的抗力至少恢复到其初始抗力的50%；

——严格地执行不许焊接的要求，就要使整根钢丝绳报废；而按其实际，焊接仅是很有限的。

其后是，下列范围的焊接是被接受了的（文中的L是指以m计的吊索长度）：

——在同一层之内，两焊接之间的距离大于或等于10 m；

——在不同层内，两焊接之间的距离大于或等于3 m；

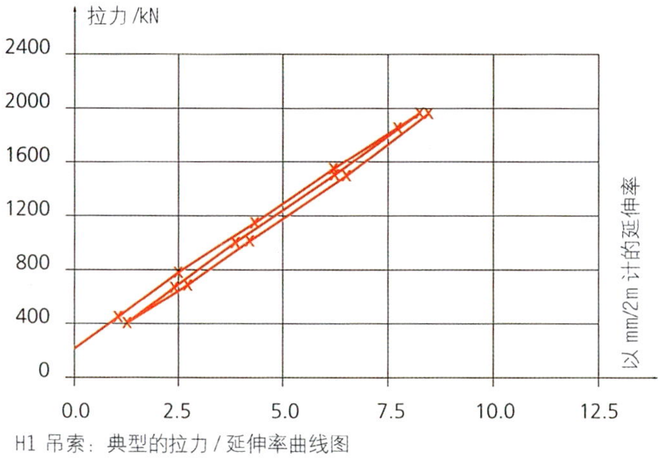

图 9.4－37　典型的拉力—延伸率曲线图

图 9.4－38　在德国 DMT 对冷灌锚所进行的滑移试验

——单根钢丝（每 100 m 长度的钢丝绳）的破断小于或等于 3 nb（译注：原书对 nb 未有注释）；

——一根吊索中的总焊接数量小于 *L*/30，或小于或等于 6 nb。

在钢丝上的切割标记

在钢丝绳外围，有 HDPE（High Density Polyethylene）挤压防护层，这是防腐的主要措施。要在防护层上作几处切割标记，以标出绳的长度。非常重要的，是在作此标记时，一定不能损伤最外层的钢丝，因为切割工具留下的任何伤痕，即使非常轻微，也会使钢丝过早地疲劳断裂。在用一完整的吊索进行规定的疲劳试验时，可以证实这事。

锚　杯

由于吊索钢丝绳使用了 HDPE 防护层，锚杯不再适合采用灌锌或其他热灌方法。承包商建议采用聚酯树脂冷灌方法，并用砂粉（silica powder，Wirelock 牌）作为填料。这种灌锚材料以前曾在其他悬索桥的吊索及近海平台的锚固索上用过。对吊索进行的足尺破断试验（10 次）得出令人满意的结果。

与金属灌锚方法相比，这种类型的灌锚还有另外一些优点。如果采取各种措施（例如对锥体底部密封，以防止树脂在灌注时下流；在填灌时，规定树脂灌注时间等），锥体底部将十分密实，在帚状分布各钢丝的小端不会有气泡。对疲劳荷载的抗力，将因各根钢丝在疲劳应力最关键的地方得到良好支承，而得到增加。此外，树脂灌锚的另一个重要优点是在其第一次加载后，在锥体里将留下永久的残余压应力。甚至是在荷载完全释放后，树脂锥体仍将处在压力状态，对于增加锚杯的疲劳抗力，这是有益的。图 9.4－38 则表示对冷灌锚所进行的滑移试验。图 9.4－39 表示滑移量测试结果。所测得的上锚杯滑移量为3 mm，下锚杯为 8 mm。滑移量的这种差别，可能是由于机加工表面以及锚杯锥体角度稍有差异。滑移主要是在树脂硬化过程中，树脂收缩（0.3% ~0.5%）所引起。在钢丝周围锥体的大端，还出现了某些表面裂纹，为了确保这些裂纹不进水，并防止残留水在锥体顶部汇集，在钢丝的自由端，覆盖一层弹性密封材料（Densolen Kit WP－1）。为了防止密封材料受紫外光 UV 老化影响，将一片铝箔（Tape Sita Plus Al）粘贴在密封材料上（见图 9.4－36）。

钢丝绳破断及疲劳试验的结果均令人满意。弹性模量的平均值接近 160 000 MPa。图 9.4－41 表示吊索上锚杯固定在索夹。

下锚杯及螺母

下锚杯材质原是按 BS3100 规定为 A5 级。根据供货商的详细设计，建议按 UNI 7874 规定，采用39 Ni Cr Mo 3 TF 级锻钢，在进行最后机加工前，进行淬火及回火。这种钢的力学性能示于表 9.4－5，明显地高于设计要求的质量。锻钢一般比铸钢更匀质，这是其优点所在。螺母也采用同样的钢质。这种钢不能施焊，但这一限制对锚杯及螺母没有影响，因为它们仅需要机加工就行了。这样，上述变更就被接受了。

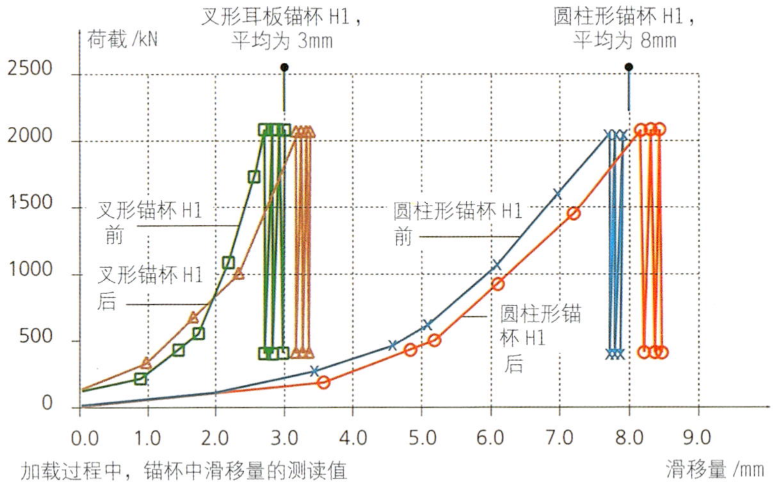

图 9.4－39　检测冷灌锚滑移的试验

表 9.4－5　UNI 7874，39 Ni Cr Mo 3 TF 级钢的力学性能

特　　性	39Ni Cr Mo 3 TF 级钢		
	单位	最小	最大
抗拉强度：Rm	N/mm^2	880	1 080
下限屈服应力：Rel 或 2% 验证应力：Rp 0.2	N/mm^2	685	
延伸率 A（Lo = √5.65 SHo）	%	12	
夏比 V 形缺口冲击值（－20 ℃时）	J	25	

销钉及其固定用钉

材料原按 BS970 规定为 8170M40T，但承包商建议采用 40 NiCr Mo7，按 UNI 7845 规定，淬火及回火。由于这两种钢材质很相近，这一变更也被接受了。图 9.4－41 内的吊索上端便是用这种销钉。

H4 短吊索在设计上同一般的 H2 吊索类似，但在 H4 吊索的上、下锚杯处都安装了球面轴承，以免吊索受弯。轴承的型号为 SKF GEP/FS，原则上不需要维护，但因所受荷载较大，并需在其球面发生少量滑移，对轴承表面进行良好的润滑维护是必不可少的。润滑油的进入，要通过在销钉上开一管状通道来实现。这一通道在锚杯设计时未曾考虑，必须在销钉制造时进行增补（见图 9.4－40）。

附　件

为了防止雨水进入箱梁内的吊索锚具，在吊索进入（焊在钢箱梁上的）钢套管的顶部，必需采用不锈钢箍夹紧的氯丁橡胶护套（见图 9.4－42）。如果在灌锚后，再将护套安装在钢丝绳上，则在护套上往往需要留下一道纵向接缝，那将是密封中的弱点。为了避开这一弱点，应在灌锚前，就将护套装上。只有在更换护套的情况下，才会有纵向接缝出现。关于护套/钢丝绳组装的密封性试验，已经成功地进行过。

在纵向压力下要发生横向膨胀的氯丁橡胶垫，可用之于钢套管内部顶段，保护吊索位置，并吸收吊索振动的大部分能量。见图 9.4－43。橡胶垫一般会脱皮，并将经受各种收缩。在设计中，让橡胶垫尺寸有较大的公差，以适应各处尺寸的变化，对简化安装工作是需要的。

由于连接部位有残存的较小振动，防止所有螺栓连接的松动是重要的。

焊接在钢箱梁上的钢套管为标准管，其尺寸不一定能与下锚杯的外径完全匹配。钢套管与下锚杯之间

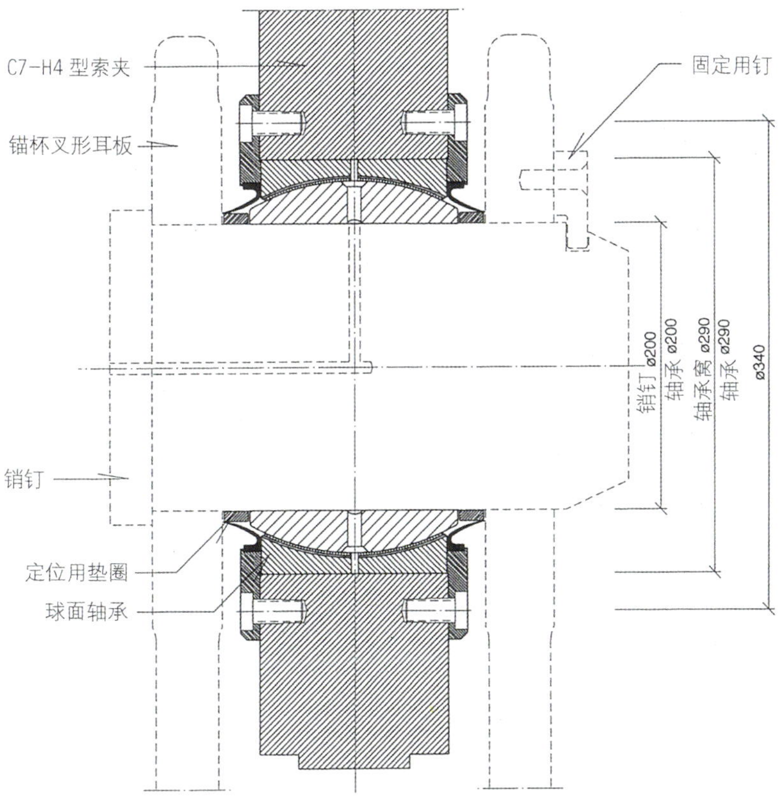

图 9.4 -40　锚碇附近短吊索内的球面轴承

图9.4-41　将吊索上端固定在索夹

图9.4-42　吊索进入加劲箱梁处的护套

图9.4-43　吊索进入箱梁处的抗振氯丁橡胶垫

的间隙分别为 H1/12 mm，H2/18 mm，H3/22 mm。（译注：H1/12 mm 的含意是指吊索 H1，其间隙为 12 mm，余类推。）如出现的偏心大于 12 mm，应安装对中环，见图 9.4 -44。

吊索总装

吊索的制作，需要在良好组织的工序下，经过多道作业完成。其中最重要的是测量钢丝绳长度、切割钢丝绳及灌锚，所有工序均满足了规范的规定。在意大利 Gardone Val Trompia 的 Redalli Tecna Aps 公司，将钢丝绳预拉伸到恒载应变，并作好标记（见图 9.4 -45，图 9.4 -46）。钢丝绳最大长度为 185 m，这个

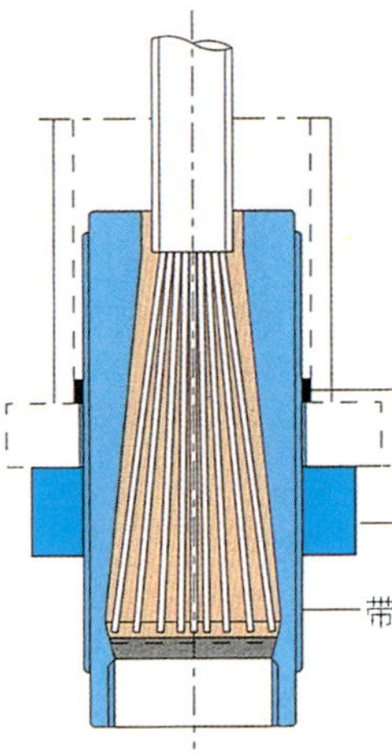

图 9.4－44 箱梁内下锚杯的对中环

长度也就是工作台的长度。测量是用一根标定的钢丝，该钢丝应在（与钢丝绳作标记时）相同的温度及相同应力级位下使用。测量完毕后，将钢丝绳打盘，发运到都灵 Almese 的 Plasticavi 去安装防护层。然后，再返回到 Redalli Tecna Aps 公司，完成吊索总装的其余工作，也就是切割及灌锚。

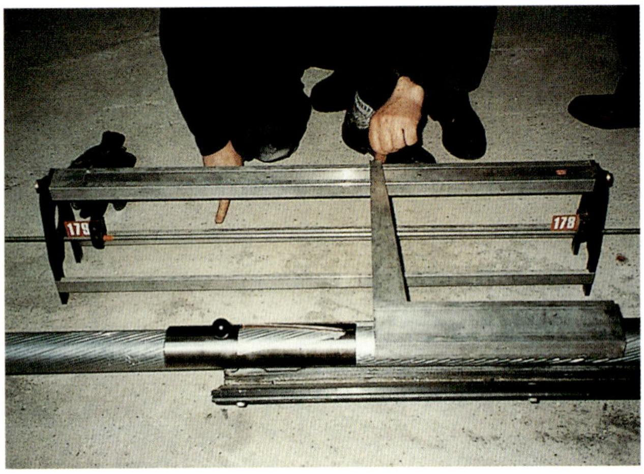

图 9.4－45 测量长度：钢丝绳处于加载状态，钢丝刻度以 m 为单位（图中为 178～179 m），标记装置的刻度以 mm 为单位

图 9.4－46 钢丝绳在恒载条件下做标记

在钢丝绳预先作好的标记处进行切割。该标记是用一种特殊系统标出的，在已有防护套后仍可看见。由于健康防护的要求，灌锚在一单独的厂房里进行，厂内设一灌锚专用平台，平台高 4 m，设有对中装置及卡规，以保证锚杯的正确定位，见图 9.4－47。最后，对所有完工的吊索作好识别标记，打盘包装，准备运送。图 9.4－48 表示下锚杯的一个横截面。

吊索安装

吊索用驳船运到桥塔底座（高程为 +21 m）处，见图 9.4－49。在该处完成所有的准备工作，例如，将索夹下半固定于吊索上端、安装并锁定销钉，并且对吊索放盘。在吊索安装过程中，最耗时的作业是将各吊索组件（索夹 + 吊索）发送到主缆上的安装位置。为了减少沿主缆的往返次数，承包商（SDEM）决定将每一吊索的所有的组件一次发运到位，为此，专门制造了一特殊小车。

将预先安装了索夹下半部的一对吊索悬挂在 C－形框架之下，见图 9.4－50。然后，用一在塔顶的吊机将 C－形框架及吊索从高程 +21 m 处吊到等待在主缆上（接近塔顶鞍座处）的特殊小车上，小车在此

图 9.4－47　灌锚平台，配有卡规及导向装置（在平台下向上看）

图 9.4－48　圆形锚杯截面。注意钢丝分布（带状）及硅填料树脂

时已装有索夹的上半。吊装中，最大重量（包括 C－形框架、索夹下半及一对吊索）可能超过吊机的起吊能力（10 t），如 C3 索夹下的长吊索就超过了吊机的起吊能力，起吊在这时可分 3 次进行，然后沿主缆发送。

图 9.4－49　用驳船将吊索运到高程为 +21 m 的桥塔底座处。注意吊索是盘在卷放架上

图 9.4－50　在高程 +21 m 的桥塔底座处，为 C－形框架加载

装有索夹及 C－形框架的特殊小车，沿主缆缓慢地运行。到索夹位置处，更要放慢速度。按照逻辑，应该从主缆中央低处的吊索开始，逐步向上置放。在安装吊索前，在良好控制的状况下（如荷载、风力、温度等），已经对沿主缆所有索夹的位置进行一次全面测量，并在主缆上标出参照线。在主缆上作好标记的位置，先安装索夹上半，然后再将索夹下半及吊索沿 C－形框架的竖向臂吊装就位，并临时固定，见图 9.4－51。图 9.4－52 表示将 C－形框架吊装于特殊小车。图 9.4－53 表示 C－形框架沿主缆行走。

随着索夹螺杆的第一次拧紧，索夹及吊索便安装完成。下面一组数据清楚地说明了吊索安装所面临的挑战：

——索夹总数：228 个（包括 C8 及 C9 索夹）；

——吊索总根数：424 根；

——含锚杯的吊索重量：0.45～10.4 t；

——索夹上半重量：0.8～2.2 t；

——索夹下半重量：1.2～2.4 t；

——销钉、垫圈及附件重量：0.12～0.37 t；

——塔顶吊机的起吊能力：在 15 m 处，10 t；

——C－形框架重量：3.6 t。

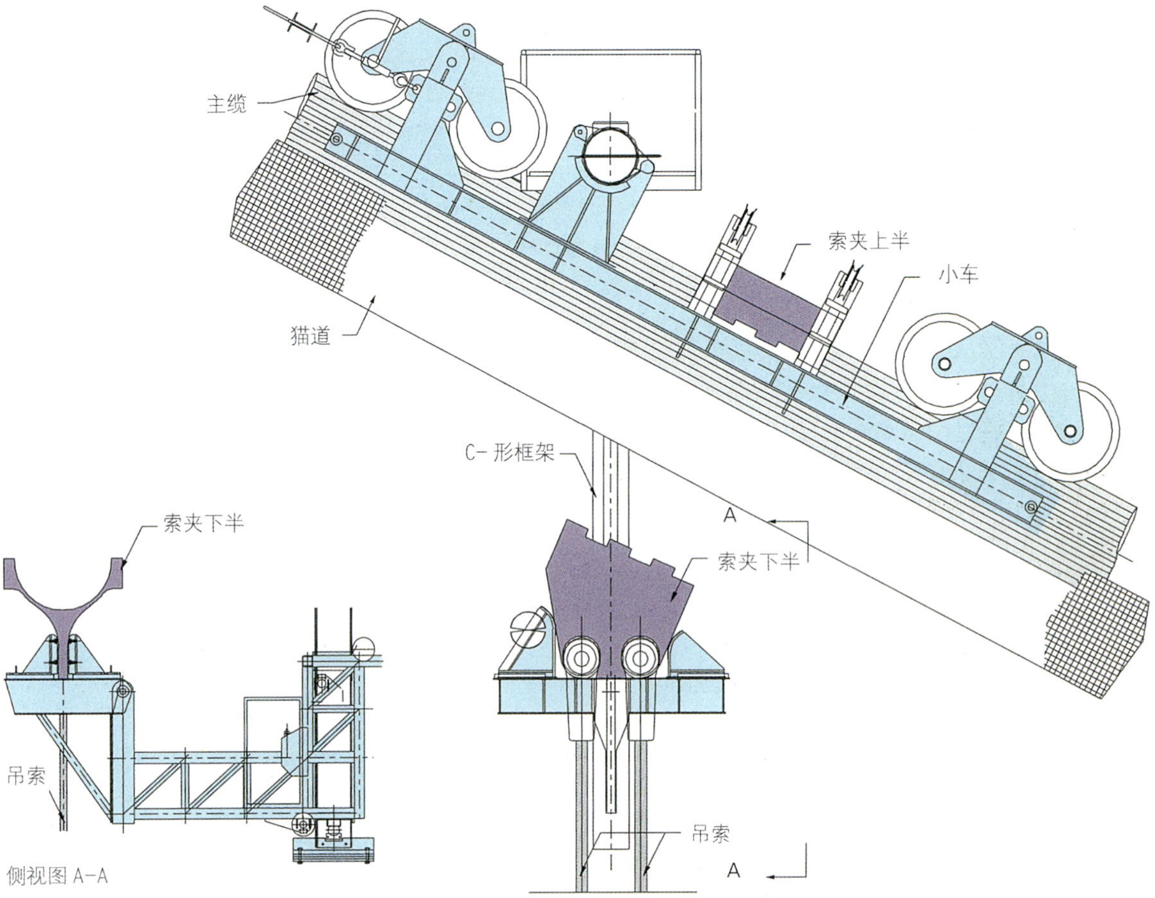

图 9.4-51　设备示意

图 9.4-52　用塔顶吊机将 C-形框架吊装在小车上

图 9.4-53　在主缆上行走至索夹位置的 C-形框架

9.4.4 主缆安装

主缆的空中编制是全桥工期中的一个关键，因为，不少后续作业的开始，如主缆的挤紧、缠丝、索夹和吊索的安装及加劲梁最终的架设，均有待于主缆的完工。早在定下编缆工期之前，承包商就对编缆的方法进行了以下的基本选择：

——采用拉力控制方法进行空中编丝；

——仅在锚碇 15（霍尔斯科夫侧）布置编丝设备；

——在每根牵引绳上，安装两个送丝轮；

——在每个送丝轮上，设 4 道送丝沟槽；

——南、北主缆交替编丝。

作出以上选择，主要是为了提高作业效率，减少因天气缘故而耽误工期，并将质量要求牢记在心。作出这些选择还意味着所有编丝设备（如收丝及放丝机、配重及独立的送丝系统），应该有 8 套。足够的编丝设备、有利的天气条件，加上承包商（GEC-ALTSTOM/SDEM）员工在工作上的投入，使主缆编制工作进行得非常成功。

与编丝相关的最为重要的数据如下：

——主缆由 ϕ5.38 mm 平行钢丝组成，每根主缆分成 37 股，每股含钢丝 504 根。从霍尔斯科夫锚碇（AB15）到斯普鲁锚碇（AB18），沿主缆的长度约为 3 000 m；

——每根主缆的横截面面积为 0.424 m^2，包含 18 648 根钢丝；

——每根主缆的直径为 827 mm，空隙率为 21%；

——两根主缆钢材总重 20 000 t。

钢丝的制造及供货

每根主缆的 10 000 t 钢丝分别在英国曼彻斯特的 Rylands Whitecross 有限公司及意大利 Gardone Val Trompia 的 Redaelli ApS 公司制造。对两家供货商要求的技术规范是一样的，但在制造过程的某些阶段，两家的制造有一些差异。承包商必须确信这种差异不会给编丝作业带来不利的后果，因为，两家生产的钢丝所采用的乃是同一种编丝机械。这个条件，对于许多性能（如钢丝镀锌要求、盘丝重量及长度——每盘平均重 800 kg、长 4 500 m、保护措施等），均得到满足。但不幸的是没有包括怎样打盘。在放丝过程中，为了防止钢丝扭转，盘丝需要在制造厂家按适当的方式打盘。由于 Redaelli ApS 公司钢丝打盘不合适，放丝曾受到严重影响。

图 9.4-54 存放在霍尔斯科夫库房中的盘丝

对镀锌后的钢丝弹性模量及外径进行了检查并统计，以确保两家供货商的钢丝没有大的差异，并在最终计算主缆自由线形中，将钢丝的实际值考虑进去。弹性模量的平均值为 188 890 MPa（在计算假定的 0.2% 的值以内），平均钢丝直径为 5.37 mm。

所有钢丝均早在编丝开始之前已经供货，存放在工地附近的库房里，见图 9.4-54。后来，用卡车经过东引桥，运送到东锚碇（AB15）处，并吊放到该锚碇处高程为 +10 m 的位置，暂时存放在那里。虽然已采取措施，防止存放在 AB15 锚碇处的钢丝受到盐水污染，但在使用之前，有些钢丝还是需要用干净水冲洗。

编丝前的工作

将桥塔扳弯

为了使主缆各丝在编制过程中，在塔顶主鞍两侧的水平力相等，主鞍位置应距其最终设计位置有一预偏（偏向锚碇方向）。对于混凝土桥塔，通常是通过将主鞍偏置来实现。由于东桥塔柱柔细，在将弯曲应力及混凝土开裂风险均考虑之后，认为直接将塔顶向锚碇方向往后拉，是可能的。将塔顶拉至变位设计值1.24 m时所需要的水平力，经计算为8 000 kN，计算基于混凝土弹性模量为28 000 MPa，与丹麦规范中规定的值一致，但该计算值业已考虑到徐变效应。而现场的经验表明：混凝土的瞬间弹性模量却是35 000 MPa。

将8根ϕ48 mm、每根抗拉能力为2 100 kN的钢丝绳分别固定在塔身高程为+250 m处，另端则连在锚碇的高程为+10 m处；并在锚碇处安装张拉装置，见图9.4－55。

图9.4－55　AB15锚碇处的后拉钢丝绳及张拉装置

第一次张拉在1996年4月进行，由于后拉钢丝绳破断，乃将其放松，进行切割并更换锚具。1996年5月，重新张拉钢丝绳。此时，距主缆开始编丝还有一个半月。

当张拉达到计算力时，塔顶的水平位移仅为1.0 m，而设计值是1.24 m。水平位移的设计值也许能从混凝土徐变中得到，但在编丝开始时，这种效应还不会呈现。这就意味着：要考虑编丝开始时的塔顶实际位移，修改主缆丝股的初始线形。上述情况造成塔顶主缆力的初始不平衡，这会加大塔顶位移。必须确保这一不平衡的力不致使钢丝在主鞍槽内滑动，这可以验证：在不进一步张拉后拉钢丝绳的条件下，塔顶位移仍可达到计算值。对上述情况进行了一系列计算，在编丝过程中，还定期测量塔顶实际位移。在编丝早期，塔顶的实际位移值稍大于计算值，可能是由于混凝土徐变及桥塔基础不均匀沉陷引起的，而该两因素均未在计算中计入。在编丝结束时，与平衡状态相对应的设计位移值果然实现了，见图9.4－56。

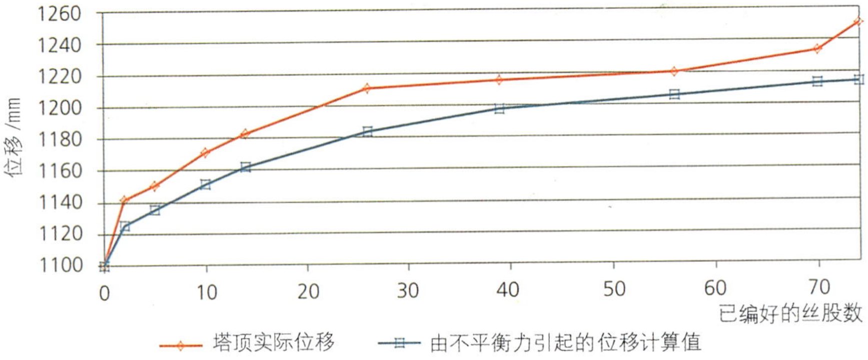

图9.4－56　在主缆编丝之中的塔顶位移

猫道架设

两锚碇之间的第一次连接是将1根ϕ22 mm的导索从大贝耳特海峡的一侧拉到另一侧实现的。首先将导索铺放在海床上，然后用吊机将导索的端提升到塔顶，再用设在AB15锚碇处的卷扬机牵拉导索，直至将它架空到通航净空之上。允许承包商封航6 h，但实际上，上述作业只用了3 h还不到。

利用导索，先安装一个牵拉支承猫道各索股的临时系统。每一猫道共需牵拉10根ϕ25 mm的索股，其中8根为走道索，2根为扶手索。这些索股均分别支承在AB15、AB18锚碇处散索鞍旁边的A形支架顶端及塔顶支承猫道的固定点上，见图9.4－57及图9.4－58。猫道索股的下垂度利用设在散索鞍的张拉装置来调整，直至达到计算的初始线形。接着，展开并安装预制钢丝网片，见图9.4－59。在装备好猫道之后，安装轨路系统的支承绳，每隔65 m安装1主缆成型器，并在每侧猫道安装两根ϕ27 mm的垂度控制索，每隔4 m安装一照明灯柱。并在两侧猫道之间，安装5座横向走行道，其中主跨3座，边跨各1座。图9.4－60表示主缆安装所用的全部设施；图9.4－61表示用直升机吊运滑车组系统；图9.4－62表示猫道上的设施。

图 9.4－57 散索鞍旁的猫道装置：A 形支架

图 9.4－58 塔顶的编丝设施

图 9.4－59 猫道网片的展开

图 9.4－60 主缆的全部编丝系统

还将 ϕ37 mm 的轨路支承绳固定到散索鞍处的 A 形支架及塔顶的支架上。最后安装的是抗风索系统，该系统每一猫道由 2 根 ϕ25 mm 的钢丝绳及若干 ϕ12 mm 的细钢丝绳组成，抗风索系统也锚定在散索鞍处。

轨路系统架设

轨路系统包括许多滑车组，每 65m 间距布置一根横梁作滑车组的支承。横梁则支承在轨路支承绳上。滑车组用于对牵引绳导向，而在牵引绳上则安装有两个编丝轮（又叫送丝轮）。在散索鞍及塔顶处，还安装了专用滑车组，对跨过鞍座的编丝轮导向。滑车组的架设用直升飞机，见图 9.4－61 及图 9.4－62。图 9.4－63 表示猫道全貌。

编丝设备安装

编丝设备由收、放丝系统，平衡重塔，1 台驱动牵引绳的卷扬机，使牵引绳收紧的装置，控制及操作设备及一座发送室组成。

所有的编丝设备均布置在东锚碇 AB15。图 9.4－64 是其驱动设备。图 9.4－66 表示其全部设施。图 9.4－67 是其照片。西锚碇（AB18）只有将牵引绳收紧的装置，见图 9.4－65。

编丝工作

拉力控制方法

承包商作出的一个基本决定就是采用低拉力控制方法进行编丝。在该方法中，将编制过程中的钢丝拉力限为自由悬吊时所需拉力的 80%～85%。钢丝剩余重量通过主缆成型器由猫道支承。将钢丝按预先规

图 9.4－61　用直升飞机沿猫道运送轨路系统的滑车组

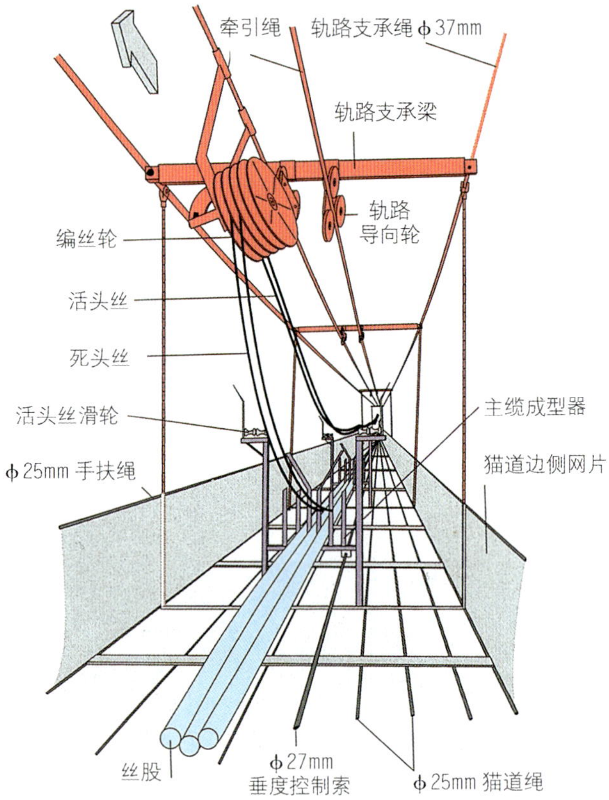

图 9.4－62　猫道上的设施

图 9.4－63　架设完成后的猫道。图前：主缆成型器及照明灯柱。横向走道上为工人的临时工棚。在轨路系统内的滑车组也可见到

图 9.4－64　AB15 锚碇处轨路系统的驱动单元

定好的线形铺放，而此线形也就是调整好的猫道线形。对于其由钢丝线形确定好的钢丝长度，只有编制过程中的温度变化及钢丝的摩擦力会引起其变化。当然，猫道将因铺设在其上的钢丝重量的增大而逐渐下挠，因此，需要对猫道的线形进行调整，使一根丝股中的各钢丝线形保持在可以接受的范围内。通过逐步张拉垂度控制索，逐步让猫道恢复到其初始线形，这样，一根丝股中的各钢丝就可以在可接受的范围内，在相同拉力下保持相同的长度。图 9.4－69 及 9.4－70 分别表示垂度控制索及其调控装置。而图 9.4－72

图 9.4－65 AB18 锚碇处的张拉单元

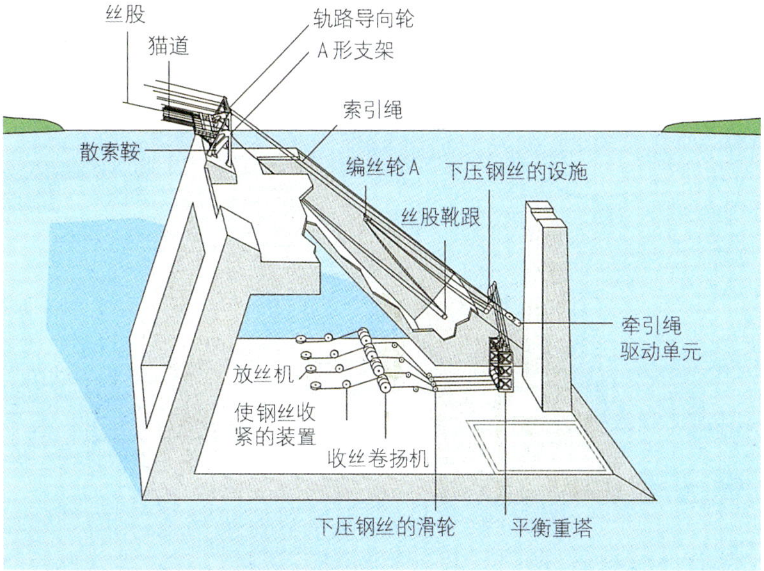

图 9.4－66 AB15 锚碇，高程＋10 m 处的安装设施

图 9.4－67 AB15 锚碇，高程＋10 m 处的编丝设备。在隐蔽处为升降系统。左边为人用电梯；右边为钢丝盘升降机，在升降机之前为丝盘存放处。在横向桥之下为放丝机，放丝机前为收紧装置及滚筒（每一装置有两滚筒）。钢丝拼接机及控制室设在放丝机前的横向平台上。从滚筒处，钢丝被拉送到滑车组及平衡重处。在图的下方为两个配电柜。在高程＋45 m 处，两个发送室由横向桥连通

则表示第一根丝股在编制过程中所引起的主缆成型器的起伏（它反映了猫道挠度）。

一根主缆的编丝分为 18 次，第一次仅 1 根丝股，其余各次均为两根丝股，见图 9.4－68。编好的丝股将分担猫道的一部分刚度，后续的丝股重量由猫道及已编好的丝股支承。因此，在编好第 7 次（已有 15 丝股安装就位）后，垂度控制就不必要了，因为猫道的继续下挠已在可以接受的范围之内。

编丝作业的描述

编丝作业清晰地包括下列各步骤：

——钢丝的供应；

——放丝、收丝及盘丝末端钢丝的拼接；

——空中编丝；

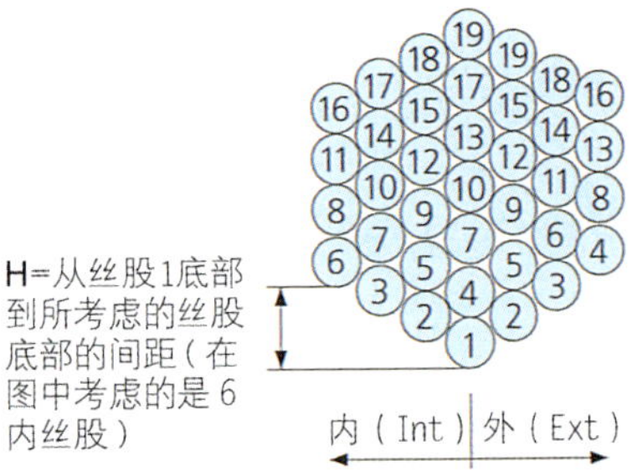

丝股编号	H(理论值)
1	diameter
2 Int, 2 Ext	76.5mm
3 Int, 3 Ext, 4 Int	135mm
4 Ext, 5 Int, 5 Ext, 6 Int	202.5mm
6 Ext, 7 Int, 7 Ext	270mm
8 Int, 8 Ext, 9 Int, 9 Ext	337.5mm
10 Int, 10 Ext, 11 Ext	405mm
11 Int, 12 Int, 12 Ext, 13 Ext	472.5mm
13 Int, 14 Int, 14 Ext	540mm
15 Int, 15 Ext, 16 Int, 16 Ext	607.5mm
17 Int, 17 Ext, 18 Ext	675mm
18 Int, 19 Ext	742.5mm
19 Int	810mm

图 9.4－68　丝股组成的大缆

图 9.4－69　主缆成型器下的垂度控制索

图 9.4－70　调控垂度控制索的千斤顶装置

——丝股挤紧；

——垂度调整。

钢丝盘从引桥桥面，用吊机吊下放到 AB15 锚碇的高程 +10 m 处。在这里，钢丝的供应连续不断地补充（尽可能将两家供货商的供货混合在一起），以避免编丝作业的中断，同时，还要防止钢丝被盐水沾污。

将钢丝盘装到收放丝机上，让卷筒以 90 kg 的拉力，放送钢丝。每一卷筒可以装 10 盘钢丝，等于长度为 50 km 的钢丝量，或编丝轮的 8 个全行程。共有 8 个供丝单元不停地工作，不断给编丝轮供丝。在收放丝机前，布置有钢丝拼接机，用以连接两丝盘钢丝的端头。将收丝、放丝的功能布置在每一台收放丝机上，每机有两个互相独立的卷筒。当其一个卷筒收丝时，另一个则可以放丝，供编丝轮使用。因两个卷筒独立运行，收丝与放丝的速度就可以不同。编丝轮按平均速度 4 m/s 行走，放丝机当按 8 m/s 将钢丝放出。一个卷筒的钢丝放完时，将两个卷筒上的钢丝端头互相拼接好，放丝就可移到另一个卷筒。钢丝的接头沿主缆是随机分布的。图 9.4－71 表示编丝工作的一个循环。图 9.4－73 表示收放丝机在其储丝状态。图 9.4－74 和图 9.4－75 表示放丝设备，图 9.4－78 表示拉紧编丝轮上的钢丝的滑轮组。

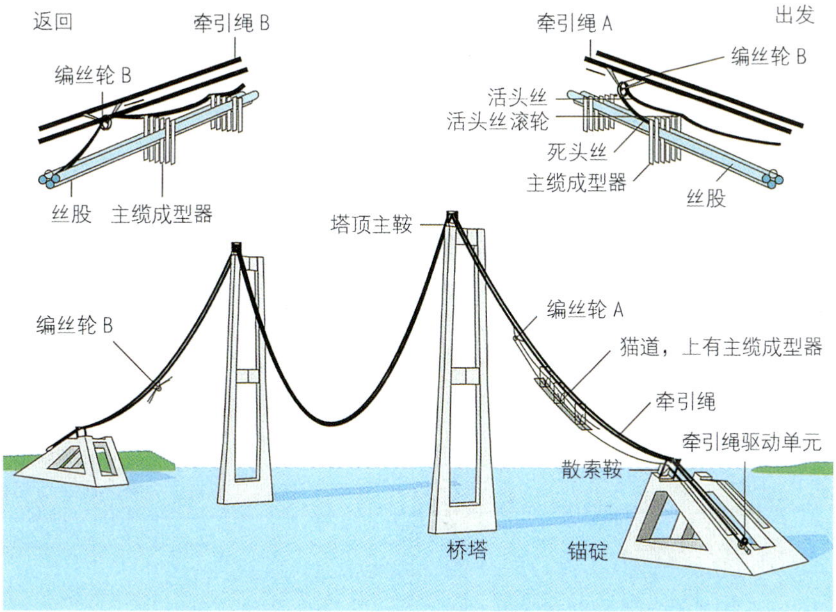

图 9.4－71　编丝循环周期示意

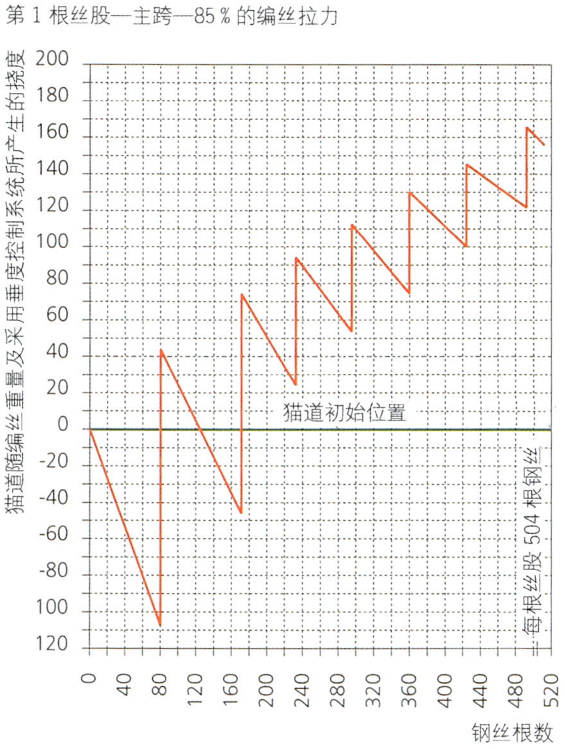

图 9.4－72　编制第一根丝股时，主缆成型器起伏曲线

图 9.4－73　在收放丝车上存放钢丝

图 9.4－74　盘丝架及张拉装置

从收放丝机上，将钢丝导入滑车组，使钢丝在平衡重前方能保持正确的位置，而平衡重的功能就是调

整钢丝的拉力。

图 9.4－75　放丝设备

图 9.4－76　滑车组、控制设备柜及平衡重

编丝作业的转向装置、电气指令及控制单元、报警装置、计数装置等均集中放置于两个配电柜内。

钢丝中的拉力由平衡重控制，该平衡重可以在规定的范围内，自由地竖向移动，以便在编丝过程中（如停止或开始时，或因其他类似原因），允许拉力有较小变化。平衡重给钢丝提供 280 kg 的拉力或 80% 的自由悬吊拉力，剩下的 20% 的拉力则由猫道通过设在它上面的主缆成型器提供。在平衡重塔顶部，钢丝经过一个独立的送丝单元（IFU），该单元可允许钢丝在编丝轮的任何位置停止送丝及回丝。编丝过程中，在进行某些作业时，如编丝轮在散索鞍上倾斜时，或钢丝在绕靴跟布置时，可以停止送丝，将钢丝保持在一固定位置或可以回丝。IFU 同时还可以按发送室及控制室的要求，控制送丝或回丝。图 9.4－77 表示放置在平衡重塔顶的 IFU 单元。图 9.4－76、图 9.4－78 则表示其他用于编丝的设备。

图 9.4－77　位于平衡重塔顶上的独立的送丝单元（IFU）

图 9.4－78　驱动编丝轮上钢丝的滑轮组

钢丝经过 IFU 后，它们将通过一组布置在猫道轴线上的滑车导入编丝轮。图 9.4－80 表示编丝轮在行进之中；图 9.4－82 表示编丝轮越过主鞍情况。

编丝周期从将钢丝人工布置在 AB15 锚碇的靴跟上开始。钢丝用设在散索鞍处的临时固定装置保持原位，防止滑移。然后，利用 IFU 放松钢丝，将它们绕靴跟布置。接着，再用 IFU 收紧钢丝。当达到编丝拉力后，松开 IFU，拉力由平衡重承受。在钢丝每次绕靴跟布置时，均重复上述作业过程。

如前所述，基本参数是编丝轮上的丝槽数。本桥每个编丝轮上设有 4 个丝槽，见图 9.4－79。每根牵引绳上，设有两个编丝轮。每个编丝轮一个完整的行程，可完成 8 根钢丝。

图 9.4－79　编丝轮上的 4 圈钢丝

图 9.4－80　行进中的编丝轮

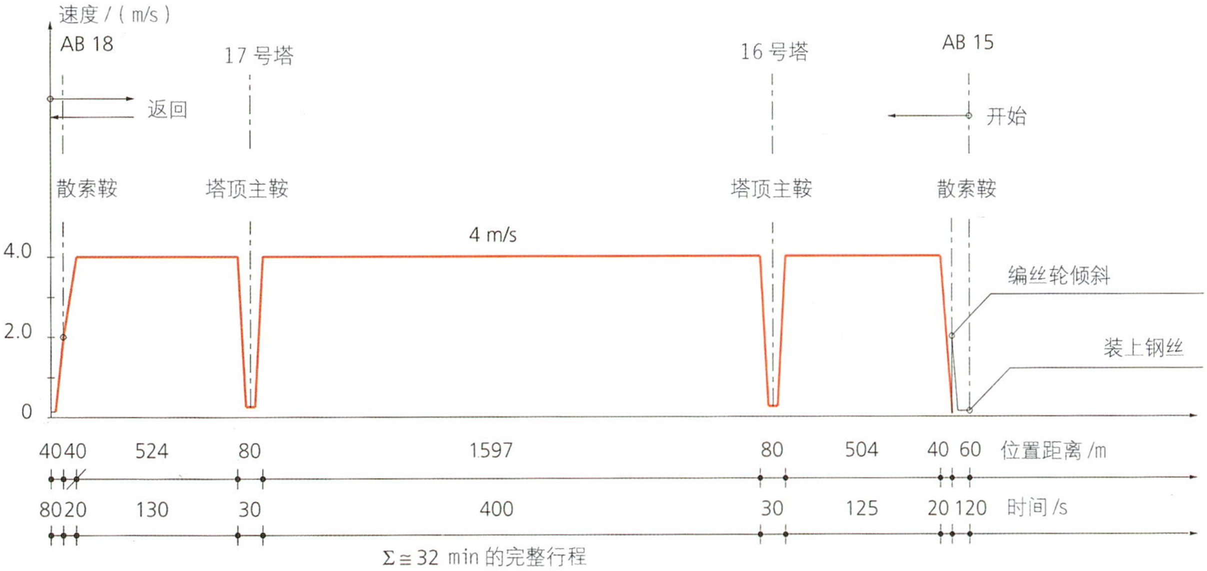

图 9.4－81　按现行 4 m/s 的速度，有 4 个丝槽的编丝轮一次行程的典型时间

在驶往 AB18 锚碇的行程中，将 4 根死头丝布置在主缆成型器上的丝股中，4 根活头丝则是在主缆成型器旁边的滚轮上行走，见图 9.4－83 和 9.4－84。

在 AB18 锚碇处，从编丝轮上取下钢丝，并套在各靴跟上。

让编丝轮返回到 AB15 锚碇。在这一返回行程中，将 4 根活头丝从滚轮上提起，并放下到主缆成型器上的丝股中，见图 9.4－85。图 9.4－86 则表示给编丝轮再装以新的钢丝。

上述编丝周期一直持续不断，直到一根丝股的全部 504 根钢丝编制完成（63 个周期）。在编制钢丝的重量引起猫道下挠，当其挠度超过可以接受的范围（最大 200 mm）时，重新调整垂度控制索，对猫道的下挠给予补偿。前已指出：图 9.4－72 表示第一根丝股编制过程中，对猫道挠度的多次调整。图 9.4－81 则是表示一个编丝轮在其一个循环行程中所用时间的分配。一根丝股的完成周期还包括挤紧丝股，并用临时缠带扎紧丝股，见图 9.4－87。

图 9.4－82　编丝轮在塔顶主鞍上经过

图 9.4－83　主缆成型器上的死头丝

图 9.4－84　滚轮上的活头丝

图 9.4－85　编丝轮返回到 AB15 锚碇，提起及放下钢丝

图 9.4－86　重新给编丝轮装上钢丝

图 9.4－87　丝股的挤紧及扎牢

每根丝股需要被调整到其自由悬吊线形，这个调整过程需要在夜间进行，以避免温差问题。下面给出的数据是第一根丝股调整的数据。后续各组丝股的调整原理是相同的，但数据不一样。

在一组丝股完成后，重新开始新的编丝作业前，需要将该组丝股的线形调整到与自由悬吊状态一致的线形。首先，将丝股拉离主缆成型器，使丝股自由悬吊。这一过程先在主跨进行，接着就在边跨进行。在塔顶主鞍的前面与后面，将丝股夹住，并安装升高装置。放开垂度控制索。对一根丝股的线形调整，在AB15、AB18两锚碇将靴跟向外拉，先让位移值达130 mm。随后，按50 mm的增量，让靴跟位移达200 mm。当丝股在散索鞍及塔顶处均向外位移的同时，丝股应脱离主缆成型器，或使其在跨中高于已架设好的丝股达100 mm。

然后，进行测量。记录下温度及天气情况，并按测得的长度、垂度、温度，用已经算好的图表，查出各丝股的理论高程。然后，在17号塔，对丝股进行调整，将丝股移到理论值与测量值之间高程差的一半。再根据新的测量结果，对于在16号塔所需进行的调整进行计算，并予完成。对于边跨及散索鞍处的主缆的调整，重复与上述相同的调整步骤。按规定好的步骤，总共进行了15次调整作业。为了避免丝股中温差的问题，测量总是在夜间进行，采用的是光学测量仪器及全球定位系统（GPS）。很清楚，每根丝股的所有调整作业，都应该在新的丝股编丝之前完成。图9.4－88表示丝股在主鞍处应整形并安放妥当。图9.4－89表示为调整丝股线形而推移靴跟情况。

图9.4－88　塔顶主鞍内的丝股成型

图9.4－89　采用移动靴跟的办法调整丝股的线形

在两根主缆上，连续进行的丝股线形调整作业的有效协调，对于用最短时间达到规定的质量要求是关键性的。编丝可在风速达16 m/s的情况下进行，可是，丝股线形调整对风速范围的要求则要高得多。

重复编丝循环的准备

在主缆的一组丝股调整完成，并可以接受后，要进行下一步作业的准备。作业包括在锚碇处，将靴跟安装就位、启动钢丝运行、将钢丝的端头固定到AB15锚碇靴跟前面约10 m的固定点上，检查主缆成型器等。

制缆工作于1996年7月开始，1996年11月19日完成，总共137个工作日。生产率为6.85 h/t，是现时空中制缆的一项记录。

主缆紧缆、缠丝及主缆的表面处理

紧　缆

制缆完成后，撤除主缆成型器。主缆由37根丝股组成，每根丝股都单独地用临时缠包带扎紧。为了将主缆横截面整成近圆形，需要将所有丝股挤紧。在挤紧丝股的过程中，临时缠包带会破断，各丝股间及单根钢丝间的空隙率均减小。规范要求，在主缆的大部分，最大空隙率为21%，但在索夹区，最多为19%。

紧缆机是一牢靠的框架结构，沿框架周边布置6台200 t千斤顶。千斤顶以直径的方向将主缆挤压成要求的形状。紧缆机的下部可以打开，以便驾在主缆之上。主缆的形状需要成为微椭圆形，借能方便地安装索夹。千斤顶的行程可以调节，用来适应主缆紧缆前、后的变化，以及紧缆后所要求的主缆横截面。所要求的行程变化大约为 150 ~ 180 mm。紧缆机最初布置时，是根据主缆 814 mm 的水平直径及 826 mm 的竖向直径而定的，同时考虑了主缆打上缠包带后的 0.75% 的松弛率。图 9.4 – 90 表示紧缆机构造。

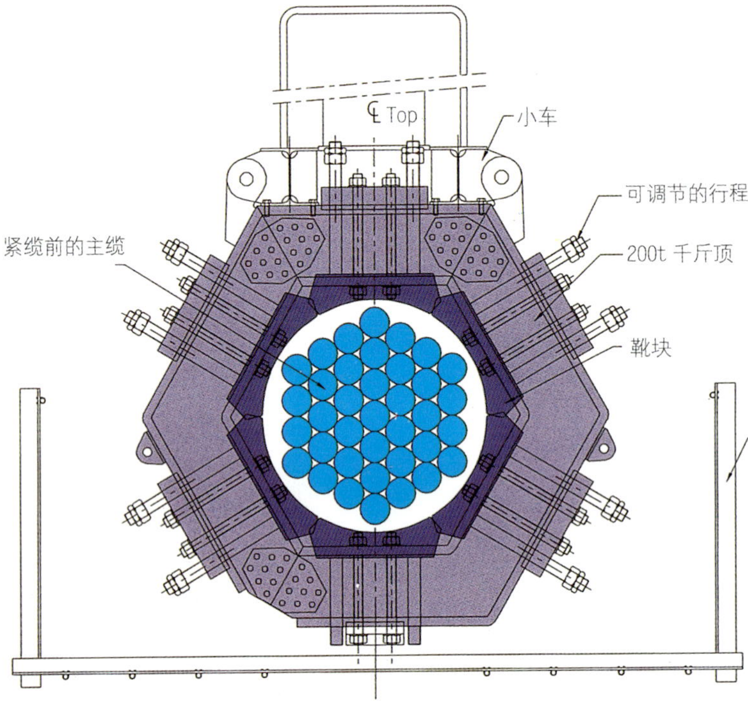

图 9.4 – 90　主缆横截面示意。主缆上有紧缆机及顶紧力为 200 t 的六个千斤顶。紧缆机将丝股挤紧到要求的直径

让紧缆机沿主缆按大约 1 m 的步长向前移动。为了保持主缆的成型，用尺寸为 31.75 mm × 1.14 mm 的镀锌碳钢钢带（缠包带），在紧接着紧缆机之后，扎紧挤紧后的主缆。在主缆安装索夹的位置处，需将钢带扎得更紧一些。图 9.4 – 91 表示紧缆机装在小车之上，沿主缆行进。

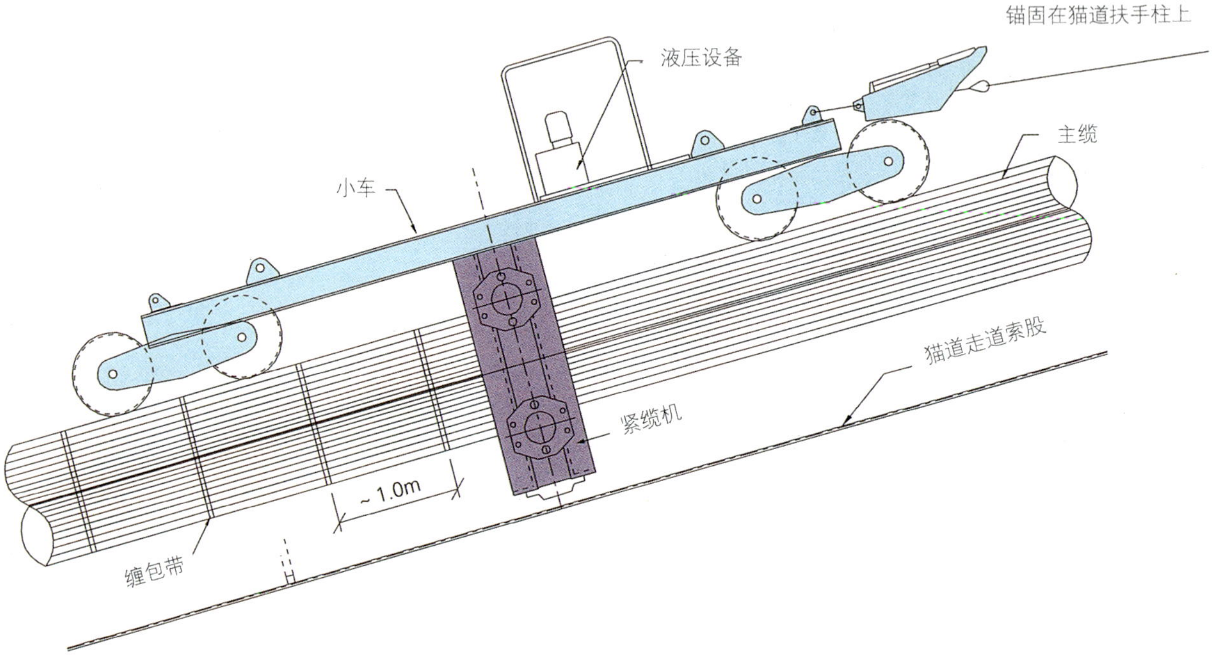

图 9.4 – 91　载有紧缆机的小车示意

在紧缆机前面，布置有一金属棚屋。将与钢丝面接触的棚屋的支脚用尼龙布包住，以免损坏钢丝。C8 索夹接近主鞍，在其处的钢丝挤紧后，应立即安装 C8 索夹，以避免已挤紧的钢丝松劲。

同时利用 4 台紧缆机紧缆，主跨布置 2 台，从塔开始紧缆（见图 9.4－92）；边跨各布置 1 台，分别从两侧锚碇开始紧缆。由于作业连续不停，紧缆经历了 1997 年的冬季，承包商采取了一些季节性的防护措施。如果主缆内结冰，紧缆就不能进行，所以承包商在主缆通长上覆盖了帆布（见图 9.4－93），只在紧缆机行进的前面一点点地掀开帆布。平均紧缆进度为 10 m/日/紧缆机。

图 9.4－92　主缆上的紧缆机

图 9.4－93　覆盖帆布的主缆

缠　丝

由于需要优化缠丝的几种条件，以取得令人满意的结果，主缆的缠丝作业从技术上讲是很难实施的。主要困难是：

——保持缠丝有 1 500 N 的拉力；

——在相邻两缠丝之间不留缝隙；

——在主缆各钢丝之外，均匀地分布锌腻子；

——用锌腻子填实钢丝之间的所有缝隙。

下述因素都给缠丝作业造成困难：如锌腻子材料的选用、数量及工作条件、工期安排、使用聚氨基甲酸（乙）酯产品时，所要采取的健康防护措施及在转动的缠丝机旁工作时所需采取的安全保护措施等。

材　料

其他桥梁上采用亚麻油基锌腻子的负面经验，使得本桥寻找一种更为合适的腻子产品变得必要。在本桥最终选择基于双组分聚氨基甲酸（乙）酯的锌腻子，即意大利米兰的 MPM 公司生产的 Zincostar 45/1 牌腻子之前，进行过几次试验。这种腻子产品的优点是：具有较大的延伸率（300%～400%）；较长的弹性特性耐久性及具有良好的镀锌层保护作用，因它含有很高百分比（85%）的锌粉，可为主缆保持碱性环境。

规范规定缠丝材料为：退火软钢丝，40 μm 热浸镀锌，以重约 170 kg 的盘丝供货，每盘钢丝长度为 2 200 m。

工作量

共有 20 000 m^2（主缆表面展开后面积）；绕主缆每圈为 1.5 m；长 3 900 km、总重为 320 t 的缠包丝

（包括废弃重量）及总重为120 t的锌腻子（包括耗损）用手工敷设。

工作条件及工期

由于合同协商的结果，本来应该在夏季进行的缠丝工作，推迟到9月才开始，而这个时候正是一年中最不利季节的开始。对于所预料到的天气要求，在主缆上必须为缠丝作业安装棚屋，借能提供可以接受的工作条件。由于主缆的涂装必须在缠丝完成之后，涂装工期非常紧迫。

劳动安全主管对使用聚氨基甲酸（乙）酯产品所需采取的健康防护措施要求非常严格，尽管这是早已预料到了的，但对承包商来说，还是使他们吃惊，并因而造成了时间延误。

缠丝机是一重型装备，其绕主缆的最大转速为30 r/min。机器的外形使得对于检查缠丝是否正确就位的工作人员的保护非常困难。就此而言，满足官方的安全要求是不容易的。

缠丝机

要了解缠丝机是如何工作的，简单地介绍一下缠丝机是必要的，见图9.4－94。它包括一个位于主缆上部附近、用于支承电机的撬板。此电机转动一个外环，环上安装有承载缠丝（卷丝盘）的3个飞轮，飞轮配备可调节的制动装置，凭制动力让缠丝获得所要求的拉力。缠丝机本身不能沿主缆行走。为了使相邻的缠丝致密不留间隙，缠丝机的行进必须与缠丝的行进同步，这是借助于缠丝机上的钩爪及将缠丝彼此压紧的定量弹簧。在缠好状态形成一种丝扣，钩爪可在缠丝机绕主缆转动的同时，将缠丝机推向前进。缠丝机每绕主缆转动一次，可以缠包3道缠丝。因此，缠丝机前行的速度为每转3×3.5 mm＝10.5 mm。在缠丝机每分钟转速为15圈时，每分钟的前行距离为157.5 mm。图9.4－95表示其工作情况。

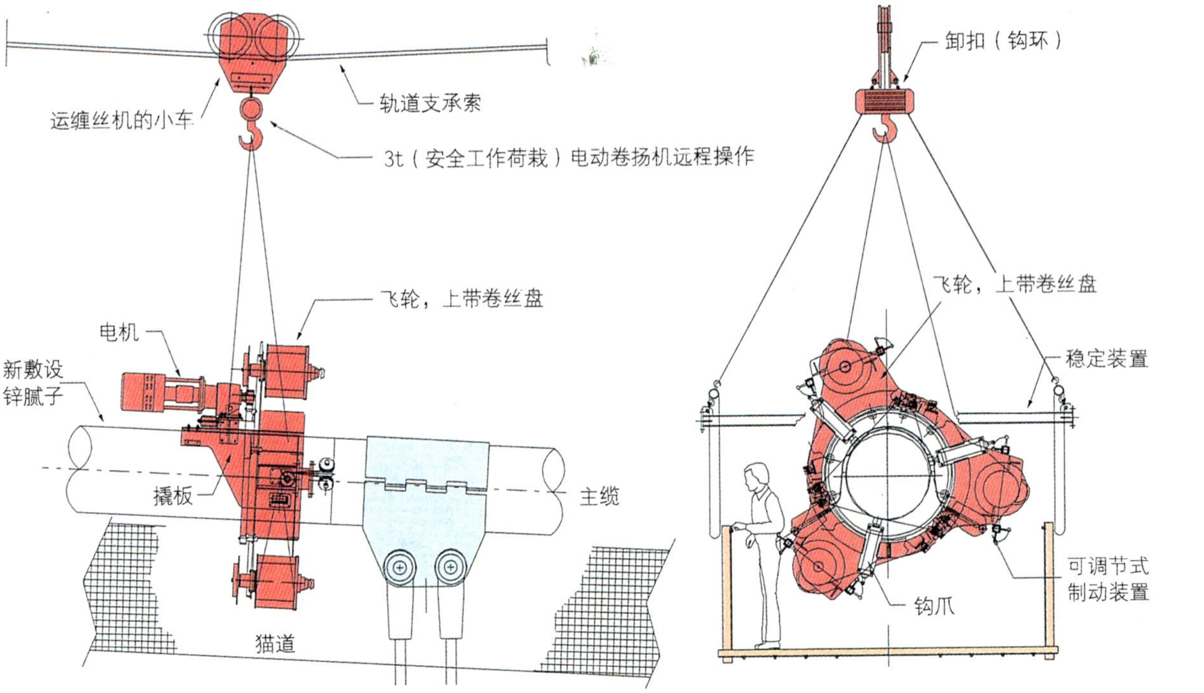

图9.4－94　缠丝机示意

缠丝作业的实施

4台缠丝机可以用“拉”、“推”两种方式工作。采用这两种方式时，缠丝机将上行或下行。上行时采用“推”的方式，缠丝机在已缠好的主缆前，利用其钩爪对着已缠好的部分，将缠丝机向前推进。这时的缠丝机在新敷设的锌腻子层上滑行。图9.4－96表示其“推”的行进情况。下行时采用“拉”的方式，缠丝机是支承在已缠钢丝的主缆上。缠丝机的前行利用适合“拉”的方式的钩爪来实现。缠丝机在缠好丝的主缆上滑行，这对保证锌腻子层的均匀性是非常有利的，其不利之处则是用肉眼监督缠丝质量较为困难。缠丝作业中，上述两种方式交替采用，一则是为了优化接近索夹位置处的缠丝作业；再则是为了尽可能不将缠丝机从一个位置转移到另一个位置。

图 9.4－95　缠丝机在主缆上棚屋内工作

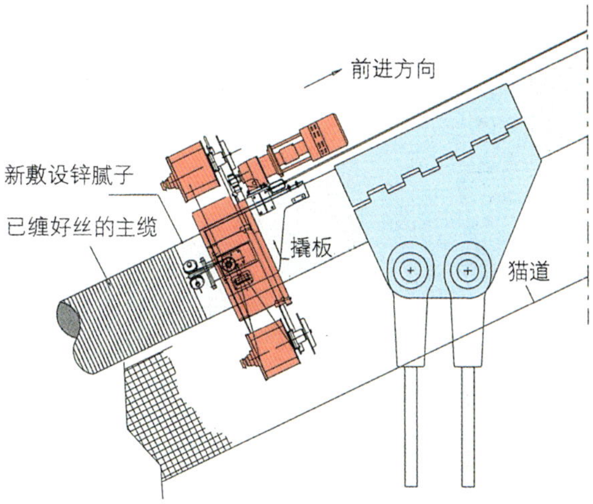

图 9.4－96　推进方法示意

作业步骤

在缠丝机附近的棚屋内，在锌腻子使用前，将其拌和 1～2 h。然后，将临时钢缠带剪掉，用戴着手套的手将腻子以均匀的厚度，绕主缆敷设，敷设长度距缠丝机前约 3 m。必须将主缆钢丝之间的所有缝隙填实，见图 9.4－97。

缠丝机在不管敷设腻子影响的情况下独立地工作，不断地给主缆缠丝。操作人员自始至终要注视着钩爪，在缠丝之间出现间隙，或相互搭叠时，随时停止缠丝工作。在出现这两种情况时，用人工干预方法来对钢丝进行调整是需要的。缠丝过程中，作业往往多次中止，因此，工作效率不能用缠丝机转速计量，而只能以中等速度连续进行缠丝。有效的缠丝时间仅为总共使用于缠丝时间的 10%～15%。其他的各项作业，如往飞轮上装卷丝盘、钢丝相互交叉或出现间隙时调整钢丝、调节制动装置，在缠丝机经过索夹时，对它重新定位等，比缠丝作业本身要耗时更多。图 9.4－98 表示一合格的缠丝外观，图 9.4－99 表示完整的防腐蚀系统。

图 9.4－97　在主缆上敷设腻子

图 9.4－98　可以接受的缠丝：无间隙、空隙处已填实锌腻子、镀锌层无刮伤

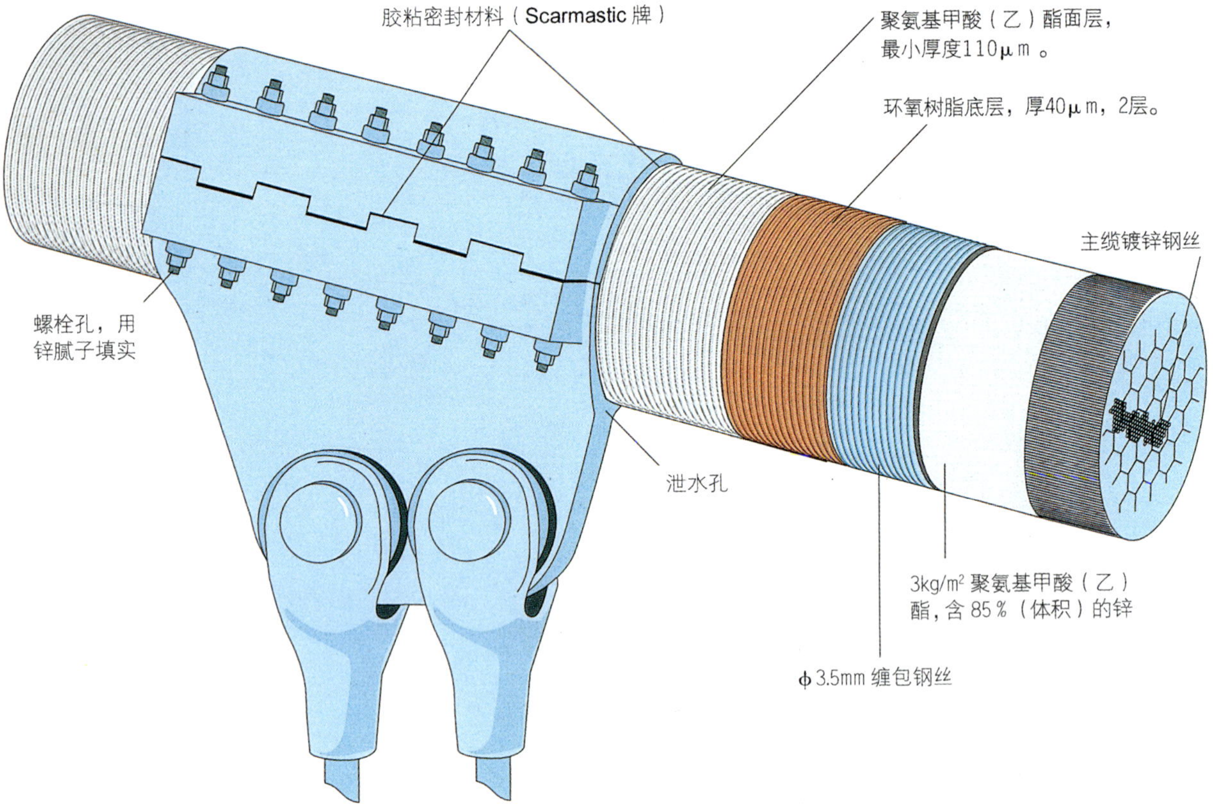

图 9.4－99　完整的防腐蚀系统

健康防护

选用锌腻子材料是不可避免的。从技术性能上讲，聚氨基甲酸（乙）酯产品用于表面处理具有许多优点，但在某些情况下，健康防护的要求每使这种产品不能使用。尽管对于健康防护要求非常严格，但它仍然能得到控制。

安全防护

缠丝机是一种“一次性”机器，没有时间及金钱来仔细地改进其设计。由于它是笨重的转动机械，且操作人员是在猫道上紧靠着它工作，工作空间又非常有限，对于未经过训练的人员确实是危险。在缠丝机通过主管当局的批准前，必须安装一补充的门道及应急接电装置。在有些情况下，补充的门道妨碍了缠丝人员的视线。所幸的是没有发生过严重事故。

推、拉工作方式

采用“推”的方式，它有使缠丝机在新敷设的腻子层上滑移的缺点，这种方式的使用次数应尽可能减少。钩爪是通过滑动靴压紧钢丝的基本装置，滑动靴的正确外形使它能够在主缆周围安装及压紧缠丝，并且为推动缠丝机向前提供支承。在“推”的方式中，因缠丝机在腻子层上滑移，滑移力是有限的。采用“拉”的方式，缠丝机是在已缠好的主缆上滑移，所需的滑移力较大，而且力的变动也大。在各种情况下，如果滑移力太大，滑动靴就会引起缠丝交叉，那就需要对缠丝进行调整。这说明缠丝作业为什么会多次中断及出现问题。要解决这一问题，缠丝机的前行需要用一液压手动拖拉及吊重机（tirfor）来协助。

钢丝经受滑动靴较高的局部压应力及滑移，容易导致钢丝镀锌层刮伤。当滑动靴有磨损之处，则镀锌层刮伤程度就不再能够接受。因此，需要定期检查滑动靴，以减少对钢丝的刮伤，但刮伤从来没有完全消除过。解决该问题的办法，是采用滚轮来取代滑动靴，但承包商很不愿意采用该法。

钢丝打盘

缠丝现所使用打盘方式不合适。由于在放丝时需要拉力（1 500 N），在放丝时每卡在丝盘之中，由此增大了拉力，直到钢丝崩断。图 9.4－100 表示缠丝被卡住情况，在这个时候，该盘丝只好作废。更换盘丝耗费时间，而且同时要更换 3 盘，这又加大了缠丝报废的百分比。

图 9.4－100　缠丝被卡住情况

主缆表面处理

主缆防腐的外部屏障是油漆涂装。油漆涂装是主缆工作的最后一项作业。总的来说，规范对镀锌钢表面防护的要求是适当的，尽管缠丝后的主缆不是一个平的表面。众所周知，对镀锌缠丝表面的油漆涂装有两个难点，一是表面凹凸起伏不平，一是有锌腻子的溢出。

材　料

锌腻子及油漆均由同一公司供货。

承包商建议采用下列工艺进行主缆油漆涂装：

1. 用钢刷轻轻地刷去任何多余的锌腻子，以免它降低底漆与镀锌表面的黏附力；

2. 涂刷 MPM's Duroglass FF 4416 牌底漆，最小厚度为 40 μm。这是一种双组分环氧树脂底漆，据信与镀锌钢丝具有非常好的黏附力；

3. 涂刷 MPM's Elastostar Copertura 牌聚氨基甲酸（乙）酯表漆，最小厚度为 110 μm；选择这种双组分聚氨基甲酸（乙）酯基的表漆是因为它具有好的延伸特性，可以暴露在严峻的天气条件下，漆层具有永久的弹性及良好的耐久性，而且与底漆能相容；

4. 用 MPM's Scarmastic P95 牌填缝腻子填塞索夹处的缝隙（见图 9.4－103），这种腻子是一种单组分聚氨基甲酸（乙）酯，具有与索夹上油漆良好黏附的性能，并能与主缆上表层漆相容。

图 9.4－101 表示在主缆模型上进行的油漆试验。

使用上述油漆产品，必须符合官方关于使用环氧树脂及聚氨基甲酸（乙）酯产品的健康防护要求。为了得到满意的结果，应对使用温度及湿度条件进行仔细监控。

油漆工作的实施

规范要求油漆涂装应在主缆缠丝完成后的 24 h 内进行。然而，由于工地条件及主缆计划的收尾工程，满足这一要求是不可能的。所以，在主缆缠丝作业完成后，立即用塑料膜覆盖，防止含盐分空气对主缆的污染。随后，在开始涂装底漆前，在涂装棚屋内，将塑料膜掀去。

由于涂装时间正值冬季，不使用暖棚来保持要求的温度及湿度，并为涂装工人提供舒适的工作环境，是不可能进行的，图 9.4－102 表示这种暖棚。为此，承包商在主缆上安装了 8 个暖棚，每个暖棚长 110 m，为 4 个索夹的间距。由于天气条件的缘故，这些暖棚后来又分成若干个小棚。所有的作业，包括主缆表面准备、涂装、养护及索夹填缝等，均在小棚内完成，随后再移到下一段位置。

适合的涂装产品为环氧树脂及聚氨基甲酸（乙）酯，在其使用过程中，温度及湿度必须保持在有限的范围内。因此，需要在暖棚内进行上述工作，以保证质量。

镀锌层表面的涂装

镀锌层表面油漆涂装的困难，因主缆缠丝部分的起伏构造以及在缠丝之间有锌腻子而加大。在一些情况下，油漆起泡和砂眼被发现，但产生这些缺陷的原因并不清楚。排除这些缺陷的办法是将底漆分两道涂刷，其中第二道漆是在湿润状态下涂刷的，并将 Duroglass 牌底漆更换为另一国际生产厂家制作的同一种类型的产品。将底漆分两道涂刷也许是克服起泡和砂眼最有效的改进办法。

油漆厚度测量

对于这种类型油漆的厚度，只能采用无损检测。采用一种修改过的磁性测量方法，但必须考虑缠丝镀锌层厚度的变化。为了决定表层漆的最小厚度，曾经采用了统计方法。

图 9.4－101　主缆模型上进行的油漆试验

图 9.4－102　主缆上的暖棚

图 9.4－103　索夹填缝

9.5　桥面铺装

作者：Hans Vagn Jensen，高级项目工程师，Rambøll。

招标的策略考虑

桥面铺装是作为一种可供选择的方案来招标。其规范是同丹麦的法罗桥和小贝耳特桥桥面铺装的规定相同，这是由于考虑了这两座桥具有良好的铺装质量。1993 年（招标后的第 3 年），丹麦公路研究院在其递交的一份研究的最终报告中，建议只对招标文件中的规范进行小的修改（见第 7.1 节），这样，Storebælt 就保持了原定的招标方案，未作任何修改。

桥面铺装及钢梁线形是根据整个桥面（桥面边缘及中间栏杆地带除外）能采用机械铺装进行设计（见图 9.5－1）。沿车道两侧两条宽 700 mm 的靠边处及中间栏杆座板处一条宽 600 mm 的地带当用人工铺装，这是因为人工铺装对这些地方更具优越性。在路缘线处，有两个高 60 mm 的不锈钢件为玛琋脂地沥青及毗邻排水沟的纵向挡板提供侧向支撑。宽 700 mm 的排水沟预期其足够供铺装机（及随后的检修车）行走（见图 9.5－17）。（注：边缘带的栏杆座板可在图 9.5－17 看到。）

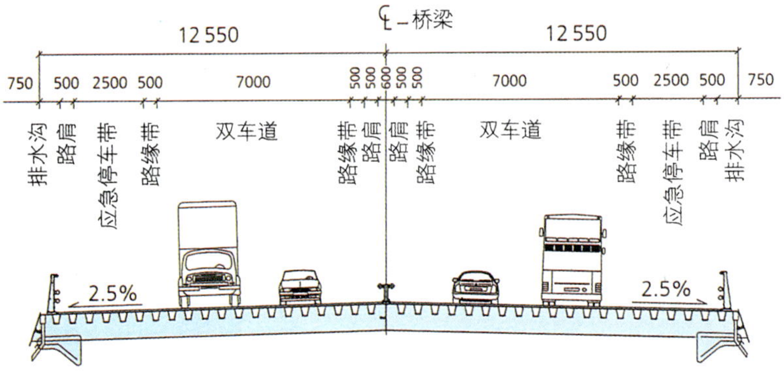

图 9.5－1　桥面行车道横截面

在第一轮招标中，承包商要求对设计作些变更，即将丹麦的玛琋脂防水系统更换为国际上更为广泛使用的系统，如丙烯酸膜或者是喷洒沥青膜。然而，这两种变更要求均因缺乏与本桥招标的桥面类型一同使用的经验而被拒绝。桥面板应力的测试结果表明：招标方案中的玛琋脂（mastic）及玛琋脂地沥青（mastic asphalt）具有非常有利的结合作用，相当于将无铺装层的钢桥面板厚度由 12 mm 增大到 18 mm（见 5.2 节）。

承包商的组织机构

桥面铺装工程包括多种专业性强的作业，经将这项工程发包给几家专业的承包商。COINFRA 公司的工程范围为承担临时工程，他们将棚屋及临时护栏（挡板）分包给丹麦的 Jørgen Bladt A/S 公司。意大利的 Anticorrosione SrL 公司是桥面铺装工程承包中的主要合伙人。德国的 Lintec AG 公司承担玛琋脂地沥青及玛琋脂的拌和。英国的 Guaranteed 沥青有限公司的工人负责铺设粘胶剂及玛琋脂。瑞士的 Aeschlimann AG 公司负责铺装玛琋脂地沥青。丹麦的 ICOPAL A/S 及 LKF A/S 两家公司分别承担接缝封闭及路面标记。承包商借用了德国 Lintec AG 公司的技术人员及丹麦公路研究院的授权人员，在其设在工地的试验室做试验。上述各不同机构及他们的员工讲的语言妨碍了信息的交流，这些机构的数量对工程进度也有负面影响，当一方执行某项变更时，将会影响到其他各方。

工　期

桥面铺装，在排水沟施工于 1997 年 5 月开工后方才开工。随后，钢桥面防水作业于 1997 年 6 月开工，用机械铺装玛琋脂地沥青的作业于 1997 年 8 月开工，此时已经接近非常有利的施工时间——夏季的尾声。所有的作业显然已经滞后于它们原定的开工日期，尽管在桥面铺装全面开工以前，霍尔斯科夫侧的引桥已作好铺装准备有一年多的时间。

钢桥面清理

钢桥面的清理及玛琋脂的铺设是在两个长 120 m、宽 13.4 m、高 6.5 m 的棚屋内进行，每侧引桥各设一个棚屋，每侧每天可完成 1 300 m^2的桥面清理及玛琋脂铺设，清理及铺设倒班错开进行。棚屋在轨道上行走，轨道用螺栓固定在栏杆立柱的座板，或直接焊接在钢桥面板上。棚屋用钢架制成，并用波纹钢板遮盖，再用厚 50 mm 的聚氨基甲酸（乙）酯泡沫隔温。如有必要，棚屋内可设置移动帘子，将工棚分隔成 3 个 40 m 的小间。

棚屋内的气候控制系统包括：

——工作能力达 50 000 m^3/h 的通风系统；

——4 台空气加热单元，每单元的加热能力为 12 300 m^3/h，总的热功率输出为 230 kW/h；

——4 台除湿单元，每台的能力为 5 000 m^3/h，吸水能力为 10 $g/m^3/h$（见图 9.5-2 及 9.5-3）。

图 9.5-2　桥面铺装所用棚屋、气候控制系统及牵引设备

图 9.5-3　气候控制系统，进入空气经由多孔管，外排空气经由桥面处开设的门

在棚屋内保持较大的空气压力，以防止未经除湿的空气侵入，这种湿空气会导致已清理好的钢桥面开始腐蚀。棚屋内的气候系统是非常有效的，它使钢桥面的温度高于气凝温度 10 °C 以上，在冬季也是一样。喷丸所产生的动能显著地有益于桥面加热。

在钢桥面清理中，采用了多种真空喷丸处理设备：

——1 辆工作宽度为 1.2 m 的修整机，用于钢桥面粗清理（仅在悬索桥的一部分使用过）；

——12 台自行走的表面修整机，其中 6 台工作宽度为 300 mm，6 台为 600 mm；

——1 台特制的修整机，用于沿路缘板宽 150 mm 的桥面及路缘板下部 20 mm 范围的清理。

每个棚屋配备 1 台工作能力为 17 m^3/min 的空气压缩机，用于沿路缘及立柱座板的露天喷丸清理。

对每种喷丸清理方式及每台用于清理的设备均进行了工艺试验（见图 9.5-4）。按合同中规定的露天喷砂要求，各方对桥面清理的参考标准取得一致意见。为了确认试板上进行的喷丸清理是否可以接受，将采用露天真空喷砂设备完成的清理结果与采用露天喷砂清理的试板进行了比较。在 Force Institute，在显微镜下进行了切片观察和研究，以确定喷丸清理表面出现的重叠及折叠的范围（需要将重叠及折叠范围减小到最低限度，因为粘胶剂非常黏，侵入性能差，并且会暴露在汽车荷载的高剪应力之下）。特别是在清理设备轨道的重叠区内，会出现更多的重叠及折叠，各方同意应该允许 5% 的清理表面包含上述重叠及折叠。调整钢丸的硬度，以与被清理的钢的实际材质相适应。在喷丸过程中，钢丸会磨损得较为细小，但仍有一些锋利的或没有磨损掉的丸粒喷射出来。更换钢丸的标准是在丸粒业已太细小、并用测量其清理出来的表面的粗糙度作决定。

实际采用的喷丸方法是可以很方便地调整喷丸的工作能力的。根据 ISO 8501—1，可达到规定的 Sa 3 清理度，粗糙度为 $R_a \geq 12.5$ m（注：m 似应是 μm），用复制方法测得。适用于大多数设备的钢丸为 Ami-blast GS 30.8（0.42～0.59 mm），其硬度为 53～57 HRC（560～630 HV）。与一般的喷砂面的外观相比，本桥的喷丸面完全不同。因为，钢丸总是按固定的斜角喷向被清理的面，经过喷丸清理的表面就像足球场上刚割完草的情形一样（见图 9.5-5）。与此相比，露天喷砂清理的表面则呈发散反射的特性。由于几乎没有灰尘，清理系统显示其结果有显著改善，这为在棚屋内进行桥面涂刷树脂底层提供方便，使未经养护的树脂底层不会蒙受灰尘污染。同时，在健康防护方面，在避免喷砂（硅质）引起的粉尘污染方面也非常有利。不利之处是溅出的、具有腐蚀作用的丸粒如果不能很好地吸回到设备内，将会污染其他表面（包含其已经及未经处理者）。

图 9.5-4　工艺试验：钢丸真空清理设备

图 9.5-5　经过真空清理的桥面就像足球场上刚割完草的情形一样

排水沟

排水沟的清理是在两个长 160 m 的棚屋内进行，各该棚屋是在桥面清理用棚屋前面的轨道上行走。棚屋的平台沿轨道移动，用于存放清理设备、材料及配重件等。

在涂刷树脂膜后，在边缘板上安装临时的安全护栏，以给出表面清理中所需要的更多的空间。树脂膜的涂刷量每天为 100 m^2。工人们在两个工棚间倒班工作，一个班清理桥面及涂刷树脂底层，另一个班涂刷树脂面层。如有必要，可在棚屋内安装移动帘子，将棚屋分隔成一个 80 m 段及两个 40 m 段。同时，也可安装纵向塑料帘子防止灰尘等。棚屋内的气候控制系统与桥面清理所用的大棚屋内的系统相同，但工作能力只有大棚屋内控制系统的 1/4，这与每个棚屋的较小容积 c1 600 m^3 相适配。喷丸方法同桥面清理一样，但工人露天喷丸的工作范围更大一些。

玛琋脂及玛琋脂地沥青生产

Storebælt 在丹麦公路研究院进行的全面的、生产前的试验推荐使用特殊类型的原材料，即委内瑞拉的沥青（bitumen），丹麦 Fakse 的石灰石填料及美国 Casco 的 Nobel 牌黏结剂。尽管承包商对其中某些材料有争议，但这些材料都得到使用。Nynäs 公司提供纯净、直溜的 B85 及 B35 级委内瑞拉沥青，分别用于玛琋脂及玛琋脂地沥青。由于时间紧，LINTEC 公司选用了 Fakse Kalk A/S 公司供给的石灰石填料。这种选择是重要的，因为填料的类型对玛琋脂的性能、沥青的吸收能力及填料—沥青拌和物的稳定性，有很大的影响。玛琋脂地沥青中总填料量的 1/10 可以是取自回收的。

粗骨料为 Durasplit 石英闪长岩，由挪威的 Norstone 公司供货。因这种骨料本身就具有亮度，承包商愿意将其用在玛琋脂地沥青及预拌碎石（Chippings，需以沥青预拌，见本小节最后一段）中，而不需要再加入别的有亮度的骨料。这种骨料的缺点是其片状值很高，约为 1.40，是可以接受值的最大限。与此类型相同的骨料也用于大贝耳特海峡西桥磨耗层的碎石玛琋脂地沥青中。图 9.5-6 表示玛琋脂及玛琋脂地沥青生产站。

承包商提出的玛琋脂地沥青配合比与丹麦传统的沥青配合比稍有不同。特别是采用≤ 2 mm 的碎石，但被认为是对车辙抗力有益。玛琋脂地沥青在现场拌和，拌和设备是一种半移动、“双筛（分批拌和）滚筒式”设备。拌和能力为温度 250 ℃时，72 t/h，每 1.5 t 的拌和时间约需 55 s。有时也使用储量为 20 t 的拌和机。该拌和设备最具创新的部分是采用填料加热系统，它可以将热的石灰石填料加到拌和机中，这可显著地缩短拌和时间。同时双筛分系统可以对加热到 250℃的粗骨料进行再次分理，并能方便地进行称重，从而可改进骨料的工作能力及质量的均匀性。较短时间的拌和明显地减少了运输车辆的数量。在拌和沥青准备铺设之前，还需要在运输车内最少再拌和 1h，以保证拌和物的匀质。

对于需要较长时间拌和的玛琋脂及要求有总清洁度的任何粗骨料，应配备单独的拌和机。将拌和好后的材料倒在一个 4 mm 的筛子上，经过筛网后，清除一些粗颗粒，如石灰石填料结块、拌和机内侧落下的焦化物等。玛琋脂采用单独的小型车进行运输。

玛琋脂地沥青拌和设备中生产的预拌碎石，是用水洗的 5 ~ 8 mm 的 Durasplit 碎石制作，给该碎石加入 0.8% 的 B35 沥青（Bitumen B35），沥青类型与玛琋脂地沥青中使用的相同。应将预拌后的碎石摊铺在室内的地面上冷却，以避免沥青过硬。如果不摊铺开来，这些预拌碎石会黏结成块，而且，非常薄的沥青膜会因温度而继续氧化，遭到破坏。

图 9.5-6　玛琋脂及玛琋脂地沥青生产站。玛琋脂拌和机及填料加热仓因是位于图片之左而未露面

图 9.5-7　涂刷粘结剂，检查气体含量

玛琋脂的铺设

用抗静电滚轴及刷子涂刷 300 g/m^{2}的 Casco Nobel 5000 牌黏结剂，以避免产生引燃高易燃黏结剂火花的危险。黏结剂由于具有很高的有机溶剂含量（甲苯、二甲苯及庚烷），其闪点为 -2 ℃。在涂刷作业中，工人们必须头戴防护面罩。要设置气体监测系统，在爆炸气体含量超过 25% LEL（低爆炸等级）时报警

（见图 9.5－7）。当爆炸气体含量达到 50% LEL 时，要关闭所有设备。然而，作业中没有发生任何引起事故的爆炸，只是在作业开始时，发生过几次误报。

黏结剂的典型干燥时间为在 20 ℃时，约 1 h。铺设玛琋脂后，玛琋脂的热能将激活黏结剂，并将沥青与钢桥面板黏结在一起。黏结强度将随着从玛琋脂地沥青中间层中输入的热能得到显著的增强。

铺设玛琋脂的方法是对丹麦早期同类工程实践的一个重要的改进。将玛琋脂直接从自卸车上倾倒在钢桥面的纵向车道上，每次倾倒范围大约宽 1.5 m。用厚 4 mm 的扁钢及先铺设的玛琋脂的接缝作为导向。每侧有 3 个工人跪在地上，用钢镘子将玛琋脂整平，同时有一名质量保证人员检查铺设厚度，将厚度保持在 4 ± 1 mm。如果需要，他可要求施工人员立即进行调整。铺设完后，在整个铺设区，采用高电压（17 kV）孔隙测试法进行检查。见图 9.5－8 至 9.5－10。孔隙几乎只在沿纵向接缝的地方出现。铺设的速度显著地增快。不再需要采用由人与机械控制的、从自卸车往斗内转运玛琋脂的有害于健康的作业方式。

沿路缘板铺设玛琋脂时，因与“黑色”钢相比，该处的不锈钢的导热性较低，要求采取特殊措施。各方同意对这里的作业作些修改，仅在路缘板底部按凹入面铺设玛琋脂，在随后很短时间里，该处就将由中间铺装层覆盖。

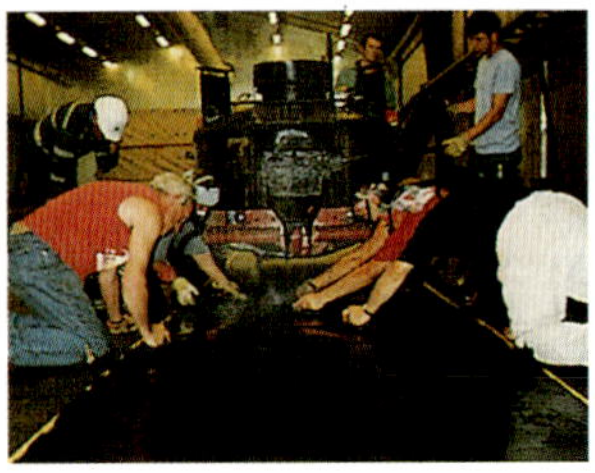

图 9.5－8　在钢桥面上铺设玛琋脂

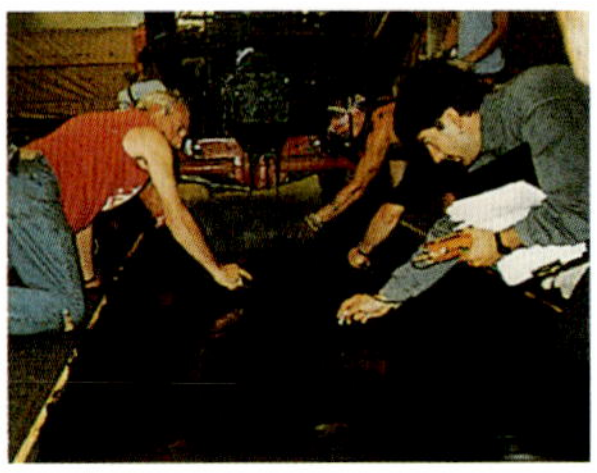

图 9.5－9　铺设过程中，检查玛琋脂厚度

图 9.5－10　高电压孔隙测试。在棚屋之外，在用倾倒法铺设的玛琋脂区内重复进行该项测试

总的来说，玛琋脂的质量非常均匀，并接近于规定在 25℃时，39 mm 的球印硬度试验平均值。仅在玛琋脂的生产初期，出了一些问题，由于拌和时间短、加热不充分或设备的搅拌能力低，有少量的石灰石填料拌和不充分而结块。当时认为这一情况会影响到初始粘接性能。

放线及整平

桥面线形采用网格法抄平。网格中有 11 条纵向线，横向线的间距则为 4 m（即各座板的间距），其中有 3 条线是设置在座板顶面，使这些固定点不被覆盖。

测量结果表明：与设计线形对照，钢桥面出现了系统偏差。桥面凹凸均由梁段环缝处的焊接变形引起。最高点出现在桥墩附近的梁段处，在那里的钢板厚度较大。典型的差值为 10 ~ 15 mm，甚至达 20 mm。必须由承包商根据用大贝耳特海峡西桥使用过的程序所算出的结果进行整平。整平后允许纵、横向截面按正弦曲线变化，但仍然要符合丹麦通常实施的行车舒适度的标准。允许的坡度在竖向曲线 $R = 8\ 000$ m 内变化，与设计行车速度 100 km/h 相应。程序的输出结果给出了摊铺机轨道的放线高程及其累计量。

对全部铺装层厚度的变化应予限制。对沿路缘板的最小高度应予固定，对总厚度则规定为 55 ~ 70 mm 之间（不包括因预拌碎石而作的调整）。如果厚度超过 70 mm，就有形成车辙坑的风险。最后，各方同意整平可按下述标准进行，即：在梁段横向接缝处，系统最小厚度为 55 mm，然而，某些低于 50 mm 的孤立值也不得不接受。

磨耗层的厚度必须保持不变，以形成一个良好的外观。

在引桥上，特别是霍尔斯科夫侧，需要大力整平，大约有 27% 的测量读数均高于 70 mm（不包括预拌碎石）。最高读数一般出现在跨中。在悬索桥上，只是不到 10% 的值高于 70 mm 这个最大厚度。

主承包商认为计算机程序还带来工作效率。用了计算机程序，引桥的额外工作量减少到 5% 和 10%，而悬索桥的额外工作量甚至更低。

玛瑞脂地沥青的铺装

设　备

在制订计划之后，承包商顺利地提供了铺装设备并布置了临时轨道，在轨道上摊铺机可按期望的方式工作。但是，沿边缘所留下来的空间不够，对于沿路缘板整平接缝的工人在铺装工作时退出不方便。

共使用了3台摊铺机，两台各宽11.5 m（最大宽度15.6 m），并备有预拌碎石漏斗；另1台宽度仅4 m，用在曲线桥跨处。3台摊铺机均在轨道上行走，在铺装过程中，轨道按不同的计算高度，用三夹板垫牢。摊铺机为自行走式，可在各铺装位置行走。在开始铺装之前，用在轨道上移动的一根直尺，沿4条线检查轨道高程。偏差超过5 mm时，必须通知Storebælt。所进行的任何调整均须得到批准。图9.5－11、9.5－12表示对高程的设置及检查。

图9.5－11　曲线桥跨处布置的钢轨，缩减其铺设宽度。注意钢轨下用三夹板垫着，用于两层铺装层的作业

图9.5－12　在玛瑞脂用吊斗法进行铺设前，检查其高程

预拌碎石仅有一部分由摊铺机铺装，因为在设计上，它们的设计最小铺装量为12 kg/m^2，是规定数量的两倍。因此，在要求的较低量为5 kg/m^{2}时，用人工铺装进行调整是必要的，期在得到较均匀的外观。预拌碎石是用全宽度、获得专利的Aeschlimann路碾碾压。该路碾可由摊铺机用钢绳牵引。因此，在碾压预拌碎石时，可让沥青表面保持于所商定的温度，不受天气条件的影响。

铺　装

进行了玛瑞脂地沥青中间层热能输入的局部及整体影响的结构分析。从其他正交异性板桥梁的经验来看，钢面板底面的温度将增大到100 ℃，而冷却下来的时间将持续3 h。分析确认：在钢结构及支座上，没有遇到温差带来的有害影响。同时，对钢梁的倾覆稳定性也进行了验算。

用16部车辆，总运输能力为214 t，将沥青从拌和厂运到铺装位置。铺装速度为0.5 m/min到2～3 m/min不等，典型的铺装速度为1 m/min，与每小时约铺装50 t的能力一致，并且与生产能力配合。一天最大铺装量在8 h内，铺装约500 t沥青中间层。图9.5－13及9.5－14表示摊铺情况。引桥的所有沥青铺装均在露天进行。但在悬索桥上，使用了一长280 m的棚屋，由斯普鲁延伸，用于铺装玛瑞脂地沥青。这就需要增加沿边缘由人工铺装的区域面积。图9.5－15表示所用棚屋。

在铺装前，对每车玛瑞脂地沥青需要进行检测。这一工序给作业造成瓶颈，因为在将运输车放行到桥上的铺装点前，检测往往需要大约3 h。如果需要，就减慢铺装速度。

对中间层及磨耗层均取样试验，但只有磨耗层因外观的问题引起多次讨论。承包商根据瑞士的实践，选择在磨耗层试验区，采用超量的预拌碎石铺装，约18 kg/m^2，在将它扫平后，预计约为12 kg/m^2。预拌碎石是热的，仅包覆约0.5%的沥青。实验室试验证明：采用瑞士方法摊铺预拌碎石时，表面骨料含量增加了约4%。在霍尔斯科夫桥台向西行车线试验区的摊铺，遭到Storebælt的否决，因为，碾压到磨耗层

图 9.5－13　在摊铺机前倾倒多于需要的沥青材料，以增加热能输入（增进两铺装层之间的黏结）

图 9.5－14　SAS 在曲线桥跨上铺装。预拌碎石一部分是用人工摊铺。前面是路碾控制装置

顶面中的超量预拌碎石会减小表面层的延伸能力，从而会减小铺装层的疲劳强度。

规范要求预拌碎石包覆约 1% 的沥青。对预拌碎石的数量，规范则未作要求。Storebælt 要求试验区制作的外观同法罗桥相似，而法罗桥还摊铺了冷的 5 ~ 8 mm 预拌碎石。于是，在应急停车带上，增添了 12 个试验区，采用冷的包覆约 0.8% 沥青预拌碎石。用人工方法，摊铺了 3 种量的预拌碎石，分别为 5 kg/m²、7 kg/m² 及 9 kg/m²。而且，摊铺及碾压时的温度在每个试验段上变化两次。最后，Storebælt 要求采用 C3 试验段那样的外观（约 6 kg/m²，摊铺及碾压温度均为 160 ~ 180 ℃）。

图 9.5－15　在悬索桥上长 280 m 的棚屋内摊铺玛琋脂地沥青

承包商接着就顺利地完成了下面的工作，生产出与用全宽度摊铺机及路碾设备摊铺及碾压相同的外观。总的来说，路碾并没有给出预期的质量改进效果。

数量不到 5% 的铺装区因不合规范要求，不得不铲除返工。铲除铺装层前，用 permaschope 仪器测量了其实际厚度。在铲除磨耗层后，注意到磨耗层留下一些与玛琋脂地沥青中间层黏结非常差的痕迹。在 Storebælt 的要求之下，作了一些补充抗剪试验。试验在丹麦公路研究院进行，主要检测上述两层之间的黏结性。幸运的是，不同温度条件下，在不同试板上摊铺沥青得到的试验结果表明，没有发现有任何一种试样的抗剪强度低于材料本身抗剪强度的 85%。承包商关于在中间层与摩耗层之间摊铺 2 kg/m² 预拌碎石的建议因此也被否定了。

由于所采用的铺装方法，纵向及横向接缝的数量被减少到最小限度。对于参考试样及有质量争议的接缝，进行了抗弯强度试验。试验结果表明：甚至是在某些外观较差的接缝，抗弯强度也能达到 80%。因此，得出结论，承包商使用燃气枪及红外线加热的办法是可以接受的，尽管规范要求是只使用红外线加热，见图 9.5－16。

图 9.5－16　在引桥桥跨的人工摊铺，拆除正由红外线加热装置加热的 SAM 舌形板

材料试验

曾经同意玛琋脂地沥青中间层可制作成比规范规定的更硬一些，以便能具有与磨耗层相同的性能，也就是说，球印硬度试验值为 38 ±4 mm，温度为 45 ℃时，测得的极限贯入强度为 2.5 ~ 3.5 MPa。这一变更要求是因为整平的需要而提出的，整平是为了提供更好的中间层抗车辙能力。丹麦公路研究院推荐这一修改，是因为它不会对铺装层的抗疲劳性能带来负面影响。

实际使用的沥青表明它在硬化方面具有非常好的性能。于是，便同意研究院的推荐，降低了回收沥青环、球法软化点的要求，也就是将软化点温度从 60～70 ℃降低为 58～65 ℃。频繁进行的预拌碎石试验，大多数与其外包沥青的氧化有关。对于回收沥青在环、球法软化点中增加 +20 ℃的温度是得到批准的。同时，在用二氯甲烷从预拌碎石中提出黏结料之后，可以用肉眼检测燃烧过的沥青。从生产的角度及铺设问题方面考虑，放弃了对沥青完全包覆的要求。对规定的剥离试验，只进行了几次。

所有的材料，除了极少数外，均能满足规范要求，但大约有 10% 的数量，被承包商倒掉。主要原因是拌和工艺失败、因雨水而溢出，或者是在摊铺前，没有通过试验。

摊铺后的测量结果确认已达到目标的最小厚度，而且将规定的最小厚度保持在平均每 2 000 m^2 范围内。对试验段及铺装实施作业的线形检查表明，除厚度容差（见放线及整平节）外，所有的线形要求，如断面、平整度、构造厚度及摩擦力，均明显地满足。

接缝密封材料

座板四周及沿路缘板的缝隙，按规范规定，要用丹麦公路研究院批准的沥青接缝密封材料封堵（见图 9.5－17）。从法罗桥最近得到的经验表明，在纵向接缝下的某些地方，由于在中间层与玛琋脂层之间缝隙处，或在竖向玛琋脂层与路缘板之间的缝隙处（由于黏结失效），所形成的纵向“水槽渠”会让水渗到钢桥面板上。在中间层冷却过程中，由于温度变化引起的移动，缝隙向上扩展。在丹麦公路研究院所进行的材料试验表明：在摊铺沥青前，如果采用非常低黏性，又有极好延伸性能的丙烯酸密封材料，上述“水槽渠”就会得到永久的密封。

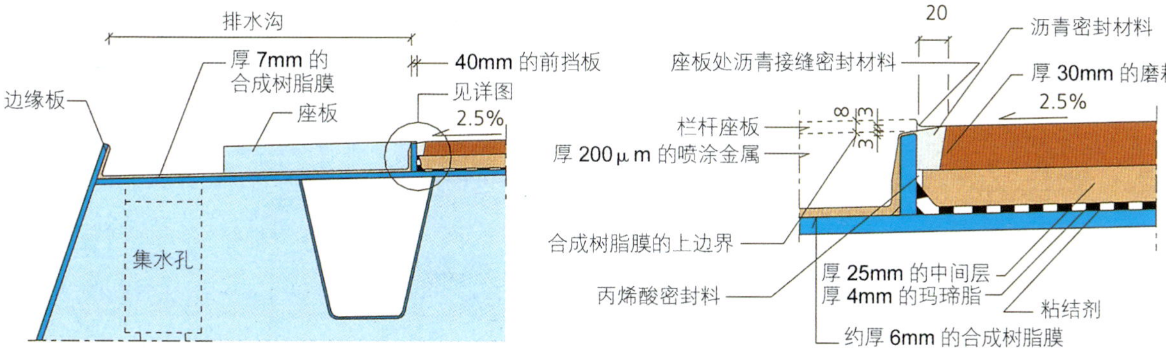

图 9.5－17　接缝封堵

各方同意在沿路缘板缝隙的底部涂刷丙烯酸密封材料，封堵缝隙。工艺试验表明丙烯酸密封材料具有非常好的侵入性能，很快就会形成一种像肉冻的物质。丙烯酸密封材料在缝隙的底部为沥青接缝密封材料提供一道滑移层。由于纵向沥青接缝最为关键，如果排水系统采用这种非传统的材料来封堵缝隙，其质量将会得到显著的改善。

合成树脂膜

在很多情况下，承包商将工程分解成多个分包合同的策略具有负面影响。桥面铺装工程，特别是树脂膜的相容性试验受到延误。在树脂膜系统选定之前，已选择了桥面表面处理系统，并且沿边缘板的交错作业早就开工。因此，仅调整表面处理作业来适应实际选定的树脂膜系统，而不进行试验研究，是不行的。

经过一些技术说明，1997 年春季开始进行相容性试验。规范要求应在丹麦公路研究院进行长期试验，但承包商在其最终试验计划批准之前，已经将其中一种特殊产品，即 SIKA Elastomatic 255 分包出去。为了立即进行调整，同意在 Force Institute 进行加速试验，试验内容包括将试板暴露在潮湿、盐喷雾及 WoM（紫外线）箱内。总共对 3 种产品进行了试验，其中 2 种为丹麦的系统，即丙烯酸及环氧树脂焦油，2 种系统均符合规范要求，可以接受。还有 1 种是承包商建议的 SIKA Elastomatic 系统，它是一种环氧树脂聚氨基甲酸（乙）酯改性系统。在试板上涂刷上述 3 种材料的组合，这些材料也是准备用于桥面表面处理、树脂膜及路面铺装系统的。

用肉眼评定了接触面之间的相容性，并对各层之间的黏结强度进行了试验。所有 3 种系统均得出良好结果，且从试验的角度看，SIKA 系统的性能最好。Storebælt 认为最有争议的问题是 SIKA 系统的长期防水性能，因为该系统只包含两层，一层是 ICOSIT 277 环氧树脂底层，厚度只有 c0.3 mm，另一层是表层，厚度为 c6 mm。对试板的切开试验表明有数量较多的孔隙，尽管孔隙已经封闭，对防水性能仍然是有害的。规范要求所有系统在正常情况下应包含 3 层，其中第 2 层为厚 1.5 ~ 2 mm 的膜。图 9.5 - 18 及 9.5 - 19 表示 ICOSIT 层涂刷情况。

图 9.5 - 18　靠边的棚屋，由 Spatula 公司在桥面上、沿边缘涂刷 ICOSIT 277 树脂底层

图 9.5 - 19　靠边的棚屋，涂刷 ICOSIT Elastomatic 255 膜层。涂刷过程中，用带钉的滚轴除去其空气

对 SIKA 系统的另一个担心是尽管这种系统作为防水系统，已得到德国铁路主管当局的批准，但这种系统既没有现成的实验室的长期经验，也没有实例参考，因为这种系统的出现时间不到 5 年。但是，在对德国涂刷薄层 SIKA 系统的人行道进行考察后，以在丹麦公路研究院该系统的长期相容性试验取得成功为条件，同意使用这种系统。1997 年底，接受了该系统的试验结果。

从安全及健康角度来说，涂刷 SIKA 系统是有利的。总的来说，其涂刷工艺也是可以接受的，尽管沿边缘、座板及路缘板的竖直面的涂刷比较粗糙，涂刷厚度也变化不一。常见的问题是树脂膜与表面处理系统作业经常出现不协调交错，还有竖直面的涂膜厚度太小，以致不能达到规范规定的完全防腐效果。另外，座板竖直面的喷涂金属，因延误的工序试验及较差的工艺等原因，造成不能保持规定的质量方面的困难。

9.6　支座及伸缩缝

作者：Ole Rud Hansen，技术经理，COWI。

支　座

支座由意大利 Selavazzano 的 FIP Industriale Spa 公司设计及制造，符合本书 5.1 节所阐述的设计要求。总的来说，它们是自由活动球面支座，根据德国 Institut für Bautechnik 1993 年 11 月 16 日的 Zulassungsbescheid的要求设计并制造。

在桥塔处，安装了能抵抗悬吊结构（加劲梁）水平力的特制支座，它们是滑动的橡胶支座；在桥塔侧，配有不锈钢滑动面；在加劲梁侧，配有复合材料（填充的聚四氟乙烯）。支座直径 900 mm。

制造及运送至工地

引桥总共设 50 个支座，悬索桥则有 4 个。支座的自由活动量变化范围：从引桥固定支座为 0，到悬索桥锚碇处支座为 ±105 mm。支座于 1993—1996 年，在意大利制造；1994—1996 年，用卡车运到霍尔斯科夫的工地。在开始批量制造之前，在工厂建造了一个模型（见图 9.6－1），用来模拟支座进入安装位置的真实状况、垫片的安装工艺及支座的常规测量。

图 9.6－1　批量生产前，建在 FIP 的模型

图 9.6－2　2 号墩上安装完毕的支座

现场安装

支座的现场安装，在 FIP 公司的监理下，由 COINFRA 及 SDEM 公司实施。每个支座提前在钢梁架设前，通常用浮吊吊装在位于前方的钢筋骨架上，3 个支座排成一条线，并且在纵、横方向对好位。支座完全安放好之后，先用水泥砂浆加粗骨料灌筑，直至离支座底面 50 mm。由于水泥砂浆自身的稠度，并不需要振捣。随后一次灌筑厚 50 mm 的砂浆，是在支座正下方一个密封的四方模板内进行，该模板有 4 个孔，用泵压送砂浆，从其一个孔压入，直到砂浆流到对面，就将泵管移到另一个注浆孔。此项操作持续不停，直到支座下全部的面积填满砂浆为止。上述工艺在现场使用前，已在工厂的足尺模型上试验过，结果表明在其接触面中，气泡所占面积低于 10%。

支座底部灌筑砂浆后，将支座的上部与梁的隔板对齐。将梁落放到支座上，并予以固定。尽管支座直到架梁向前推进时才固定，但由架梁引起的支座的转动小于 1/100 的弧度。随后，将支座与梁底板焊接到一起，见图 9.6－2。焊接采用不锈钢电焊条，借使碳含量较高的支座钢材不需要预热。

安装过程中出现的问题

在支座安装及钢梁架设过程中，很难恰当地保护支座的不锈钢滑动面不受损。钢梁梁段环缝的焊接正好在支座上方进行，在一些情况下，电焊飞溅物碰击不锈钢面层。同时，打磨粉尘等也会污染该面层。在某些情况下，不锈钢面层损伤太大，只得进行更换。

由于支座在设计上将承受较大的水平力，在支座的底板之下焊接了不少栓钉。但钢筋混凝土中钢筋相当多，栓钉与钢筋常常发生冲突。减小冲突的办法是对建成的混凝土内的钢筋位置进行实测，再焊接栓钉。

伸缩缝

伸缩缝由德国的 Maurer Söhne 公司制造，该公司也负责伸缩缝的详细设计，其中包括与钢梁连接的过渡桥面段。伸缩缝为转动格栅式，是这家公司的标准产品，但本桥所用伸缩缝的规格特别大，超过了

Maurer Söhne 公司以前所曾制造的产品。现场安装是在 Maurer Söhne 公司的监理下，由法国的 SDEM 公司实施。

制造及运送到工地

总共有以下 6 种规格的伸缩缝（规格中的数字指其在设计上应满足的最大移动量，以 mm 计）：

—— DS 800 斯普鲁桥台处；

—— DS 960 霍尔斯科夫桥台处；

—— DS 1200 引桥与西锚碇间；

—— DS 1520 引桥与东锚碇间；

—— DS 2000 悬索桥与东、西锚碇间。

伸缩缝在 Maurer Söhne 公司的制造时间为 1995 —1997 年。1996 到 1997 年间，用卡车将伸缩缝运到工地。每一伸缩缝均分成相同尺寸的两部分制造及运输。运输重量最轻的约为 12 t，最重的约为 40 t。

现场安装

伸缩缝的一端是放在钢梁上，用垫片楔紧，另一端是放在混凝土结构上。在调整了伸缩缝水平向及竖向的线形后，根据桥梁的实际温度条件，再调整伸缩缝开合口。然后用焊接的方法，将它固定到混凝土一侧的钢筋骨架及对面一侧的钢梁上。伸缩缝的另一半，按同样的方法安装，安装好后，将伸缩缝的两部分焊接到一起。布置完钢筋后，浇筑混凝土。浇筑混凝土时，注意避免新、旧混凝土之间出现大的温差，以免因温度应力引起混凝土开裂。

混凝土养护期间，用临时覆盖物盖住它，以防止车辆的损害。

安装过程中出现的问题

安装伸缩缝前，先将露头钢筋及其他有关钢筋预埋在伸缩缝箱将要就位的混凝土结构的凹口中。一般来说，在安装过程中，由于大型钢箱（伸缩缝箱）免不了要斜着下落，切掉大量钢筋是在所难免的。切掉的钢筋，随后要用插进钻孔并用树脂锚固的新钢筋来取代。

经验表明，露头钢筋可以用联结器连接，或者在伸缩缝安装好了后，在混凝土中钻孔，并用树脂锚固。这样，在安装过程中，就可以避免在伸缩缝结构与钢筋之间发生干扰。如果锚固钢筋与伸缩缝箱可以按相对于桥中线的相同角度定位，则伸缩缝自身的功能将会得到改善。所有各种情况下，钢筋都应采用低碳钢，以便进行必要的弯曲及焊接。

9.7　除湿系统

作者：H. Vagn Jensen，高级项目工程师，Rambøll；
Søren Harboe，高级工程师，COWI。

钢箱梁内部，应将空气除湿到低于 60% 的相对湿度，以进行钢的防腐。为克服含湿空气的局部变化，平均湿度应控制在 40% 以下。

这种防护系统首先在小贝耳特桥上应用，它当时只是当作一种补充防护系统看待，因为其钢梁的所有表面均采用了完全涂装的油漆系统进行防护。经验表明可以很容易地将引起钢梁腐蚀的湿气控制在形成腐蚀的临界值以下。因此，在修建法罗桥时，就只安装了用于防止钢梁内部腐蚀的除湿系统，其梁的内表面仅在工厂涂装了底漆。由于钢箱结构总表面面积的75%以上是在箱内，从经济上看，采用除湿系统是相当有利的。后来，这种除湿系统已用在世界许多大型钢桥上。

在大贝耳特海峡东桥，不仅钢箱梁内部的防护采用了这一方法，对于塔顶主鞍、散索室（包括散索鞍）及主缆锚碇部分，也采用了该方法。全桥总共安装了13台独立的除湿设备。

除湿系统运行

将钢箱梁分成若干个气密段，每段长约800 m。在每段之内，通过风扇，让空气环流，并用除湿机组吸收空气中的水分来干燥空气。每一除湿机组配有一个空气流通回路，将梁内空气分开来。除湿机还配有让环境空气进入、及将潮湿空气排除到梁外的管道。如果梁内的压力差值超过设定的值，电控超、欠压气流交换器就会启动，平衡梁内与环境（如温差所致）之间的空气压力。

除湿机组可以人工或自动控制运行。在自动控制方式中，空气的环流通过SRO系统开启及关闭。机组每小时环流总空气体积的5%。采用人工控制方式时，可将机组设定为通风方式，将环境空气供给梁内。这样，在梁内进行大型维护作业或检查期间，可为工作人员提供新鲜空气。

通常，可根据环境空气湿度及供电情况，给除湿机为每一天选定其运行的某几个小时。若使除湿机遇到问题，例如设备部件出现故障或超、欠压气流交换器打开的时间过长，报警信号就会从机组传到SRO系统。如果发现报警或观察到除湿机组运行时间过长，操作人员可下令，对机组进行维护或修理。

制造及安装

根据规范要求，丹麦分包商GLENTCO/NOVENCO A/S公司承担除湿机组的详细设计及安装。在规范要求中，有一条是要求其各部件的尺寸应足够小，借能通过桥梁结构所开的孔，使有利于今后维修。机组由标准部件组装而成，其除湿器是由丹麦的Munter's A/S公司供货。

由于架梁时间相当长，乃要求除湿机尽可能早地开始运行。在除湿机开始工作前，曾观察到钢梁内有些腐蚀出现，但在除湿机连续24 h不停地运行了约3个月后，空气中的湿度一般就处在能控制的状况下，这时，可以让除湿机定时工作。由于施工条件的原因，箱梁上的门及其他出入口总是开着，很难将空气湿度保持在低的水准下。图9.7－1所示为引桥某一梁段内空气的相对湿度及温度。图9.7－2表示一装在箱梁内的除湿机。图9.7－3表示一装在散索鞍室内的除湿机。

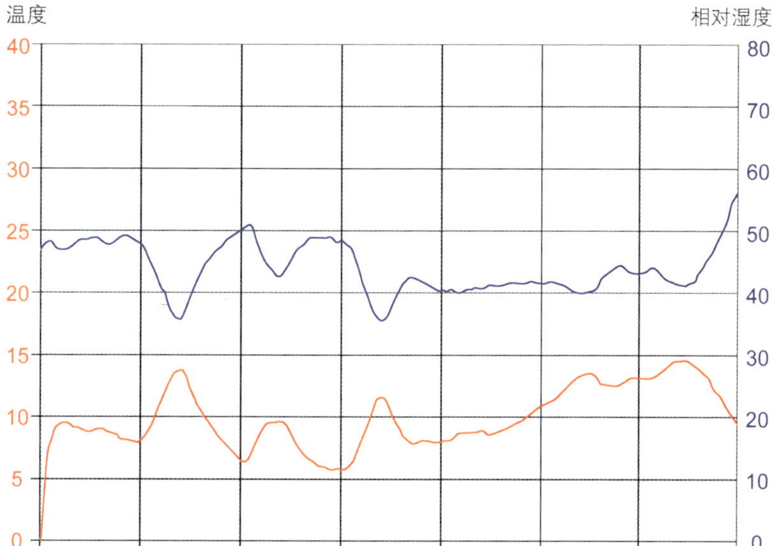

图9.7－1　引桥5号梁段内相对湿度（蓝色）与温度（红色）曲线

下文给出除湿机组的典型参数，也就是安装在引桥梁段内除湿机组的工作能力，每台机组的除湿体积约为 120 000 m³：

风扇：7 200 m³/h；

除湿机空气流：540 m³/h；

除湿率：200 kg/h；

耗能量：3 kW（风扇）；

　　　　20 kW（除湿机）。

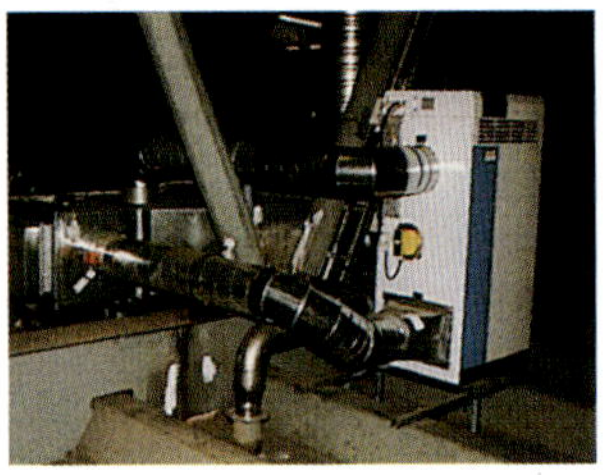

图 9.7－2　引桥梁段内的除湿机组

图 9.7－3　散索鞍室内的除湿机组

9.8　调谐调质阻尼器

作者：John Elnegaard Hansen，高级项目工程师，Rambøll。

为了抑制涡流激励引起的竖向振动（见 5.3 节），在引桥安装了若干个调谐调质阻尼器（TMD），其中，霍尔斯科夫侧引桥有 24 个 TMD，用于抑制其 4 个最低阶竖向模态振动；斯普鲁侧引桥有 8 个 TMD，用于抑制其 2 个最低阶竖向模态振动。

调谐调质阻尼器的功能

TMD 的各构件如图 9.8－1，其功能及结构见 5.3 节。

调谐调质阻尼器装置是一种附着在振动质量上的双动作液压油缸，其活塞及活塞杆连接在桥梁结构上。在桥梁开始振动时，它激活 TMD 质量块及油缸内的油，其结果是强迫液压油从一个室（油缸上部）流向另一个室（油缸下部），或反过来说，也是一样。油流经一个阀门，它提供黏性阻尼，并使油发热。热的油由一温控装置冷却，在由此散失的能量等于涡流激振引起的输入能量时，桥梁进一步加大的激振就会停止。

为了防止桥梁发生费用昂贵的故障（如桥梁在大风暴时不得不关闭），在本桥上安装了监控/安全系统。这可保证 TMD 的最佳工作条件，并防止可能发生的故障引起 TMD 的损坏。

安全系统由下列各部分组成：

——一个由机械开关激活的安全制动（如若 TMD 质量块振动幅度大于设定值 ±800 mm）；

——一个油冷却装置（如果温度升高，高于 35 ℃）；

——一组报警装置，可向霍尔斯科夫侧的控制中心报警下列情况：低频率；高频率；高振幅；阻尼系统中的低压力；阻尼系统中的高油温；安全制动系统中的低压力；可编程控制单元中的错误（该系统可处理来自监控装置所有的数字信号）。

材　料

所有的结构钢规定为 Fe 510 D（DS/ISO 630）号钢，但 TMD 的质量块及调谐质量则为 Fe 360 B。螺旋弹簧当根据 DIN 2089 第 2 部分、DIN 2076 及 DIN 17223 第 1 部分，规定为冷轧非合金钢。阻尼油缸的材料应符合 DIN 1629 第 3 部分及 DIN 17100，并应经过正火热处理。钢棒（活塞杆）应该为碳钢，热轧、脱皮及正火处理，其表层应为最小硬度为 500 HV、厚 40 μm 的镍；如果可能，也可再加一层最小硬度为 960 HV、厚 100 μm 的镀铬层。

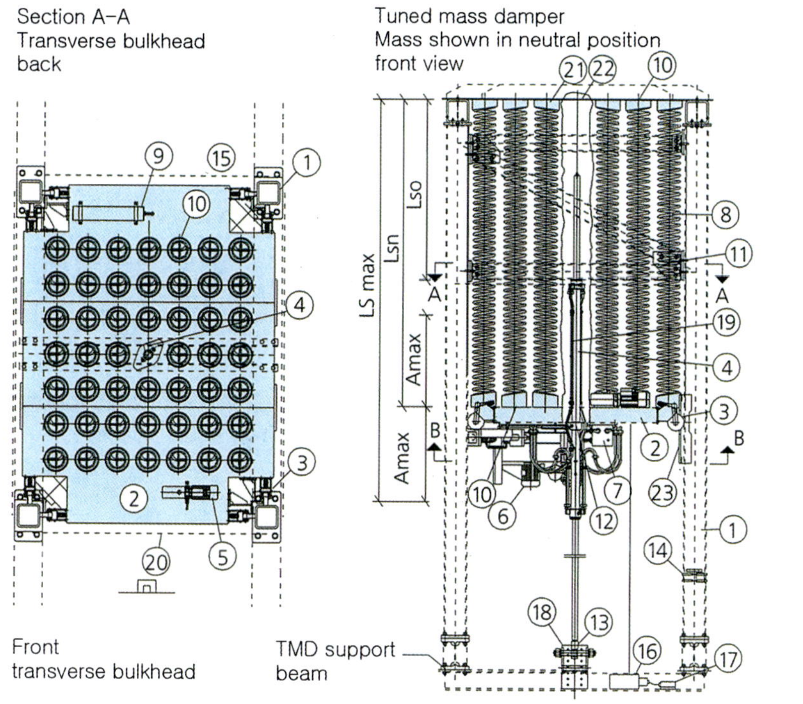

序号	名称
23	制止超量转动的框架
22	放油孔
21	弹簧鞍
20	保安用钢丝网
19	放油管
18	垫块，可调式
17	线性位置传感器的交汇箱
16	线性位置传感器
15	安全制动闸
14	安全制动闸的机械挡块
13	球面轴承头
12	万向轴承
11	安装托架
10	弹簧悬挂
9	累加器
8	螺旋弹簧
7	液压阀块
6	冷却单元
5	微型电站
4	液压缸
3	滚轮轴承
2	TMD-质量块，钢板
1	导向柱

图 9.8-1　调谐调质阻尼器各构件

试验及初步调试

由于现场分包商及施工、制造工点数量多，在 TMD 制造、安装开始前及进行期间，需要对 TMD 的一系列试验进行严格的控制及现场检查。

铸钢弹簧鞍原型试验

由第一个弹簧鞍原型试验，发现弹簧与弹簧鞍之间的接触出现一些困难。弹簧在第一个接触点后从弹簧鞍上弹起，由此产生较高的应力集中。后来，将弹簧鞍的上部更改为可变化的凹槽。第二个原型试验表明：弹簧与弹簧鞍之间几乎完全接触，使动载所生的疲劳应力完全可以承受。

弹簧常数及弹簧布置的评定

对第一批制作的弹簧进行了检测，以验证弹簧的常数，左转、右转弹簧布置的有效性及动态弹簧质量比率。发现：动态弹簧质量比率为弹簧总质量的 1/3，这与预期的理论值非常一致。

原型 TMD 单元

在分包商（MT Stål 公司）的拼装场（在 Aalborg），安装了具有全部功能的原型 TMD。除了验证 TMD 各个不同构件的组装情况及适配性外，还进行了全面的试验，以确保 TMD 能正确发挥其作用，并同时验证了弹簧的总刚度、本征频率及本征阻尼。

用拉动的办法，强迫 TMD 单元振动来进行简单试验，并用驱动装在 TMD 顶上的缸体的方法，进行更为综合的动力试验（见图 9.8-2）。在 72 h 连续试验开始前，所进行的 TMD 单元初步试运行的试验表明：

悬挂的及振动的 TMD 质量块对不同的弹簧常数值、弹簧长度及附在其上的设备的质量分布是敏感的。随着角度倾斜的加大，TMD 质量块进入不稳定振动的状态，但在 72 h 连续试验开始前，采用一特殊的调谐质量来平衡上述差异后，振动转为稳定。这项试验表明，除了所依附设备的精确的质量分布及调谐质量外，须将弹簧分为长度大约相同的 3 组。由于各种条件，如转向轮处的不同摩擦力、受阻塞时的转向轮及一根破断的弹簧等，在正常工作情况下仍可使得 TMD 不稳定地振动，因此，决定给 TMD 配备一个能防止其质量过量转动的装置。这种装置（在对角两柱之间设置两根联杆）是按转向轮受阻及弹簧已拆掉（破断）的条件下设计，再装在 TMD 原型上进行试验。试验表明：在各种条件下，TMD 进入稳定的振动模态。

图 9.8－2　测试 TMD

初步调试

承包商可以在任何初始刚度/质量条件下，自由安装单个 TMD 单元。也就是说，在振动模态控制的某种范围内，根据承包商自己选择的弹簧数量及调谐质量（按 50 kg 递加重量）进行安装，并有义务在 TMD 安装后，最终移交前，微调好 TMD。承包商最后选择了安装几乎是最大数量的弹簧，因为在其最后的微调中，拆除一根弹簧比安装一根弹簧更为容易。

为了简化最后调试，在 Aalborg 的工地上，对单个 TMD 单元进行了初步调试。对左手、右手弹簧圈及调谐质量的分布作了记号，这样，在现场安装 TMD 时，就可再现这里所用的弹簧圈及调谐质量的分布情况。在这一调谐过程中，应将补偿质量附加在 TMD 上，以补偿当时所没有安装的部件（如液压部件、油冷却装置及安全制动等）。

制　造

承包商的组织

TMD 由相当多的部件及附件组成，因此分包给几家分包商及供货商。主承包商是 Monberg & Thorsen 钢铁分公司。

结构钢

除了弹簧鞍外，所有的结构钢构件均在西班牙的 URRSA sa 公司（西班牙 Pretoria）制造。TMD 质量块分解为 3 种钢板，尺寸均为 1.0 m×2.2 m，厚度在 120～155 mm 之间，这样，它们就可以通过桥上尺寸为 1.50 m×0.26 m 的进入孔，进入安装位置。这些钢板用数控切割，对钢板的安装面进行机加工，以便与相邻钢板贴合。制造完毕后，所有钢构件均用卡车运到丹麦。

由第三方检查单位——FORCE 公司实施的检查表明：在 TMD 柱脚板处，有不少全熔透对接焊存在严重的焊接缺陷（熔透不够）。由于这些对接焊要承受动荷载，这种焊接缺陷是不可以接受的，必须全部进行焊接修复。对这种缺陷没有找到任何解释；而这些缺陷是在工厂制造过程经过 100% 检查（超声波检查），并由 TecniControl 公司验收合格的。

安　装

所有的 TMD 单元均在引桥架梁完成后安装。

在设计期间选择 TMD 的每一种构件时，都曾考虑构件（冷却单元除外）能进入桥面上开设的尺寸为 1.50 m×0.26 m 的进入孔进行安装。进入孔的宽度受到焊接在桥面板上两槽形肋之间自由空间的限制。每个 TMD 单元均有一单独的进入孔。所有钢构件均用高强度摩擦型螺栓栓接在一起，而不出任何问题。在钢结构安装后，再安装液压、电动设备，并对每个 TMD 进行现场耐寒试验。图 9.8－3、9.8－4 所示为完全安装好的 TMD。

图 9.8－3 在霍尔斯科夫侧引桥南侧安装的 TMD

图 9.8－4 TMD 的附件

现场耐寒试验及最后调试

现场耐寒试验

安装 TMD 以后，在正式移交之前，要对每个 TMD 进行现场耐寒试验，试验包括如下方面：

——肉眼检查所有主要构件；

——对液压系统的高压、低压部件（25 MPa）及对安全制动闸（25 MPa），进行 24 h 的压力试验；

——对数据采集系统进行完全工作状态下的试验，包括监测到的值，即：瞬时值、日及月汇总值及向控制中心的报警；

—— 检查及记录所有预先设定的报警及运营操作。

在工作状态检测中，用 4 个人有意地强迫 TMD 质量块振动，以提供必要的实况数据。还将报警值设置为低于（或高于）实际值，对报警系统进行检查。

现场耐寒检查表明少数几个构件不能正常发挥作用，包括阀、压力、温度及位置传感器，还有少数几个地方漏油。在数据采集系统程序中，发现小的缺陷，对这些问题就进行了纠正，并重新进行试验。

最后调试

引桥建成后，启动了一项测量计划，来识别霍尔斯科夫侧引桥的 4 个最低阶竖向模态振动的本征频率及斯普鲁侧引桥的 2 个最低阶竖向模态振动。将 TMD 的精度调谐到观察到的频率的 ±2.5%，以优化其功能。在调谐 TMD 的过程中，让数据采集系统运行，以验证单个的 TMD 的频率。

9.9 锚碇处的液压缓冲装置

作者：Jørgen Nørbach，高级工程师，COWI。

为了限制由活载引起的悬索桥加劲梁梁端的纵向位移，在两锚碇与加劲梁之间设置了液压缓冲装置，将梁的位移保持在伸缩缝的工作范围内。液压缓冲装置允许达 ±0.9 m 的“缓慢”移动，这一移动量包括梁因温度变化，以及梁端绕双轴转动所引起的位移量的总和。

对于汽车及风致振动引起的“快速”移动，液压缓冲装置对桥梁的纵向振动具有阻尼作用。当大于

0.9 m 的移动发生时，缓冲装置可起一种挡块作用，并在梁内引入水平纵向力。每个缓冲装置在各种活塞位置，在范围达 5 MN 的动载条件下是稳定的。每一锚碇处，设计挡块力达 30 MN（两个缓冲装置）。图 9.9－1 表示一锚碇处的液压缓冲装置的布置。

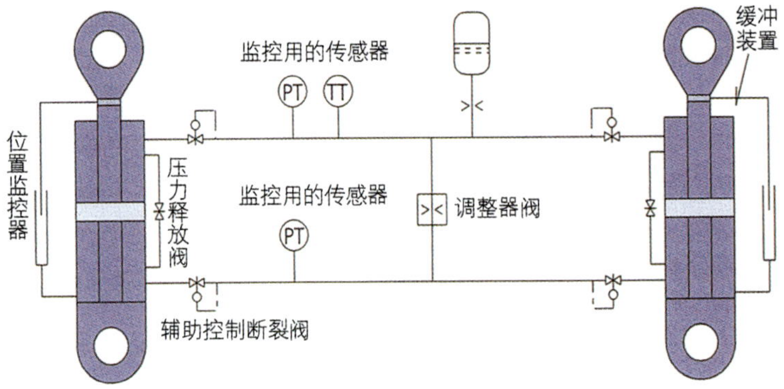

图 9.9－1　锚碇处液压缓冲装置示意

液压系统配有高压安全阀，该阀可防止超量压力的累积。甚至是，如果断裂阀关闭，最大压力超出限制，安全阀仍能起作用。监控系统包括压力、温度及移动的测量，该监控系统又由设在桥位附近的，配有计算机设施的中央控制室监视。

东桥所用的液压缓冲装置，1995—1997 年由意大利 Padua 附近的 FIP Industriale SpA，Selvazzano 公司生产。1997 年秋季，将缓冲装置组装在箱梁内，见图 9.9－3。此后，运到大贝耳特海峡并安装。在缓冲装置生产前，制造厂家曾经进行了详细的设计及试验。

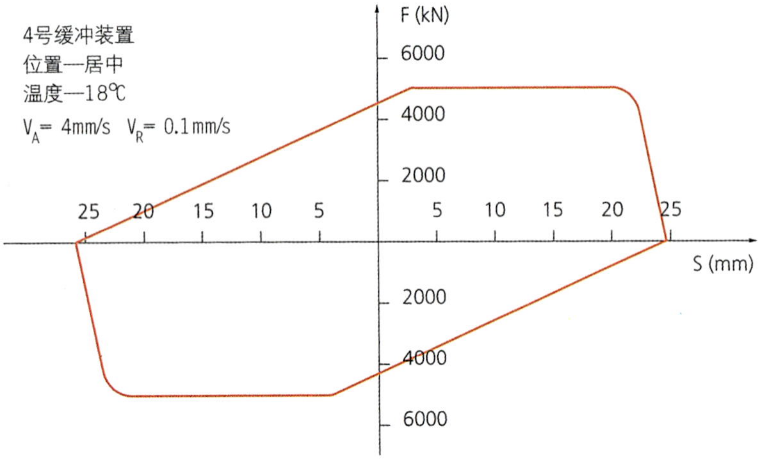

图 9.9－2　一个缓冲装置在荷载达 5 MN 时的动载试验

图 9.9－3　安装在梁钢箱内的缓冲装置

具有关键调整功能的速度调整阀，在选用时，非常细致，因为它的调整范围对于梁的位移的水平速度而言，仅为 0.01～2 mm/s。速度可以在阀处用人工调整，因此在整个尺度内，阀必须可靠。对阀进行了夏季、冬季各种黏性条件下的测试，绘制了阀的调整曲线，以帮助进行阀的微调。根据缓冲装置试运行期间得到的数据，对最终确定的设置点进行了计算。图 9.9－2 表示其动载试验成果。

累积器是液压缓冲装置系统的一个重要部分，对其尺寸进行了精心的计算及试验。油的体积随环境温度的增高而增加。因此，在夏季里，累积器将吸收 50～100 L 的多余的油量。如果不让多余量溢出，缓冲装置中的压力将会增大，它便不能发挥作用。在试验过程中，将累积器的进口换成一个较大的油嘴，使其不会在缓冲装置累积压力。

当锚碇附近的梁发生水平位移时，管道系统中的脉动就会发生。因此，管道系统必须避免不适宜的高速，以致管道系统发热。管道系统是按假定的移动 f=0.051 Hz，角位移为 0.000 8 rad 计算的。

采用缓冲装置，可比不设此项装置时的纵向累计位移量减小 10%。这种位移量的减小将减轻支座及伸缩缝的磨损，增加它们的使用寿命。在桥梁通车之后，就要对该纵向位移量进行连续的记录。

9.10 悬索桥的空气动力改进

作者：Ole Rud Hansen，技术经理，COWI。

在本桥 1993 年进行风洞试验时，发现悬索桥加劲梁截面易受涡流发散影响，如 6.3 节所述。然而，由于风洞试验测得的加速度远未超过 1.5 m/s^2 的舒适准则，在悬索桥加劲梁的制造过程中，没有在梁上安装空气动力改进装置。当时决定应该对成桥的实际性能进行评估，再对设置空气动力改进装置是否必需，进行一次复议。

为了掌握消除涡流发散响应的设计措施，1993 年，曾对一段比尺为 1∶80、在箱梁下角装有导流板的梁段模型进行了初步的风洞试验。试验结果表明：宽度为 2 m 的导流板能完全抑制模型梁段的涡流发散响应。

实际涡流发散响应

在主梁施工过程中，有几次报告说观察到南、北向平缓风产生的涡流发散响应。因此，在现场架立了仪器，监测实际的加速度及频率。总的来说，现场监测验证了与频率相关、与风速对应的风洞试验结果是非常精确的。

成桥状态下测得的实际加速度，仅为基于 ISO 2636 的设计基准所建立的舒适准则的 1/3。然而，在激振过程中，桥梁的运动仍会使桥上的人在身体及视觉方面感到不舒服。因此，决定在梁上安装空气动力改进装置，装置的是导流板，安装在箱梁的下角，见图 9.10－1。

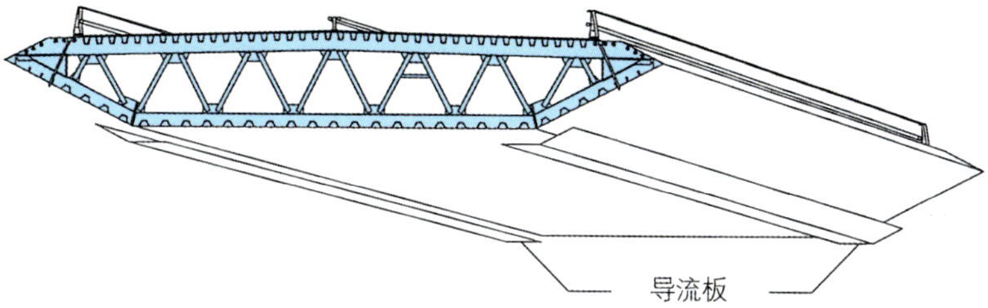

图 9.10－1 安装在加劲梁下角的、宽 2 m 的导流板

补充风洞试验

为了确认 1993 年风洞试验得出的结果，进行了一系列新的风洞试验。新试验中，梁段模型比尺为 1∶60，导流板有宽度为 2 m、1.5 m、1 m 3 种规格。试验验证 3 种规格的导流板，在抑制涡流发散响应方面，都非常有效。只是将较小的导流板与较大的相比，前者在桥跨上的安装长度需要更长。最后，选择宽度 2 m 的导流板，以 1 400 m 长度安装在主跨上。这一选择也涉及美学上的考虑。

还对在箱梁顶部安装导流板的方案进行了风洞试验，但它抑制涡流振动的效果不大。

10　施工进度计划

译者：龚志刚，副译审，中铁大桥局桥研院。

作者：Henrik Hauge Jacobsen，项目主任，Storebælt。

东桥全桥，包括引桥及悬索桥，按合同签订的日期，计划在6年内，即于1991年10月22日至1997年10月22日建设完成。进度安排见图10.1-1。

施工计划中的关键路线，由悬索桥的5个施工控制点控制：

1. 塔及锚碇的沉井在干船坞内的预制完成；
2. 塔及锚碇在桥位处的完工；
3. 悬索桥主缆系统的架设完成；
4. 悬索桥加劲梁的架设及焊接；
5. 悬索桥桥面铺装。

上述第1、2项的下部结构计划于1991年10月22日至1995年3月29日完成，第3、4、5项的上部结构计划于1995年4月24日至1997年10月22日完成。但在6年的施工期间，在海上施工条件下，工期有延误，主要是由天气、罢工、追加的工程量及各施工界面之间的衔接等引起，这些都是不可避免的、正常的。因此，Storebælt东桥项目部接受了6个半月、加1个月意外事件的有限工期延误，这样，通车日期便为1998年6月14日。

表10.1-1表示工程预算。图10.1-1为工程进度。

表10.1-1　工　程　预　算

项　　目	造　　价	
(所有金额均以百万DKK计)	1990年12月	现　时
合同总额，详细设计	77	98
合同总额，施工—下部结构	2 231	2 831
合同总额，施工—上部结构	2 938	3 728
总计	5 169	6 559
最终合同总额，详细设计	90	114
最终合同总额，技术咨询/监理—下部结构	43	55
预计合同总额，技术咨询/监理—上部结构	98	124
总计	231	293
最终合同总额，施工—下部结构	2 837	3 604
预计最终合同总额，施工—上部结构	3 894	4 941
总计	6 731	8 545

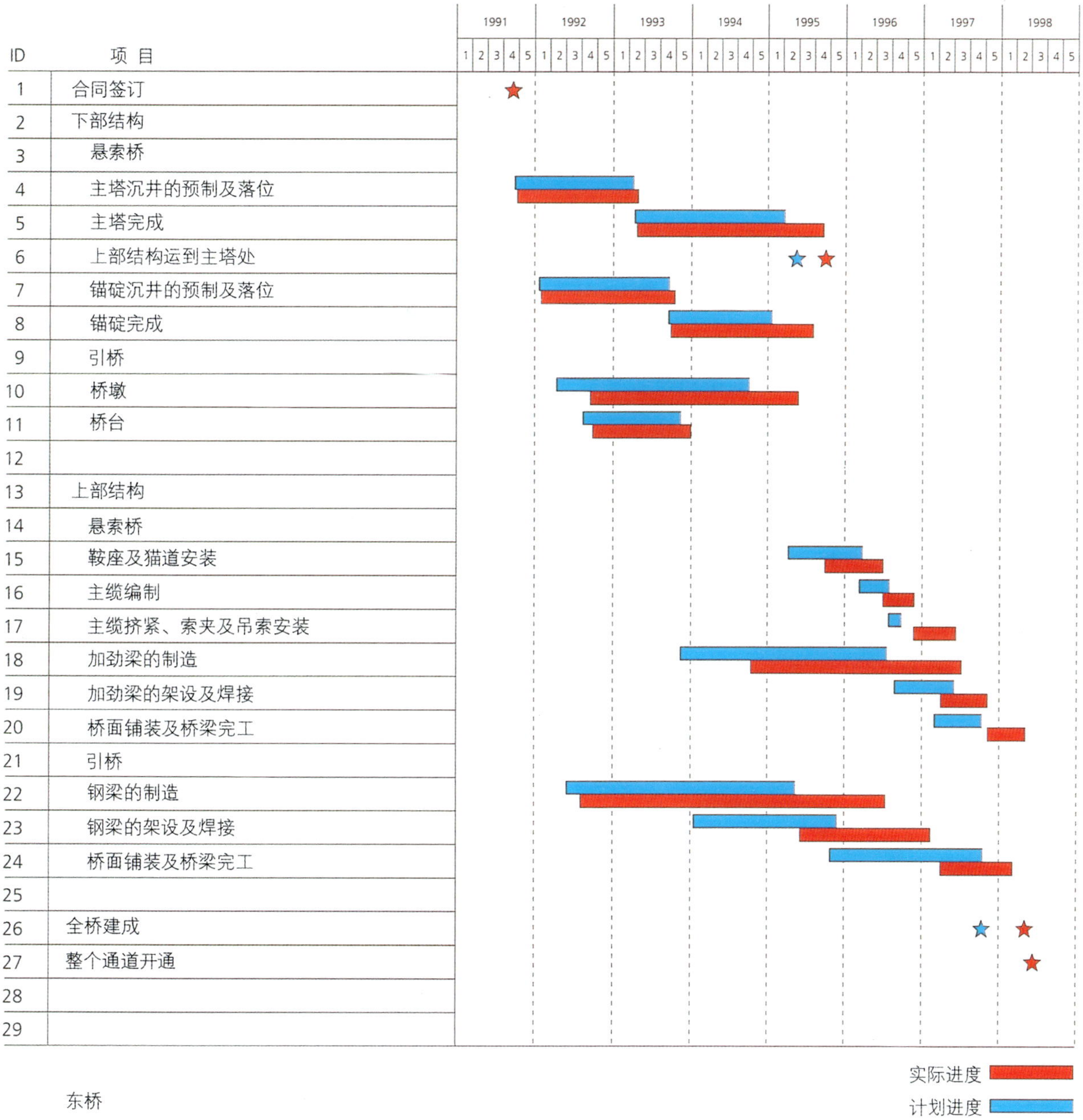

图 10.1－1 东桥工程进度：计划进度及实际进度

11　鸣　谢

译者：龚志刚，副译审，中铁大桥局桥研院。

大贝耳特海峡东桥的业主是 A/S Storebæltsforbindelsen
（英译为 Great Belt Link Ltd，中文译名为大贝耳特通道公司）。

工程咨询

其初是 CBR 联合体，当时由下列公司组成：COWI consult，B. Højlund Rasmussen A/S，Rambøll & Hannemann A/S。

在大桥的设计阶段，B. Højlund Rasmussen A/S 并入 Rambøll & Hannemann A/S，并在短时间里，更名为 RambØll，Hannemann & Højlund A/S 公司，但不久又定名为 RAMBØLL。而 COWI consult 也将其公司名称缩写为 COWI。因此，上述合营公司在完成其合同任务时为：CBR 联合体：丹麦 COWI 咨询工程师及计划师，及丹麦 RAMBØLL 公司。

建筑顾问

丹麦 Dissing + Weitling Arkitektfirma A/S 及丹麦 Jørgen Vesterholts Tegnestue ApS。

岩土技术调研

丹麦岩土技术研究院。

下部结构（混凝土工程）承包商

Great Belt Contractors（简称 GBC），由下列公司组成：德国 HOCHTIEF AG（发起者），荷兰 Hollandsche Beton-en Waterbouw BV，德国 Wayss & Freytag AG，丹麦 E. Pihl & Søn A/S，丹麦 KKS Entreprise A/S。

上部结构（钢结构）承包商

East Bridge Consortium（简称 EBC），初期由下列公司组成：意大利 CMF Sud SpA；美国 Steinman Boynton Gronquist & Birdsall。

在施工期 间，CMF Sud SpA 并入 IRITECNA SpA CMF Sud East Bridge Consortium，但最后又将合同转让给 COINFRA SpA ；这是一家专门为此而成立的公司，100% 归属于 FINTECNA SpA 控股公司。因此，在上部结构施工结束时，承包商为：意大利 COINFRA SpA ，并与美国 Steinman Boynton Gronquist & Birdsall 合作。

调谐调质阻尼器（TMD）承包商

丹麦 MT Stål。

本书中，照片由下列公司和个人提供：

GBC，Søren Madsen，Jan Kofod Winther 及 Niels J Gimsing。

12 参考文献

3. 2 risk analysis

1 Olsen, D. , Kampmann, J. and Bach, P. E. : Safety Management in Bridge Design. 10th International Bridge Conference at Pittsburgh, Western Pennsylvania, USA, 1993.

3. 3 Ship traffic studies

1 Olsen, D, Faber, MH, and Rosenthal, P. : Close Ship Encounters and Sizing of Horizontal Navigation Clearance. ICASP7, Paris, 1995.

3. 4 Navigation condition studies

1 Bay, J, Spangenberg, S, Olsen, NH, and Terndrup Pedersen, P. : Ship Simulations as an Integrated Part of the Design Process for Bridge Crossing Waterways. PIANC Bulletin 72(first issue 1991).

2 Frandsen, AG, Olsen, D, Lund, HT, and Bach, PE. : Evaluation of Minimum Bridge Span Openings Applying Ship Domain Theory. Transportation Research Record No 1313, 1991.

3 Fujii, Y. , et al. : Survey on Vessel Traffic Management Systems and Brief Introduction to Marine Traffic Studies. Electronic Navigation Research Institute Papers No 45, 1984.

3. 6 Ship crushing load studies

1 Minorsky, VU. : An Analysis of Ship Collisions with Reference to Nuclear Power Plants, Journal of Ship Research, Vol. 3, No. 2, pp. 1-4, 1959.

2 Amdahl, J. : Energy Absorption in Ship-Platform Impacts, Drlng Thesis, Report No. UR-83-34, The Norwegian Institute of Technology, Trondheim, 1983.

3 Yang, PDC and Caldwell, JB. : Collision Energy Absorption of Ships' Bow Structures, Int. Journal of Impact Engineering, Vol. 7, No. 2, 1988.

4 Kierkegaard, H. : Ship Collision with Icebergs, PhD thesis, Dept. of Ocean Engineering, Technical University of Denmark, April, 1993.

5 Wierzbicki, T. : Crushing Behaviour of Plate Intersections. Structural Crashworthiness, edited by N. Jones and T. Wierzbicki, Chapter 3, Butterworth & Co. (Publishers) Ltd, 1983.

6 Marsh, KJ and Campbell, JD. : The Effect of strain Rate on the Post-Yield Flow of Mild Steel", Journal of Mech. and Physics of Solids, 11, 49, 1963.

7 Hagiwara, K, Takanabe, H, and Kawano, H. : A Proposed Method of Predicting Ship Collision Damage, Int. J. Impact Engn. , Vol. 1, No. 33, pp. 257-379, 1983.

3. 7 Ship impact against protection islands

1 Ottesen Hansen, N. -E. , Simonsen, B. C. and Sterndorff, M. J. : The Ship Impact Protection of the Great Belt Suspension Bridge, Strait Crossings Proc. Balkema, Rotterdam, pp. 107-114, 1994.

2 Simonsen, Bo C. and Pedersen, P. Terndrup: Analysis of Groundings on Soft Sea Beds, Proceedings PRADS'95, Seoul, Korea, 1995.

3 Sterndorff, M. J. and Pedersen, P. Terndrup: Large Scale Grounding Experiments on Soft Bottoms, Proceedings MARIENV' 95, Kobe, September 1995.

3. 8 Reliability analyses; road traffic loads and main cables

1 Recommendations for loading-and safety regulations for structural design. NKB Report No. 36, 1978.

2 Ditlevsen, O. (1994). : Traffic loads on large bridges modeled as white-noise fields. J. Engrg. Mech. , ASCE, 120(4), 681-694.

3 Ditlevsen, O. , and Madsen, H. O. (1994). : Stochastic vehicle-queue-load model for large bridges. J. Engrg. Mech. , ASCE, 120(9), 1829-1847.

3. 9 Wind Climate

1 Jensen, M. and N. Franck (1970). : The climate of strong winds in Denmark. Danish Technical Press, Copenhagen, 35 pp

2 Cook, N. J. : The designer's guide to wind loading of building structures, Part 1. BRE Butterworths 1985.

3. 10 Aerodynamic investigations of the superstructure

1 Hjort-Hansen, E. : Section model tests in Aerodynamics of Large Bridges(Larsen ed.), Balkema, Rotterdam, 1992.

2 Davenport, A. G. , King, J. P. C. and Larose, G. L. : Taut strip model tests in Aerodynamics of Large Bridges(Larsen ed.), Balkema, Rotterdam, 1992.

3 Damsgaard, Aa. , Jensen, A. G. , Hjort-Hansen, E. and Gimsing, N. J. : The use of section model tests in the design of the Storebælt East Bridge, Proceedings Strait Crossings, Tronheim (Krokeborg ed.), Balkema, Rotterdam, 1990.

4 Hanse, S. O. and Sorensen, E. G. : A new boundary layer wind tunnel at the Danish Maritime Institute, Journal of Wind Engineering and Industrial Aerodynamics, 18, p. 213-224, 1985.

5 Schewe, G. : Nonlinear flow-induced resonances of an H-shaped section, Journal of Fluids and Structures, 3, p. 327-348, 1989.

3. 11 Design Basis

1 Jensen, M. and N. Franck (1970). : The climate of strong winds in Denmark. Danish Technical Press, Copenhagen, 35pp

2 Rackwitz, R. : Safety factors for main cable and hangers of suspension bridge option for the Eastern Bridge over the Great Belt. RCP-GmbH. Munich, March, 1990.

3 Ostenfeld-Rosenthal P. , Madsen H. O. & Larsen A. : Probabilistic flutter criteria for long-span bridges. 8th International Conference on Wind Engineering London, Canada, July 1991.

4.1 Foundation of the East Bridge

1 Feld, T. and Gravgaard, J. H. (1994). : Analysis of an Eccentric Ship Impact. Proc. of the XIII Int. Conf. Soil Mech. Fndn. Eng. , New Delhi, Vol 4, pp. 1687-1690.

2 Foged, N. , Larsen, B. , Larsen, G. , Thomsen, E. (1995). : An overview on engineering geological conditions at Storebælt. Proc. 11th Eur. Conf. Soil Mech. Fndn. Engn. , Copenhagen, 28 May-1 June 1995, Danish Geotechnical Society, Bulletin 11, Vol.

3 Hansen, P. Bjerregaard, Denver, H. and Mollerup, E. (1991). : Lateral sliding resistance Deformation of Soils and Displacement of Structures. X ECSMFE, Firenze, pp 433-436.

4 Ibsen, L. B. (1994). : The stable state in cyclic triaxial testing on sand. Soil Dynamic and Earthquake Engineering, 13, pp. 63-76.

5 Mortensen, J. Kammer, Hansen, G. , Sørensen, B. (1991). : Correlation of CPT and Field Vane Tests for Clay Tills. DGF Bulletin No. 7, Danish Geotechnical Society, 89 pp.

6 Steenfelt, J. S. (1993). : Sliding resistance for foundations on clay till. Wroth Memorial Symposium, Oxford. Predictive soil mechanics. Thomas Telford, London, pp 664-684.

7 Steenfelt, J. S. , Haahr, F. , Jensen, J. E. (1994). : Shear transfer through stone wedge to clay interface. Proc. XIII Int. Conf. Soil Mech. Fndn. Eng. , New Delhi, Vol 2, pp. 729-732.

8 Steenfelt, J. S. and Foged, N. (1994). : Dilational behaviour of crushed stone. Proc. 7th Congress of the Int. Ass. of Eng. Geology, Lisbon, Vol V, pp. 3357-3364.

9 Sorensen, C. S. , Clausen, C. J. F. , Andersen, H. (1993). : Bearing Capacity Analyses for the Great Belt East Bridge Anchor Blocks. Limit state design in geotechnical engineering, ISLSD 93, Copenhagen, Danish Geotechnical Society, Bulletin 10, Vol 1, pp 305-312.

4.4 Pier protection by earth fill around caissons

1 Pedersen, P. T. , S. Valsgård, D. Olsen and S. Spangeberg, 1993. : Ship Impacts, Bow Collisions. Int. J. Impact Engineering, Vol. 13, No. 2, pp 163-187.

2 Pedersen, P. T. , 1994. : Ship Grounding and Hull-Girder Strength. Marine Structures Vol. 7, No. 1, pp 1-29.

4.6 Pylons

1 Retningslinier for last-og sikkerhedsbestemmelser for bærende konstruktioner, NKB-skrift nr. 55, juni 1987, Den Nordiske Komité for Bygningsbestemmelser.

5.3 Dynamic actions, approach bridges

1 Larsen, A. : A Generalised Model for Assessment of Vortex-Induced Vibrations of Flexile Bridges, Proceedings, 7th. U. S. National Conference on Wind Engineering, Vol 1. p. 383-392, UCLA, 1993.

2 Larsen, A. : A generalized model for assessment of vortex-induced vibrations of flexible structures, Journal of Wind Engineering and Industrial Aerodynamics, vol 57, p. 281-294, 1995.

3 Larsen, A. : Vortex induced vibration of bridges and control by tuned mass dam pers, Moan et. al. (eds), Proceedings erodyn' 93, Tronheim, Balkema, 1993.

6.3 Wind tunnel tests, suspension bridge

1 Larsen, A. : Aerodynamic Aspects of the Final Design of the 1624m Suspension Bridge Across the Great Belt, Journal of Wind Engineering and Industrial Aerodynamics, 48, p. 261-285, 1993.

2 Larsen, A. : A Generalised Model for Assessment of Vortex-Induced Vibrations of Flexible Bridges, Proceedings, 7th. U. S. National Conference on Wind Engineering, Vol 1. p. 383-392, UCLA, 1993.